与世界同行

中国如何处理与外部世界的关系

于洪君◎著

D 党建读物出版社

序
坚持对外开放是中国与世界融合发展的不竭动力

1949 年新中国成立时，第二次世界大战刚刚结束不过 5 年，但东西方冷战已经全面爆发，世界已经分裂为相互对立的两大阵营。由于特定的外部环境和自身需要，新中国在外交上实行向以苏联为首的社会主义国家“一边倒”政策。以美国为首的西方国家，对中国实行外交孤立和封锁，中国长期被排斥在国际社会之外。直到 1978 年，中国实行改革开放，中国与外部世界的联系与交往才得到恢复和拓展。

40 多年来，中国特色社会主义建设和现代化发展进程，始终与改革开放紧密联系在一起。对内全面深化改革，对外不断扩大开放，不仅使马克思主义中国化不断积累新的实践经验和理论成果，同时也为中国改善自身发展的外部环境、优化与外部世界的关系、逐步走向世界舞台中心，为人类和平发展进步作出更大贡献注入强大动力。其中，不断扩大对外开放规模，不断提高对外开放水平，持续打造对外开放的新格局，在广泛参与经济全球化和全球治理的同时，积极推动建设开放型世界经济，大力倡导构建人类命运共同体，无论对中国自身还是对整个世界，都具有重大而深远的历史意义。

一、对外开放使“中国需要世界”与“世界需要中国”成为当今国际社会的普遍共识

中国特色社会主义建设是一项前无古人的事业。20 世纪 40 年代末新中国成立时，中国是在向社会主义阵营“一边倒”的对外战略指导下探索社会主义前进方向和发展道路的。中国对外交流与合作的伙伴，主要

是以苏联为首的社会主义国家，选择余地相当有限。进入 60 年代，中苏关系全面破裂，中国在外部环境极端复杂的条件下，以自力更生作为推进社会主义建设的主导思想。虽然此时社会主义建设取得不少历史性成就，但不可否认，相对封闭和体内循环式的发展方式，使中国越来越远离世界现代化发展总体进程，中国与外部世界的发展差距，特别是与发达国家的差距，越来越大。

70 年代中期，在“文化大革命”还没有完全结束的特殊形势下，邓小平对当时变幻莫测的国际形势和中国所处的外部环境，作了全面分析和评估，得出了世界大战短期内打不起来、和平与发展是时代主题等科学论断。当时，关于国际关系的传统政治理论和教条主义的“国际阶级斗争”观点仍很有市场，人们对于不同社会制度国家之间的关系，仍抱有非黑即白、势不两立、你死我活之类的简单化看法。邓小平以卓尔不群的独特眼光观察世界。他一针见血指出，“现在的世界是开放的世界”，“总结历史经验，中国长期处于停滞和落后状态的一个重要原因是闭关自守。经验证明，关起门来搞建设是不能成功的，中国的发展离不开世界。”①

正是基于这样的真知灼见，邓小平毅然决然地将对外开放与国内改革并列起来，作为全面开展中国特色社会主义建设、推进现代化发展进程的两大核心任务。在积极争取和平稳定的国际大环境、努力营造睦邻友好的周边小环境的新外交战略指引下，中国通过不断扩大对外开放领域、不断加大对外开放力度、不断完善对外开放政策、不断加强对外开放机制建设，引进了大量资金、技术、人才和管理经验。到 80 年代末，中国在经济、科技、人文等各领域与港澳台地区以及日本、韩国的交流合作，已全面展开。与包括美国、日本、欧洲在内的西方发达国家，开始建立互利合作的联动发展关系。一批又一批青年学生和科技人员，被派往国外学习进修。各种身份和级别的党政干部，大量组团出国，或洽谈业务，或参观考察。中国对外部世界的认识，变得越来越客观，越来越理性，经济发展进程和社会面貌也发生了前所未有的巨大变化。

---

① 《邓小平文选》第三卷，人民出版社 1993 年版，第 78 页。

也就在这时，80年代末90年代初，东欧剧变，苏联解体，国际力量对比和地缘政治环境发生重大变化。某些西方政客沉湎于“历史终结”的幻觉中，期图通过“无硝烟的战争”对世界社会主义“不战而胜”。在这种思维支配下，以美国为首的西方国家利用中国1989年春夏之交出现的政治风波，重新对中国实行政治孤立和经济制裁。中国国内一度出现了对外开放是否必要的怀疑主义情绪。

在“黑云压城城欲摧”、外部环境空前严峻、改革开放政策面临巨大考验的历史关头，邓小平引导我们冷静观察，沉着应付，稳住阵脚，处变不变。中国一方面坚持改革开放基本路线不动摇，另一方面实行“韬光养晦、有所作为”的对外工作新方针。经过坚持不懈的对外开放，包括顽强不屈的国际斗争，又经过大约10年，中国打破了以美国为首的西方国家的所谓制裁。21世纪到来之际，坚持对外开放的中国，成功地加入了世界贸易组织，实现了“从封闭半封闭到全方位开放的伟大历史转折。从建立经济特区到开放沿海、沿江、沿边、内陆地区，从引进外资到鼓励中国企业对外投资，从敞开国门搞建设到加入世界贸易组织，中国参与经济全球化和区域经济合作，对外开放水平不断提高。”①

此时，中国已由当初的经济全球化批判者和旁观者，转变为积极参与者和主要推动者；由孤立于世界之外封闭运转的独立经济体，变成了世界经济发展大潮的重要组成部分，成为世界多极化进程和国际战略格局变革中不可或缺的重要力量。

“中国需要世界，世界需要中国”，不仅成为中国共产党人和中国社会对中外关系的基本判断，同时也成了世界各国对当今时代国际关系的普遍共识!

二、对外开放使“中国走向世界”与“世界走向中国”成为密不可分的统一进程

进入21世纪后，随着中国综合国力迅猛增长，中国国际环境持续

---

① 中华人民共和国国务院新闻办公室:《中国的和平发展》白皮书，中央人民政府门户网站，2011年9月6日。

改善，对外开放的信心和能力进一步加强，参与地区和国际事务的广度、深度与力度进一步增大。据统计，2010年中国进出口总额已从1978年的206亿美元增加到29740亿美元。30年间年累计使用外商直接投资达10483.8亿美元。中国同163个国家和地区建立了双边经贸合作机制，签署了10个自由贸易区协定，同129个国家签署了双边投资保护协定，同96个国家签署避免双重征税协定。关税总水平也从加入世界贸易组织前的15.3%降到9.8%，大多数非关税措施被取消。中国成了贸易和投资自由化便利化的积极实践者。①

更为重要的是，中国在不断扩大对外开放的过程中，为世界经济的稳定发展作出了重要贡献。在加入世界贸易组织后的10年间，中国年均进口近7500亿美元商品，相当于为相关国家和地区创造1400多万个就业岗位。在华外商投资企业从中国累计汇出利润2617亿美元，年均增长30%。中国非金融类年度对外直接投资，从不足10亿美元增加到590亿美元。特别是2008年国际金融危机发生后，中国积极介入全球经济治理进程，推动国际金融体系改革，参与国际贸易融资计划和金融合作，认真落实联合国千年发展目标，根据自身能力积极开展对外援助。截至2009年底，中国累计向161个国家、30多个国际和区域组织提供了2563亿元人民币援助，减免了50个重债穷国和最不发达国家的380笔债务，为发展中国家培训人员12万人次，累计派出2.1万名援外医疗队员和近万名援外教师。②

也正是在不断扩大对外开放的过程中，中国向联合国30项维和行动派出各类人员共约2万人次，成为派出维和人员最多的联合国安理会常任理事国。中国积极参与反恐、防扩散领域国际合作，向遭受严重自然灾害的国家提供人道主义援助并派出救援队，派遣海军护航编队参与打击海盗的国际行动。另外，中国还参加了100多个政府间国际组织，签署了300多项国际公约，成为最早制定并实施应对气候变化国家方案的

---

① 中华人民共和国国务院新闻办公室：《中国的和平发展》白皮书，中央人民政府门户网站，2011年9月6日。

② 中华人民共和国国务院新闻办公室：《中国的和平发展》白皮书，中央人民政府门户网站，2011年9月6日。

发展中国家。总体来看，此时中国与世界各国的相互依存、利益交融日益加深，交流合作更加广泛，国际地位、作用和声望，也大幅提升。

当然，这时候国际社会对中国快速发展的关注度也在上升，对中国迅猛崛起的疑虑和恐惧同步增长。中国仍继续坚持改革开放的基本路线，始终恪守和平发展、和平崛起的既定目标和路径。在不断推进和深化国内改革的同时，进一步扩大对外开放领域，优化对外开放环境，增强对外开放能力，提升对外开放水平，拓展对外合作的朋友圈，依然是中国的不二选择。中国领导人利用各种场合亲自做解疑释惑工作，有关部门也通过多种渠道和方式，反复深入地对外阐述中国和平发展意志与对外开放决心。

2011 年 9 月，中国首次以政府白皮书方式阐释了中国的发展道路问题。白皮书特别指出："中国从自身发展经验中深刻认识到，不能关起门来搞建设。中国把改革开放作为一项基本国策，把对内改革和对外开放结合起来，把坚持独立自主同参与经济全球化结合起来，把继承中华民族优良传统同学习借鉴人类社会一切文明成果结合起来，把国际国内两个市场、两种资源结合起来，以开放的姿态融入世界，不断拓展对外开放的广度和深度，加强同世界各国交流合作，完善内外联动、互利共赢、安全高效的开放型经济体系。中国对外开放的大门绝不会关上，开放水平只会越来越高。"①

2012 年召开的党的十八大，是中国现代化发展进程中的一件大事，也是中国与世界联动发展、融合发展进程中的一件大事。这时，中国开放型的经济建设已经取得巨大成就，经济总量和进出口总额均已跃居世界第二位。面对发展机遇和风险挑战同时存在的新情况，大会宣布：中国还要全面提高开放型经济水平，实行更加积极主动的开放战略，完善互利共赢、多元平衡、安全高效的开放型经济体系。大会提出了加快转变对外经济发展方式，推动开放朝着优化结构、拓展深度、提高效益方向转变等一系列新的思想和主张；同时明确表示，中国要加快走出去步伐，增强企业国际化经营能力，培育一批世界水平的跨国公司。统筹双

① 中华人民共和国国务院新闻办公室：《中国的和平发展》白皮书，中央人民政府门户网站，2011 年 9 月 6 日。

边、多边、区域次区域开放合作，加快实施自由贸易区战略，推动同周边国家互联互通。

基于“人类只有一个地球，各国共处一个世界”的新理念，大会明确表示，中国主张在国际关系中弘扬平等互信、包容互鉴、合作共赢的精神，共同维护国际公平正义。因此，中国将在追求本国利益时兼顾他国合理关切，在谋求本国发展中促进各国共同发展，建立更加平等均衡的新型全球发展伙伴关系，增进人类共同利益；将把本国人民利益同各国人民共同利益结合起来，以更加积极的姿态参与国际事务，发挥负责任大国作用，共同应对全球性挑战。大会承诺：“中国将始终不渝奉行互利共赢的开放战略，通过深化合作促进世界经济强劲、可持续、平衡增长。……中国将加强同主要经济体宏观经济政策协调，通过协商妥善解决经贸摩擦。中国坚持权利和义务相平衡，积极参与全球经济治理，推动贸易和投资自由化便利化，反对各种形式的保护主义。”①

总而言之，这时中国向国际社会提供的最重要信息是：中国对外开放，绝不仅仅是经济行为，而是涉及政治、科技、人文、安全、生态等所有领域的交流与合作；中国对外开放，绝不仅仅是单行道，而是中国与世界各国的联动与互动；中国对外开放，绝不仅仅是中国发展利益与安全利益的最大化，而是中国与周边国家和整个世界和衷共济，合作共赢，最终实现命运与共。

对此，2016 年 9 月习近平主席在二十国集团（G20）杭州峰会上做了更为透彻的阐释。他指出：“我们奉行独立自主的和平外交政策，坚持对外开放的基本国策，敞开大门搞建设，从大规模引进来到大踏步走出去，积极推动建设更加公正合理的国际秩序，中国同外部世界的互动持续加深，中国的朋友遍布世界。”②

这说明，中国改革开放和社会主义现代化建设的进程，既是探索前行、真抓实干、富民强国的进程，也是中国与世界良性互动，即“中国

① 胡锦涛：《坚定不移沿着中国特色社会主义道路前进，为全面建成小康社会而奋斗》（2012 年 11 月 8 日），《十八大以来重要文献选编》（上），中央文献出版社 2014 年版，第 37 页。

② 习近平：《中国发展新起点 全球增长新蓝图——在二十国集团工商峰会开幕式上的主旨演讲》（2016 年 9 月 3 日），《人民日报》2016 年 9 月 4 日。

走向世界、世界走向中国的进程”。[①]

三、对外开放使中国“深刻改变自己”与“深刻影响世界”成为国际关系发展变化的新常态

世界的进步和发展从来都是曲折而复杂的。中国对外开放不会一帆风顺，融入国际社会并走向世界舞台中心，更不可能风雨无阻。受国际政治斗争尖锐性、地缘战略博弈多变性、价值观念体系差异性以及发展模式竞争的深刻性等诸多因素影响，外部世界对中国发展壮大反应不适的问题近年来进一步暴露。党的十八大以来，围绕中国是否继续改革开放，中国扩大开放将给世界带来何种影响，国际上热议不断，其中不乏曲解与误读。

习近平总书记敏锐地注意到了国际舆情的动向与走势。他就任党和国家最高领导人后，多次就中国继续坚持改革开放政策做出明确表态。2013 年 3 月，他以国家元首身份首次出访俄罗斯并发表第一篇对外政策演说时即已郑重宣告:“中国将坚定不移走和平发展道路，致力于促进开放的发展、合作的发展、共赢的发展。”2014 年 8 月，他在纪念邓小平同志诞辰 110 周年座谈会上发表讲话，高度赞扬邓小平“义无反顾地把改革开放不断向前推进”，“使中国人民的面貌、社会主义中国的面貌、中国共产党的面貌发生了历史性变化”。他同时还特别强调:“中国特色社会主义是前无古人的伟大事业，改革开放和社会主义现代化建设还有很长的路要走”。[②]

当年秋季，习近平主席出访中亚东南亚，发出了中国与相关国家共建丝绸之路经济带和 21 世纪海上丝绸之路即“一带一路”的倡议，提出了中国特色社会主义与当代人类文明发展进程联动融合协同共进的新路径。在 2017 年 5 月召开的“一带一路”国际合作高峰论坛上，他基于“开放带来进步，封闭导致落后”的科学判断，庄严宣布:“我们要将‘一带

---

① 习近平:《中国发展新起点 全球增长新蓝图——在二十国集团工商峰会开幕式上的主旨演讲》(2016 年 9 月 3 日),《人民日报》2016 年 9 月 4 日。

② 《习近平谈治国理政》(第二卷)，外文出版社 2017 年版，第 8、9 页。

一路’建成开放之路”，“‘一带一路’建设要以开放为先导”。[①]“开放”和以开放为基础的“合作”，成了中国倡导并全力推进“一带一路”建设的核心词汇。

2017年10月召开的党的十九大，标志着中国改革开放进入新的历史阶段，同时也标志着中国特色社会主义新时代的到来。习近平总书记作为新时代中国特色社会主义领路人，对中华民族实现伟大复兴的历史过程作了全面回顾。他指出，我们党在这一过程中得出的深刻认识之一，就是“必须合乎时代潮流，顺应人民意愿，勇于改革开放，让党和人民的事业始终充满奋勇前进的强大动力”。他指出，正是“改革开放新的伟大革命，破除阻碍国家和民族发展的一切思想和体制障碍，开辟了中国特色社会主义道路，使中国大踏步赶上时代”。[②]在阐述新时代中国特色社会主义发展方略和建设现代化经济体系相关问题时，他又强调：中国要推动形成全面开放新格局，中国开放的大门不会关闭，只会越开越大。

当前，我们所处的世界仍处于冷战结束后持续未已的历史过渡期。国际力量对比关系的重大变化和世界战略格局反复重组，引发了各种矛盾和冲突。破坏国际关系准则、冲击现存国际秩序、威胁人类和平发展的危机现象，令人目不暇接。国际事务中的不稳定性、不确定性和不可测性，显得分外突出。特别是特朗普就任美国总统后实施的所谓“美国优先”系列政策，让人类社会的发展进程变得愈加复杂。正在为全面复兴而奋斗并阔步走向世界舞台中心的中国，亦不得不面对许多新的问题和挑战。习近平主席纵观国际风云变幻，把脉时代潮流走向，大力主张构建人类命运共同体，实现人类文明的互通互鉴；主张坚持和平发展合作共赢，引导经济全球化向健康稳定普惠方向发展；主张共同推进“一带一路”建设，为建设开放型世界经济并拓展国际合作注入新的动力。

2017年1月，习近平主席出席达沃斯世界经济论坛并访问了联合国日内瓦总部。中国国家元首首次莅临全球最大的经济论坛、造访万国宫

① 《习近平谈治国理政》(第二卷)，外文出版社2017年版，第512页。

② 习近平：《决胜全面建成小康社会，夺取新时代中国特色社会主义伟大胜利——在中国共产党第十九次全国代表大会上的报告》(2017年10月18日)，人民出版社2017年版，第14页。

并发表演说，这本身就是中国进一步开放的重大举措，具有极强的象征意义和价值指向。在达沃斯论坛上，习近平主席指出：中国道路是一条从本国国情出发的道路，是一条把人民利益放在首位的道路，是一条改革创新的道路，也是一条“在开放中谋求共同发展的道路”。因此，无论世界发生什么事情，中国都将“坚持对外开放基本国策，奉行互利共赢的开放战略，不断提升发展的内外联动性，在实现自身发展的同时更多惠及其他国家和人民。”①

站在世界最高水准的经济讲坛，习近平主席理直气壮地指出，中国既是经济全球化的受益者，同时更是贡献者，“中国的发展是世界的机遇”，“中国经济快速增长，为全球经济稳定和增长提供了持续强大的推动。中国同一大批国家的联动发展，使全球经济发展更加平衡。中国减贫事业的巨大成就，使全球经济增长更加包容。中国改革开放持续推进，为开放型世界经济发展提供了重要动力。”中国未来“将积极营造宽松有序的投资环境，放宽外商投资准入，建设高标准自由贸易试验区，加强产权保护，促进公平竞争，让中国市场更加透明、更加规范。”“中国将大力建设共同发展的对外开放格局，推进亚太自由贸易区建设和区域全面经济伙伴关系协定谈判，构建面向全球的自由贸易区网络。”中国的大门对世界始终是打开的，“世界能够进入中国，中国也才能走向世界。”

在日内瓦万国宫，习近平主席站在人类发展进步的历史大视角，对饱受诟病的经济全球化作了令人信服的客观评估，对中国与世界的关系作了新的解读和厘定。他肯定“经济全球化的大方向是正确的”，认为“经济全球化是历史大势，促成了贸易大繁荣、投资大便利、人员大流动、技术大发展。”而“中国人始终认为，世界好，中国才好；中国好，世界才更好。”因此，中国维护世界和平的决心不会改变；促进共同发展的决心不会改变；打造伙伴关系的决心不会改变；支持多边主义的决心不会改变。基于这“四大决心”，未来 5 年中国将进口 8 万亿美元商品，吸收 6000 亿美元外资，对外投资总额将达 7500 亿美元，出境旅游将达 7 亿人次。②

---

① 《习近平谈治国理政》（第二卷），外文出版社 2017 年版，第 482—486 页。

② 《习近平谈治国理政》（第二卷），外文出版社 2017 年版，第 543—547 页。

此时，2008 年爆发的国际金融危机依然阴影长存。反一体化、反全球化思潮，在世界上仍有泛滥成灾之势。曾经主导全球化进程的西方世界，包括曾经执全球化牛耳的美国，被孤立主义、保守主义、单边主义和民粹主义严重裹挟。特朗普领导下的美国政府，不断向现行的国际经贸秩序发起冲击。在“美国第一”“美国至上”“让美国重新伟大”的口号下，美国退出许多国际组织，撕毁许多国际条约，放弃许多国际责任，与包括中国、俄罗斯在内的新兴经济体乃至整个国际社会，冲突迭起并持续升级。

在世界开放还是封闭、人类进步还是倒退这一重大关头，国际社会陷入前所未有的迷茫与困惑之中。2018 年 4 月，习近平主席在博鳌亚洲论坛年会上，进一步论述了国际形势和中国的对外政策。他重申了中方一贯倡导的和平发展与合作共赢的理念，尖锐地抨击了国际关系中的冷战思维与零和博弈，同时也深刻揭示了妄自尊大、独善其身政策的局限性和灾难性。他呼吁世界各国同心协力、携手共进，努力构建人类命运共同体，共创和平安宁繁荣开放美丽的亚洲和世界！针对国际上某些势力污蔑中国正在走向封闭倒退的无端指责，他义正词严地表示：过去 40 年中国经济发展是在开放条件下取得的，未来中国经济实现高质量发展也必须在更加开放的条件下进行。

2018 年是中国改革开放 40 周年，中国与世界的双向互动即将进入新的历史节点。习近平主席站在更高的历史方位上，以远见卓识的战略家气魄和胆识，创造性地规划了中国与外部世界的新关系，提出了大幅度放宽市场准入、创造更有吸引力的投资环境、加强知识产权保护、主动扩大进口等新一轮对外开放举措，受到国际社会普遍欢迎。

2018 年 11 月，中国首届国际进口博览会在上海成功举行。共有 172 个国家、地区和国际组织的领导人或其代表到会，参展企业多达 3600 多家。到会洽谈采购的境内外人士超过了 40 万。中国以“新时代，共享未来”为主题举办这届博览会，目的就是要“把握新时代中国发展机遇，深化国际经贸合作，实现共同繁荣进步。”①

---

① 习近平：《共建创新包容的开放型世界经济——在首届中国国际进口博览会开幕式上的主旨演讲》（2018 年 11 月 5 日），《人民日报》2018 年 11 月 6 日。

这次博览会，也是迄今为止世界上第一个以进口为主题的国家级展会。正如习近平主席所说，这是国际贸易发展史上的一大创举。“举办中国国际进口博览会，是中国着眼于推动新一轮高水平对外开放作出的重大决策，是中国主动向世界开放市场的重大举措。这体现了中国支持多边贸易体制、推动发展自由贸易的一贯立场，是中国推动建设开放型世界经济、支持经济全球化的实际行动。”中国举办这样的博览会意味着“中国推动更高水平开放的脚步不会停滞！中国推动建设开放型世界经济的脚步不会停滞！中国推动构建人类命运共同体的脚步不会停滞！”

这次博览会的成功举办，无可辩驳地证明：“中国将坚定不移奉行互利共赢的开放战略，实行高水平的贸易和投资自由化便利化政策，推动形成陆海内外联动、东西双向互济的开放格局。中国将始终是全球共同开放的重要推动者，中国将始终是世界经济增长的稳定动力源，中国将始终是各国拓展商机的活力大市场，中国将始终是全球治理改革的积极贡献者！”①

这次博览会的成功举办同时也再次表明：中国在已经深刻地改变了自己并且还要继续深刻改变自己的同时，还将通过进一步扩大对外开放，通过高水平的对外交往与合作，更加广泛、更加深刻、更加久远地影响外部世界，影响国际关系的演变进程，影响人类社会的未来发展！

***　***　***

2018 年 12 月 18 日，庆祝改革开放 40 周年大会在北京隆重举行。习近平总书记在讲话中指出：“40 年来，我们始终坚持独立自主的和平外交政策，始终不渝走和平发展道路、奉行互利共赢的开放战略，坚定维护国际关系基本准则，维护国际公平正义。我们实现由封闭半封闭到全方位开放的历史转变，积极参与经济全球化进程，为推动人类共同发展作出了应有贡献。我们积极推动建设开放型世界经济、构建人类命运共同体，促进全球治理体系变革，旗帜鲜明反对霸权主义和强权政治，为

---

①　习近平：《共建创新包容的开放型世界经济——在首届中国国际进口博览会开幕式上的主旨演讲》（2018 年 11 月 5 日），《人民日报》2018 年 11 月 6 日。

世界和平与发展不断贡献中国智慧、中国方案、中国力量。我国日益走近世界舞台中央，成为国际社会公认的世界和平的建设者、全球发展的贡献者、国际秩序的维护者！"[①] 我们坚信，在以习近平同志为核心的党中央坚强领导下，无论未来国际形势如何风诡云谲，也无论中国与外部世界的关系发生什么样的变数，中国特色大国外交归根到底，就是要以不断扩大对外开放，应对持续不已的世界变革大潮；就是要在不断改变自己的同时，不断地影响世界；就是要以更加磅礴的气势和更加恢宏的力度，与时代同步，与世界同行。中国特色大国外交的目标和愿景，就是要实现中国与世界各国的联动发展和融合发展，使中华民族与整个人类社会休戚相关，命运与共！

作者

2018 年 12 月于北京

① 习近平：《在庆祝改革开放 40 周年大会上的讲话》（2018 年 12 月 18 日），《人民日报》2018 年 12 月 19 日。

目　　录

上篇　自立于世界民族之林

上　篇　自立于世界民族之林

第一章

“一边倒”外交战略的成因与成就

1949年10月1日，当毛泽东主席在北京天安门城楼上宣布中央人民政府成立了、中国人民从此站立起来时，国内解放战争还没有完全结束，世界反法西斯战争结束也不过四年多一点的时间。但是，当时的世界已处于全面冷战状态。以苏联为首的社会主义国家和以美国为首的资本主义国家，形成了全面对抗的两大阵营。由于社会主义国家大都处于世界的东方，而资本主义国家大都位于世界的西方，当时的两大阵营对抗，也因此被称为东西方对抗。

苏美两国统领的东西方两大阵营，当时在全球范围内展开了激烈的较量和争夺。欧亚大陆是美苏对抗的主战场，亚太地区则是美苏角逐的前沿阵地之一。中国共产党人领导建立的新中国，以建立社会主义、最终实现共产主义为发展目标和价值取向，其对外战略和策略、基本原则和主张，就是在这样一个非同寻常的国际背景下制定和发展起来的。

新中国成立之际，世界社会主义凯歌行进、民族解放运动风起云涌、殖民主义体系土崩瓦解。以美国为首的帝国主义国家，将中国革命胜利视为洪水猛兽，对新中国进行外交孤立、经济封锁和军事包围，试图把新中国扼杀在摇篮中。然而，饱受苦难的中华民族具有以邻为亲、与人为善的优良品格，具有广交四海、协和万邦的传统美德。中国共产党领导的人民民主政权，则有反对强权、主张正义的先进属性，并以争取和平、追求进步为己任。面对国内百业待兴的艰巨任务和外部包围封锁的复杂环境，以毛泽东同志为首的中国共产党人审时度势，为新中国确立了“一边倒”的外交战略。

一、实行“一边倒”外交是历史的选择

新中国成立后，在外交上向以苏联为首的社会主义阵营“一边倒”，这一战略早在1949年国内解放战争尚未结束时就已经明确提出。当时，毛泽东依据中国革命的历史经验，得出这样一个结论：“积四十年和二十八年的经验，中国人不是倒向帝国主义一边，就是倒向社会主义一边”，“第三条道路是没有的”。[①] 正是基于这一判断，新中国成立前夕，毛泽东还明确提出了在外交领域“另起炉灶”“打扫干净屋子再请客”等策略思想。

“一边倒”“另起炉灶”“打扫干净屋子再请客”，构成了新中国成立初期对外战略和策略的核心内容。所谓“一边倒”，就是说新中国在重大国际问题上，要与苏联和以苏联为首的社会主义各国密切协调，相互配合，统一立场和行动；要把维护世界社会主义阵营的团结统一和共同利益，争取苏联和社会主义各国对新中国的支持和帮助放在对外关系中的首要位置。所谓“另起炉灶”，意味着不承认原国民党政权与外国及国际组织建立的外交关系和国际联系，彻底改变旧中国处理对外关系和国际事务的理念和原则，在尊重新中国主权、独立和领土完整的基础上，与世界各国重建新型关系。与有些国家建交，要通过重新谈判。所谓“打扫干净屋子再请客”，就是要重新审查旧中国对外签署的各种不平等条约和协议，取消帝国主义国家在华享有的非法权益，如驻军权、自由经营权、内河航行权、海关管理权等，也就是要争取有步骤地彻底摧毁帝国主义在中国的控制权的方针，为新中国对外开展平等合作开辟新天地。

苏联共产党[②] 是苏联的执政党。中国革命战争年代，中苏两国共产党一直保持着特殊关系。1947—1948年间，苏联领导人斯大林曾经通过苏联党派驻中国党的秘密联络员阿洛夫，商请毛泽东秘密访苏。毛泽东当时确有访苏意愿，目的是尽可能争取苏联对中国革命的援助，就一些重

---

① 中华人民共和国外交部、中共中央文献研究室编：《毛泽东外交文选》，中央文献出版社、世界知识出版社1994年版，第93页。

② 苏联共产党当时全称为苏联共产党（布尔什维克），一般简称联共（布）。1952年改称苏联共产党，简称苏共。

大问题征求苏联意见，进一步协调两党的政治方针。毛泽东本人曾致电斯大林谈过此事。[①]后来，由于多种原因，毛泽东推迟了访苏计划，希望苏方派人来华商谈有关事宜。1949年1月30日至2月8日，苏联共产党派政治局委员米高扬秘密来到中共中央所在地西柏坡，与中共高层直接接触，并实地了解中国革命发展态势。

当时，中国共产党领导的解放战争凯歌高奏，苏联意识到中国革命胜利指日可待，因而不断加大对中国革命的支持力度。1948年4月，苏联驻哈尔滨总领事马宁会见中共中央政治局委员、东北军区副司令员兼政委高岗，建议中共尽快建立全解放区政府。他表示，不管其他国家承认与否，一切民主国家和苏联都可以承认，以便向中共提供援助。不久后，斯大林召见前往中国帮助修复东北铁路的交通部副部长科瓦廖夫，明确表示，如果社会主义在中国胜利，其他一些国家也将走上这条道路，那就可以认为社会主义在全世界的胜利有了保障。因此，“为了援助中国共产党人，我们不能吝惜力量和金钱”。[②]

这期间，中国东北的人民政权已在经济技术领域同苏联进行合作。1948年9月，中共中央东北局书记、东北军区司令员林彪致信斯大林，要求苏联继续派遣经济顾问和军工专家到东北，帮助解放区恢复国民经济。苏联基于多种考虑，没有完全满足林彪的要求，而是等毛泽东来苏面议。当年12月，科瓦廖夫回国述职，中共领导人委托他转达中国共产党希望苏方提供专家和相关援助的要求，但苏联没有立即全部满足。

米高扬返回莫斯科后，中国共产党对苏合作力度不断加大。中共中央曾电示东北局和华北局：解放区的对外贸易方针“应该是凡苏联及东欧各新民主国家所需要的货物，我们当尽量向苏联及新民主国家出口，凡是苏联及新民主国家能供给我们的货物，我们当尽量从苏联及新民主国家进口”。[③]中共七届二中全会召开时，毛泽东特别指出：“中苏关系是密

---

① 沈志华:《苏联专家在中国(1948—1960)》，中国国际广播出版社2003年版，第53—55页。

② 沈志华:《苏联专家在中国(1948—1960)》，中国国际广播出版社2003年版，第31页。

③ 中央档案馆编:《中共中央文件选集》第十八卷，中共中央党校出版社1992年版，第136页。

切的兄弟关系，我们和苏联应该站在一条战线上，是盟友，只要一有机会就要公开发表文告说明这一点。”[①] 可见，新中国对外实行的“一边倒”战略，早在革命胜利之前就已经形成。

1949 年夏季，刘少奇率中共代表团秘密访苏，向苏联领导人通报中国革命形势，争取苏联支持即将成立的新中国，并为毛泽东访苏预做准备。访问期间，刘少奇经中共中央授权，向联共（布）和斯大林提交了书面报告，全面介绍中国革命形势和中国共产党的建国方略，包括召开政治协商会议、成立中央政府、中共领导人在新政权中的人事安排等具体设想。

关于新中国的外交战略和策略问题，刘少奇在报告中表示，新中国将依据如下原则：（一）和各帝国主义国家进行斗争，以便实现中国民族的完全独立；（二）在国际事务中和苏联及各新民主国家站在一道，反对新的战争危险，保卫世界和平与民主；（三）利用各资本主义国家的矛盾；（四）在平等互惠的条件下发展中国与外国的通商贸易，特别是发展与苏联及各新民主国家的贸易。[②] 报告中强调，“在国际活动的政策上，我们一定要与苏联一致。”“若干党外人士曾批评我们的政策是向苏联一面倒，毛泽东同志答复他们说：我们的政策就是要向苏联一面倒，如果不和苏联一起，站在反帝国主义阵营，而企图走中间路线，那是错误的。”[③]

在苏期间，刘少奇还要求苏联和东欧各国在新中国成立后尽快予以外交承认，要求双方共同处理苏联与国民党政府签订的中苏条约，同时要求苏联为新中国提供财政援助，帮助中国组建海岸防御体系和空军，建立军事工业和海空军学校，合办航空公司，派遣教授到中国讲学，解决两国通车通邮通电通海运通航空，开办培养行政及经济管理干部的大学，帮助解放新疆，开展文化交流，实现东北币制统一等诸多问题。

苏联当时不仅在政治上满足了中共的要求，支持成立新中国，提出不少有益的建议，而且承诺了许多合作项目，譬如为新中国提供 5 年期 3 亿美元贷款，年率 1%，贷款协议生效后 10 年偿还。此外，双方还就苏联帮助新中国组建高射炮团、派遣电影摄制队来华、派专家帮助中方建

---

① 《毛泽东文集》第五卷，人民出版社 1996 年版，第 262 页。

② 《建国以来刘少奇文稿》（第一册），中央文献出版社 2005 年版，第 11 页。

③ 《建国以来刘少奇文稿》（第一册），中央文献出版社 2005 年版，第 14 页。

立外宣机构，以及苏联专家在华待遇等问题达成初步协定。刘少奇结束访问回国时，苏联紧急选调大批专家和工程技术人员同时前往中国，帮助中国共产党在解放区复兴国民经济，组织新生活，筹建新国家。①

在这次访问中，刘少奇还提出了中苏两党关系定位问题。他在致联共（布）中央和斯大林的书面报告中说：“联共是世界共产主义运动的统帅部，而中共则只是一个方面军的司令部。根据局部利益服从世界利益，我们中共服从联共的决定”。② 对此，斯大林表示异议：“一个国家的党服从另一个国家的党，这是从来没有的，而且是不许可的。”③ 对此，毛泽东指示刘少奇从报告中删除那种提法。不过，毛泽东又表示：“我们实际上这样做，以利共产主义运动的发展。” ④

显而易见，新中国成立后向以苏联为首的社会主义国家“一边倒”，是中国共产党人根据国内外形势做出的战略决策，也是根据新中国自身需要做出的自觉选择，是特定时期的历史必然。

1949 年 10 月 2 日，即新中国成立后第二天，苏联宣布承认中国，中苏两国建交。随后，保加利亚、罗马尼亚、朝鲜、匈牙利、捷克斯洛伐克、波兰、蒙古、德意志民主共和国相继承认新中国，并与新中国建交。11 月，阿尔巴尼亚亦与新中国建交，南斯拉夫也承认了新中国。

1949 年 10 月 23 日，中国首任驻苏大使王稼祥抵达莫斯科。他也是新中国对外派驻的第一任大使，当时还随身带去了毛泽东致斯大林的亲笔信。信中称：“王稼祥同志到苏联的任务，除担任我国驻苏大使，并以我国外交部副部长资格兼管对东欧各新民主国家的一般的外交事务外，同时以中共中央代表的资格（他是我党的中央委员），和你及联共中央接洽有关两党之间的事务。”⑤ 中国派驻社会主义国家的大使，同时也是中国共产党派驻该国执政党的代表，这是新中国的一个创举，世界外交史上绝

① 刘少奇访问苏联详情，参见武寅主编：《世界通史》（第 36 册），江西人民出版社 2012 年版，第 51 页。

② 《建国以来刘少奇文稿》（第一册），中央文献出版社 2005 年版，第 16—17 页。

③ 《建国以来刘少奇文稿》（第一册），中央文献出版社 2005 年版，第 34 页。

④ 《建国以来刘少奇文稿》（第一册），中央文献出版社 2005 年版，第 22 页。

⑤ 中华人民共和国外交部档案馆、人民画报社编：《解密外交文献——中华人民共和国建交档案（1949—1955）》，中国画报出版社 2006 年版，第 24 页。

无仅有。中国共产党的对外交往，成为国家总体外交的重要组成部分。

除王稼祥外，中共中央当时还紧急抽调一大批年富力强、知识面广的领导干部担任驻外大使，其中绝大部分为军队将领。他们是：曹祥仁，曾任第四野战军副参谋长兼二分局局长、中央军委工程学校校长兼政委，出使保加利亚；王幼平，解放军第五兵团政治部代主任，出使罗马尼亚；倪志亮，中南军政大学副校长兼武汉警备司令部副司令员，出使朝鲜；黄镇，中国人民革命军事委员会总政治部第一室主任，出使匈牙利；谭希林，山东军区第一副司令员兼青岛警备司令，出使捷克斯洛伐克；彭明治，解放军广西军区副司令员兼南宁警备司令，出使波兰；吉雅泰，中共中央内蒙古分局宣传部长，出使蒙古；姬鹏飞，解放军第七兵团副政委兼政治部主任，出使民主德国；徐以新，曾任东北军区政治部主任，后为外交部苏联东欧司司长，出使阿尔巴尼亚；罗贵波，中央人民革命军事委员会办公厅主任，出任中国共产党驻越南共产党的联络代表和中国驻越南顾问团团长，1954 年改任驻越南大使。

向以苏联为首的社会主义阵营“一边倒”，不仅使中苏友好关系全面发展，同时也使中国与其他社会主义各国的友好合作全面展开，唯一的例外是南斯拉夫。虽然 1949 年 11 月南斯拉夫即已宣布承认新中国，但因苏联与南斯拉夫关系紧张，中南两国没有立即建交。1953 年斯大林逝世后，苏联与南斯拉夫的关系逐步改善。自 1954 年起，南斯拉夫多次主动提出与中国建交，得到中方响应。1955 年两国正式建交。时任外交部副部长、具有丰富外交经验的伍修权被任命为新中国驻南斯拉夫首任大使。

二、与苏联结盟为新中国带来重大利益

苏联是世界上第一个社会主义国家，为中国革命提供过多方面的支持和帮助，在世界反法西斯战争中做出过重大贡献，在世界社会主义进程中起着旗手作用，是举世公认的政治、经济、科技和军事大国。新中国与苏联和欧亚地区一大批社会主义国家建交，迈出了中华民族自立于世界民族之林的重大一步。

1949 年 12 月至 1950 年 2 月，毛泽东以新中国领导人的身份访问了苏联。毛泽东此次访问的目的，时任政务院总理的周恩来说得很清楚：一是祝贺斯大林七十寿辰，共同交换对世界形势的意见；二是要和苏联

订立条约；三是向苏联借款。[①]

中苏双方高度重视毛泽东的这次访问，都希望访问取得皆大欢喜的成果，并能在世界上产生重大而积极的影响。但是，由于双方考虑问题的角度不同，思维方式不同，最初的沟通不是很顺畅。后来，为解决缔结中苏新条约等重大问题，苏方同意周恩来总理率中国政府代表团赴苏参与会谈和谈判。经过双方共同努力，两国最终缔结了为期 30 年的友好互助同盟条约。该条约规定：双方“愿以忠诚的合作精神，参加所有以确保世界和平与安全为目的之国际活动，并为此目的之迅速实现充分贡献其力量”。该条约还规定：“缔约国双方均不缔结反对对方的任何同盟，并不参加反对对方的任何集团及任何行动或措施”；“缔约国双方根据巩固和平与普遍安全的利益，对有关中苏两国共同利益的一切重大问题，均将进行彼此协商”；“缔约国双方保证以友好合作的精神，并遵照平等、互利、互相尊重国家主权与领土完整及不干涉对方内政的原则，发展和巩固中苏两国之间的经济与文化关系，彼此给予一切可能的经济援助，并进行必要的经济合作。”[②]

毛泽东访苏期间，苏联根据中方意愿，再次表示愿提供 3 亿美元低息贷款，并同意将苏联在中国东北地区自日本手中获得的财产以及在北京的财产，全部无偿移交给中方，同时将原由苏联经营管理的中长铁路（中国长春铁路）改为中苏共管，1952 年后全部无偿移交给中国，另外将苏联在大连的行政管理权以及苏方临时代管或租用的财产完全交给中方。双方还商定，中苏两国共同创办石油、有色金属、航空、造船四个合营公司。关于苏联为中方提供一定范围的空军保护等事项，双方也有条件地达成了协议。[③] 至于苏联在旅顺驻军、大连港和中长铁路的归还问题，双方顾及来自美国和日本的战争危险，决定留待对日和约签署后再作处理。

毛泽东成功访苏，无论对新中国还是对苏联以及整个社会主义阵营，

① 中共中央文献研究室编：《周恩来传（1949—1976）》（上），中央文献出版社 1998 年版，第 33 页。

② 中共中央文献研究室编：《建国以来重要文献选编》（第一册），中央文献出版社 1992 年版，第 119—120 页。

③ 裴坚章主编：《中华人民共和国外交史》（第一卷），世界知识出版社 1994 年版，第 23—25 页。

都是绝对的好事。后来中苏关系恶化，有人贬低中苏条约的意义，曲解中苏同盟关系的性质，有违历史事实。毛泽东本人结束访苏回国时曾在临别演说中动情地表示："我们相互间在中苏两大国人民根本利益的基础上所建立起来的充分了解与深厚友谊，是难以用语言来形容的。""业已经过条约固定下来的中苏两大国人民的团结将是永久的，不可破坏的，没有人能够分离的。而这种团结，不但必然要影响到中苏两大国的繁荣，而且必然要影响到人类的将来，影响到全世界和平与正义的胜利。"[①]

当时，新中国刚刚诞生，百废待兴，百业待举，迫切需要强有力的国际支持。全国人民对中苏建立同盟关系，举国庆贺，万众欢腾。所以，回国后，毛泽东又表示：中苏两国签订条约和协定是中央人民政府办的一件大事，条约"使中苏两大国家的友谊用法律形式固定下来，使得我们有了一个可靠的同盟国，这样就便利我们放手进行国内的建设工作和共同对付可能的帝国主义侵略，争取世界的和平。"他还说，"这件工作对我们国家，有重大意义。"[②]周恩来总理在全国政协庆祝大会上也兴奋地说："由于这个条约，欧亚大陆上的近七万万伟大的人民已经结成了军事上、经济上、文化上的亲密同盟"。[③]

当时，中国和其他社会主义国家一样，非常重视并高度评价苏联的建设成就和经验，亲切地称苏联为"老大哥"。中苏两党两国之间的关系相当密切，合作领域极为广泛，高层往来十分密集。特别是中方到苏联进行友好访问、参观学习或寻求帮助的团组，络绎不绝。大批苏联专家，这时也源源不断地来华参加新中国的经济、文化建设和科技、国防合作。数以万计的中国人被派往苏联留学进修。在这一背景下，苏联的政治理念、经济模式、科学技术、社会管理、国防建设等各方面的体制和制度不可避免地被广泛地引入中国。

中苏双方当时的合作成果十分显著。1950年，苏联利用3亿美元对华贷款，向中方提供了第一批大型项目50个。1952年中国编制第一个发展国民经济五年计划时，斯大林不仅提出相关建议，还同意提供长期的

---

① 《建国以来毛泽东文稿》（第一册），中央文献出版社1987年版，第266页。

② 中华人民共和国外交部、中共中央文献研究室编：《毛泽东外交文选》，中央文献出版社、世界知识出版社1994年版，第131、132页。

③ 《周恩来选集》（下卷），人民出版社1984年版，第35页。

全面援助。1953年，双方又签署合作文件，苏联承诺帮助中国新建改建91个大型工业项目。1954年，双方再签合作协议，苏联同意帮助中国再建15个工业项目。至此，苏联援助的大型项目共有156个。这些项目不仅成了中国第一个五年计划的核心工程，而且为中国后来的工业化建设奠定了坚实基础。

苏联在向中国提供经济技术援助的同时，还应中方之需，提供了一定数量的军事技术援助，包括抗美援朝期间提供的武器装备，协助中国组建海空军，帮助建设制造飞机、坦克、军舰、雷达等的军工企业。中方对苏联以贷款方式提供的所有援助及其利息，一部分用物资偿付，其中包括苏联急需的战略性原料，如橡胶等，另有一部分用可兑换外汇和黄金偿付。据统计，1953—1957年间，中国共支付给苏联外汇1.56亿美元，对苏联来说，这也是难能可贵的支持。

中苏友好合作，不仅表现在经济技术和国防建设领域，同时也表现在政治和思想理论建设方面。斯大林本人对毛泽东相当尊重，毛泽东访苏时，他两次当面建议毛泽东出版自己的文集，并且说毛泽东思想对苏联同志也有指导意义。毛泽东表示同意，同时希望斯大林派人予以协助。斯大林随即安排著名哲学家尤金来华参与此事。

在编辑《毛泽东选集》的过程中，双方商定，某些文稿要先邮寄到苏联征求意见，苏方对此高度重视。如《实践论》俄文稿寄到莫斯科后，斯大林立即指示有关部门，在联共（布）理论刊物《布尔什维克》上提前发表。随后，联共（布）中央机关报《真理报》予以转载，同时配发编辑部文章，盛赞毛泽东的著作“发展了马克思列宁主义关于辩证唯物论的认识论的基本原理”。毛泽东非常高兴，指示中共中央机关报《人民日报》全文发表《实践论》和《真理报》文章，然后再由新华社全文广播。1952—1953年间，苏联陆续出版四卷《毛泽东选集》俄文本，含《毛泽东选集》中文版第一、二、三卷的全部内容。[①] 在此期间，中方出版了《斯大林选集》中文版，总共十三卷。当时，毛泽东对尤金的工作比较满意，他致信斯大林，要求延长尤金在华工作时间，并让有关部门安排尤金到

① 详见武寅主编:《世界历史》（第36册），江西人民出版社2012年版，第53—54页。

各地巡回讲演，介绍苏联革命和建设经验。[①] 后来，斯大林干脆任命尤金为苏联驻华大使。

那时，中苏两国执政党的关系很好。双方在政治上彼此信任，相互支持，为两国关系稳定发展提供了坚实的政治保障。1953 年 3 月斯大林逝世，全中国人民悲痛欲绝。中国不仅派周恩来赴莫斯科参加葬礼，而且在国内举行了为时多日的悼念活动。这一年，苏联共产党揭露了“贝利亚阴谋集团”，中国共产党处理了“高饶事件”，双方通过相应渠道主动向对方通报情况，相互表示理解和支持。中国共产党内的“高饶事件”，最初还是由毛泽东本人向苏联驻华大使通报的。[②]

三、打赢抗美援朝战争使新中国国威大振

1950 年 6 月 25 日，正当中苏两国为恢复新中国在联合国的合法权利而进行艰苦的外交斗争时，朝鲜内战爆发。[③]6 月 26 日，朝鲜领导人金日成发表演说，号召全朝鲜人民和人民军官兵动员起来，为朝鲜的自由独立和统一而进行正义的祖国解放战争。6 月 28 日，朝鲜人民军攻下汉城，[④]8 月中旬，夺取了南朝鲜近 90% 的地区。

朝鲜内战爆发后，美国立即表态支持南朝鲜政权。杜鲁门总统 6 月 26 日命令美国驻远东的海军和空军参战。27 日，美军侵入朝鲜，海军第七舰队进入台湾海峡，帮助蒋介石政权协防。6 月 30 日，美国驻日本地面部队投入朝鲜战争。7 月 7 日，联合国在美国操纵下通过决议，授权美国组织“联合国军”入朝作战。朝鲜国内战争急剧升级为民族解放战争。9 月中旬，朝鲜战局突变。以美军为首的“联合国军”乘朝鲜人民军后方空虚之际，登陆仁川，包抄了朝鲜人民军后路，同时组织大规模正面反攻，朝鲜人民军陷入战略困境。自 8 月下旬起，美国空军开始侵犯中国领空，频繁轰炸中国东北地区的军事目标和民用设施。9 月 28 日，“联

① 尤金作为苏联驻华大使，任期从 1953 年开始，直到 1959 年。

② 散木:《苏联驻华大使尤金见证中苏关系中的曲折》,《党史博览》2012 年第 11 期。

③ 日本在二战中战败投降，苏美两国以三八线为界，分别占领朝鲜北部和南部，朝鲜半岛从此分裂为南北两部分，后来形成两个政权。朝鲜战争爆发前，南北双方在三八线附近已冲突不断。

④ 即今日的韩国首都首尔。

合国军”攻占汉城，29日，其先头部队推进到三八线一带。

10月1日，根据杜鲁门总统的命令，南朝鲜军队越过三八线向北推进。10月7日，美军大规模跟进，扑向朝中边境地区，同时发出了要求朝鲜放下武器、停止战斗的“最后通牒”。当日，联合国在美国操纵下通过提案，否决了苏联等国提出的旨在和平解决朝鲜问题，在公正合理的基础上实现朝鲜统一的“五国提案”，以及印度提出的关于成立专门小组以便重新审查朝鲜问题的提案，怂恿和支持美国扩大对朝鲜的侵略战争。至此，美国把战火引向新中国边境，在远东地区建立霸权的战略意图昭然若揭。

中国政府坚决反对美国侵略朝鲜、派舰队进入台湾海峡。6月28日，毛泽东主席发表讲话，表达了坚决反对美国侵略的严正立场。他一方面指出，“亚洲的事务应由亚洲人民自己来管，而不应由美国来管”；另一方面号召，“全国和全世界的人民团结起来，进行充分的准备，打败美帝国主义的任何挑衅。”[①] 当日，周恩来总理兼外长代表中国政府发表声明，表示“我国全体人民必将万众一心，为从美国侵略者手中解放台湾而奋斗到底。”[②]

面对朝鲜战局的严峻性和复杂性，毛泽东做出了“如美帝得胜，就会得意，就会威胁我”、“对朝不能不帮，必须帮”的正确判断，指示全党，“我们不能不有所准备。”[③]7月上旬，中央做出了成立东北边防军的重大决策。10月1日，《人民日报》发表了毛泽东审阅修改的周恩来国庆讲话。周恩来在讲话中表示：“中国人民爱好和平，但是为了保卫和平，从不也永不害怕反抗侵略战争。中国人民决不能容忍外国的侵略，也不能听任帝国主义者对自己的邻人肆行侵略而置之不理。”[④]10月3日，周恩来紧急会见印度驻华大使，请他转告美国：美军果真要扩大战争，“我们不能坐视不管，我们要管”；“我们要和平”，“朝鲜战事应该即刻停止，外国军队应

---

① 中共中央文献研究室编：《建国以来重要文献选编》（第十一册），中央文献出版社1992年版，第560页。

② 中共中央文献研究室编：《建国以来重要文献选编》（第一册），中央文献出版社1992年版，第327页。

③ 薄一波：《若干重大决策与事件的回顾》（上卷），中共中央党校出版社1991年版，第43页。

④ 中共中央文献研究室编：《周恩来传（1949—1976）》（上），中央文献出版社1998年版，第57页。

该撤退”;“有关国家必须在联合国内会商和平解决的办法”[①]。可以说，中国为维护地区和平，防止战争扩大尽了最大努力。

遗憾的是，美国低估了中国人民保家卫国的意志和决心，对中国的警告置若罔闻，肆无忌惮地扩大战火。在此情况下，毛泽东反复听取了各方面意见，毅然决定出兵朝鲜。10 月 8 日，东北边防军改编为中国人民志愿军。1950 年 10 月 19 日夜，中国人民志愿军进入朝鲜，“抗美援朝、保家卫国”的战争拉开帷幕。入朝后，志愿军遵照毛泽东关于尊重朝鲜人民、朝鲜人民军、朝鲜民主政府、朝鲜劳动党、其他民主党派及朝鲜人民的领袖金日成同志，爱护朝鲜的一山一水一草一木，不拿朝鲜人民的一针一线，为战胜共同敌人而奋斗到底等重要指示，与朝鲜人民军并肩作战，很快扭转了战局。到 1950 年底，所谓的“联合国军”被打回到三八线附近。此后，双方在三八线一带各有所得，互有进退，朝鲜战争进入胶着状态。

新中国是个爱好和平的国家。争取世界和平、维护地区安宁，既是新中国国家政权的先进属性使然，也是新中国休养生息、展开建国大业的现实要求。因此，朝鲜战争爆发后，中国为防止局势升级，恢复半岛和平进行了艰苦的外交努力，后来又为结束战争做出了重大贡献。1950 年 7 月 6 日，周恩来总理兼外长曾就联合国通过支持美国武装侵略朝鲜的决议致函联合国秘书长及安理会各成员国，严正指出该决议的非法性。8 月 27 日和 30 日，当美国飞机频繁侵犯中国东北地区、在中国沿海和公海不断挑衅时，周恩来分别致电美国国务卿、联合国秘书长和安理会主席，对此提出严正抗议，要求联合国采取行动，制止美国的侵略行径，防止事态进一步扩大。

在争取和平解决朝鲜问题的外交斗争中，中国得到了社会主义阵营各国的大力支持。特别是苏联，无论战争之前还是战争之中，中苏两国一直保持密切联系，信息沟通与立场协调始终未断。1950 年春，朝鲜战争尚未打响，两国领导人就已经开始就朝鲜半岛局势及相关问题交换意见。5 月 14 日，斯大林曾电告毛泽东，苏联已经“同意朝鲜人关于实现

① 中共中央文献研究室、中国人民解放军军事科学院编:《周恩来军事文选》，人民出版社 1997 年版，第 66—68 页。

统一的建议”，但同时表示，“这个问题最终应该由中国和朝鲜同志共同解决，如果中国同志不同意，则应重新讨论如何解决这个问题”[①]。1950年7月2日，朝鲜战争爆发一周后，周恩来总理会见苏联驻华大使罗申，通报中国对战争的看法和已经采取的措施，询问苏联能否在中国军队参战时提供空中掩护。斯大林通过罗申转告中方，中国拟由“志愿军进入北朝鲜作战是正确的”，同时承诺“苏联将尽力为这些部队提供空中掩护”[②]。8月4日，苏联驻联合国安理会代表呼吁各方立即停火，外国军队撤出朝鲜，同时建议联合国邀请新中国代表参与讨论。8月20日，周恩来致函联合国秘书长，对苏联建议表示完全赞同和支持。

1950年10月1日，朝鲜人民军在战场上遭遇重大挫折后，苏联领导人斯大林致电毛泽东，建议中国立即派出至少五六个师到三八线，帮助朝鲜保卫三八线以北地区。当晚，朝鲜领导人金日成出面约见中国驻朝鲜大使，急切要求中国出兵援助。[③]10月2日，毛泽东答复斯大林：我们决定用志愿军名义派一部分军队至朝鲜境内，“援助朝鲜同志”。[④]10月5日，中方最终决定出兵朝鲜，同时决定派周恩来、林彪到苏联，与苏方商讨苏联提供空军支援和武器装备等问题。鉴于斯大林当时仍心存疑虑，毛泽东10月13日再次告之：出兵朝鲜“对中国，对朝鲜，对东方，对世界都极为有利；而我们不出兵让敌人压至鸭绿江边，国内国际反动气焰增高，则对各方都不利”。“总之，我们认为应当参战，必须参战。参战利益极大，不参战损害极大。”[⑤]

中国领导人的坚强意志感动了斯大林，苏联迅速调整了对中国抗美援朝的消极态度。虽然在出动空军的方式和作战区域、为中方提供武器

---

① 引自沈志华:《毛泽东、斯大林与朝鲜战争》，广东人民出版社2003年版，第183页。

② 引自沈志华:《毛泽东、斯大林与朝鲜战争》，广东人民出版社2003年版，第208—209页。

③ 中共中央文献研究室编:《毛泽东年谱（1949—1976）》（第一卷），中央文献出版社2013年版，第200页。

④ 中共中央文献研究室编:《毛泽东年谱（1949—1976）》（第一卷），中央文献出版社2013年版，第201页。

⑤ 中共中央文献研究室编:《毛泽东年谱（1949—1976）》（第一卷），中央文献出版社2013年版，第211、212页。

装备的时间和数量等问题上，中方对苏联有过不满，但总体看，苏联作为中国盟友，还是履行了两国同盟条约规定的义务。苏联向中国提供的军事援助，规模巨大，是中国军队不可或缺的。由于战争的需要，两国的经贸关系当时也得到了显著加强。

1951 年 6 月，朝鲜战局发生重大变化，朝鲜问题出现了和平解决的可能性。这时，苏联在联合国提出和平倡议，中国与朝鲜大力支持，美国不得不于当年 7 月坐下来谈判。1952 年 8 月，周恩来访问苏联，与斯大林共商对美谈判的策略和立场。1953 年 3 月斯大林逝世后，中苏在朝鲜问题上继续合作，在对美谈判中保持政策沟通。1953 年 7 月，美国被迫在朝鲜停战协定上签了字。

历时三年的朝鲜战争，打破了美国支持南朝鲜武力吞并朝鲜半岛的战略图谋，粉碎了美国军队不可战胜的神话。中国人民在抗美援朝战争中承担了巨大压力，付出了巨大牺牲，援助朝鲜各类物资总共 560 多万吨，花费战争开支 60 万亿（人民币旧币）元，死伤志愿军指战员 36 万余人。① 但是，这场代价高昂的战争，打出了中国军队的威风，打出了中国人民的志气，守住了中华民族的家园，保卫了地区与世界的和平，新中国从此国威大振。全世界都看到，中华民族任人欺压、任人宰割的历史已一去不复返了！

四、中苏两国在国际上相互支持和配合

新中国成立之初，中苏两国在国际事务中的合作相当密切。这种合作不仅表现为共同反对美国侵略朝鲜，迫使美国接受和平谈判，从而结束了朝鲜战争，同时还表现为双方共同为恢复中国在联合国的合法席位而斗争，共同反对美国出兵台湾海峡并武装干涉台湾，共同推动有关印度支那问题的日内瓦会议取得成功，在对日缔结和约、维护欧洲安全稳定等重大问题上相互支持与配合。

中国在联合国的代表权问题，是新中国诞生后国际政治斗争中的焦点之一。1949 年 11 月 15 日，中国外长周恩来发表声明，要求联合国开

① 裴坚章主编：《中华人民共和国外交史》（第一卷），世界知识出版社 1994 年版，第 79 页。

除国民党集团的代表。同月 23 日，苏联外长维辛斯基在联合国大会发言，对此表示支持。1950 年 1 月 8 日，中国外长发表声明，再次提出了这一严正要求。10 日，苏联常驻联合国代表表态，支持新中国，同时提出了相应议案。[①]13 日，苏联政府发表声明，表示只要国民党集团的代表未被开除，苏联就不再派团出席联合国安理会会议，也不承认安理会在国民党集团代表参加的情况下做出的决议。随后，苏联代表退出了安理会和其他联合国机构。

1950 年 1 月 19 日，出于斗争需要，中国根据苏联建议，电告联合国大会主席和秘书长，中国政府已任命张闻天为出席联合国会议、参加联合国安理会的首席代表。虽然以美国为首的西方国家极力阻挠，中苏两国的努力未能奏效，中国在联合国的代表权问题未能解决，但国际社会毕竟认识到，中国共产党领导的新中国已是完整意义上的国际法主体，已在国际舞台上牢牢地站稳脚跟，这是不可改变的。

1950 年 6 月美国入侵朝鲜，同时出兵台湾海峡并武力干涉台湾事务，引起中国人民的极大愤慨。苏联为揭露美国的侵略罪行，重新派代表出席联合国安理会会议。中苏两国分别就美国侵略台湾一事向联合国提出控诉，同时要求允许中国代表参与讨论相关问题，得到联合国认可。新中国代表因此站到了联合国讲坛，向全世界宣告了中国人民反对美国侵略的坚强意志。朝鲜战争结束后，美国于 1954 年 12 月同台湾当局签订了共同防御条约。中国外长周恩来 12 月 8 日就此发表声明，表示强烈反对。苏联外交部同日发表声明，谴责美国干涉中国内政并威胁中国与亚洲的和平，要求美军撤出台湾地区，停止侵略中国。1955 年 1 月 18 日，当中国人民解放军重创国民党残部，解放一江山岛时，西方一片哗然，对新中国极尽诽谤与污蔑，苏联则在联合国内外大力声援中国。苏联新领导人赫鲁晓夫亲自会见中国大使刘晓，表示苏联坚决支持中国在台湾问题上的立场。1955—1956 年间，台海地区的形势更加复杂，新中国同西方国家的矛盾十分尖锐，苏联在联合国内外始终坚持同情和支持中国的正确立场。

第二次世界大战后，东南亚地区的形势发生很大变化。印度支那人

① 该议案因美国等联合国安理会其他国家反对而未能通过。

民反对法国殖民统治、争取民族独立的斗争如火如荼。新中国从自身战略利益出发，顺应时代潮流，积极帮助越南人民开展民族解放斗争，苏联对此予以充分认可和支持。1949 年底毛泽东访苏时，曾与斯大林就此问题进行过沟通。双方商定，中国首先承认越南共产党领导建立的新政权，苏联随后跟进，并为其提供必要援助。根据这一安排，中苏两国1950 年先后与越南建交。1952 年，周恩来总理访问苏联，就越南和整个印度支那问题与苏方交换意见，苏方同意中方关于在越南西北发动战役、然后与法国谈判的战略部署。1954 年，关于朝鲜和印度支那问题的日内瓦会议召开后，中苏两国反复沟通，确定共同立场。虽然由于美国作梗，会议没有就朝鲜问题达成妥协，但最终签署了印度支那和平协议。这是中苏两国在国际事务中竭诚合作、共同努力的重要成果。

当时，苏联作为世界上第一个社会主义国家和社会主义阵营的首领国，与西方的关系持续紧张。东西方之间愈演愈烈的冷战，使苏联面临巨大的国际压力。因此，苏联也需要新中国这个人口众多、幅员辽阔、潜力巨大的新兴社会主义国家的支持。新中国也尽了最大努力，在国际事务中配合和支持苏联。譬如，第二次世界大战后美国为了构建遏制苏联、包围中国的安全体系，企图与它所占领的战败国日本单独媾和。中苏两国同属对日战争的战胜国，对此强烈反对。1951 年美国将对日和约草案送交有关国家，斯大林致电毛泽东，通报苏联立场并征求毛泽东意见，毛泽东完全赞同苏方立场，表示对日和约草拟工作应吸收苏中两国及所有对日作战国参加，并应以《开罗宣言》、《波茨坦公告》和《雅尔塔协定》为基础，以反对日本军国主义复活等原则为指导。双方反复交换意见后，苏联提议召开美、英、中、苏四国外长会议，商讨对日和约问题。但美国一意孤行，于 1951 年单独签署了对日和约。对此，苏联表示，对日和约准备工作没有中国参加，远东地区不会有真正的和平，因而拒绝签约。中国方面也对美国的单方面行动表示绝不承认，中苏两国立场完全一致。1952 年，鉴于中国的安全与亚洲的和平受到了新的战争威胁，中国政府照会苏联，建议延长苏军自中国旅顺口海军基地撤军的期限，直至中苏两国缔结对日和约时止。苏联对中国政府的决定表示完全同意。

在欧洲事务和欧洲安全问题上，中国当时也给予苏联很大支持。1954 年 10 月，当美、英、法等国将联邦德国（以下简称西德）拉入北大西洋公约组织时，苏联建议召开全欧会议，讨论欧洲集体安全问题，并且主张邀请中国参加，中国对此表示赞同，宣布将以观察员身份参加会议的相关工作。[①]1954年11月，苏联在莫斯科召集东欧国家开会，发表共同宣言，以对抗北约。中方应苏联邀请，派遣外交部第一副部长张闻天以观察员身份与会，对苏联等八国的联合宣言表示支持。1955年西德正式加入北约后，以苏联为首的八国立即缔结友好合作互助条约，宣布成立武装力量联合司令部和政治协商委员会，正式组成华约集团。中国对此不仅予以坚决支持，同时还应邀派出了国务院副总理兼国防部长彭德怀，以观察员身份参与华沙条约成员国的相关会议。

在争取世界和平与裁军问题上，中国也给予苏联很大支持。1951年，苏联外长在第六届联大上提出和平倡议，内容包括裁减军备、五大国缔结和平公约等议题，中国发表声明表示坚决支持。1954年1月，苏联提议召开世界普遍裁军会议，提议由中、苏、捷等八国组成裁军小组研究相关问题，1955年又提出了关于裁军和禁止原子武器的具体方案。中国出于维护世界和平、反对战争威胁的真诚意愿，对苏联的所有提议都予以坚决支持。周恩来总理曾就此表示：“如果苏联提议召开的世界普遍裁减军备和禁止原子武器会议能够开成，中国准备在这个会议上同其他国家一起承担应负的义务。”[②]1952年2月，苏联最高苏维埃通过维护和巩固世界和平宣言，中国全国人大常委会立即通过决议，予以响应，同时呼吁各国议会担负起维护和巩固世界和平的重大责任。

新中国在国际事务中与苏联及其主导的社会主义阵营保持一致，同时还为苏联和东欧各国提供它们急需的各类物资和战略性的原材料，这对苏联和东欧各国来说，既是不可多得的外交资源，也是不可或缺的宝贵财富。对此，斯大林曾对周恩来说过：援助是一种共同责任。如果中国革命先成功，我们也会向你们求援。他还特别提到：我应当感谢你们在朝鲜作战和提供橡胶两件事情上对苏联的援助。[③]

---

① 西方国家拒绝了苏联的建议，此会未能召开。

② 中共中央文献研究室编:《建国以来重要文献选编》(第七册)，中央文献出版社1993年版，第50页。

③ 裴坚章主编:《中华人民共和国外交史》(第一卷)，世界知识出版社1994年版，第43页。

第二章

独立自主的和平外交特色初显

新中国成立之初，以美国为首的西方国家对中国实行外交孤立，新中国向以苏联为首的社会主义国家“一边倒”具有历史必然性。没有“一边倒”战略，新中国无法打开外交局面，无法参与地区和国际事务，甚至无法进行抗美援朝战争和组织大规模经济建设。但实行“一边倒”战略并与苏联结盟，并不意味着盲目追随苏联，照搬苏联的一切。早在新中国成立前夕，周恩来就说过，“即使对于苏联及各人民民主国家，我们也不能有依赖之心。”[①]外交部成立时，他又特别强调，“对兄弟国家战略上虽是联合，但战术上不能没有批评”，“要是认为同这些国家之间毫无问题，那就是盲目的乐观”[②]。

事实的确如此。1949 年末毛泽东主席访问苏联时，中苏两国领导人因考虑问题的出发点不尽一致，再加上文化与思维差异，曾经产生过严重误解。后来，双方在合作过程中也发生许多重大分歧。苏联的大国主义和“老子党”作风，对中国造成了严重伤害。正因为如此，新中国即使在实行“一边倒”的外交战略时，也坚定不移地把自身的安全、主权和发展利益放在首位，在国际事务中始终不渝地坚持独立自主的原则和立场。

一、与周边地区部分非社会主义国家建立外交关系

1949 年 9 月新政治协商会议筹备会召开时，即将成为新中国最高

---

① 《周恩来选集》(上卷)，人民出版社 1980 年版，第 322 页。

② 中共中央文献研究室编:《周恩来传(1949—1976)》(上)，中央文献出版社 1998 年版，第 43 页。

领袖的毛泽东就已明确表示："中国人民愿意同世界各国人民实行友好合作"[①]。会议通过的具有临时宪法性质的共同纲领也庄严宣告："中华人民共和国外交政策的原则为保障本国独立、自由和领土完整，拥护国际的持久和平"[②]。10月1日，毛泽东又在中央人民政府公告中向全世界宣告："凡愿遵守平等、互利及互相尊重领土主权等项原则的任何外国政府，本政府均愿与之建立外交关系。"周恩来外长在致各国政府的公函中也表示："中华人民共和国与世界各国建立正常的外交关系是需要的"[③]。

新中国对外宣布的和平友好方针，立即得到一批非社会主义国家的赞赏和认同。1949年末至1950年初，缅甸、印度、巴基斯坦、英国、锡兰[④]、挪威、丹麦、以色列、印度尼西亚、阿富汗、芬兰、瑞典、瑞士共13个国家先后宣布承认新中国。

按照毛泽东提出的"另起炉灶""打扫干净房子再请客"的方针，新中国同非社会主义国家建交，要通过谈判方式来实现。这是因为，内战失败后逃到台湾的国民党集团仍以中华民国的名义在国际舞台上活动，并且还占据着中国在联合国的席位。任何国家如果准备与新中国建交，必须同台湾当局"断交"，支持新中国加入联合国。

印度是中国周边地区一个很有影响的国家，也是世界上第一个与新中国建交的非社会主义国家。1949年12月30日，印度表示承认新中国，愿与新中国建交，同时宣布撤销对国民党政府的承认。中印双方随即展开建交谈判。谈判中，中方希望印度就国民党集团在印机构及其财产、国民党集团在联合国有关机构的代表资格等问题澄清立场，印度做出了令中方满意的答复。1950年4月1日，双方宣布建交。当年5月和9月，印度驻华大使和中国驻印大使相继到任。

新中国非常重视同印度的关系。毛泽东主席曾对印度驻华大使表示，中印建交"不但将使已存在于两国人民间的友谊日益发展与巩固，而且

---

① 《毛泽东选集》第四卷，人民出版社1991年版，第1466页。

② 中共中央文献研究室编：《建国以来重要文件选编》（第一册），中央文献出版社1992年版，第13页。

③ 中共中央文献研究室编：《周恩来传（1949—1976）》（上），中央文献出版社1998年版，第32页。

④ 今称斯里兰卡。

与此而俱来的亚洲两大国家人民的真诚合作，必将大有助于亚洲与世界的持久和平。”[①] 当时的印度总统也对中国驻印度大使表达了同样的信念。为进一步发展中印关系，1951 年 1 月印度驻华大使举行国庆招待会时，毛泽东同周恩来总理及中央政府多位副主席亲自出席并发表讲话，号召“印度、中国、苏联及其他一切爱好和平的国家和人民团结起来，为远东和平、为全世界的和平而努力。”[②]

1951 年，中印双方在加尔各答和上海各自设立了领事馆。随后两年，两国又分别在孟买和拉萨开设了新的领事馆。随着中印友好交往全面展开，双方在国际事务中的沟通与合作亦比较顺利。特别是在台湾问题上，印度始终坚持台湾是中国的一部分，积极主张恢复中国在联合国的合法席位。在推动解决朝鲜问题、实现印度支那和平、维护亚洲地区稳定、反对新的战争威胁等方面，两国的立场亦相近相通，睦邻友好关系的前景一度十分喜人。毛泽东、周恩来等中国领导人多次会见印度客人。

1954 年是中印友好合作关系发展的高峰年。这年 6 月，周恩来总理访问印度，印方组织了 10 万人的集会欢迎。周恩来在印度发表广播演说，表达了中国发展对印友好关系的决心。10 月，印度总理尼赫鲁访华，中国组织数十万人夹道欢迎。毛泽东两次会见并隆重宴请尼赫鲁，周恩来总理等人多次与其会谈，北京市还为他举行了盛大欢迎集会。

印度尼西亚也是亚洲地区很有影响的一个国家，中国与印度尼西亚建立外交关系的过程相对复杂一些。1950 年 1 月 11 日，印度尼西亚总理兼外长电告中国总理兼外长周恩来，印度尼西亚已经成立了联邦共和国。周恩来 3 月 28 日复函表示，中国愿在平等、互利及互相尊重领土主权的基础上与印度尼西亚建交，对方立即做出积极回应，两国遂于 4 月 13 日宣布建交。4 个月后，中国大使即到任履职。但印度尼西亚当时还受制于前宗主国荷兰，外交问题需与荷兰协调行动，因而拖延三年半之后才向新中国派出大使。尽管如此，考虑到印度尼西亚是亚洲第二个与新中国建交

① 中华人民共和国外交部档案馆、人民画报社编:《解密外交文献——中华人民共和国建交档案（1949—1955）》，中国画报出版社 2006 年版，第 294 页。

② 中共中央文献研究室编:《毛泽东年谱（1949—1976）》（第一卷），中央文献出版社 2013 年版，第 292 页。

的非社会主义国家，华人华侨问题在该国相当突出，中国对发展同印度尼西亚的关系十分重视。两国建交后，双方高层往来非常密切，经贸关系以及两国在国际事务中的合作，均呈良好发展态势。

缅甸是中国的重要邻邦，两国山水相依，友谊源远流长。1949 年 12 月 16 日，缅甸既已表示承认新中国，愿与新中国建交并互换使节。中方表示，中国愿在缅甸与国民党残余断交后，以平等互利及互相尊重领土主权为基础，进行建交谈判。在谈判中，对国民党残余势力在缅机构与财产问题，缅方立场明确，中方感到满意，双方遂于 1950 年 6 月 8 日正式建交。缅甸承认新中国的时间早于印度，但与新中国建交稍晚一些，是周边地区第三个与新中国建交的非社会主义国家。

巴基斯坦与中国也有共同边界，也是中国的重要邻国。1950 年 1 月 5 日，巴基斯坦宣布承认新中国，当月 24 日撤销对台湾当局的承认，1 月 29 日通过中国驻苏联大使馆正式表达了建交意向。双方经多轮沟通和谈判，1951 年 5 月 21 日正式建交。当年 7 月和 9 月，巴基斯坦驻华大使和中国驻巴大使分别到任履职。

阿富汗也是与中国有着共同边界的重要邻国。1950 年 1 月 12 日，阿富汗宣布承认新中国，并表示要永远努力维护和加强两国间的友好关系，中方予以积极回应。国民党集团在阿富汗的所谓“公使馆”随即关闭，其财产由苏联驻阿富汗大使馆代管。但是，阿富汗承认新中国后，顾及美国反应，对华建交迟疑不决。中方考虑到阿富汗在联合国支持恢复中国合法席位，未支持美国策动的对华禁运提案，中方对两国建交采取积极争取又耐心等待的方针。1953 年阿富汗首相易人后，主动提议与中国互换大使，两国才开始展开建交谈判。1955 年 1 月 20 日，双方发表建交公报。同年 6 月和 9 月，双方大使分别到任。

尼泊尔与中国也有共同边界，两国的友好交往历史悠久。1950 年 3 月，尼泊尔外交部致函中国外交部，表示注意到了中国政府公告，但未就两国关系问题做出进一步表态。1951 年 5 月，毛泽东指示“应努力与尼泊尔建立外交关系”，中方通过驻印度大使，主动与尼方商谈建交事宜，但尼方以尚存困难为由予以婉拒。直到 1954 年，尼方发现中国与印度的友好合作势头很好，才向中方做出相应表示，两国建交才正式提上日程。在建交谈判中，中方考虑到印度与尼泊尔的特殊关系，接受了印度建议，同意中尼建交后由中国驻印度大使兼任驻尼大使，但没有接受尼方提出的先签友好条约再建立外交关系的建议，主张先建交后签约。有关历史遗留的中国西藏地方和尼泊尔的关系问题，待双方建交后商谈友好条约时一并讨论，尼泊尔在中国西藏地方的代表机构此前维持现状。两国就此达成协议，于 1955 年 8 月 3 日正式建交。

至此，新中国与周边地区 6 个较有影响的非社会主义国家相继建立了外交关系。

二、打破封锁：与部分欧洲国家成功建交

新中国同西方国家建立外交关系的过程，既不同于社会主义国家，也不同于周边地区的新兴国家。针对新中国成立后一些西欧国家表达的建交意愿，周恩来总理提出了这样的指导思想：我们跟西方国家改进关系，在政治上是“和平”，在经济上是“贸易”，可以根据这两条，在平等互利、相互尊重领土主权的基础上，建立和发展同西欧国家的关系。[①] 后来，他又表示，“我们可以根据这两条跟一些西方国家结成统一战线。”[②]

瑞典王国是最先与新中国建交的欧洲国家。1950 年 1 月 14 日，瑞典外交大臣致电中国外长，他表示，鉴于新中国“中央人民政府已有效地控制着中国大部分领土的事实，现决定法律上承认中央人民政府为中国政府”。随后，双方展开建交谈判。在谈判中，瑞典对原国民党政权在其境内的相关机构及财产归属问题表态明确，得到中方认可，双方于当年 5 月 9 日建交。瑞典不是最先承认新中国的西方国家，但在与新中国建交方面却拔了头筹，发展对华关系较为主动，对于中方因技术原因向瑞典派出大使略有耽搁，还一度表示过“失望”。为了不挫伤瑞典发展对华关系的积极性，当年 9 月，中国改派已被任命为驻缅大使的耿飚将军，出任中国驻瑞典王国大使。

两国建交后，中国积极支持瑞典的和平中立政策，同时努力与其发

---

① 中共中央文献研究室编：《周恩来传（1949—1976）》（上），中央文献出版社 1998 年版，第 45—46 页。

② 中华人民共和国外交部、中共中央文献研究室编：《周恩来外交文选》，中央文献出版社 1990 年版，第 81 页。

展经贸关系，瑞典则注意在对华政策上与美国拉开距离。当联合国表决驱逐国民党代表的“驱蒋”案时，瑞典没有追随美国表示反对，而是投了弃权票。朝鲜战争发生后，美国指责中国为“侵略者”、策动表决对华“禁运”案，瑞典不予支持，同样投了弃权票。1955年后，瑞典改为支持恢复中国在联合国的合法权利，多次表示没有中国参与，亚洲和远东问题不能得到解决。瑞典开始成为新中国在北欧和西方世界的一个重要伙伴。

丹麦王国也是较早承认新中国的西方国家之一。1950年1月9日，丹麦外长致电新中国外长，表示承认新中国并“愿继续发展中丹两国历年来之友好邦交”。在随后展开的建交谈判中，中方要求丹麦对原国民党政权在联合国有关机构中的所谓代表权、原国民党政权在丹麦的财产归属等问题阐明立场，丹麦方面积极回应，承认新中国政府既然“已有力统治占有全世界人口三分之一的中国”，中国在联合国所属各国际机构的代表权应属中国，确认新中国有权处理原国民党政权在丹麦的公产，两国建交谈判进展顺利。当年5月11日，中丹建立公使级外交关系。中国驻瑞典王国大使耿飚兼任中国驻丹麦王国特命全权公使。10月12日，耿飚公使向丹麦国王递交了国书。

丹麦能够较早承认新中国并与新中国建交，表明其对外政策具有一定的独立性。但两国建交之初，丹麦对华政策仍深受美国影响。它不仅阻挠恢复中国在联合国的合法权利，而且在朝鲜战争爆发后追随美国指责中国“侵略”，支持对华禁运。日内瓦会议结束后，丹麦对华政策开始调整，转而支持恢复中国在联合国的合法权利，并且不顾西方策动的禁运，对华出口中方所急需的各种物品。1956年2月，中丹两国的外交关系升格为大使级。

瑞士是西方世界第三个与新中国建交的国家。1950年1月17日，瑞士联邦主席兼外长电告毛泽东主席，宣布在法律上承认新中国并准备与新中国建交。2月6日，瑞士单方面任命了驻华临时代办，在同新中国建立关系方面表现得十分主动。当年5月至9月，双方经过多轮谈判，最终解决了瑞士与国民党残余政权的关系及财产处置问题。9月4日，中国与瑞士建立了公使级外交关系。

瑞士发展对华关系之所以如此积极，一方面在于它是中立国，对外政策相对灵活；另一方面还在于它较早地认识到中国是同美苏并列的第三力量，同时也是个大市场，同中国建交经济上对瑞士有利。但瑞士毕竟是西方国家，对华政策也有强烈的意识形态色彩。朝鲜战争期间，瑞士部分地参与了对中国的制裁和禁运。1954年日内瓦会议期间，周恩来总理利用参会之机访问瑞士，在瑞士联邦议会发表了政策性讲话。此后，瑞士对中国的政策更趋理性，对中国的国际地位和作用更加重视，不断推进与中国的务实合作。到20世纪50年代中期，瑞士不仅成了中国在西方的第二大贸易伙伴，而且是第一个向新中国提供成套设备的西方国家。

列支敦士登是位于瑞士与奥地利两国间的内陆小国。根据1919年该国与瑞士达成的协议，瑞士驻外机构同时为列支敦士登驻外代表。中瑞建交后，中国同意瑞士代表列支敦士登的在华利益。中国与列支敦士登这个欧洲“袖珍国”也事实上建立了外交关系。①

位于北欧的芬兰也属于中立国。1954年1月13日，芬兰外长致电新中国外长，正式表示承认新中国。由于芬兰与国民党集团没有任何联系，中芬建交无须谈判。双方委托各自驻苏联大使馆议定相关事宜后，当年10月28日即告建交。但是，芬兰当时在所有建交国设立的都是公使馆，中芬关系最初也只能是公使级。中国驻瑞典王国大使耿飚兼任中国驻芬兰公使。1954年，芬兰驻外公使馆全部提升为大使馆，中芬关系当年9月11日升格为大使级，中国驻芬大使11月4日递交国书。1955年1月28日，毛泽东主席接受了芬兰大使递交的国书。

中国与另一个北欧国家挪威，也是1954年建交的。1950年1月6日，挪威与国民党集团“断交”；7日致电中方，表示承认新中国并将尽快派代办来华，中方予以积极回应。在建交谈判中，挪方对于中国在联合国的代表权、国民党当局在挪威的机构及财产问题做了必要的澄清，态度总体上是积极的。但朝鲜战争爆发后，挪威追随美国，对华很不友好，双方建交谈判受挫。朝鲜战争结束后，挪威对华政策转趋积极，在联合国投票支持恢复中国的合法权利，主动提议恢复建交谈判。1954年10月5日，历时4年多的建交谈判取得突破，双方发表了建交公报。新

① 1988年8—9月间，中国与列支敦士登换文，确认中列建交日为1950年9月14日，即中国与瑞士建交日。

中国首任驻挪威大使于1955年6月到任履新。

英国是较早承认新中国的西方大国之一。1950年1月，英国外交大臣致电中国外长，表示对新中国“予以法律上的承认”，称英国“准备”派代表来华进行建交谈判，同时还主动任命了驻华临时代办，要求中方提供外交礼遇。中方考虑到英国的国际地位和影响，考虑到两国间错综复杂的利害关系，也注意到英国在某些国际问题上与美国不同，因而对英方建议十分重视，确定了“我们改善同西方的关系将首先从英国开始”[①]的工作方针。据此，中方答复英方，表示愿意在平等、互利及互相尊重主权的基础上同英国建交，并愿将英国“临时代办”视为谈判代表予以接待，提供所需一切便利。

1950年3月，中英两国开始了建交谈判。但因历史和现实问题相互交织，两国的建交谈判充满变数和曲折。首先，英方不愿断绝与台湾国民党集团的领事关系，不愿支持新中国恢复在联合国的合法席位，不愿把香港等地的财产转交给新中国政府，谈判没有进展。其次，朝鲜战争爆发后，英国参加了侵朝战争并对新中国实行禁运，中英建交谈判陷入困境。1954年日内瓦会议期间，周恩来总理兼外长直接与英国外交大臣艾登对话，双方澄清了各自立场。中方同意按对等原则向英国派驻临时代办，两国建交问题取得进展。1954年6月17日，双方发表公报，正式宣布建立代办级外交关系。[②]随后，中国外交部西欧非洲司司长宦乡被任命为中国驻英国临时代办。

中国与荷兰的建交过程与中英建交过程较为相似。1949年10月新中国刚刚成立，荷兰王国即发表声明，表示正在慎重研究中国的“新局势”，希望与新中国“保持非正式接触”。1950年3月，荷兰宣布承认新中国，4月两国开始建交谈判。但荷兰当时反对驱逐国民党集团在联合国的“代表”，阻挠恢复中国在联合国的合法席位，在国际会议上经常就台湾问题采取有害中方的立场，中荷建交谈判拖延4年，陷入僵局。1954年5月，荷兰委派新的谈判代表来华，提议改善中荷关系，并称“荷兰是个小国，

---

① 中华人民共和国外交部、中共中央文献研究室编:《周恩来外交文选》，中央文献出版社1990年版，第80页。

② 中英两国的外交关系直到1972年3月12日才提升至大使级。

希望建交不是政治上的目的，而主要是个贸易及航运上的关系。”[①]中方考虑到双方的实际利益，最终同意荷兰建议，按中英建交模式解决中荷建交问题。1954 年 11 月 19 日，中荷两国建立了代办级外交关系。[②]

至此，新中国与包括列支敦士登在内的 8 个西方国家建立了不同形式的外交关系。美国策动所有西方国家共同抵制新中国、孤立新中国的战略图谋遭遇重大挫折。新中国为全方位发展对外关系而做出的不懈努力，呈开局良好之势。

三、官民并举：与资本主义国家保持接触

新中国与周边地区有影响的新兴国家和欧洲地区部分资本主义国家建交后，国际处境有了重大改善。美国和国际上那些极端反共反华的势力对此如鲠在喉，联手孤立新中国的意图非但没有减弱，反而变本加厉。新中国领导人对此有着清醒的认识和估计，并且做好了充分的外交准备。这就是充分利用各种资源和手段，采取非官方联系、民间交往和秘密接触等多种方式，打通与主要资本主义国家朝野各界的关系，为新中国日后与这些国家建立正常关系，开展友好往来与互利合作聚集正资产，积累正能量。

新中国对主要资本主义国家开展“二轨外交”，首先是从日本开始的。日本是与中国一衣带水的重要邻国，两国人民的友好交往绵延两千余年，但进入近现代以来，日本成了极富侵略性的帝国主义国家，多次入侵中国，给中国人民带来了巨大的灾难和伤害。第二次世界大战后，作为战败国的日本处于美军占领之下，外交上完全追随美国，不仅撇开中国、苏联等战胜国，与美国单独签署和约，结成军事同盟，而且还不顾新中国的一再警告，与台湾的蒋介石集团签订了所谓“和平条约”，建立了“外交关系”。

新中国希望在新的历史条件下，与日本建立和发展新的睦邻友好关系，但日本依附美国，勾结台湾当局，中国人民表示强烈反对。面对中

① 中华人民共和国外交部档案馆、人民画报社编：《解密外交文献——中华人民共和国建交档案（1949—1955）》，中国画报出版社 2006 年版，第 534 页。

② 1972 年 5 月 18 日，中国与荷兰将两国外交关系提升至大使级。

日两国战争状态迟迟不能结束，双方官方往来暂时难以启动的复杂局面，中国领导人提出了对日关系“民间先行、以民促官”的思路与构想，目的是要通过大力开展民间外交，调动日本社会上的对华友好力量，推动两国经济和文化交流，培植双方友好相处的民意基础，为未来中日关系正常化创造条件。

1952 年，中国主动邀请三位对华友好的日本议员到莫斯科，与正在那里参加国际经济会议的中国国际贸易促进会会长南汉宸会商中日关系，双方就平等、互利、和平、友好地开展中日贸易达成共识。而后，这三位议员应中国贸促会邀请，来北京继续商讨未尽事宜。这是第一批进入新中国的日本政商界人士，双方签署了第一份中日民间贸易协定，中日民间交往的大门初步打开。1953 年，应中国贸促会邀请，日本国会议员促进日中贸易联盟代表团访华，双方签署第二份中日民间贸易协定。吉田茂政府限制对华贸易和交往的政策受到猛烈冲击。1955 年 1 月，应日本贸促会邀请，中国贸易代表团首次访日，任务是进一步加强中日贸易关系，介绍中国和平外交政策和经济建设成就，实现民间接触与官方挂钩，以增进两国人民的友好关系。当时，美国对日本施加了巨大压力，日本政府对是否支持签署第三份中日民间贸易协定产生动摇，经过中方代表团积极争取，双方最终签署了第三份中日民间贸易协定，并就双方互设民间贸易代表机构、推动两国政府进行谈判并签署贸易协定一事达成谅解。

中国积极主动地推进中日民间友好活动，效果最好、影响最大的一次行动是协助在华日侨归国。由于战争原因，当时滞留中国的日侨共有 3 万多人。中国有关方面根据毛泽东、周恩来的指示，成立了由中国红十字会牵头的中央日侨事务委员会，协助他们分期分批地返回日本，并且在本国经济仍很困难的情况下，为他们提供了从开始集中到离开中国前的所有费用。日本红十字会、日中友好协会和日本和平联络委员会负责此事，于 1953 年 3 月组成三团体代表团应邀访华，与中方接洽相关事宜，深为中国政府和民间团体的善举所感动。日本有关团体也行动起来，帮助数千名希望回国的旅日华侨返回中国。在此背景下，日本参众两院冲破政府阻挠，于 1954 年 5 月通过邀请中国红十字会代表团访日决议。当年 8 月，中国红十字会会长李德全率团访日。这是新中国首次访问日本的大型代表团。代表团根据周恩来总理“只谈友好不谈其他，要说明中国的和平政策和友好态度，表明中国人民不念旧恶，日本人民应当和中国人民一起来防止战争再起”的指示[①]，广泛接触日本社会各界人士，受到热烈欢迎。

中日民间交往从经贸领域开始，很快发展到社会各界。1954 年新中国成立五周年之际，由日本社会党、自由党等七政党 40 余人共同组成的国会议员访华团和另一个学术文化代表团访问了中国，参加了新中国国庆活动。1955 年夏秋之季，日本恢复日中和日苏邦交国民会议代表团、由各大政党重要议员组成的国会议员代表团、日本六大城市代表团、日本医学代表团、日本教职员会教育考察团、日本拥护宪法国民联合会代表团、日本工会代表团相继访华。其中，各党重要议员组成的日本国会代表团访华，中方邀请人为全国人大常委会委员长刘少奇名义，这还是第一次。日本拥护宪法国民联合会访华代表团，由日本前首相片山哲率领。

中方高度重视通过非官方渠道来访的日本客人，接待级别及礼宾规格通常很高。毛泽东、刘少奇、周恩来等领导人多次会见这些日本客人，并多次就中日关系发表重要讲话。例如，1955 年 10 月 15 日，毛泽东在刘少奇、周恩来等一大批领导人陪同下会见日本国会议员访华团。他表示，中日两国人民“是两个伟大的民族。以后要多来往。相互有好处、相互有帮助”，“我们之间的社会制度虽然并不一致，但这个不一致并不妨害我们相互的尊重和友谊”，“我们互相帮助，互通有无，和平友好，文化交流，建立正常的外交关系”。[②]

20 世纪 50 年代中后期，中日两国非官方非政府的友好往来始终保持着良好势头。中国也有越来越多的民间团体和组织派团访日。在方兴未艾的民间外交推动下，中日两国的经贸合作和文化交往日益紧密，日本社会各界要求与新中国实现关系正常化的呼声越来越高。在此背景下，中国多次建议日本政府派团访华，就两国关系正常化和其他共同关心的

① 裴坚章主编：《中华人民共和国外交史》（第一卷），世界知识出版社 1994 年版，第 166 页。

② 中共中央文献研究室编：《毛泽东年谱（1949—1976）》（第二卷），中央文献出版社 2013 年版，第 452 页。

问题交换看法。但当时的日本政府屈服于美国压力，对华关系与美国保持一致，对中方建议没有作出积极回应。

新中国是中国共产党领导建立的社会主义国家，党的对外联系和交往在国家总体外交中占有重要位置。但在新中国成立初期，由于西方囿于社会制度和意识形态差别，拒绝承认中国共产党的合法地位，新中国与西方国家间的政党联系还很少。1954 年，中国邀请英国反对党工党代表团来华访问，开启了新中国与西方国家政党交往的先河。这种联系与交往，后来成为新中国“二轨外交”的重要组成部分。

1953 年底，中英两国正在进行建交谈判。英国保守党政府对于是否接受中国立场，是否按照中方原则解决两国建交问题，举棋不定。这时，英国的反对党工党突然提议访华，为打破中英建交谈判僵局提供了某种希望，中方立即表示同意。但考虑到两国尚无外交关系，中方决定由中国外交学会出面邀请并安排接待。为了搞好这项特殊的外交活动，周恩来总理兼外长亲自部署相关事宜。他在工作会议上指出，英国工党代表团来访实际上是得到英国外交部支持的，尽管美国对此不满，但英国对推进中英关系采取了主动的态度，这说明改善中英关系是双方的要求。他还深刻地阐明了此次接待工作的原则和方针，要求对英国工党代表团“求同而不求异”，“相互尊重”，即“不能要求双方改变立场和放弃立场”。既“不必讳言”制度、立场和思想的不同，更“不必争论”立场、思想、生活方式，“也不要跟他们争论马克思主义学说，争论社会主义制度的问题”。“要向他们说明，我们不干涉别的国家的内政，革命不能输出，各国的社会制度是由本国人民自己选择的”。但是，“属于挑拨性的话，要挡回去”，“不要失掉立场”，但“也不要讳言我们的缺点”，对于“经济、文化落后的现象，我们要承认”，“但是要有分寸，不要掩盖了主要的成就”。对于“人家提出的好的意见要接受，有缺点知道了就要改”。[①] 这些思想和指示不仅对当时接待英国工党，而且对新中国后来同各国政党开展友好交往，都有重要指导意义。

1954 年 8 月，英国工党领袖、前首相艾德礼率团到京。此时，中英

① 中华人民共和国外交部、中共中央文献研究室编：《周恩来外交文选》，中央文献出版社 1990 年版，第 83 页。

已经确立代办级外交关系，在这一背景下，中方给予工党代表团很高礼遇。毛泽东主席接见了这批来自资本主义大国的政治“大佬”，同他们进行了坦诚的对话。毛泽东说，“不同的制度是可以和平共处的”，“不仅在经济上合作，而且在政治上也合作”。“中国是一个正在开始改变面貌的落后国家”，“需要各方面帮助，首先需要和平环境”。他提出，各大国“要继续创造一个和平的国际环境”，“这也是英国、法国所需要的”。他还表示，中、苏、英、法都需要和平，不愿打仗，都在搞自己的建设，也要做生意、和平、通商，这是各方进行合作的基本条件。他建议各大国“订个几十年不打仗的条约”，“中国、苏联、英国和其他各大国都靠拢些，也包括美国在内。希望美国也采取和平共处的政策”。[①]

周恩来总理在会见工党代表团时也郑重表示，中国愿意采取各种步骤来促进中英之间的和平与合作。在两国没有建交之前，两国政府之间，党派之间，人民团体之间现在就可以派代表团互访。他还指出，和平共处五项原则应适用于一切国家之中，也应该是建立亚洲和全世界集体和平的基础。[②]对于工党客人提出的英国贸易代表团即将访华，但人数受到限制的问题，周恩来当场表示，这个问题很容易解决。中国欢迎他们多派人来。在出席英国驻华代办为艾德礼等人访华举行的欢迎宴会上，周恩来又进一步表示：“思想意识上的分歧不应该妨碍一国与另一国、一国的一个政党与另一国的一个政党在政治上的合作。”“只要我们找到共同点，我们就有政治合作的基础。”[③]

毛泽东、周恩来通过与英国工党代表团的会见和谈话，向西方世界表达了新中国愿与资本主义大国和平共处、共同营造国际和平环境的真诚意愿。这也是新中国领导人第一次通过非政府渠道即“二轨”渠道，向全世界阐述超越社会制度差异和意识形态分歧，同资本主义国家开展务实合作，谋求共同发展的战略构想。

---

① 中共中央文献研究室编:《毛泽东年谱（1949—1976）》（第二卷），中央文献出版社 2013 年版，第 272 页。

② 裴坚章主编:《中华人民共和国外交史》（第一卷），世界知识出版社 1994 年版，第 313 页。

③ 中共中央文献研究室编:《周恩来传（1949—1976）》（上），中央文献出版社 1998 年版，第 181 页。

1954年中英建立代办级外交关系后，远东地区形势因美国插手台湾事务而日趋紧张，英国在对华问题上立场仍明显亲美。1955年1月，周恩来会见英国驻华代办，对英国在远东和台湾问题上的“可疑的”和“不公正的”立场进行敲打。周恩来指出：“中国政府一直到现在都在致力于搞好中英关系。两国的制度不同，对问题的看法不同，这并不妨碍两国的和平共处和友好合作。但是不要彼此伤害，否则就会妨碍改进关系。”他还表示，“如果对两国关系的伤害是由中国政府负责的，那么中国政府是勇于改正的，从不隐讳。例如，在海南岛上空我们误打了一架英国飞机以后，我们就道歉和赔偿。至于英国政府伤害中国人民感情的事，使中国人民不能容忍的事，我站在愿意中英友好的立场，认为值得英国政府深加思考。”英国代办当场提议，中方对英国有何不满可直接向他提出，而不要通过报纸来表达。周恩来不容置疑地答复说，“舆论是全国人民的事，况且中国舆论对英国的批评是由英国引起的”。他还特别严肃地告诫英国代办：“中国有句古话，叫做‘后发制人’。这就是中国的态度。”①

中国与西方世界全面改善关系的最大障碍是美国。美国干涉台湾事务并支持国民党当局，构建针对新中国的军事同盟，是远东地区局势持续紧张的总根源。尽管如此，新中国从外交全局出发，始终对中美接触和对话持开放态度。早在1951年1月，周恩来总理兼外长就曾经利用会见英国代办的机会明确表示，“只要任何国家愿意同我们建立正常关系，愿意同我们和平共处，并且放弃对我们的侵略，我们是会首先伸出手来的，对美国也不例外。”②此后，周恩来又通过瑞典驻中国大使向美国传递过如下信息：在解决台湾问题、缓和远东紧张局势方面，“中国是不拒绝同美国谈判的”，“中国是不拒绝同美国通过外交谈判来解决这个紧张局势的问题的”。同时，他也坚定地向美国方面传递了这样的信息：“如果美国硬要把战争打到中国头上，我们是一定要抵抗到底的，我们决不

---

① 中华人民共和国外交部、中共中央文献研究室编：《周恩来外交文选》，中央文献出版社1990年版，第99—101页。

② 中华人民共和国外交部、中共中央文献研究室编：《周恩来外交文选》，中央文献出版社1990年版，第100页。

屈服。”①

当时新中国和美国处于严重对立状态，没有直接的沟通和对话的渠道。但新中国始终没有排除与美国进行接触或对话的可能性，实际上也没有完全把路堵死。1954 年日内瓦会议期间，出席会议的美国国务卿杜勒斯盛气凌人，不准美国代表团中的任何人与中方接触。后来，杜勒斯提前回国。留在日内瓦的副国务卿史密斯主动要求中国代表团工作人员向周恩来总理兼外长传递口信：“中美关系是迟早的问题”，“希望周先生有点耐心才好。”此外，美国还通过英国人向中国代表团传话，说他们希望双方讨论遣返各自在对方国家的侨民问题。周恩来请示国内后，立即表示同意，安排代表团工作人员与美方人员就此问题进行了五次接触，双方同意日内瓦会议后，继续在当地进行领事级会谈。一年后，中美日内瓦领事级会谈正式开始。

1955 年 7 月 13 日，美国通过英国政府正式向中国政府提议，双方互派大使级代表一名，在日内瓦举行会谈，以解决平民遣返问题。美国同时还表示，愿意通过这个平台，“进一步讨论和解决双方之间目前有争议的某些其他实质问题”。中国 17 日即做出了肯定性答复，双方的领事级会谈升格为大使级。1955 年 8 月 1 日，中美大使级会谈在日内瓦正式开始。为创造良好气氛，中方在会谈开始前首先宣布，中国最高法院军事法庭决定提前释放 11 名美国间谍，美方对此表示感谢，但随即举行的会谈进行得非常艰难。1956 年上半年，中方分三次对外公布了会谈情况，揭露美方拖延会谈的真相，并于当年下半年开始，大力推动美方讨论除平民遣返而外的其他议题。由于美方立场没有任何松动，会谈到 1956 年底完全陷入僵局。

持续两年多的中美大使级会谈没有实质性进展，但对中国而言，会谈并非完全没有意义。周恩来总理曾经说过，我们要回一个钱学森，单就这一件事来说，会谈是有价值的。

---

① 中华人民共和国外交部、中共中央文献研究室编：《周恩来外交文选》，中央文献出版社 1990 年版，第 107、108 页。

第三章

高举和平友好与人类进步的旗帜

第二次世界大战结束后，随着世界社会主义高歌猛进，民族独立运动乘势而兴，人类和平与进步以排山倒海之势，冲击着殖民主义体系和旧的世界秩序。在那个战争与革命被视为主要特征的时代，毛泽东主席对国际形势的总体判断是："所谓天下大事，就是解放、独立、民主、和平友好、人类进步。"① 他还认为，"我们这个时代的一个特点是亚非各国民族独立运动的高涨，殖民主义者想尽一切办法企图扭转这个形势。"但是，世界形势的主要特点是"东风压倒西风"，也就是说，"社会主义的力量对于帝国主义的力量占了压倒的优势。"②

基于这样的认识，中国领导人坚信，民族解放斗争是世界社会主义进程的一部分，是人类社会实现进步与解放的主要力量，因此，新中国在外交方面的一个重要任务，就是"支持、推动民族解放运动的发展"。③ 当时，在国际大环境和中国周边小环境都很复杂，自身国力还相当有限的情况下，中国毫不妥协地反对战争威胁，为维护本地区的和平与安宁而斗争，旗帜鲜明地站在时代前列，坚持国际公理与正义，支持一切被压迫民族争取独立与解放、谋求合法

---

① 中华人民共和国外交部、中共中央文献研究室编:《毛泽东外交文选》，中央文献出版社、世界知识出版社 1994 年版，第 224 页。

② 中华人民共和国外交部、中共中央文献研究室编:《毛泽东外交文选》，中央文献出版社、世界知识出版社 1994 年版，第 291 页。

③ 中华人民共和国外交部、中共中央文献研究室编:《周恩来外交文选》，中央文献出版社 1990 年版，第 36—37 页。

权益的斗争。

另一方面，通过深入研究国际力量对比，全面分析战争与和平两种因素的消长，中国领导人也清楚地看到，由于热爱和平的力量不断增长，新的世界大战的危险是可以避免的，国际上的各种争端和矛盾，“是可以用谈判来解决的”，[①]“争取比较长的和平时间是可能的”。[②]毛泽东主席特别强调，“我们需要几十年的和平，至少几十年的和平，以便开发国内的生产，改善人民的生活。我们不愿打仗。假如能创造这样一个环境，那就很好。凡是赞同这个目标的，我们都要能同它合作。”[③]他旗帜鲜明地提出：“不应该再打大仗，应该长期和平。”“总之，我们应当共同努力来防止战争，争取持久和平。”[④]

在和平至上理念指导下，进一步争取周边地区和全世界的和平稳定，为防止新的大规模的世界战争而努力，成为新中国50年代中后期外交工作的核心目标。

一、全力维护东北亚和东南亚的和平与稳定

1953年7月朝鲜停战协定签字后，朝鲜半岛和整个东北亚地区似乎恢复了平静和安宁。但实际上，这里是热点停息，冷战犹存，“树欲静而风不止”。美国军队拒绝撤出南朝鲜，继续派军队进驻中国台湾，不断增强在该地区的军事存在，与日本单独媾和并持续加大对日本的扶持力度。美国不仅竭力构建以它为首，包括南朝鲜、日本和台湾当局的东亚军事集团，而且还拼凑了中央条约组织和东南亚条约组织，继续对新中国进行军事包围和封锁。中国所在的亚太地区，特别是东北亚和东南亚地区，安全形势依然非常紧张。中国人民和地区各国人民反对战争威胁、维护

---

① 中华人民共和国外交部、中共中央文献研究室编：《毛泽东外交文选》，中央文献出版社、世界知识出版社1994年版，第211页。

② 中华人民共和国外交部、中共中央文献研究室编：《毛泽东外交文选》，中央文献出版社、世界知识出版社1994年版，第385页。

③ 中华人民共和国外交部、中共中央文献研究室编：《毛泽东外交文选》，中央文献出版社、世界知识出版社1994年版，第168页。

④ 中华人民共和国外交部、中共中央文献研究室编：《毛泽东外交文选》，中央文献出版社、世界知识出版社1994年版，第171页。

地区稳定、争取持久和平的斗争任务依然十分艰巨。

1953 年 11 月，即朝鲜停战 4 个月后，朝鲜领导人金日成率领政府代表团访问中国，中朝双方就巩固和发展两国传统友谊、保卫远东及世界的持久和平等问题交换意见。为帮助朝鲜尽快恢复国民经济、医治战争创伤，中国政府决定，自朝鲜战争爆发时起至 1953 年底，中方援助朝鲜的一切物资和现金全部改为无偿赠与，1954—1957 年 4 年之内再向朝鲜提供一定数额的援助。双方签署了多项经济文化合作协定。1954—1958 年间，中国与朝鲜在各个领域的友好合作全面发展，双方高层交往十分频繁。两国达成的所有合作协议，都得到认真执行。

1958 年 2 月，朝鲜提出了一切外国军队撤出朝鲜半岛的建议，得到了中国方面的响应和支持。周恩来总理率领代表团赴朝访问，与朝方达成了相关协议。当年 10 月，中国人民志愿军全部撤出朝鲜，仅留少量代表与朝方共同监督停战协定的执行。1961 年 9 月，中国与朝鲜签订友好合作互助条约，继续加强与朝方的团结合作。

朝鲜停战协定签字后，中国一方面继续加强与朝鲜的密切配合，全面推进包括外交事务在内的各领域合作；另一方面也大力声援南朝鲜人民反对美国军事占领的斗争，更加坚决地反对美国继续在朝鲜半岛驻军、强化对日本和南朝鲜的控制、继续驻军中国台湾。考虑到东北亚地区的紧张局势，中国当时尤其反对美国炮制《日美安全条约》、鼓动日本与南朝鲜缔结《日韩基本条约》、拼凑东北亚军事同盟。

在对日关系方面，中国为切实保障东北亚地区的和平与稳定，一方面努力破除层层阻力，大力推进与日本的民间外交，推动民间友好往来和经贸交流持续发展；另一方面又坚决反对日本右翼势力复活军国主义，并同 50 年代中后期岸信介政府蓄意毒化中日关系、强行通过《日美共同合作和安全条约》等行为，进行了坚决斗争。60 年代中期，中国又同追随美国、敌视中国大陆、支持台湾当局的佐藤政权进行了坚决斗争。1965 年《日韩基本条约》签字后，中国对美国联手日本和南朝鲜拼凑军事同盟表示强烈谴责和坚决反对，通过各种方式，在北京组织百万人集会，声援日本人民、南朝鲜和全体亚洲人民反对美国联手日本、南朝鲜制造新的战争威胁的正义斗争。

印度尼西亚是东南亚地区最早与新中国建交的国家。1950 年 4 月两国建交后，中国于当年8月即向印度尼西亚派出了大使。1952年，印度尼西亚政府改组。新政府废除了印度尼西亚与美国签署的共同安全法协定，拒绝参加美国策划的东南亚集体防备条约组织，对外政策中反帝反殖民的立场变得更加鲜明，中国与印度尼西亚在地区和国际事务中的合作由此顺畅起来。1953—1954年间，两国经贸代表团实现了互访。印度尼西亚自1954年起，开始突破美国策动的对华禁运，向中国出口橡胶。中国与印度尼西亚两国以平等互利为基础的经贸合作有了较大发展。

印度尼西亚是东南亚地区华侨最多的国家。50年代中期，印度尼西亚境内的华侨已有270多万人，华侨的双重国籍问题，是中国与印度尼西亚关系中的最大麻烦。1954年，双方就合理解决这个问题进行了初步接触，取得一些共识。1955年3月，两国又就此问题举行了正式会谈。4月万隆会议时，双方正式签署了有关条约，规定双重国籍持有者须根据自愿原则，两年内在中国或印度尼西亚国籍之间作出选择，条约生效时尚未成年者，须在成年后一年内作出选择，规定时间未作选择者，视为选择了未成年时所在国的国籍。解决双重国籍问题的条约签字后，中国与印度尼西亚在各领域的友好合作出现了新的局面。

1955年，举世瞩目的亚非会议在万隆召开，中国与印度尼西亚代表团相互配合，共同为会议成功作出了重要贡献。会议结束后，周恩来总理应印度尼西亚总理邀请，作为苏加诺总统的客人，对该国进行了正式访问，并与印度尼西亚总理发表了联合声明，重申双方将共同努力以实现亚非会议所肯定的共同愿望和促进世界和平与合作的宣言，确认有关双重国籍问题的条约的签订是友好协商解决国际间繁难问题的一个良好范例。双方对两国中任何一方维护自己主权和领土完整的努力表示深切同情和支持，对两国在和平共处五项原则基础上作为良好邻邦相处表示满意。[①] 随后不久，印度尼西亚总理访华。两国领导人在会见会谈和宴会上都反复强调，巩固和发展两国传统友谊、践行和平共处五项原则和万隆会议精神具有重要意义。

---

① 裴坚章主编:《中华人民共和国外交史》(第一卷)，世界知识出版社1994年版，第113页。

1956年新中国国庆期间，印度尼西亚总统苏加诺应毛泽东主席邀请来华访问并出席新中国国庆活动。毛泽东、刘少奇、周恩来、宋庆龄等中国领导人多次发表热情洋溢的讲话。毛泽东在10月2日为苏加诺举行的国宴上高度赞扬印度尼西亚人民赢得了民族独立，执行积极的独立自主的外交政策，赞扬印度尼西亚为万隆会议作出了重大的贡献，在国际事务中正在发挥越来越重要的作用。他还表示，“我们亚洲、非洲和拉丁美洲爱好自由和独立的人民，都在反对殖民主义，”“我们必须用加强团结、加强友好合作来回答他们，我们必须使殖民主义者的阴谋彻底破产。”“中国和印度尼西亚两国建立在平等互利和和平共处的原则上的友好合作关系，今后必将更加巩固和日益发展。”①

此时，由于印度尼西亚国内的原因，中国与印度尼西亚签署的关于解决华侨双重国籍问题的条约迟迟未能得到批准，双方在此问题上再次出现过摩擦和冲突。但中方从支持民族解放运动，推进反帝反殖事业的大局出发，继续坚定不移地支持印度尼西亚维护国家安全和主权的正当要求。1958年，印度尼西亚部分地方武装在美国与荷兰的支持下，发动叛乱，夺取政权，建立了所谓的“印度尼西亚革命政府”。中国方面不仅连续两次发表声明，表示支持印度尼西亚政府和人民维护国家主权和安全、反对帝国主义干涉的斗争，而且应印度尼西亚请求，以贷款方式为其提供了价值4000万瑞士法郎的物资援助，另外还提供了2000万美元的军事装备。1960年3月，中国提供的这批军援改为无偿援助。后来，当印度尼西亚政府为收回仍被荷兰占据的西伊里安而斗争时，中国再次给予印度尼西亚以强有力的外交支持，并且还为印度尼西亚提供了宝贵的陆、海、空军军事装备。

1965年9月30日，印度尼西亚国内发生军事政变，反华反共势力掀起了大规模反华排华浪潮。一个月后，双方各自关闭了驻对方国家的大使馆，撤回了使馆工作人员。中国与印度尼西亚的联系完全中断，两国关系迅速跌入低谷。

---

① 中共中央文献研究室编:《毛泽东年谱（1949—1976）》（第三卷），中央文献出版社2013年版，第3页。

二、支持印度支那人民反对外来侵略和干涉

第二次世界大战后，东南亚地区的热点问题主要集中在印度支那三国（即越南、老挝、柬埔寨）。美国为遏制和包围新中国，阻止世界社会主义的发展壮大，扼杀民族解放运动和反帝反殖民斗争，不断在印度支那地区制造事端，直至进行赤裸裸的武装侵略和干涉。支持印度支那三国人民反对外来侵略和压迫，争取该地区实现和平与稳定，也就成了新中国周边外交中最重要的一个环节。

1954 年关于印度支那问题的日内瓦会议召开之后，越南南北方分裂的格局被固化。1956 年 3 月，南越的吴庭艳集团在美国支持下，破坏了日内瓦协议关于在越南举行普选以实现南北统一的规定，单方面组织了所谓的“制宪会议”选举。1958 年 3 月 9 日，中国政府发表声明，对此表示严重关切，宣布支持越南民主共和国政府为促进越南和平统一而提出的各项倡议，强烈要求美国侵略势力撤出越南南方。1960 年 12 月，越南南方民族解放阵线成立，中国政府立即宣布承认。

1961 年 6 月，越南民主共和国总理范文同率领代表团访问中国。毛泽东主席在会见范文同时，高度赞扬越南人民的正义斗争。毛泽东主席表示，中国对越南的支持，“这是国际主义义务”，因为越南救国的事业“对全世界，对中国，对苏联，对社会主义阵营，对世界无产阶级和劳动人民都是帮助。因此，中国、苏联、社会主义阵营、世界无产阶级有义务帮助你们，特别是中国。”①

1962 年，美国在南越成立“军事援助司令部”，不宣而战的“特种战争”急剧升级，战争形势日益严峻。越南劳动党中央委员会主席胡志明来到中国，与中国领导人共同研究形势，制定对策。中方应越方要求，决定向越南提供必要援助。1963 年 3 月和 9 月，双方缔结《中越两军协同作战计划》和《中国支持越南主要军事装备和后勤物资计划》。当年 5 月，中华人民共和国主席、中共中央副主席刘少奇率团访越。他在越南宣布：“中国人民、中国共产党和中国政府坚决地支持越南南方人民和全

① 中共中央文献研究室编：《毛泽东年谱（1949—1976）》（第四卷），中央文献出版社 2013 年版，第 604—605 页。

体越南人民反对美帝国主义侵略、争取和平统一祖国的爱国主义斗争”[①]。他还对胡志明本人表示：我们同你们站在一起，打起仗来，你们可以把中国当成你们的后方。[②] 当年 8 月 29 日，毛泽东主席发表声明，号召全世界人民支援越南人民的正义斗争。

1964—1965 年间，美国直接参加对越战争，中国政府三次发表声明，严正表示：美国对越南的侵犯就是对中国的侵犯；中国人民决定无保留地支持兄弟的越南人民同美帝国主义斗争到底。1965 年春，周恩来总理利用出访亚非国家的机会，向国际社会阐明了中方保卫亚洲和平的政策底线：“如果美国要扩大战争，要同中国大打，我们将决心完全承担责任。”[③] 当时，周恩来请即将访问美国的巴基斯坦总统传达信息：一，中国不会主动挑起对美国的战争；二，中国人说话是算数的，那就是如果亚洲、非洲或世界上任何国家遭到以美国为首的帝国主义国家的侵略，中国政府和人民是一定要给予支持和援助的。如果由于这种正义行动引起美国侵犯中国，我们将毫不犹豫地奋起反抗，战斗到底；三，中国是做了准备的。如果美国把战争强加于中国，不论它来多少人，用什么武器，包括原子武器在内，可以肯定地说，它进得来，出不去；四，战争打起来，就没有界限。[④] 后来，巴基斯坦总统推迟访美，周恩来又请坦桑尼亚总统尼雷尔向美国转达了这个信息。

1966 年 7 月，中国国家主席刘少奇发表声明：为了支持越南人民取得抗美救国战争的彻底胜利，中国人民准备承担最大的民族牺牲。1967 年 12 月，毛泽东主席亦致电越南南方民族解放阵线领导人：“七亿中国人民是越南人民的坚强后盾，辽阔的中国领土是越南人民的可靠后方。”[⑤] 实际上，根据越南的请求和双方的协议，这时候中国军队已经战斗在越南

---

① 中共中央文献研究室编：《刘少奇传》（下），中央文献出版社 2008 年版，第 863 页。

② 王泰平主编：《中华人民共和国外交史》（第二卷），世界知识出版社 1998 年版，第 34 页。

③ 中共中央文献研究室编：《周恩来传（1949—1976）》（下），中央文献出版社 1998 年版，第 838 页。

④ 《周恩来军事文集》（第四卷），人民出版社 1997 年版，第 544 页。

⑤ 《人民日报》，1967 年 12 月 20 日。

国土。据统计，1965—1968 年间，中国先后向越南派出防空、工程、后勤、铁道兵等部队总共 32 万余人，其中 4200 余人在战斗中伤残，还有 1442 人长眠在越南土地上。[①]

1968 年 11 月，越南参加了关于越南战争的巴黎会议，越南战争进入了“边谈边打”的新阶段。中方对越南采取的抗美救国新方针，继续予以全力支持。尽管 1970 年中国撤回了援越部队，但为越南提供无偿经济和军事援助的力度没有减弱。

老挝是中国的友好邻邦，也是印度支那地区除越南之外与中国拥有共同边界的第二个国家。1949 年中央人民政府成立后，老挝没有立即承认新中国。但在 1954 年日内瓦会议和 1955 年万隆会议期间，中国代表团即与老挝代表团有过友好接触。1954 年 11 月，日内瓦会议结束后，美国策动老挝右派推翻了富马亲王领导的王国政府。中国立即表态，支持老挝政府维护日内瓦协议、反对美国强权政治的斗争。1956 年，老挝王国政府与苏发努冯领导的寮国战斗部队达成和平协议，中国明确表态支持老挝实现和平与中立。1956 年 8 月，富马亲王率王国政府代表团访问了中国，毛泽东主席向他表示，“我们对大国、小国都一律平等看待。”“我们不会干涉你们的内政，不会在你们那儿宣传共产主义。”“你们采取什么制度、政策，信仰什么宗教，那是你们自己的事。”对富马亲王提出的希望中国支持老挝的请求，毛泽东表示，“我们一定支持你们，而且是在和平共处五项原则的基础上，这对双方都有利。”[②]

1958—1960 年间，美国支持右派势力兴风作浪，老挝政权几度易手。中国政府多次发表声明，支持老挝王国政府及其推行的和平、中立、民族独立和国家统一的政策。中国外长还致信日内瓦会议主席，要求制止美国对老挝的干涉，维护印度支那地区的和平。正是在中国推动下，1961 年召开了第二次日内瓦会议。1962 年 7 月，扩大的老挝问题日内瓦

---

① 王泰平主编：《中华人民共和国外交史》（第二卷），世界知识出版社 1998 年版，第 36—37 页。

② 中共中央文献研究室编：《毛泽东年谱（1949—1976）》（第二卷），中央文献出版社 2013 年版，第 604 页。

会议通过了维护老挝中立的宣言及议定书，中国予以高度评价，呼吁各方切实遵守协议，尊重老挝的独立和主权，不以任何形式对老挝的内政进行任何干涉。此后，老挝政局仍动荡多变，中国政府始终坚持这一原则立场。

20 世纪 70 年代，美国出于扩大对越战争的需要，对老挝也展开了军事行动。中国全力支持印度支那三国人民的抗美救国，对老挝的援助和支持力度同步增大。据统计，1959—1975 年间，中国总共为老挝提供了近 9 亿元援助，其中除了 5000 万外汇贷款外，其余全部属于无偿援助。[①]

柬埔寨与中国并不接壤。1953 年柬埔寨摆脱法国殖民统治，获得独立，对内实行君主立宪，对外实行中立政策，既不与外国签订军事条约，也不缔结任何军事同盟，更不接受美国主导的东南亚条约组织。当时中柬尚未建交，但中国尊重并支持柬埔寨王国的中立政策。1956 年，中柬两国政府首脑互访，双方友好往来有所加强，中国将柬埔寨作为向非社会主义国家提供援助的首选国。

1956 年夏季，南越军队在美国的支持下侵入柬埔寨，中国对柬埔寨表示声援，两国随即建立外交关系。1960 年，周恩来总理访问柬埔寨，再次表态，中国支持柬埔寨人民捍卫民族独立的正义斗争。1961—1965 年间，坚守中立政策的柬埔寨与美国及其“盟友”的关系全面紧张，先后与泰国、南越和美国断绝了外交关系。中国对此表示坚决支持，要求国际社会正视柬埔寨关于召开国际会议以保障其独立的正当要求。1965—1966 年，泰国和南越在美国的怂恿下进一步侵犯柬埔寨。中方先后八次发表声明，对柬埔寨表示支持，并继续为柬埔寨提供必要援助。据统计，在 1959—1969 年间，中国总共为柬埔寨提供了 2 亿多元的经济援助和 3600 万元的军事援助。[②]

---

① 王泰平主编:《中华人民共和国外交史》(第二卷)，世界知识出版社 1998 年版，第 83 页。

② 武寅主编:《世界历史》(第 36 册)，江西人民出版社 2012 年版，第 145 页。

三、顺应时代潮流，伸张国际公理与正义

第二次世界大战后，西亚北非地区也是各种力量长期博弈的一个热点。在这个地区，中国同世界进步力量一道，共同支持各国人民维护民族权利和争取民族解放的正义斗争，首先是巴勒斯坦人民争取恢复民族权利的斗争。由于历史原因，居住在这一地区的以色列人和阿拉伯人存在着根深蒂固的民族矛盾和利益冲突。虽然以色列是该地区最早承认新中国的国家，但中国从支持世界民族解放运动的一贯立场出发，当时并未与以色列建交，而是坚定地站在巴勒斯坦人民和阿拉伯世界一边。

1964 年，巴勒斯坦解放运动“法塔赫”领导人作为中国亚非团结委员会客人首次访问中国，中方为其组织了盛大欢迎集会。1965 年，巴勒斯坦解放组织执委会主席应邀访华，中方同意该组织在华设立办事处，以加强双方之间的接触和联系。1974 年，联合国赋予巴勒斯坦解放组织观察员地位，中国对巴勒斯坦的支持力度进一步增大。

埃及是世界上历史悠久的文明古国之一，在西亚北非地区具有举足轻重的作用和影响。1952 年，纳赛尔领导的自由军官组织推翻法鲁克王朝统治，次年实行共和体制。中国领导人密切关注埃及的事态发展，认为埃及属于被压迫民族，他们的国家是由爱国政党和团体领导的。1955 年亚非会议前夕，周恩来总理会晤了埃及总统纳赛尔，对埃及迫于美国压力暂时不能与新中国建交表示理解，同时明确表示，中国支持埃及人民反对以色列扩张的斗争。1956 年 6 月，埃及与台湾当局断交，正式承认了新中国，中埃建交。埃及成为西亚北非地区第一个与新中国建交的国家，新中国在中东地区取得重大外交成果。

埃及革命发生后，新政权对外政策取向与西方世界背道而驰，与英、法、美等大国的关系持续紧张。1956 年 7 月，埃及宣布收回英、法两国分别拥有 44% 和 42% 股权的苏伊士运河管理权，英、法、美三国联手对抗，企图以所谓国际共管方式夺取运河管理权，苏伊士运河危机爆发。在这场震动世界的冲突中，中国宣布支持埃及的正义行动，同时警告西方国家不得动用武力或以威力相威胁，强调所谓国际共管违背《联合国宪章》原则。毛泽东主席亲自出面接见埃及驻华大使，赞扬埃及做了一件好事，表示中国无条件支持埃及，并愿提供一切力所能及的帮助。

1956年10月，英、法出兵，战争打响，中国立刻发表声明，支持埃及，谴责英、法。随后，毛泽东委托周恩来，就埃及反侵略战争军事部署和战略方针等事提出建议，对苏联提议采取紧急措施制止侵略表示支持，同时宣布中国愿采取一切措施支持埃及。在这场战争中，中国为埃及提供了一定数量的援助，同时提供了一批医药物资。[①] 新中国因此在埃及赢得了崇高声誉。

叙利亚也是西亚北非地区的重要国家。由于该国从未与台湾当局“建交”，中叙关系起步较好。1955年亚非会议期间，周恩来总理与叙利亚代表首次接触，叙方即高度评价中国支持阿拉伯国家反对帝国主义和以色列侵略的斗争。当年8月，叙方正式请求中方支持北非各国争取民族独立和主权的斗争，中方即刻予以响应。对叙方提出的亚非会议与会国加强合作、反对帝国主义、维护世界和平、增进彼此友好关系的建议，中方表示赞同和支持。

1956年中叙两国正式建交后，中国对叙利亚反帝反殖民、反对以色列侵略的支持更加坚定有力。当叙利亚与土耳其关系紧张，土耳其在美国支持下对叙利亚发出战争威胁时，中国公开表态，称中国人民把叙利亚人民的斗争看作是自己的斗争。毛泽东主席致电叙利亚领导人，表示坚决支持叙利亚人民保卫独立、保卫和平的正义斗争。由于叙利亚的顽强抵抗和世界和平力量的广泛声援，美国策划的旨在反对叙利亚的战争最终被制止，和平的努力战胜了战争的威胁。

位于北非地区的阿尔及利亚原是法属殖民地。阿尔及利亚人民要求摆脱法国统治、实现民族独立的斗争，于20世纪50年代末进入高潮。在非阿拉伯世界，中国第一个承认了阿尔及利亚解放阵线领导的临时政府。从1958年9月该政府成立，到1962年阿尔及利亚正式独立，阿尔及利亚解放阵线领导人多次访华，中国除政治上为他们提供各种意见和建议外，还为其提供了多种形式的援助。中方把支援阿尔及利亚的民族独立运动，视为自己应尽的“国际义务”。由于中阿之间早就形成深厚友谊，独立后的阿尔及利亚始终坚持一个中国的原则立场，1971年为恢复

① 武寅主编:《世界历史》(第36册)，江西人民出版社2012年版，第151页。

中国在联合国的合法席位作出了重要贡献。中国领导人因此将中阿关系称作“患难之交”。[①]

撒哈拉沙漠以南非洲地区通常被称作黑非洲。1955 年以前，该地区只有埃塞俄比亚和利比里亚两个独立国家。1957 年加纳独立后，黑非洲民族独立运动进入高潮。到 60 年代末，黑非洲已有 30 多个独立国家。中国先后与加纳、马里、索马里、刚果（利）、[②]乌干达、肯尼亚、布隆迪、坦噶尼喀、桑给巴尔、中非、赞比亚、达荷美等国建立了外交关系。

毛泽东主席非常重视黑非洲，认为黑非洲与亚洲、拉丁美洲一道，属于社会主义和帝国主义两大阵营之间的“中间地带”，中国应全力支持该地区反对帝国主义、殖民主义和种族主义，维护民族独立和主权、捍卫国家资源和安全、争取社会发展与进步的正义斗争，积极推进与黑非洲国家的友好交往，以增进相互间的了解与合作。

1963 年 12 月，周恩来总理首次访问北非五国，而后又于 1964 年初访问了黑非洲五国。在这两次访问中，周恩来总理对非洲国家所做的工作主要是：第一，对这些国家反帝反殖民、维护独立与主权、推动经济发展和社会进步所做的努力表示赞赏和支持，对其遭遇的困难和压力表示同情和理解；第二，阐述世界上所有国家无论大小强弱一律平等的重要理念，推动新兴国家在国际事务中发挥更大作用，强调亚非新兴国家既要相互支持，促进各自经济发展，又要以平等互利原则为基础，与世界各国互通有无，开展经贸合作；第三，针对某些国家选择社会主义发展道路，客观介绍中国经验，帮助其领导人开拓视野和思路；第四，阐明中国援助的基本原则，商讨援助与合作的具体问题，签订相关文件。

当时，中国还非常坚定地支持了刚果（利）维护民族独立、反对外来干涉的斗争。刚果（利）原为比利时殖民地，1960 年独立不久即遭武装入侵。某些分裂集团勾结外部势力趁机作乱。刚刚独立的刚果（利）四分五裂，战乱交织。中国深切同情刚果（利）人民，当时即发表声明，严正要求西方国家停止干涉、立即撤军，同时要求叛乱分子释放被

---

① 武寅主编：《世界历史》（第 36 册），江西人民出版社 2012 年版，第 152 页。

② 即现在的刚果（金），20 世纪 70—90 年代称扎伊尔。

绑架的政府领导人，恢复其合法职务。后来，刚果（利）局势进一步恶化。中国开始支持爱国力量进行武装斗争。1965 年各派爱国力量建立统一领导机构后，中国为该机构提供了强有力的政治支持和一定数量的物资援助。[①]

中国对刚果（布）反对颠覆破坏、维护民族独立的斗争也给予了有力支持。刚果（布）1960 年独立后，政局一直不稳。1962 年“八月革命”后产生的新政府，奉行十分强硬的内外政策，引发各种势力强烈反对，颠覆活动和政变密谋持续不已。中国 1964 年与刚果（布）建交后，立即为其提供无息贷款，以帮助其政府稳定政局、发展经济、改善民生。1968 年，该国政权再次更迭，中国本着不干涉内政的既定原则，继续与其开展经济技术合作，为其提供贷款和军事援助。

中国长期支持黑非洲地区的民族主义组织和民族解放运动。20 世纪六七十年代初，中国通过各种渠道，与黑非洲各地的民族主义组织和解放运动建立了联系，为他们开展独立运动和武装斗争提供支持。根据目前已公开的信息，20 世纪六七十年代，中国为几内亚比绍—佛得角独立党、塞舌尔人民党、莫桑比克解放阵线、津巴布韦民族联盟、西南非洲人民组织和西南非洲民族联盟、南非非洲人国民大会和阿扎尼亚泛非主义者大会、安哥拉人民解放运动、安哥拉民族解放阵线、争取安哥拉彻底独立全国联盟等许多组织和运动提供过政治支持和物资援助。这种支持和援助对于黑非洲民族解放运动的积极作用，得到黑非洲人民和世界上一切进步力量的好评。

整个 20 世纪六七十年代，尽管中国自身经济上也相当困难，但始终坚持为黑非洲地区国家提供经济、技术和财政援助，坚持向获得独立的国家派遣专家、工程技术人员和医疗队，帮助它们修建基础设施和生活设施。著名的坦赞铁路，就是在这个时期修建完成的。非洲统一组织 1971—1972 年的一份统计表明，当时非洲解放运动获得的外部援助，中国占比为 75%，苏联占比仅为 23.5%。

中国支持拉美国家反对外来控制、维护国家权益的斗争，当时也有

---

① 武寅主编:《世界历史》（第 36 册），江西人民出版社 2012 年版，第 156 页。

很大影响。拉丁美洲长期被视为美国后院，新中国成立之初，由于相距遥远，中国与拉美国家联系甚少。除 1960 年古巴与中国建交外，其他各国与中国均无邦交关系，台湾当局在拉美的所谓“邦交国”却有 20 多个。但是，新中国从团结一切进步力量、争取广泛统一战线的国际战略出发，始终支持拉美国家反对外来控制、争取民族权益的斗争。1958 年，毛泽东主席会见巴西记者时就表示过：“只要巴西和其他拉丁美洲国家愿意同中国建立外交关系，我们一律欢迎。不建立外交关系，做生意也好。不做生意，一般往来也好。”① 1963 年，毛泽东又对来自拉美的朋友们表示：“我们支持整个拉丁美洲民族独立解放运动。”②

自 20 世纪 50 年代后期开始，中国与拉美国家的来往与交流逐渐活跃起来，越来越多的拉美政治家、社会活动家、文化艺术界知名人士访问中国。1960 年，中国拉丁美洲友好协会成立，中国与拉美的联系进一步密切。中国新华社开始向拉美主要国家派遣记者，中国对外发行的《北京周报》和《中国建设》开始面向拉美发行西班牙文版。1964 年巴拿马发生大规模反美浪潮，中国领导人致电巴拿马领导人，表示声援和支持。毛泽东主席对记者发表谈话，表示完全支持巴拿马人民的伟大爱国斗争。1965 年美国入侵多米尼加，中国政府发表声明，强烈谴责美国的侵略行为。毛泽东主席破例以国家主席名义发表声明，谴责美国对多米尼加和全世界人民的严重挑衅，号召全世界人民团结起来，结成最广泛的统一战线，反对美帝国主义的侵略政策，保卫世界和平。

---

① 中华人民共和国外交部、中共中央文献研究室编：《毛泽东外交文选》，中央文献出版社、世界知识出版社 1994 年版，第 338 页。

② 王泰平主编：《中华人民共和国外交史》（第二卷），世界知识出版社 1998 年版，第 484 页。

第四章
始终把争取睦邻友好环境放在第一位

20 世纪五六十年代是民族解放运动风起云涌、殖民主义体系走向瓦解的特殊历史时代。随着越来越多的新兴国家出现在世界舞台，国际力量对比和政治格局开始发生有利于人类社会进步发展的新态势，世界上一切爱好和平与正义的力量，全力支持亚非拉人民谋求团结与进步、反对外来侵略与干涉的正义斗争。中国作为获得民族独立与社会解放的社会主义国家，理所当然地站在了国际进步力量一边。正如习近平总书记所说，当时，“中国是亚非团结合作的积极倡导者和推动者，始终坚定支持亚非国家争取民族解放的正义事业，坚定促进亚非国家共同发展，并向亚非国家提供了真诚无私的援助。中国在维护国家主权、推进国家统一、实现国家发展的过程中，也得到了亚非国家的宝贵支持和帮助。”[①] 正是在这样的历史条件下，中国与印度、缅甸一起，共同提出了和平共处五项原则，后来又在亚非会议上提出了万隆会议十原则，为引导当代国际关系理论和国际秩序的健康发展，作出了不可估量的重要贡献。

但是，由于极为复杂的历史原因，当时新中国与周边地区所有接壤国都存在着不同程度的领土纠纷。为了打破西方国家的孤立和封锁，同时也是为了营造良好友善的周边环境，中国积极践行和平共处五项原则，本着既尊重历史事实又考虑现实情况、既公正合理又互利互让的精神，通过耐心细致的磋商和谈判，成功地与部分邻国解决了历史遗留的边界

---

① 习近平:《弘扬万隆精神 推进合作共赢——在亚非领导人会议上的讲话》(2015 年 4 月 22 日),《人民日报》2015 年 4 月 23 日。

问题，为后来进一步解决与其他邻国的边界问题，积累了宝贵经验，提供了良好的范例，其积极意义和正面影响，不仅有目共睹，而且也举世公认。

一、和平至上，提出和平共处五项原则

1950 年中国与印度建交之初，两国关系发展势头很好，中印关系一度成为新中国与邻国建立睦邻友好关系的典范。但是，中印之间存在一些历史遗留问题，这些问题从根本上妨碍和制约着两国关系的正常发展，其一是印度与中国西藏地方的关系问题，其二是两国的边界争议问题。

1953 年底，印度政府代表团访华，与中方商谈两国在西藏地方的关系问题。中方高度重视两国在这一问题上的立场差异，周恩来总理向印度客人表示，中印两国的关系会一天一天地好起来。某些成熟的、悬而未决的问题一定会顺利地解决的。因为“新中国成立后就确立了处理中印两国关系的原则，那就是互相尊重领土主权、互不侵犯、互不干涉内政、平等互惠和和平共处的原则。”[①] 这是中国领导人首次正面阐述和平共处五项原则。

1954 年 6 月下旬，正在日内瓦参加印度支那问题国际会议的周恩来总理利用休会之机，应邀访问了印度，在那里重申并进一步阐述了和平共处五项原则。他指出，中国“对东南亚的政策是和平共处。我们对印度是如此，对印尼、缅甸，甚至对巴基斯坦和锡兰也是如此。现在所提出的对老、柬的政策也是如此。”针对印度总理尼赫鲁所说的东南亚国家对中国的“恐惧”，周恩来明确表示，中国在文化经济方面均较为落后，需要的是建设；生活在这些国家的华侨应当遵守所在国法律，不参与政治活动，取得驻在国公民身份的要脱离华侨身份；革命是不能输出的。“我们应该以我们共信的原则给世界建立一个范例，证明各国是可以和平共处的。”[②]

根据周恩来的建议，中印两国总理在联合声明中宣布，指导两国关

---

① 《周恩来选集》(下卷)，人民出版社 1984 年版，第 118 页。

② 中共中央文献研究室编:《周恩来传(1949—1976)》(上)，中央文献出版社 1998 年版，第 193 页。

系的原则是：相互尊重领土主权、互不侵犯、互不干涉内政、平等互利、和平共处。指导中印关系的这五项原则，适用于中印两国与亚洲以及世界其他国家的关系，即适用于整个国际关系。中印两国总理发表联合声明的当天，周恩来总理访问了缅甸。两国总理会谈时，针对缅方提出的两国关系中的一些问题，周恩来表示：中缅两国应建立互信。我们愿意看到缅甸独立，有权自由选择大多数人民赞成的社会制度，并愿与缅甸友好合作。这是中国政府的一贯政策。他阐述了中方对印度提出的和平共处五项原则，建议两国缔结一项政治协定以确认双方的友好关系及和平共处原则，在此之前，先发表一份联合声明，以阐明相关态度和立场，得到缅方赞同。在商谈联合声明具体内容时，周恩来总理又指出，中国执行的和平外交政策，愿意在和平共处五项原则基础上同世界一切国家友好相处，缅甸是中国有亲戚关系的国家，同缅甸更是如此。中国的立国政策是把自己的国家搞好，对别的国家没有任何领土要求。①

最后，双方在联合声明中共同表示，同意和平共处五项原则为指导两国关系的原则，如果这些原则能为一切国家遵守，则社会制度不同的国家的和平共处就有了保证，而侵略和干涉内政的威胁和对侵略和干涉内政的恐惧就将为安全感和互信所代替。联合声明重申，各国人民都应该有选择他们的国家制度和生活方式的权利，不应受到其他国家的干涉，革命是不能输出的。②

1954 年 11 月 30 日至 12 月 16 日，缅甸总理应邀对中国进行了友好访问。双方在总理会谈公报中重申，和平共处五项原则是指导两国关系的坚定不移的方针；双方有必要根据友好精神，在适当的时机内，通过正常的外交渠道，解决边界问题。双方同时还表示，希望和平共处五项原则能为亚洲和世界各国广泛采用；一切国家都应在不受外来干涉和侵略的情况下，享受民族独立和生活繁荣的权利。毛泽东主席在会见缅甸总理时，特别强调双方建立互信的重要性。他说：“我们的方针是同你们友好。”“我们应该

---

① 裴坚章主编：《中华人民共和国外交史》（第一卷），世界知识出版社 1994 年版，第 122 页。

② 裴坚章主编：《中华人民共和国外交史》（第一卷），世界知识出版社 1994 年版，第 122 页。

想出各种方法来解决我们之间的问题。这样可以增加我们的互信。”对于那些暂时不能解决的问题，毛泽东提出，“可以留到以后解决”。[①]

新中国倡导和平共处五项原则，并且明确主张和平共处五项原则适用于所有国家，在世界上产生了很大影响。1954 年，周恩来总理在英国工党代表团来访前召开的工作会议上说过：“世界上不同制度的国家是可以和平共处的。”“中印、中缅联合声明倡导了和平共处五项原则，迫使艾森豪威尔也不得不说些和平共处之类的话。这是人民的要求，美国统治集团也不得不考虑这一点。”[②]1955 年 1 月，毛泽东主席接受芬兰首任驻华大使国书时明确表示：中国和芬兰历史上从未有过冲突。中芬两国是友好的国家，我们的关系是建立在和平共处五项原则基础之上的。[③]同年 10 月，刘少奇宴请日本国会议员代表团时也表示：“我们愿意同我们的邻国日本早日建立正常关系，我们愿意在这样的基础上，实行互相尊重领土主权，互不侵犯，互不干涉内政，平等互利，和平共处的五项原则，以巩固和发展我们相互间的友好关系。这将使远东和平获得保证，使世界和平也获得巩固。”[④]

和平共处五项原则完全符合毛泽东的和平至上理念和以和平方式解决国与国争端的国际政治思维。针对当时中印、中缅关系中存在的某些实际问题，毛泽东主席亲自出面做释疑解惑工作，耐心细致而又深入浅出地阐述和平共处五项原则的精髓和要义。1954 年，他在会见印度总理尼赫鲁时，高度评价两国共同倡导的和平共处五项原则，同时提议：中印两国间凡是足以引起怀疑、妨碍合作的问题，我们都要来解决，以便实现五项原则中的“平等互利”。[⑤]当年，毛泽东主席又对缅甸总理吴努

---

① 裴坚章主编：《中华人民共和国外交史》（第一卷），世界知识出版社 1994 年版，第 123、122 页。

② 中华人民共和国外交部、中共中央文献研究室编：《周恩来外交文选》，中央文献出版社 1990 年版，第 80 页。

③ 裴坚章主编：《中华人民共和国外交史》（第一卷），世界知识出版社 1994 年版，第 303 页。

④ 裴坚章主编：《中华人民共和国外交史》（第一卷），世界知识出版社 1994 年版，第 167 页。

⑤ 中华人民共和国外交部、中共中央文献研究室编：《毛泽东外交文选》，中央文献出版社、世界知识出版社 1994 年版，第 176 页。

表示："我们两国总理发表的联合声明，已经确定了我们相互关系的五项原则，这五项原则中的一条叫做互不干涉内政，另一条叫做平等互利。什么叫互不干涉内政呢？那就是，一国的国内纠纷，由这个国家自己管，别国不得过问，也不得利用这种国内纠纷。一个国家只能承认别国的人民自己选择的政府。""这就是我们的方针。"他进一步指出，提出和平共处五项原则"是一个大的发展，还要根据五项原则做些工作。我们应该采取些步骤，使五项原则具体实现，不要使五项原则成为抽象的原则，讲讲就算了。""五项原则是个长期方针，不是为了临时应付的。这五项原则是适合我国的情况的，我们需要长期的和平环境，五项原则也是适合你们国家的情况的，适合亚洲、非洲绝大多数国家的情况的。"①

和平共处五项原则的提出，是新中国外交史上的一个创举，同时也是世界外交史上的一件大事。其基本精神，既符合当时新中国和周边国家发展相互关系的现实需要，也符合第二次世界大战后国际关系发展的时代潮流，符合国际社会普遍认可的国际法的准则和《联合国宪章》精神。2014年6月，时隔60年后，中国、缅甸与印度三国领导人在北京共同举行了和平共处五项原则提出60周年纪念活动。中国国家主席习近平以《弘扬和平共处五项原则，建设合作共赢美好世界》为题，在纪念大会上发表主旨讲话。他高度评价和平共处五项原则的时代意义和历史价值，就新形势下如何坚持和弘扬和平共处五项原则、推动建设新型国际关系和美好世界提出六点新主张，即坚持主权平等，坚持共同安全，坚持共同发展，坚持合作共赢，坚持包容互鉴，坚持公平正义。此外，习近平主席还宣布，中国政府将设立"和平共处五项原则友谊奖"和"和平共处五项原则卓越奖学金"，以表彰和鼓励更多人士和团体坚持并弘扬和平共处五项原则。

来华参加此次纪念活动的缅甸和印度领导人，也高度评价和平共处五项原则在国际事务中的重要作用，认为和平共处五项原则是亚洲为建立公正、民主的国际秩序而做出的重要贡献，已经为国际社会广泛接受，并且将在国际关系中继续发挥重要作用。由此可见，60多年前新中国与

---

① 中华人民共和国外交部、中共中央文献研究室编：《毛泽东外交文选》，中央文献出版社、世界知识出版社1994年版，第186—187页。

邻国共同提出的和平共处五项原则，至今依然具有强大的生命力和影响力，依然是我国和世界各国处理相互关系、在新的历史条件下构建新型国际关系的重要依据和准则。

二、参与亚非会议，倡导万隆精神

1954年4月，锡兰[①]、缅甸、印度、印度尼西亚和巴基斯坦五国于科伦坡召开总理会，印尼总理在会上提议召开亚非会议，以增进亚非国家的团结合作，解决共同面临的和平、发展、合作问题。中国得知此消息后，立即决定支持并参与此会。为此，毛泽东、周恩来等中国领导人亲自出面，积极做发起国工作，得到热烈回应和支持。接到与会邀请后，中国领导层进行了认真研究和周密部署，决定由周恩来总理率团参会，并为代表团确定了工作方针，即争取扩大世界和平统一战线，促进民族独立运动，为建立和加强我国与亚非国家的友好关系创造条件，力求会议成功。

以美国为首的西方国家对此次会议召开极为不安，不仅极尽阻挠、贬低之能事，而且力图通过舆论引导、金钱引诱、外交施压等方式，影响参会国家的立场，左右会议进程和结果。盘踞在台湾的蒋介石集团，竟然丧心病狂炸毁了中国代表团租用的一架飞机，造成重大人员伤亡。但中国代表团是为促进世界和平、增加了解和友谊而参会的，任何势力和任何事情都无法动摇中国参会的意志和决心，也绝不会因为恐吓和威胁而后退。为确保会议顺利召开并圆满成功，周恩来总理赴会途中，首先顺访了缅甸、印度和埃及，与三国总理进行了认真的沟通和协调。

1955年4月的最后一周，举世瞩目的亚非会议在印尼的万隆市隆重召开。包括中国在内的29个国家领导人参加了会议。他们代表全球半数以上人口，共同探讨和平合作、反帝反殖民、团结进步等重大议题，这本身就反映了战后世界格局和力量对比的深刻变化。当时，东西方冷战愈演愈烈，国际社会严重分裂。处于社会主义、资本主义两大阵营之外的新兴民族国家，历史文化底蕴和价值观千差万别，社会制度选择和对外政策取向五花八门，对新中国的立场和态度也不尽一致。有些国家与

---

① 今称斯里兰卡民主社会主义共和国。该国1948年独立时定国名为锡兰，1972年改称斯里兰卡共和国，1978年改用现名。科伦坡为该国首都。

新中国不仅没有建交，而且持有根深蒂固的偏见。针对这一复杂情况，中方确定了两个参会目标：作为最高纲领，争取缔结亚非国家和平公约或和平宣言，以和平共处五项原则、反对殖民主义、要求和平、反对战争为主要内容。最低纲领则是争取发表公约性质的会议公报，以体现会议共同成果。

会议期间，不同国家之间的分歧和争斗相当激烈。有些国家的代表赞扬中、印、缅三国倡导的和平共处五项原则，认为它是亚非国家友好合作的开端，显示出对华合作的良好意愿。但也有人指责中国，攻击社会主义和共产主义，公开号召联美反华。面对紧张而复杂的会议气氛，周恩来总理在发给与会各方的书面发言中首先强调，亚非国家有着共同的经历、境遇和历史任务，“根据互相尊重主权和领土完整、互不侵犯、互不干涉内政、平等互利的原则，社会制度不同的国家是可以实现和平共处的。”他呼吁与会各国领导人，“应该互相尊重，消除互相间可能存在的疑虑和恐惧，”“谋求相互间的亲善与合作，建立友好和睦邻的关系。”他还表示，“中国愿以严格遵守这些原则作为它同亚非其他国家建立正常关系的基础”。“我们的会议应该对于我们的共同愿望有所表示，使它成为亚非历史值得珍贵的一页。”①

在即席补充发言中，周恩来进一步阐明：我们共产党人从不讳言我们相信共产主义和认为社会主义制度是好的，但中国代表团此次参会是来求同而不是来立异的。和平共处的“五项原则完全可以成为在我们中间建立友好合作和亲善睦邻关系的基础。”② 周恩来情真意切的发言，打动了与会各国代表，就连最初主张联合美国反对共产主义的菲律宾外长罗慕洛也不得不赞扬他的发言是出色的、和解的、表现了民主精神。中国不是会议发起国，但中国代表团所做的大量卓有成效的工作，推动各方相向而行，寻求共识，最后促成了以和平合作为主调的会议公报。

亚非会议公报包括经济合作、文化合作、人权和自决、附属地人民问题、其他问题、促进世界和平与合作、关于促进世界和平与合作的宣言七个部分。其中最重要的是下列原则：一、尊重基本人权，尊重联合

---

① 《周恩来选集》（下卷），人民出版社 1984 年版，第 151、152 页。

② 《周恩来选集》（下卷），人民出版社 1984 年版，第 155 页。

国宪章的宗旨和原则。二、尊重一切国家的主权和领土完整。三、承认一切种族的平等，承认一切大小国家的平等。四、不干预或干涉他国内政。五、尊重每一个国家按照联合国宪章单独地或集体地进行自卫的权利。六、不使用集体防御的安排来为任何一个大国的特殊利益服务；任何国家不对其他国家施加压力。七、不以侵略行为或侵略威胁或使用武力来侵犯任何国家的领土完整或政治独立。八、按照联合国宪章，通过谈判、调停、仲裁或司法解决等和平方法以及有关方面自己选择的任何其他和平方法来解决一切国际争端。九、促进相互的利益和合作。十、尊重正义和国际义务。

万隆会议十项原则与和平共处五项原则具有明显的互联关系。它们彼此呼应，一脉相承，在全世界产生了强烈震动。会后，中国轰轰烈烈地宣传万隆会议成果，坚持不懈地实践万隆会议精神，受到了国际进步力量的普遍好评。国际社会进一步认识到，新中国虽然宣布在对外关系方面向以苏联为首的社会主义阵营“一边倒”，但中国毕竟是完全独立的主权国家。社会主义阵营成员国的身份，与苏联的友好互助同盟关系，并不影响中国基于本国发展利益和战略需要确定对外政策和策略，也不妨碍中国在外交事务中按照事务本身的是非曲直确定自己的原则立场。

万隆会议十项原则的提出，不仅使西方国家关于新中国外交“听命于莫斯科”的谎言不攻自破，同时也动摇了它们强加给世界的旧秩序，冲击了以意识形态划线，从阵营对抗角度观察和处理外交问题的冷战思维。中国作为新兴的社会主义大国，超越社会制度差异和意识形态分歧，顾全大局，注重团结，谋求合作，平等待人，广交朋友，将原则坚定性与策略灵活性有机地统一起来，为壮大友好力量，丰富外交资源，深化与广大发展中国家的合作，创造了有利条件。就这一点而言，参加万隆会议并倡导万隆精神，是中国摆脱苏联外交范式影响，努力开展中国特色外交的一个成功范例。

毛泽东主席对万隆会议取得圆满成功，对中国代表团在会议上的出色表现，非常满意。他赞扬此会是“有史以来亚非国家举行的第一次会议”，认为会议的主要成果在于亚非国家“面对西方的侵略压迫”，“团结起来，保卫自己”，“互利合作”，“不仅在商业上和文化上如此，在政治上也进行了合作”。[①] 他强调，亚非国家通过互利合作，互相帮助，解决了各自的问题，也解决了相互间的问题，还解决了共同性的问题。他还把万隆会议的成功召开，与争取和平的国际环境、为世界和平而斗争的崇高事业直接联系在一起，指出，“亚非国家团结是有希望的，万隆会议已经走了第一步。以后我们应该共同努力，继续工作，团结进来，促进和平。”“我们要争取和平的环境，时间要尽可能的长。”[②]“要团结进来，保卫和平与独立。”[③]

万隆会议十项原则的提出与实践，如同和平共处五项原则一样，对当时的民族解放运动，对后来的不结盟运动，对第三世界联合反霸和发展中国家普遍建立新型伙伴关系，产生了不可估量的深远影响，对促进新世纪新形势下的南南合作乃至南北合作，也具有重要的启示和借鉴意义。“因此，万隆会议是亚非人民团结合作的里程碑。”[④]

2015 年 4 月，亚非地区 30 多个国家领导人在印度尼西亚再度聚会，共同纪念万隆会议 60 周年，中国国家主席习近平发表了题为《弘扬万隆精神　推进合作共赢》的讲话，对万隆会议的历史地位和作用做出了这样的评价：60 年前的万隆会议，“形成了团结、友谊、合作的万隆精神，促进了亚非拉民族解放运动，加速了全球殖民体系瓦解的历史进程，会议在和平共处五项原则基础上，提出了处理国家关系的十项原则，为推动国际关系朝着正确方向发展，为推动亚非合作、南南合作，为促进南北合作，发挥了重要历史性作用。”[⑤]

---

① 中华人民共和国外交部、中共中央文献研究室编：《毛泽东外交文选》，世界知识出版社 1994 年版，第 209 页。

② 中华人民共和国外交部、中共中央文献研究室编：《毛泽东外交文选》，世界知识出版社 1994 年版，第 213 页。

③ 中华人民共和国外交部、中共中央文献研究室编：《毛泽东外交文选》，世界知识出版社 1994 年版，第 243 页。

④ 习近平：《弘扬万隆精神　推进合作共赢——在亚非领导人会议上的讲话》（2015 年 4 月 22 日），《人民日报》2015 年 4 月 23 日。

⑤ 习近平：《弘扬万隆精神　推进合作共赢——在亚非领导人会议上的讲话》（2015 年 4 月 22 日），《人民日报》2015 年 4 月 23 日。

三、互利互让，与部分邻国解决边界问题

中国是一个地域广博、幅员辽阔的国家，拥有 2.2 万多公里陆地边界，与周边地区 10 多个国家陆上接壤。[①] 由于极其复杂的历史原因，1949 年新中国成立时，中国与所有邻国都不同程度地存在着边界问题。解决与邻国的领土纠纷，对于新中国争取并维护良好的周边环境，更好地捍卫国家主权和尊严，顺利开展社会主义建设事业，具有特别重大的意义。自 1960 年起，经过艰苦的外交努力和谈判，到 1965 年底，中国与缅甸、尼泊尔、蒙古、巴基斯坦、阿富汗等国历史遗留的边界问题，陆续得到了解决。

新中国解决与邻国的边界问题，首先是从中缅边界开始的。中缅边界总长 2186 公里，[②] 其中有三段始终没有划定。1954 年双方确认，有必要在适当时机解决两国边界问题。1956 年初，双方边界谈判提上日程。当年 11 月，中方利用缅甸总理访华之机，提出了解决办法，缅方表示满意，认为这是照顾双方利益的公平合理的建议。

周恩来总理非常重视并亲自参与解决边界问题。对中缅边界，他提出："必须认真地对待历史资料，必须以正确的立场和观点对历史资料进行科学的分析和判断，把可以作为法理依据的历史资料同由于情况变化只有参考价值的历史资料加以区别。同时，更要注意到中缅两国已经发生的具有历史意义的根本变化，那就是，中国和缅甸已经分别摆脱了原来的半殖民地和殖民地的地位，成为独立的和互相友好的国家。"他特别强调，处理中缅边界问题，"必须注意到这些历史变化，同时也要按照一般国际惯例来对待过去签订的有关中缅边界的条约。""使将来划定的边界成为和平友好的边界，进一步发展两国边民之间的亲密联系。"[③]

---

① 新中国成立时，陆上邻国有苏联、蒙古、尼泊尔、阿富汗、巴基斯坦、印度、锡金(1975 年并入印度)、不丹、缅甸、老挝、越南和朝鲜。1991 年底苏联解体，哈萨克斯坦、吉尔吉斯斯坦、塔吉克斯坦成为中国西部的接壤国。

② 参见钱其琛主编:《世界外交大辞典》(下)，世界知识出版社 2005 年版，第 2506 页。

③ 详见中华人民共和国外交部、中共中央文献研究室编:《周恩来外交文选》，中央文献出版社 1990 年版，第 237—238 页。

在谈判解决中缅边界问题的过程中，为慎重考虑，周恩来总理曾代表政府，在中国人民政治协商会议第二届全国委员会第三次全会上作专题报告，听取人大代表、政府成员和特邀专家的意见，并到云南省听取各界人士和各民族代表的意见和建议。1960 年 1 月，缅甸总理奈温访华，主动提议将双方拟签署的关于边界问题的“换文”改为“协定”，同时签订《中缅友好和互不侵犯条约》，中方表示赞同。中缅边界问题和缔结友好条约问题，就这样同时得到解决。

中国与尼泊尔的共同边界有 1100 多公里，沿喜马拉雅山脉自然形成，但没有正式划定，只有一条双方已经习惯了的传统线。1960 年 3 月，尼泊尔王国首相柯伊拉腊访问中国，经友好协商，两国政府首脑签订了关于边界问题的协定，但喜马拉雅山主峰珠穆朗玛峰的归属未定。毛泽东主席亲自过问此事，他对柯伊拉腊首相表示：这个山峰全给你们，我们感情上过不去；全给我们，你们感情上过不去。可以一半一半，山南边归你们，山北边归我们。[①]1960 年 4 月，周恩来总理访问尼泊尔，与柯伊拉腊首相签署了《中尼和平友好条约》，同时交换了《关于两国边界问题的协议》。1961 年 9—10 月间，尼泊尔国王马亨德拉访华，双方就珠峰问题最终达成了协议，珠峰南侧属于尼泊尔，北侧属于中国。中尼边界条约当月签署并立即生效。

蒙古[②]是 20 世纪 20 年代从中国分离出去的国家，中国与蒙古拥有共同边界 4000 多公里。[③]新中国成立后，中方向蒙方提出了划定边界问题。后来，两国通过照会，阐明各自看法，同意以协商方式解决边界问题。1962 年 12 月，双方谈判开始，很快就边界线的正式划法达成了协议。蒙古部长会议主席泽登巴尔专程来到北京，与周恩来总理在两国边界条约上签了字。1963 年 3 月，双方互换协定批准书，中蒙边界条约正式生效。1964 年 6 月，两国副外长签署中蒙边界议定书，两国边界问题得到彻底

---

① 中华人民共和国外交部、中共中央文献研究室编:《毛泽东外交文选》，世界知识出版社 1994 年版，第 394—395 页。

② 蒙古原称外蒙古或喀尔喀蒙古，1911 年在沙皇俄国支持下宣布独立，1924 年成立蒙古人民共和国。1946 年 1 月，当时的中国政府承认了外蒙古的独立。

③ 中蒙共同边界双方最初勘定为 4672.7153 公里，1982—1983 年间经双方联合边检后确认，两国共同边界实为 4676.895 公里。

解决。

中国与巴基斯坦的共同边界为599公里。由于涉及巴基斯坦与印度对克什米尔地区的主权之争，解决起来难度很大。尽管如此，中国仍希望以两国实际存在的边界线为基础划定边界，以稳定边境地区形势。1961—1962年间，双方就展开谈判一事取得共识。1962年12月28日，谈判圆满结束。1963年2—3月间，巴基斯坦外长访问中国，两国签署了关于中国新疆和由巴基斯坦实际控制防务的各个地区相接壤的边界的协定。关于克什米尔问题，协定规定：当印巴两国关于克什米尔的争端解决后，有关主权当局可就协定所表述的边界，与中国政府重新谈判，以所签正式条约代替本协定①。

中国与阿富汗拥有92.45公里的共同边界。这条边界虽然没有划定，但边界分水岭比较明显。两国行政管辖范围明确，地图画法大致相同，再加上无人居住，从未出现较大纷争。1963年，中阿两国开始进行边界谈判，中阿苏（联）三国交界处成为最大难点。中方考虑到实际情况，同意双方按照实际控制线划分边界，但要求在协议中不涉及第三方和当年的殖民主义条约。双方以彼此都能接受的方式解决了历史遗留的边界问题，当年11月，中阿边界条约签字生效。1965年3月，中阿双方又签署了关于边界问题的议定书。

中国与缅甸、尼泊尔、蒙古、巴基斯坦、阿富汗五国本着相互尊重、平等相待、友好协商、互谅互让的精神，通过耐心细致的谈判，以和平方式成功地解决了历史遗留的边界问题，使1万多公里的边境线实现了安宁与稳定，其意义十分重大。这是新中国历史上得到普遍认可的外交成果。后来，中朝两国、中老两国的边界问题也都得到了圆满的解决。但由于非常复杂的原因，中国与苏联、印度、不丹、越南之间的陆地边界问题，当时未能解决。

四、先礼后兵：被迫进行中印边界反击战

中国与印度拥有漫长而复杂的共同边界，历史上就充满纠纷和争议。

① 参见钱其琛主编：《世界知识大辞典》（下），世界知识出版社2005年版，第2455页。

由于历史原因，印度还与中国的西藏地方有着千丝万缕的联系，历史遗留问题也不少。新中国成立初期，中印关系发展态势一度十分喜人，双方领导人还与缅甸领导人一起，共同提出著名的和平共处五项原则，在亚洲和全世界产生了很大震动。基于这些情况，新中国一直主张妥善处理印度与中国西藏地方的关系以及两国的边界问题，并为此做出了多方面的努力。

但是，印度领导人当时未能很好地把握住两国关系发展的大方向。1959 年 3 月，当中国西藏上层反对势力发动的叛乱被中国政府平息后，印度开始干涉中国内政，攻击中国在西藏平叛是“压迫和镇压”，要求召开国际会议来解决西藏问题，并且还公开支持逃入印度的达赖集团从事反华分裂活动。

中国为了稳定两国关系，维护来之不易的良好周边环境，最初对印度干涉中国内政的行为相当克制。但印度政府误以为中国在涉藏问题上有求于它，干涉指责中国政府的调门越来越高，严重破坏了和平共处五项原则和中印友好关系的大局。1959 年 4 月，二届全国人大一次会议做出如下决议：印度干涉中国内政的言行不符合两国人民的共同利益，诚恳希望印度消除这种不正常现象，使两国之间伟大而悠久的友好关系进一步巩固和发展。当年 5 月 6 日，中国驻印度大使潘自力向印方提交书面谈话，严正而友好地表示：中国在西藏平叛并进行民主改革完全是中国内政，别国无权干涉。

毛泽东主席十分重视中印关系的稳定和改善。他在这篇书面谈话中亲自加写一大段话，情真意切地表达了中方坚持对印友好的善良意愿，其核心内容是：印度是中国的友好国家。一千多年来是如此，今后一千年一万年，我们相信也将是如此。中国的主要注意力和斗争方针是在东方，在西太平洋地区，在凶恶的侵略的美帝国主义，而不在印度，不在东南亚及南亚的一切国家。印度不是我国的敌对者，而是我国的友人。中国不会这样蠢，东方树敌于美国，西方又树敌于印度。我们不能有两个重点，我们不能把友人当敌人，这是我们的国策。几年来，特别是最近三个月来，我们两国之间的吵架，不过是两国千年万年友好过程中的一个插曲而已，值不得我们两国广大人民和政府当局为此而大惊小怪。那些原则立场，那些是非界限，是一定要说的，不说不能解决目前我们两国之间的分歧。但是那些话不过是暂时的和局部的，是我们两国之间的一时分歧。最后，毛泽东语重心长地表示："朋友们，照我们看，你们也是不能有两条战线的，是不是呢？如果是这样的话，我们双方的会合点就是在这里。请你们考虑一下吧。"[①] 遗憾的是，印度人当时听不进这番肺腑之言。虽然其领导人重申不敌视中国，不干涉中国内政，渴望对华友好，攻击中国的文字风暴势头一度减弱，但在领土问题上却步步紧逼，不断挑衅，最终引发了震惊世界的中印边境战争。

中印边界长约2000公里，从未正式划定过，但有一条传统习惯边界。东段从中国、缅甸、印度交界处延至中国、不丹、印度三国交界处；中段从中国、尼泊尔、印度三国交界处至东南端沿喜马拉雅山脉；西段指中国新疆、西藏同印控克什米尔拉达克沿喀喇昆仑山脉的接壤地带。印度独立后，一直视中国西藏地区为其势力范围，1950年即向中国境内推进，非法占领传统习惯线以南的中国领土。1954年和1956年，印度继续向中国境内扩张，并在1954年出版的地图中片面修改了两国长期存在的传统习惯线，声称它所划定的中印边界线大多被国际协定所肯定。中方不承认印度武力侵占自己领土造成的既成事实，但最初十分克制，主张通过和平谈判解决相互间的争端。因此，1950—1958年间，两国边界基本上还是平静的。

1959年3月，印度总理致信中国总理，正式向中方提出了领土要求。印方不仅要中国割让东段9万多平方公里、中段2000多平方公里的土地，甚至要求把西段历来由中国管辖的3.3万平方公里也划给印度。当年6月，印度开始更大范围地使用武力改变边界现状，并在8月25日、10月21日两次制造流血冲突。

为了防止武装冲突进一步扩大，避免事态升级导致局面失控，周恩来总理于1959年11月7日致信印度总理，建议两国军队沿边界实际控制线各自后撤20公里，停止巡逻，脱离接触。尽管这一建议遭到印度方面拒绝，中方仍单方面停止了巡逻，局势出现了短暂缓和。

1960年4月，中方邀请印度总理来华谈判遭到婉拒，周恩来总理主

---

① 中华人民共和国外交部、中共中央文献研究室编：《毛泽东外交文选》，中央文献出版社、世界知识出版社1994年版，第376、377页。

动去访，与印度总理进行了六轮会谈。但印度拒不接受中方建议，反而要中方无条件接受其领土要求，会谈无果而终。此后，印度政府对中国政府在会谈中表现的和解诚意和中国单方面停止边境巡逻作了错误判断，认为当时中国经济困难，西南地区防务空虚，是它发动进攻的有利时机。于是，从 1961 年起，印度军队破坏西段实际控制线，进入中国境内建立了 43 个据点，中国被迫恢复巡逻。但印军并未收敛，反而继续在东线扩大入侵活动，攻击中国军队，打死打伤数十名中国边防军人。侵入中国新疆和西藏领空的飞机，亦多达 300 余架次。[①] 即使在这种情况下，中方仍在努力争取谈判，仍希望以和平方式解决问题，但所有建议都被印方拒绝。

1962 年 10 月 5 日，印度宣布在其东方军区内建立了新的军团，摆出大打架式。10 月 12 日，印度总理亲自下令，要求把印军非法占领的中方领土上的中国军队“全部清除掉”。印度国防部长还声称，印度要与中国军队打到最后一人、最后一枪。10 月 17 日，印军在东西两段边界向中国军队发动了大规模进攻。20 日凌晨，中国军队被迫开始进行自卫反击战，收回了部分领土。10 月 24 日，中国政府发表声明，提出了尊重双方边界实际控制线、各自撤离部队，脱离接触，指派官员谈判的新建议，同时表示愿意就此与印度总理举行会谈，如果印度不便，中国总理可以前往印度。但印度再次拒绝了中方建议，要求中国必须承认 1962 年 9 月 8 日前它所非法侵占的中国领土。

11 月 4 日，中国总理又一次向印方发出和平倡议。印度却以宣布紧急状态、成立战时内阁、发行战争公债、进行军事动员、全面破坏中印关系作为回应。11 月 14 日至 16 日，印度军队又一次猛攻中国军队，中方被迫于 16 日至 20 日组织了第二次自卫反击，在东段推进到传统习惯线附近，在西段清除了印军设在中国境内的全部据点。11 月 21 日，中国政府发表声明，宣布自 22 日凌晨开始，在中印边境全线停火，另自 12 月 1 日起，中国军队从 1957 年 11 月 7 日两国边界实际控制线后撤 20 公里。这就是说，在东段，中国军队虽然是在传统习惯线以北的中国境内

---

① 参见钱其琛主编:《世界知识大辞典》(下)，世界知识出版社 2005 年版，第 2288 页。

作战，但仍准备撤回到实际控制线即非法的麦克马洪线以北 20 公里。在中段和西段，中国军队也将从双方实际控制线后撤 20 公里。中国政府同时也申明，如果印度军队继续进攻和重新越境破坏实际控制线，中国将保留自卫权利，印方要承担由此产生的一切责任。1963 年 2 月底，中方全部完成军队后撤计划。4 月 2 日宣布释放全部印度战俘 3213 人。中国军队缴获的印军武器、弹药和军用物资此前已经交还印度。

中国对印自卫反击战，从 1962 年 10 月 20 日正式打响，到 11 月 22 日中国军队全线停火，仅仅用了一个多月时间。战事发生后，周恩来总理致信 25 个亚洲国家领导人，同时抄送 83 国领导人（包括许多与中国尚未建交的国家），说明中印边境冲突的由来和中国政府的原则立场，重申中国谋求和平解决争端的决心，并对亚洲各国推动中印直接谈判而不介入纠纷表示欢迎和感谢，同时也希望这些国家继续保持公道，运用其影响，促进中印边界问题合理解决。11 月 28 日，周恩来总理再次致信印度总理，希望印方能与中方一道共同推动局势缓和，指派官员在边界各段进行会晤，商谈停火后相关事宜。由于中方的积极努力和一系列有效措施，中印边界最终实现了停火，两国军队脱离了接触，边境地区的局势逐渐实现了缓和。

中印边境地区发生冲突后，两国外交关系陷入冰冷状态。1961 年 7 月，印度驻华大使离任回国后，印度未再派出新任驻华大使。中国驻印度大使潘自力亦于同月回国，两国关系实际上降到了代办级。中国“文化大革命”期间，两国关系进一步恶化，出现相互冲击对方大使馆和驱逐外交官等事件，但双方在边境地区的大规模冲突未再发生，边境地区局势整体上得到了有效控制。1976 年，印度方面主动提议与两国互换大使，得到中方积极响应。当年 6 月和 9 月，印度驻华大使和中国驻印大使相继到位。双方开始探索改善关系的可能和时机。

第五章

勇敢应对国际风云变幻的挑战

20世纪五六十年代的世界舞台波谲云诡，国际形势不稳定不安宁的特点极为突出。苏联与美国虽然仍不时争吵，但总体上在酝酿缓和。亚非拉民族解放运动风起云涌，旧的殖民体系走向瓦解，越来越多的新兴国家出现在世界舞台。人类社会面临前所未有的发展机遇，无论欧美地区、苏东地区还是亚太地区，经济建设和社会发展都成为要务。相形之下，中国的国际处境却是“高天滚滚寒流急”。由于中苏两党两国关系持续恶化，东欧多数国家追随苏联反华，中国与周边国家实行睦邻友好的努力遭遇一定挫折，中国对外部环境的感受是“黑云压城城欲摧”。毛泽东主席看到了国际形势正在发生的巨大变化，看到了各国发展理念与社会制度的差异性，看到了恪守和平共处原则的历史必然性。他视孟子“夫物之不齐，物之情也”为至理名言，认为“事物的多样性是世界的实况。”①

对内，毛泽东主席非常明确地向全党提出了“向外国学习”的口号。他指出：“我们的方针是，一切民族，一切国家的长处都要学习，政治、经济、科学、技术、文学、艺术的，一切真正好的东西都要学。”他还语重心长地告诫全党，“学习资本主义国家的先进的科学技术和企业管理方法中的合乎科学的方面，”“就是在几十个五年计划之后，还应当向人家学

① 中华人民共和国外交部、中共中央文献研究室编：《毛泽东外交文选》，中央文献出版社、世界知识出版社1994年版，第167页。

习。一万年都要学习嘛！”[①] 当然，这种学习，必须是“有分析有批判地学，不能盲目地学，不能一切照抄，机械地搬运。”[②]

对外，毛泽东主席旗帜鲜明地对国际友人表示，中国主张国家不分大小，相互间应是平等互利合作关系；任何国家都不得干涉别国内政。他指出：“政党与政党之间、国家与国家之间的合作，都必须是互利的，”大国“不应该把自己的意志、政策和思想强加在小国身上，”“不论大国小国，互相之间都应该是平等的、民主的、友好的和互助互利的关系。”他强调各国的事情要由各国自己来管，认为“这是个真理。”

20 世纪 60 年代中期“文化大革命”开始后，极左思潮在中国外交领域中泛滥成灾，中国的国际形象和外部境况变得空前严峻。特别是 1969 年中苏边境地区发生流血冲突后，“要时刻准备打仗”一度成为党和国家工作的大局。尽管如此，中方处理中苏关系的底线仍然是，既不停止论战也不发生战争，确信两国最终要走到谈判桌前。这期间，中国灵活处理与东欧国家的关系，亲疏有度；伺机与发达国家建立联系，寻求突破；在发展中国家广结善缘，为日后外交关系大调整积蓄正能量。

一、竭尽全力，避免中苏对抗走向全面战争

新中国成立后，中苏两国结成友好同盟，这既符合双方的战略利益和各自的发展需要，同时也利于维护亚洲的安全与稳定，有助于世界的和平与进步。但中苏两国在合作中也产生了不少问题，1953 年 3 月苏联最高领导人斯大林逝世后，中苏关系中原有的矛盾和问题逐渐暴露，新的矛盾和问题不断产生。同属社会主义阵营的两个大国，相背而去，愈行愈远。

1954 年 9 月，赫鲁晓夫在苏共党内权力斗争中胜出，成为苏共中央第一书记，同时担任苏联部长会议主席即政府总理。当年 9 月底，他率

---

① 中华人民共和国外交部、中共中央文献研究室编：《毛泽东外交文选》，中央文献出版社、世界知识出版社 1994 年版，第 239 页。

② 中华人民共和国外交部、中共中央文献研究室编：《毛泽东外交文选》，中央文献出版社、世界知识出版社 1994 年版，第 236 页。

团来华参加新中国国庆。在此次访问中，苏方对中国革命给予很高评价，也承认斯大林曾对中国犯有大国主义错误，赞同中国将和平共处五项原则作为处理一切国家关系的基础。此外，通过这次访问，苏方最终同意将驻扎在中国旅顺港的苏联海军撤走，将占用的大连和旅顺海军基地还给中国，将中苏共同经营的中长铁路和几个合营公司中的苏方股份转给中方，将苏联承诺援助中国的大型工业项目由 141 个增加到 156 个，同时扩大原有协定规定的 141 个项目的企业设备供应范围，再为中国提供 5.2 亿卢布长期贷款，修建连接中苏边界地区的两条新铁路，增派专家来华工作，接收中国工人到苏联做工。当时双方对这次访问的结果总体上都感到满意。

中苏关系出现重大裂痕始于 1956 年 2 月。当时，苏联共产党召开了第二十次代表大会。中共中央副主席朱德率团参加了大会。大会闭幕那天夜里，赫鲁晓夫突然向大会代表作了关于斯大林个人迷信问题的秘密报告，对斯大林几十年的执政活动进行全面批判。中方对赫鲁晓夫此举十分震惊，认为斯大林是国际共产主义运动的领袖，而不仅仅属于苏联共产党，对斯大林功过是非的评价，不应如此草率，更不能搞突然袭击。1956 年 4 月和 12 月，中方发表《论无产阶级专政的历史经验》《再论无产阶级专政的历史经验》两篇文章，不点名地批评了苏联共产党。

1956 年 10 月，东欧地区政局动荡，波兰、匈牙利两国发生大规模社会动乱。中共中央副主席刘少奇访苏，同苏方商讨解决波匈事件的办法。刘少奇表示，苏联的大国主义、大民族主义错误导致社会主义国家的关系不正常，这是波匈事件发生的根本原因之一。中国共产党主张社会主义国家和各国共产党之间的关系也必须建立在独立、平等的原则基础之上。面对东欧地区的严峻形势，苏联当时接受了中方建议，发表了《关于发展和进一步加强苏联同其他社会主义国家的友谊和合作的基础的宣言》。中方随即也发表声明，表示支持苏方新立场，同时阐明中国对待社会主义国家相互关系问题的基本原则，强调社会主义国家主权和国际主义的一致性。

1957 年初，周恩来率中国代表团访苏。苏联对中方在波匈事件中给予苏联的坚定支持表示了感谢，周恩来也表示，各国共产主义政党之间的团结，是共同的共产主义事业取得胜利的最重要保证。他此次访苏，就是要进一步加强两党两国的亲密团结。访问期间，中国、苏联、匈牙利还举行了三边会谈，就扩大和巩固各国共产党和工人党的团结与合作交换意见，以巩固和发展所有社会主义国家之间的兄弟友谊和联系，坚决制止削弱社会主义阵营团结和堡垒作用的一切企图及活动。[①]

1957 年 11 月，应苏联共产党邀请，毛泽东率团赴莫斯科参加“十月革命节”40 周年庆祝活动，同时参加各国共产党和工人党代表会议。在苏联期间，毛泽东在公开讲话中不点名地批评了赫鲁晓夫，批评苏联共产党在国际共产主义运动中搞“父子党、猫鼠党”。双方围绕一些理论问题，发生了分歧和争论。但是，为顾全大局，当时毛泽东仍提议各国共产党和工人党扶持赫鲁晓夫，社会主义阵营还要提以苏联为首。也正是在这次出访期间，毛泽东分析了世界力量对比和国际关系走向，得出“东风压倒西风”的著名论断，极大地震撼了西方世界，同时也进一步提高了新中国的国际影响。

这时候，中苏两国的国家关系也出现严重问题。1958 年 7 月，毛泽东接见苏联驻华大使，激烈批评苏联的大国主义，并且涉及了斯大林生前的对华政策。此后，赫鲁晓夫再次访华。中苏领导人就双方关系问题深入交换意见，达成某些谅解，但彼此不信任情绪无法根除。1959 年 1 月，苏共召开二十一大。周恩来率团到会祝贺，但双方的分歧和矛盾并无缓解。当年 9 月底，赫鲁晓夫来华参加新中国成立十周年庆典，两国领导人的会谈变成了争论和论战。当年 12 月，《人民日报》发表文章纪念斯大林诞辰 80 周年，开始批判修正主义。中苏裂痕越来越大。

进入 20 世纪 60 年代后，中苏关系加速恶化。1960 年 2 月，中苏两党在莫斯科举行会谈，本意在化解分歧，结果却激烈争执。4 月，中方发表《列宁主义万岁》《沿着伟大列宁的革命道路前进》《在列宁的革命旗帜下团结起来》三篇文章，对苏联的批判进一步升温。苏联则组织东欧各社会主义国家对中国进行政治“围剿”。6 月，苏联建议社会主义各国执政党利用月底罗马尼亚共产党召开代表大会之机，在布加勒斯特开会，就国际形势等交换意见，中方表示同意。但两党会前在莫斯科会谈时，再次发生冲突。在布加勒斯特会议上，苏共对中共发起攻击，散发诋毁中共的文件。中共代表团针锋相对，表示决不向错误观点屈服。会后，

① 刘晓：《出使苏联八年》，中央党史资料出版社 1986 年版，第 32、33 页。

《人民日报》重新发表1957年各国共产党工人党莫斯科会议宣言，明确提出要反对现代修正主义。

1960年7月，苏联突然撤走了所有在华专家，撕毁了与中国签订的所有合同，中国在经济上和感情上都受到巨大伤害。虽然双方依然保持着高级代表团互访的势头，不断就相互关系交换意见，但没有取得任何积极成果。1961年10月，周恩来率团出席苏共二十二大，为两党两国关系回归正常再做努力，但双方再起冲突，周恩来提前回国。1962年1月，中国成立反修文章起草组，对苏论战拉开帷幕。苏联则利用其第一个社会主义国家的特殊影响，组织世界各国共产党和工人党参加“反华大合唱”，致使中国的国际处境变得空前严峻。1963年7月，中苏两党在莫斯科举行会谈。会谈期间，苏方发表公开信指名攻击中国，中国亦对苏联展开全面反击，“中苏大论战”急剧升级。

1964年10月，苏联党和国家领导层发生重大变动。勃列日涅夫取代赫鲁晓夫成为苏共中央第一书记。当年11月，周恩来率团赴苏参加十月革命纪念活动，寻求改善两党两国关系的可能性。然而，中国代表团抵达后，苏方没有安排会见，让中国总理苦等两天。更严重的是，在十月革命庆祝宴会上，苏联国防部长竟然对中方进行挑衅，声称他们已把赫鲁晓夫赶下台，现在轮到中国了。后来苏方意识到问题严重，一再就此道歉，但两党会谈时，又声称苏联实行集体领导，在同中共的思想分歧上，苏共中央是一致的。由于苏共新领导缺乏远见，处理中苏关系固守成规，中苏改善关系的历史性机遇稍纵即逝。1966年3月，苏共召开二十三大，邀请中共派团与会，中方予以拒绝。自此，中苏两个社会主义大国执政党的党际关系彻底破裂。1968年8月，苏联动用华沙条约部队，入侵捷克斯洛伐克，阻止那里正在进行的改革，中国反应强烈，谴责苏联堕落为“社会帝国主义”和“霸权主义”。

中苏关系全面恶化，历史遗留的边界问题自然而然地成为冲突焦点。自1968年起，两国边境地区摩擦不断，1969年春升级为较大规模流血冲突。两国政府都发表了声明，严厉指责对方。毛泽东主席在声明中加写一句:“人不犯我，我不犯人，人若犯我，我必犯人。”此后，中方抨击苏方为“新沙皇”，指责其“亡我之心不死”。苏方指斥中方为“左倾教条主义”和“狭隘民族主义”，攻击中国对苏怀有“领土要求”。

1969 年 9 月，应苏方请求，中苏两国总理在北京机场会晤，商讨两国关系问题。周恩来指出，中苏之间的理论和原则争论不应影响两国的国家关系，不应妨碍两国的国家关系正常化；双方可以通过谈判找到最终解决两国边界问题的办法，而在解决之前，双方应采取三条临时措施：维持边界现状，避免武装冲突，双方武装力量在争议地区脱离接触。柯西金补充一条：双方边防部门有事可预先商量。两国总理同时还商定各派代表团开始边界谈判。[①]

毛泽东主席对中苏关系问题十分关心。1969 年 9 月中旬，他在审阅国庆口号时添加一条："全世界人民团结起来，反对任何帝国主义、社会帝国主义发动的侵略战争，特别要反对以原子弹为武器的侵略战争！如果这种战争发生，全世界人民就应以革命战争消灭侵略战争，从现在起就要有所准备！"当中方就两国总理北京机场协议一事致信苏方，要求正式确认时，毛泽东增加一条新内容：上述关于维持边界现状，避免武装冲突的临时措施，不影响双方各自对边界问题的立场和争议地区的归属。[②] 此后，中苏两国边境地区的武装冲突逐渐缓和下来。

但是，当年 10 月开启的中苏边界谈判很不顺利。原因是苏方拒绝讨论两国根据总理协议而应采取的临时措施，也不承认领土争议。尽管如此，中方始终没有放弃通过和平谈判解决领土争端的基本立场。毛泽东主席曾对当年来华参加国庆活动的朝鲜客人说过："我们不希望打仗"，"只要他们不打，我们巴不得，我们是不希望打的。"[③]1970 年国庆节时，毛泽东主席又当面对苏联边界谈判代表团副团长说："我们应当好好谈判，谈出个友好睦邻关系。要有耐心。我们要文斗不要武斗。"[④] 这时，中国因"文化大革命"引发的极左情绪已"退烧"，争取中苏关系

---

① 中共中央文献研究室编：《毛泽东年谱（1949—1976）》（第六卷），中央文献出版社 2013 年版，第 266 页。

② 中共中央文献研究室编：《毛泽东年谱（1949—1976）》（第六卷），中央文献出版社 2013 年版，第 266 页。

③ 中共中央文献研究室编：《毛泽东年谱（1949—1976）》（第六卷），中央文献出版社 2013 年版，第 270 页。

④ 中共中央文献研究室编：《毛泽东年谱（1949—1976）》（第六卷），中央文献出版社 2013 年版，第 296 页。

正常化开始提上对外工作日程。1975 年，周恩来总理曾表示过，我们同苏联的争论要长期进行下去，但是，这种争论不应妨碍中苏两国关系正常化。

中苏之间当年的意识形态争论，是特定历史时代的产物。对此，邓小平同志 1983 年说过，“现在回过头来看，他们的那套东西是不行的，中心就是发号施令，以他们为主。我们有些东西今天看来也站不住脚。”[①]1989 年苏共中央总书记戈尔巴乔夫访华时，邓小平也谈到了这个问题：“经过二十多年的实践，回过头来看，双方都讲了许多空话。”他还说：“从 60 年代中期起，我们的关系恶化了，基本上隔断了。这不是指意识形态争论的那些问题，这方面我们现在也不认为自己当时说的都是对的。真正的实质问题是不平等，中国人感到受屈辱。”[②]邓小平这番话，深刻地揭示了当年中苏关系破裂的本质原因。

二、亲疏有别，妥善处理与东欧国家的关系

中国与苏联的关系持续紧张，最终走向全面恶化，导致中国与波兰、民主德国、捷克斯洛伐克、匈牙利和保加利亚五国的关系随之恶化，原因是这些国家的执政党在中苏论战中无条件支持苏联，紧跟苏联攻击中国共产党。最初，中国共产党为了集中力量对付苏共，制定了“坚持原则，后发制人；坚持斗争，留有余地；坚持团结，反对分裂”的总方针，对东欧国家采取区别对待、尽量争取的态度。但是，随着中苏关系由理论纷争演变为全面对抗，中方与上述五国无论在内部交往中，还是在国际会议上，争论越来越激烈。1960 年各国共产党工人党布加勒斯特会议后，上述五国对中国大使馆的宣传活动进行封堵，中国向这些国家派遣留学生遇到越来越大的阻力。

1961 年 11 月，捷克斯洛伐克发表了该国总理抨击中国共产党的内部讲话，拉开了东欧五国公开反对中国的序幕。此后，这些国家召开党代会时，中共虽照例派团参加，但团长改为副部长级。会上，中国代表

---

① 《邓小平思想年谱（1975—1997 年）》，中央文献出版社 1998 年版，第 245 页。

② 《邓小平思想年谱（1975—1997 年）》，中央文献出版社 1998 年版，第 435、436 页。

团经常与苏联和上述国家的代表发生争论。[①]有的国家的党代会，竟然出现了对中国代表团大声起哄等极不友好现象。尽管如此，中国仍尽力维持同这些国家的正常关系，主张通过内部讨论来解决相互间的分歧。

1964 年为新中国成立 15 周年，中方热情邀请东欧各国派团来华参加庆祝活动，并且特别表示，无论各国派出什么级别、什么性质的代表团，我们都热情欢迎，如有不便，不派亦可。上述各国虽然都派来了代表团，但级别普遍不高，有的刻意回避与中国共产党的党际关系。面对此种局面，毛泽东仍按计划亲自会见了这些来宾，真诚地向他们表示，中国希望与东欧国家团结起来，共同对付帝国主义。[②]

中国领导人是这样说的，也是这样做的。譬如，当时的德意志民主共和国（即东德）领导人乌布利希，跟随苏联反华相当积极。但是，当东德在同西方的斗争中遇到困难，需要外部支持时，毛泽东毫不迟疑地表示："我们支持乌布利希，不管他骂我们多少，我们都要支持他。"[③]1964 年中国一位副总理访问东德时，也郑重地对其领导人承诺，无论在什么情况下，中国都将本着无产阶级国际主义的崇高原则，同你们团结一致，共同对敌，始终如一地支持你们的正义斗争。当时，中国经济形势不是很好，与东欧各国的贸易额大幅度下滑，这些国家对此也颇有微词。为增进这些国家对中国的了解，缓和矛盾，周恩来总理曾亲自出面对东欧国家开展释疑解惑工作。

中国与上述五国关系全面恶化，是在 1965 年"文化大革命"开始前夕，并且也是从断绝党的联系开始的。1965 年 4 月，捷克斯洛伐克共产党召开第十三次代表大会，邀请中共派团参加。中共拒绝了邀请，并在复信中痛斥捷共紧跟苏修，背叛马列主义，执行修正主义路线。

1966 年"文化大革命"全面开始后，中国反对东欧国家"修正主义"的斗争急剧升温。中国驻这些国家的外交官，到处发送"反修材料"和

---

① 吴兴唐：《中苏大论战中的中联部》，《中国新闻周刊》2013 年第 8 期，第 81 页。

② 王泰平主编：《中华人民共和国外交史》（第二卷），世界知识出版社 1998 年版，第 308 页。

③ 王泰平主编：《中华人民共和国外交史》（第二卷），世界知识出版社 1998 年版，第 312 页。

“文化大革命”宣传品，导致中国驻这些国家的外交官、常驻记者乃至留学生的活动受到严格控制，中国与这些国家的外交纠纷和交涉与日俱增。这些国家也越来越激烈地攻击中国共产党和毛泽东本人，而这是中方无法容忍的。

1967 年 6 月，波兰执政党统一工人党派政治局委员来华，转交苏联和上述五国领导人致中国党和政府的联署信，倡议召开社会主义国家最高级会议，以讨论当时所面临的共同援越抗美问题。信中特别表示，中方如有困难，也可举行其他级别的会晤。对此，中方派一位副部长官员出面答复，称此举为苏修领导集团及其同伙的大阴谋，而中方绝不同苏共领导坐在一起，以共产党和工人党名义召开国际会议。1968 年 8 月，苏联组织华沙条约成员国出兵捷克斯洛伐克后，中国予以强烈谴责，宣布支持捷克斯洛伐克人民反对苏联军事占领的斗争，可实际上，捷克斯洛伐克并未发生过此类“英勇斗争”，捷克斯洛伐克也没有对中国的同情和支持表示任何感谢，中捷关系自然也就无法因此而得到改善。

1969 年中苏两国发生边境冲突后，上述五国全部站在苏联一边。中国与五国的敌意和对立进一步加深。当年关系较好时，波兰曾邀请毛泽东、刘少奇前去进行友好访问，毛泽东、刘少奇都已接受邀请。匈牙利也曾邀请毛泽东、刘少奇去访，捷克斯洛伐克、保加利亚曾邀请刘少奇去访，捷克斯洛伐克邀请过周恩来。遗憾的是，由于中国与这五国关系越来越差，所有这些访问都未能实现。

中国与东欧地区另一个社会主义国家南斯拉夫的关系更为复杂。中南两国 1955 年建交，但因中方认定南斯拉夫为“老牌修正主义”，其领导人铁托是共产主义的“叛徒”，因而两国建交后，双方的友好合作关系未能得到长足发展。而且，中方出于批判“苏联现代修正主义”的需要，经常要以南斯拉夫为靶子。1958 年 5 月南斯拉夫共产主义者联盟通过新纲领后，中国将其斥之为“彻头彻尾的修正主义纲领”，认为“必须进行公开的、毫不调和的批判。”[①] 南斯拉夫也不客气，对中国猛烈还击。这一年，双方各自召回了大使，两国关系实际上降格为代办级。1968 年苏联侵略捷克斯洛伐克后，中国与南斯拉夫有了些共同语言，主动停止了对

① 《人民日报》，1958 年 5 月 5 日。

南斯拉夫的批判，同时明确表示愿意改善关系。1969 年，双方达成互派大使协议，外交关系重新恢复到正常水平。

在东欧社会主义各国中，中国与罗马尼亚的关系相对较好。但是，受中国同苏联及东欧其他国家关系全面恶化的影响，中罗关系最初也有过一些不愉快，双方也进行过意识形态争议。1963 年后，罗马尼亚与苏联的关系出现裂痕，中罗双方在反对苏联大国主义、抵制强权政治方面，共识增多，关系逐渐好转。自 1964 年起，中罗双方开始派高级代表团互访，中方一再表示支持罗马尼亚反对苏联大国主义，但不同意罗共提出的关于中苏停止论战的建议。双方在保留各自立场的情况下，继续发展各领域合作。"文化大革命"高潮时期，中国驻罗马尼亚使馆一度恢复批判"罗马尼亚修正主义"，罗方向中方提出了交涉，问题很快得到解决。中罗两党两国关系在相互尊重、平等相待、求同存异的基础上得到巩固和加强。

阿尔巴尼亚是东欧地区体量最小的一个社会主义国家，但阿尔巴尼亚劳动党却是中国反修斗争中的"亲密战友"和"同志"。这是因为阿尔巴尼亚领导人早就反对"南斯拉夫修正主义"，后来又坚决维护斯大林，强烈反对"苏联现代修正主义"。1960 年召开社会主义国家共产党工人党布加勒斯特会议和世界各国共产党莫斯科会议时，阿尔巴尼亚代表团始终反对苏共对中国共产党的指责和攻击，得到中国领导人的赞赏和钦佩。中国视阿尔巴尼亚劳动党为"真正的革命的马克思列宁主义的政党，"认为该国"代表着亿万欧洲人民的希望"，是欧洲的"社会主义明灯"。中国"文化大革命"开始后，阿尔巴尼亚又成了世界上唯一公开支持中国"文化大革命"的国家，两国高层来往因此十分频繁。1964—1966 年间，周恩来总理曾三次访问阿尔巴尼亚。当时，阿尔巴尼亚经济十分困难，迫切需要中国援助。中方 1961—1969 年间，共向阿方提供了总额 15.5 亿元人民币的无息贷款，其中 9.7 亿元用于经济建设，共有 97 个项目。此外，中国还为阿方提供了 2100 多万美元的自由外汇和总计约 15.4 亿元人民币的军事援助。①

① 另有材料说，从 1954 年开始，中国向阿尔巴尼亚提供的经济和军事援助总计达 90 亿元人民币。见耿焱、耿莹口述文章：《从外交大使到国防部长——耿飚》，载《纵横》杂志 2015 年第 3 期。

1969年中国共产党第九次代表大会召开后，中国恢复对外派遣大使。中国驻阿尔巴尼亚大使耿飚被首先派出，足见中国对阿尔巴尼亚的重视。阿尔巴尼亚领导人对中国的援助表示过感谢，但他们思想更“左”，政策更极端，在许多问题上与中国有严重分歧。他们反对中国对斯大林做出“三七开”的评价，反对中国关于俄国历史上侵占过别国领土的说法，反对中国在赫鲁晓夫下台后派团访问苏联，反对中苏边境冲突后周恩来总理与苏联总理举行会晤，反对中国邀请美国总统尼克松到中国访问，尤其反对毛泽东提出的三个世界理论，进入20世纪70年代后竟然开始在其国内批判中国修正主义。当时中国出于多种考虑，没有与阿尔巴尼亚公开争议，而是让两国关系顺其自然，逐渐降温。到70年代末，在中阿关系严重恶化的形势下，中国不得不撤回在阿尔巴尼亚全部专家，中止执行与阿签署的所有合作项目。

三、与法国建交，开拓对欧外交新局面

国际政治学中所说的“西方”，不是简单的地理学术语和地域概念，而是泛指发达资本主义世界，包括亚洲的日本、大洋洲的澳大利亚、新西兰等国。新中国成立之初，中国领导人曾经设想，改善与西方的关系从英国开始。但是，由于国际形势多变，条件不够成熟，中国当时只同瑞典、丹麦、瑞士、列支敦士登、芬兰、挪威等几个欧洲国家建立了外交关系。与英国、荷兰建立的还只是代办级关系。此种情形直到1964年中法建交才有所改变。

中国与法国1964年建交。中法两国人民为此深切感激时任法国总统的戴高乐，赞扬他具有战略眼光，卓尔不群，深谋远虑。实际上，1956年法国社会党人摩勒任总理后，中法之间的友好交往就已起步。法方通过中国驻英国和瑞士的外交官，两次探询与中国互派非正式代表和建交等问题。1957年2月，摩勒访问美国时公开表示，他赞成承认中国和中国进入联合国。此前不久，有位法国官员也在联合国公开表示，加强联合国的最重要措施就是要用中国共产党人的代表来代替国民党人的代表。3月6日，戴高乐总统正式向国民议会提出了“采取主动和中国谈判建交”的议案。18日，法国外长表示，承认中国不是原则问题而是时机问题。同年5月，法国前总理富尔访华，毛泽东主席和周恩来总理分别会

见。毛泽东会见时讲了“鹬蚌相争，渔翁得利”的故事，阐明发展中法关系的重要意义。富尔回国后著书立说，反对“两个中国”政策，主张法国对华采取新政策并建立外交关系。

1958 年戴高乐重新出任法国总统，中法友好接触和经贸往来进一步扩大。但在承认新中国还是维持与台湾的关系问题上，法国仍犹豫不决。当时，中法在一些重大国际问题上存在矛盾。法国反对北非国家阿尔及利亚实现独立，而中国同情被压迫民族的解放运动，支持阿尔及利亚的独立斗争。1959 年 7 月，法国向中方试探，如果法国放弃台湾，中国是否可在援助阿尔及利亚问题上做出让步？中国表示，支持和声援民族解放运动是中国的一贯政策，任何情况下都不会改变。而台湾是中国领土，法国如不改变同台湾的关系，中法关系正常化无从谈起。

这时，法国与美国的关系越来越复杂，对外政策中的独立性越来越大，与中国建交的意愿也愈加强烈。1960 年，法国再次向中方表示，阿尔及利亚问题解决之后，法国即可与中国建交。对此，中国政府副总理兼外长陈毅 1961 年初对来访的法国参议员密特朗[①]表示，我们对中法建交可以等，但我们对阿尔及利亚人民在政治、经济和军事上的支持，将一直持续到他们的独立斗争取得最后胜利为止。

1962 年，阿尔及利亚独立战争胜利结束，中法建交的障碍得以扫除。法国对台湾的关系此时也已明显降温，台湾“大使”离任后，法国与台湾当局的关系成了代办级。在国际事务中，中法同样反对大国主义，坚持独立自主，共同利益和共同话语进一步增多。两国的贸易额三年实现翻番，增长到近亿美元的规模。这在当时是个了不起的成就。

1963 年，富尔再次访华。虽然此次访华由中国人民外交学会会长邀请，但他带来了戴高乐给他的亲笔信。他作为总统私人特使来华，实际上就是来探讨建交事宜的，因此，毛泽东、刘少奇分别会见，周恩来、陈毅与其多次会谈。会谈中，富尔就两国建交问题提出，戴高乐总统“是以勇敢的精神、历史的眼光来考虑这个问题的”，希望中方在“戴高乐采取这种具有历史意义的步骤时，不要强加使他不愉快或者丢脸的条件”，也就是说，中国要允许法国继续与台湾保持某种关系。对此，周恩来表

---

① 即弗朗索瓦·密特朗，后来当选为法国总统。

示，中法都是有自尊心的国家，都奉行独立自主政策，中国反对“两个中国”是坚定不移的。周恩来深入细致地向富尔介绍了中国与世界各国建交关系的不同模式，他表示，两国“与其长期等待，不如促进关系”。

富尔就中法建交问题提出多种方案，但出尔反尔，核心仍是既与中国建交，又不与台湾断交，回避承认中华人民共和国是中国唯一合法政府、反对“两个中国”的问题。中国反复考虑了当时国际形势和中国的外交需要，认为中法建交符合中国战略利益，决定在驱逐台湾代表的具体方式上“照顾法方的困难”，即两国首先宣布建交，然后由法国按照同中国建交的国际惯例，“自然地”结束与台湾的关系，推动中法关系实现突破。

富尔回国后，向中方提出了积极而有步骤的直接建交方案，双方再度磋商并形成基本共识后，中方以“周恩来总理谈话要点”方式，向法方提交最后书面意见稿。其核心是：由法国向中国提出正式照会，承认中华人民共和国政府，并且建议中法两国立即建交，互换大使。中国政府复照表示，中华人民共和国政府作为中国人民的唯一合法政府，欢迎法兰西共和国政府的来照，愿意立即建立中法两国之间的外交关系，并且互换大使。中法双方还约定，两国同时发表上述照会，并且立即建馆，互派大使。12 月 12 日，中法两国代表在瑞士伯尔尼开始正式谈判。谈判中，法方建议两国以联合公报形式替代原来商定的互换照会方式，正式宣布建交。中方接受了法方建议，但要求在公报中载明“中华人民共和国政府作为代表中国人民的唯一合法政府”，法国表示为难。在此情况下，中方表示，只要法国政府事实上不坚持“两个中国”的立场，中方可以删除上述表述，但要在联合公报发表后做出公开解释，法方复述中方方案加以确认。

法国最终接受了中方建议。中法建交公报于 1964 年 1 月 27 日正式发表。中国外交部发言人次日声明，强调中华人民共和国政府是作为中国人民的唯一合法政府与法国谈判并达成建交协议的。中国政府有必要重申，台湾是中国的领土，任何把台湾从中国割裂出去或是制造“两个中国”的图谋，都是中方绝对不能同意的。2 月 10 日，台湾当局被迫宣布与法国“断交”。15 日，中法两国临时代办分别到任。不久后，黄镇将军被任命为中国首任驻法国大使。

第六章

依靠发展中国家开拓国际空间

中国是联合国创始成员国，也是安理会常任理事国。但是，1949 年后，已经被推翻的蒋介石集团仍然占据着中国在联合国的席位。新中国为恢复在联合国的合法权利，进行了长期而艰苦的斗争。当时控制着联合国事务的美国，借助“暂不讨论”的程序性手段，继续阻挠联合国讨论中国的代表资格问题。1971 年，在国际正义力量的大力支持下，中国终于完全地恢复了在联合国的合法权利，美国联手日本等国阻止中国回到联合国的图谋彻底破产。

中国恢复在联合国的合法权利后，在重大国际问题上始终站在广大发展中国家一边。中国坚持国际公理和正义，反对霸权主义和强权政治，倡导建立国际政治经济新秩序，赢得了发展中国家的普遍赞誉，越来越多的发展中国家与新中国建交。中国乘势而动，为改善周边环境做出了新的努力。虽然当时的努力还无法取得预期结果，许多问题和困难还要存在相当一段时间，但总体上看当时的周边外交已经大有斩获。

一、恢复中国在联合国的合法权利

中国共产党领导建立新中国后，积极致力于维护地区和平，同时也希望在广泛的国际事务中发挥更大作用，为中华民族的全面复兴和人类社会的共同进步，做出自己的应有贡献。

新中国成立后不久，周恩来总理兼外长就致电联合国秘书长赖伊，要求立即取消蒋介石集团参与联合国及其一切机构的权利，同时告知赖伊，中国政府已经任命时任外交部副部长的张闻天为中国出席联合国大会的首席代表，并已着手组建中国驻联合国代表团。1953年瑞典副外长哈马舍尔德当选为联合国秘书长后，中国利用中瑞已经建立外交关系的有利条件，指示驻瑞典大使耿飚秘密会见尚未赴任的哈马舍尔德，向他介绍新中国有关情况，希望能够通过他打开新中国进入联合国的大门。①

然而，整个50年代，严密控制联合国事务的美国一直以“暂不讨论”为手段，阻挠联合国讨论中国的代表资格问题。1960年，美国的图谋遭到失败，联合国总务委员会通过了讨论中国席位问题的议案。但美国滥用联合国宪章有关规定，推动联大将中国席位问题列为需要2/3多数赞成才能通过的“重要问题”，恢复中国在联合国合法权利的议案无法通过。中国仍被阻隔在联合国大门之外。

但是，在联合国投票支持恢复中国合法权利的国家毕竟越来越多。1970年10月，与美国关系密切的加拿大与中国建交，在国际上产生很大震动，中国国际影响力急剧上升。当联合国大会表决阿尔巴尼亚和阿尔及利亚等国提交的“关于恢复中华人民共和国在联合国的合法权利”的提案时，中国的支持票首次超过反对票。但因中国席位问题属于“重要问题”，该提案支持票不足2/3，因而未被通过。

1971年7月，阿尔巴尼亚和阿尔及利亚等17个国家②驻联合国代表，共同致信联合国秘书长，要求将关于恢复中华人民共和国合法席位的议案列入大会议程，被大会采纳。该信所附的解释性备忘录特别指出了新中国奉行的和平共处原则，以及中国在国际事务中的重大作用，提议“为了维护联合国的利益，应立即恢复中华人民共和国在联合国中的席位，并把蒋介石集团的代表从联合国及所属机构中驱逐出去。”巴基斯坦没有在此信上签名，但也是提案国之一。

美国仍企图维持蒋介石集团在联合国中代表中国的资格。因此，美国代表致信联合国秘书长时，提交了一份解释性备忘录，要求联合国认

---

① 耿焱、耿莹：《从外交大使到国防部长——耿飚》，《纵横》杂志2015年第3期。

② 这17个国家是：阿尔巴尼亚、阿尔及利亚、刚果人民共和国、古巴、几内亚、伊拉克、马里、毛里塔尼亚、也门民主人民共和国、坦桑尼亚、罗马尼亚、索马里、苏丹、叙利亚、阿拉伯也门共和国、南斯拉夫、赞比亚。巴基斯坦代表没有署名，但也是提案国。

识到中华人民共和国与“中华民国”共存的事实，而不要在两者间做出选择。这意味着美国承认中华人民共和国在联合国应当拥有代表权，但蒋介石集团的代表权也不能剥夺，其真实意图是要搞“双重代表权”，制造“两个中国”。

为了消除美国此举的恶劣影响，中国外交部于 8 月 20 日发表声明，严正指出：“世界上根本不存在‘两个中国’，只有一个中国，就是中华人民共和国；台湾是中国领土不可分割的一部分，是中国的一个省，在二次大战后就已归还中国。”“恢复中华人民共和国在联合国的合法权利和把蒋介石集团驱逐出联合国，这是一个问题的两个方面。”在有关中国代表权的斗争接近白热化时，中国政府及时地昭告国际社会，即中国绝对不允许任何人以任何方式在联合国搞“两个中国”“一中一台”“一个中国两个政府”之类的政治把戏。

在 1971 年秋举行的联合国第二十六届大会上，围绕中国代表权问题，共有三个提案需要讨论和表决：一是阿尔巴尼亚、阿尔及利亚等 18 国（后增至 23 国）提出的主张恢复中华人民共和国在联合国一切合法权利并立即把蒋介石集团的代表驱逐出去的提案，即“两阿提案”；二是美国、日本等 19 国（后增至 22 国）提出的主张把取消“中华民国代表权”作为特别重要问题、非有 2/3 以上多数赞同不能通过的提案，即“重要问题案”或“逆重要问题案”；三是美国、日本提出的同意接纳中华人民共和国的代表进入联合国并享有安理会常任理事国资格，但确认“中华民国”继续拥有代表权的提案，即“双重代表权案”。

大会围绕中国席位问题开展激烈争论。当时中国与阿尔巴尼亚关系很好。曾任阿国首任驻华大使、时为阿国外长的纳赛代表 23 国发言时，猛烈抨击美国长期阻挠恢复中国在联合国合法权利，现在又企图制造“两个中国”，指出恢复中华人民共和国代表权问题，只需简单多数就应通过。大会应立即把蒋介石集团的代表从联合国及其机构中驱逐出去。“两阿提案”支持国的代表们在发言中纷纷表态，批评美日等国的两个提案均违背联合国宪章精神和基本原则。10 月 25 日，联合国就中国代表权问题进行表决，首先表决的是“逆重要问题案”，结果为 59 票反对、55 票赞成、15 票弃权。不甘失败的美国代表节外生枝，要求大会表决“两阿提案”时删除有关驱逐蒋介石集团代表的内容，遭到多数代表反对，大会主席裁定美国代表提议被否决。随后，大会以 76 票赞成、35 票反对、17 票弃权的表决结果，通过了“两阿提案”。此案通过，“双重代表权案”成了无须表决的废案。根据“两阿提案”表决结果，联合国作出了第 2758 号决议。当日，联合国秘书长致电中国外长，通报决议如下：“恢复中华人民共和国的一切权利，承认她的政府的代表为中国在联合国组织的一切唯一合法代表并立即把蒋介石的代表从其在联合国组织及其所属一切机构中所非法占据的席位上驱逐出去。”当天仍赖在纽约的蒋介石集团的“外长”周书楷见大势已去，不得不自欺欺人地宣布“退出”联合国。

支持中华人民共和国的国际正义力量，在联合国中获得了令人信服的历史性胜利。10 月 29 日，中国政府发表声明欢呼这一伟大时刻。声明中说，联合国以压倒多数通过“两阿提案”，“这是美帝国主义二十多年来顽固坚持剥夺我国在联合国合法权利的政策和在联合国制造‘两个中国’阴谋的破产，”“中国政府和人民对坚持原则、主持正义的一切友好国家的政府和人民表示衷心的感谢。”声明宣布：中国政府“即将派出自己的代表参加联合国的工作。中华人民共和国将同世界上一切和平和正义的国家和人民站在一起，为维护各国的民族独立和国家主权，为维护国际和平、促进人类进步事业而共同奋斗。”①

毛泽东十分关心中国在联合国的合法席位问题。1960 年，他曾对美国友人斯诺说过，“我们并不急于进入联合国”。1965 年，他又说过，“中国没有进入联合国，不是也很好吗？”毛泽东的这些话其实是气话，他对“美国政府组织了多数国家，不让我们进去”，对“美国不让中国进入联合国，提出要三分之二多数票通过才能进入”，义愤难平。1961 年时，他曾对印尼总统苏加诺说过，中国之所以不进联合国，是“因为联合国里有蒋介石的代表”，“只要蒋介石的代表还在联合国，我们就不进联合国。我们已经等了十一年了，再等十一年或者更久也没有关系。我们不忙于进联合国。”②1965 年当斯诺问毛泽东，能不能说中国不想进入联合国时，毛泽东明确回答，不能。但他同时也表示，“不管我们进不进联合

① 《人民日报》，1971 年 10 月 30 日。

② 中华人民共和国外交部、中央文献研究室编：《毛泽东外交文选》，中央文献出版社、世界知识出版社 1994 年版，第 468 页。

国，世界和平的责任我们是要担负的。我们不会因为不进联合国就无法无天。”①

联合国通过第2758号决议的消息传回北京后，毛泽东十分高兴。他连夜召集周恩来总理和外交部领导到他住地开会，指示外交部立即派团去联合国，当即任命乔冠华副外长为代表团团长、黄华为副团长并任中国常驻联合国安理会代表。毛泽东指示代表团：这次你们去最重要的是准备在联合国大会的第一篇发言，你们“是去伸张正义，长世界人民的志气，灭超级大国的威风，给反对外来干涉、侵略、控制的国家呐喊声援。”“要讲讲我们对国际问题的基本态度。我们反对帝国主义的战争政策和侵略政策，反对超级大国的霸权主义，支持一切被压迫人民和被压迫民族的正义斗争。要宣传五项原则，大小国家一律平等，中国属于第三世界，永远不做超级大国，反对大国欺负小国，强国欺负弱国，不许任何国家操纵联合国。总而言之，要旗帜鲜明，高屋建瓴，势如破竹。”②

11月8日晚代表团出发之前，毛泽东再次召见总理、外长和代表团主要成员，叮嘱他们在联合国要搞好调查研究，搞好国际统一战线，坚持大小国家一律平等，遇事平等协商。11月11日，中国代表团抵达纽约，受到“两阿提案”参加国和其他许多国家常驻联合国代表、联合国官员及各方友人的热烈欢迎。11月15日，当中国代表团出现在联合国总部时，57个国家的代表发言长达6个多小时，再次对中国在联合国的权利得以恢复表示热烈祝贺。发言者包括已与中国失和的苏联东欧国家的代表。中国代表团团长满怀豪情、慷慨激昂地阐述了中国对重大国际问题的看法和立场，同时也表示，中国希望联合国在维护国际和平、反对侵略和干涉、发展各国之间的友好合作方面发挥应有作用，联合国宪章精神能够得到真正贯彻。

中国回到联合国，是世界上坚持原则、主持正义的国家共同奋斗的结果。毛泽东曾幽默地说过，中国进入联合国“这是非洲黑人兄弟把我们抬进去的”。实际情况是，23个“两阿提案”国中，非洲国家共有12

---

① 《毛泽东文集》第八卷，人民出版社1999年版，第217页。

② 王泰平主编：《中华人民共和国外交史》（第三卷），世界知识出版社1999年版，第464页。

个，另有 7 个亚洲国家，3 个欧洲国家和 1 个拉美国家。当时与中国关系密切的阿尔巴尼亚和阿尔及利亚，起了很大作用。南斯拉夫和古巴虽然与中国关系失和，但联署了“两阿提案”。苏联东欧各国与中国的关系虽然严重恶化，但在恢复中国在联合国合法权利问题上，它们立场明确，坚持公理与正义，对“两阿提案”全部投了赞成票。当时，苏联在联合国拥有 3 张表决票，应当说为恢复中国在联合国合法权利做出了特别贡献。

二、与发展中国家建交的新热潮

进入 20 世纪 70 年代，国际形势继续发生重大而深刻的变化，中国的国际形象进一步改善，在国际事务中的作用进一步提高，同广大发展中国家的关系进一步发展，迎来了与亚非拉地区广大发展中国家建交的热潮。

西亚北非地区共有 20 多个国家[①]，其中绝大多数属于阿拉伯世界。中国由于长期支持巴勒斯坦人民反对以色列侵略、争取收复失地、恢复民族权利的斗争，在阿拉伯国家中享有良好声誉。中国在这个地区开拓外交局面、开展务实合作，首先是从黎巴嫩开始的。黎巴嫩 1954 年与台湾当局“建交”。中国 1956 年在贝鲁特设立“政府性商务代表处”，[②] 全权处理中黎关系。后来，台湾驻黎巴嫩“公使馆”升格为“大使馆”，中国撤回在黎人员，但双方务实往来并未中断，合作基础依然存在。1971 年，黎巴嫩主动提议与中国建交，两国于当年 11 月达成建交协议。台湾当局被迫关闭了驻黎“使馆”。

约旦是中东地区与台湾关系最密切的国家之一，该国不但与台湾当局建立了“外交关系”，签订了“友好条约”，而且长期反对中国恢复在联合国的合法权利。进入 70 年代后，约旦的立场开始松动，自 1971 年起，多次探询与中国建交的可能性。1976 年 3 月，约旦首相明确表示，希望不久后与中国建交，同时以多种方式向中国示好。[③]1977 年 4 月，约旦明确承认，一俟中约建交，约旦将立即与台湾“断交”“废约”。基

① 通常也称中东地区。

② 《各国概况》，世界知识出版社 1979 年版，第 316 页。

③ 约旦向中国示好的主要表现是，周恩来总理和毛泽东主席逝世时，约旦王储和国王分别发来了唁电。

于此种情况，中国与约旦展开了建交谈判，当月达成了建交协议。

中国与叙利亚、伊拉克以及南、北也门的关系发展较好，建交时间也更早一些。与叙利亚和北也门即阿拉伯也门共和国1956年建交，与伊拉克1958年建交，与南也门即也门民主共和国1968年建交。①

在海湾地区6个国家中，沙特阿拉伯公开宣布“反对共产主义”，与任何社会主义国家都没有官方往来，与台湾当局建立了“外交关系。”中国与沙特阿拉伯没有正式接触，但早在1965年就与科威特建立了联系。科威特实行君主政治，中科两国社会制度和价值观体系差别很大。再加上西方国家在该地区影响很大，台湾势力长期经营，中科建交亦拖延多年。1971年2月，中国驻伊拉克大使赴科威特，两国开始建交谈判，同年3月22日签署建交公报。台湾驻科威特的“大使馆”随即撤离。

中国与阿曼建交的过程更为复杂一些。60年代，阿曼曾有一个名为“解放阿曼人民阵线”的极左组织，中国曾和某些阿拉伯国家一道支持过该组织的武装斗争。1972年，中国考虑到海湾地区形势的新变化，特别是阿曼成为联合国成员国等新情况，果断停止了对上述组织的支持，中国与阿曼建交的障碍得以排除。但是，由于阿曼与其他阿拉伯国家的关系尚未理顺，中国没有立即对阿曼采取建交行动。1977年，阿曼与多数阿拉伯国家的关系得到改善，中国与阿曼展开建交谈判。1978年5月，两国正式建交。

对于海湾地区在20世纪70年代初成立的三个新国家，即巴林、卡塔尔和阿联酋，中国自该三国独立时起就明确宣布承认，但是，同这三个国家建立外交关系的事情，当时各方都没有提上议事日程。

中东地区除以色列外，还有伊朗、土耳其和塞浦路斯三个非阿拉伯国家。以色列1950年即已承认新中国，并且不断试探与新中国建交的可能性。当时中国坚守支持巴勒斯坦人民、反对犹太复国主义的立场，始终拒绝与以色列建立任何联系。1971年中国恢复在联合国合法权利时，以色列外长致电中国外长表示祝贺，中方以两国没有通信联系为由，将其电报退回。②

---

① 北、南两个也门于1990年合并为统一的国家，称也门共和国。

② 《各国概况》，世界知识出版社1979年版，第348页。

伊朗、土耳其和塞浦路斯三国当时与台湾当局都有“外交关系”，并且与西方关系密切。伊朗曾经参加过美国主导的中央条约组织，土耳其是北约成员国，塞浦路斯境内长期保留着英国军事基地。中国与该三国建立外交关系，难度相对较大。对华关系出现松动的首先是伊朗。1965年和1971年，伊朗曾两次通过第三国向中方表达国王孪生妹妹阿什拉芙公主希望访华的意愿，中方予以积极回应。但阿什拉芙公主因自身原因，直到1971年才来到中国。当时，周恩来总理与阿什拉芙公主探讨了两国建交问题，阐明了中国对台湾问题的立场。当年五一节期间，伊朗国王另一位妹妹法蒂玛公主来华访问，毛泽东主席亲自会见，就两国建交一事再做工作，取得突破。此后，中伊两国驻巴基斯坦大使开始进行实质性谈判，当年8月达成了建交协议。中伊建交后，伊朗与台湾的“外交关系”即告终止。

土耳其最初对新中国很不友好，1950年曾派兵参加“联合国军”入朝作战。20世纪60年代中期，土耳其对华政策开始调整，公开表示“要承认人民中国”，两国开始有了友好往来。1971年4月，土耳其驻法国大使向中方传达了希望两国开展建交谈判的意愿，中方予以接受。当年8月，中土驻法国大使在两国建交公报上签了字，土耳其与台湾的“外交关系”宣告终止。塞浦路斯是1960年独立的新兴国家，但独立后罔顾新中国的存在，与台湾当局建立了“外交关系”。1971年11月，塞浦路斯外长在联合国总部向中国外长表达了希望两国建交的意愿。双方遂即展开谈判，1972年1月正式建交。

在北非地区，埃及第二次世界大战前即已独立。1956年5月，埃及承认新中国，两国当即建交。埃及因此成为阿拉伯世界和全非洲与新中国建交最早的国家，也是对华关系最稳定的国家之一。该地区另一重要国家阿尔及利亚1962年正式独立。中国早就支持阿尔及利亚人民的解放斗争，1958年即已承认阿尔及利亚的临时政府并与其建交。周恩来总理1963年、1965年再次访问阿尔及利亚，推动中国与阿尔及利亚各领域友好合作不断发展。阿尔及利亚由此成为中国在阿拉伯国家中最坚定的友好伙伴，成为在世界上推动联合国恢复中国合法权利的核心国家之一。

利比亚1951年独立，1959年同台湾“建交”。1969年卡扎菲上台后，一面保持与台湾的关系，一面支持恢复中国在联合国的合法席位。1971

年 6 月，卡扎菲宣布承认新中国，但两国建交谈判时，利方表现消极。1978 年，卡扎菲政权与西方的关系趋于紧张，派人来华寻求支持并处理建交事宜，当年 8 月中利建交。利比亚与台湾的“外交关系”随即终止。

摩洛哥和突尼斯分别于 1956 年和 1957 年获得独立，均为非洲大陆较早独立的国家。1957 年，摩洛哥刚刚独立，即在联合国大会投票支持恢复中国合法席位。1958 年，中国与摩洛哥建交。1963 年，周恩来对摩洛哥进行正式访问。摩洛哥支持恢复中国在联合国合法权利、积极发展对华关系的政策始终未变。1964 年，周恩来总理对突尼斯进行了友好访问，两国当即建交。1967 年，中突关系出现一些问题，中方一度关闭了驻突使馆。后经友好协商，中突关系于 1971 年恢复到稳步发展的正常轨道。

20 世纪五六十年代，在撒哈拉以南黑非洲地区，中国与苏丹、加纳、马里、毛里塔尼亚、索马里、几内亚、刚果（布）、刚果（利）、坦桑尼亚、赞比亚、乌干达等国已建立外交关系。进入 70 年代，中国高举反帝反殖反霸旗帜，全力支持和帮助黑非洲国家发展民族经济，维护合法权益，不断开拓对非外交新格局，又先后与 20 多个国家建交。但黑非洲情况复杂，西方国家的影响持久而深重，台湾当局在那里争夺“外交阵地”不择手段。即使是接受过中国援助的国家，对华态度也变化不定。中国与黑非洲国家建交的过程千差万别，已经建立的外交关系常常出现反复。

埃塞俄比亚是 19 世纪即拥有独立地位的非洲国家，是东非大国。1955 年万隆会议期间，中埃两国代表团就双方建交一事进行了初步接触。1964 年，周恩来总理应邀前往访问，对该国受西方掣肘暂缓对华建交表示理解。直到 1970 年，两国才最终解决建交问题。东非另一国家坦噶尼喀 1961 年独立，中坦即告建交。1964 年坦噶尼喀与桑给巴尔组成坦桑尼亚联合共和国，中坦外交关系自然过渡，始终平稳发展。尼日利亚是西非大国，1960 年即已独立，但独立后内战频发，局势不稳，直到 1970 年内战结束，中尼建交问题才提上日程。1971 年 2 月，中尼两国签署了建交公报。

同黑非洲国家建交，中国遇到的最大障碍是台湾问题。那些与台湾当局没有“邦交”的国家，建交谈判一般都比较顺利。如赤道几内亚，1968 年独立后自觉抵挡台湾当局诱惑，主张要求与新中国建交。1970 年中国与赤道几内亚建立了外交关系。属于这类国家的还有几内亚比绍[①]、莫桑比克、科摩罗、圣多美和普林西比[②]、佛得角、塞舌尔、吉布提等。

对于那些所谓的台湾“邦交国”，中国解决建交问题一般坚持两项原则，一是双方签署建交公报，确认中华人民共和国政府是代表全中国人民的唯一合法政府；二是对方以换文或口头方式承诺，与中国建交后立即与台湾“断交”。这类国家有喀麦隆、塞拉利昂、卢旺达、塞内加尔[③]、毛里求斯、多哥、马达加斯加、乍得[④]、上沃尔特[⑤]、冈比亚[⑥]、加蓬、尼日尔[⑦]、博茨瓦纳、利比里亚[⑧]。

在对非外交工作形势异常复杂、任务相当艰巨的20世纪70年代，中国还同5个黑非洲国家恢复了遭到破坏的外交关系。这5个国家是布隆迪、达荷美[⑨]、中非[⑩]、加纳和扎伊尔[⑪]。这些国家原本与中国建立了外交关系，后因军事政变与中国断交，其中后4个国家还与台湾当局建立了

---

① 几内亚比绍1990年与台湾当局“建交”。1998年，中国与几内亚比绍“复交”。

② 圣多美和普林西比1975年独立后与中国建交，1997年与台湾当局“建交”，至今仍是台湾的“邦交国”。

③ 塞内加尔1960年独立，1971年与中国建交，1996年与台湾“复交”，2005年与中国恢复了外交关系。

④ 乍得1960年独立，1972年与中国建交，1997年又与台湾“复交”，2006年与中国恢复了外交关系。

⑤ 后改称布基纳法索。1973年与中国建交，1994年与台湾当局“复交”。至今与我国没有外交关系。

⑥ 冈比亚1965年独立，1974年与中国建交，1995年与台湾“复交”，2016年与中国恢复外交关系。

⑦ 尼日尔1960年独立，1974年与中国建交，1992年与台湾“复交”。1996年，中国与尼日尔“复交”。

⑧ 利比里亚18世纪即已独立，1977年与中国建交，1989年又与台湾“重建外交关系”，致使中利关系几经反复。直到2003年，中利两国才恢复正常外交关系。

⑨ 1975年改称贝宁。1960年独立，1964年与中国建交，1966年与台湾“复交”，1972年又与中国“复交”。

⑩ 中非1960年独立，1964年与中国建交，1966年又与中国断交。1976年两国关系实现正常化，但1991年中非又与台湾“复交”。直到1998年，中国与中非重建大使级外交关系。

⑪ 独立之初称刚果（利），1966年改称刚果（金），1971年改称扎伊尔，1997年又改回刚果（金）。

“外交关系”。1971 年中国恢复在联合国的合法席位后，这些国家开始谋求与中国恢复关系。经过反复谈判，中国与这些国家的外交关系得以“修复”，前提是它们废除与台湾的所谓外交关系。对扎伊尔，中方照顾其意愿，恢复外交关系时没有采用“复交”的提法，而是称关系“正常化”。中国与肯尼亚的外交关系本来很好，“文化大革命”期间受到干扰，两国关系一度降格，1974 年重新恢复到大使级。

中国在拉丁美洲开辟外交新局面、争取与更多国家建立正常关系的努力，在 20 世纪 70 年代也取得长足进展。在此之前，中国只与社会主义国家古巴建立了外交关系。

除古巴外，拉丁美洲其他国家中最先与中国建交的国家是智利。中智两国外交关系的建立和发展，首先是从民间外交开始的，是以民间外交的积极成果为铺垫的。20 世纪 50 年代，著名左派政治家萨·阿连德发起成立智利—中国文化协会，推动两国民间交往。1954 年智中文协代表团访华，周恩来总理亲自会见阿连德一行。1961 年，中国在智利开办商务新闻办公室，1965 年又开设了商务代表处，继续以半官方形式推动中智各个领域交流与合作。

1970 年 10 月，阿连德以社会党主席身份当选智利总统，中国与智利建立外交关系的历史机遇已经出现，周恩来总理立即致电表示祝贺。考虑到智利前总统已邀请台湾当局的“代表”出席新总统就职典礼，中国采取灵活态度，以全国总工会名义派中共中央委员倪志福率领工人代表团参加了阿连德的就职典礼。此后不久，两国建交谈判在巴黎展开，当年 12 月 15 日正式建交。

1971 年中国加入联合国，中美关系出现突破，加拿大等发达国家与中国建交，再加上智利带了好头，拉美地区迅速出现与中国建交的热潮。但中国深知拉美国家情况复杂，有的与台湾存在“外交关系”，有的受制于美国，有的对社会主义国家怀有恐惧，有的自身政局不稳。有鉴于此，中国在与拉美国家建交问题上，采取了不急于求成，不勉为其难，而是充分体谅对方，完全顺其自然的态度。

在这一原则指导下，中国与秘鲁、墨西哥、阿根廷、圭亚那、牙买加、特立尼达和多巴哥、委内瑞拉的建交谈判总体上都比较顺利。到 70 年代中期，中国与这些国家均已建立起外交关系。

中国与拉美大国巴西的关系曲折而坎坷。中巴两国早在 50 年代就已经有了友好往来。60 年代初巴西副总统曾经访问过中国。但是，1964 年上台的军政权激烈反华，当年 9 月以“间谍”罪为由，逮捕了中国经贸展览会筹备组和新华社记者，制造了震惊世界的“九人事件”。1965 年 3 月中方人员被驱逐，中国与巴西的所有交往全部中断。1974 年，巴西新政府组成，外交政策趋于务实，改善对华关系并发展各领域合作的意愿增强。当年，双方开始接触，半官方代表团实现互访，8 月达成建交协议。对于当年的“九人事件”，巴方承认该案子在政治上是错误的，表示巴方将采取措施予以了结。在这一前提下，中巴两国建立了外交关系。

20 世纪 70 年代中晚期，中国又与苏里南、巴巴多斯建立了外交关系。至此，中国与拉丁美洲和加勒比地区共 12 个国家建立了外交关系。中国同拉丁美洲的关系进入了新的发展阶段。

三、改善周边环境的新努力

中国是世界上邻国最多的大国，虽然 20 世纪 50 年代新中国采取许多建设性措施稳定周边环境、努力与社会制度不同的国家建立睦邻友好关系，但周边环境异常复杂且变幻莫测的特点仍未改变。进入 20 世纪 60 年代后，特别是 60 年代中后期，中苏关系持续恶化发展到战争边缘，中蒙、中朝关系受到消极影响，中印关系因边界争端加剧而无法缓和，印尼、缅甸相继出现大规模反华排华浪潮。林林总总的新老矛盾相互交织，热点难点问题彼此叠加，导致中国与周边国家的关系整体上说更加严峻，调整周边政策以改善周边环境势在必行。

蒙古位于中苏两国之间，但各方面受苏联影响更大。中苏论战时期，蒙古始终站在苏联的立场上指责中国共产党，但中国从不发表反驳文章和言论，并尽一切可能巩固和发展两国的经贸往来，意在稳住中蒙关系。但整个 20 世纪 60 年代，中国与蒙古的关系改善幅度不大，也没有发生严重的冲突和对抗。1970 年上半年，中国对外政策纠偏的力度进一步加大，先后与苏联东欧各国互派新的大使，各方面的接触逐渐恢复。蒙古国虽然在对华关系方面紧跟苏联，但不想成为与中国重新互派大使的最后一国。1970 年 8 月，蒙方提出了调整改善两国关系的具体建议，首先是互派大使，其次还有互派记者、畅通双方电讯联系、接续中方提供的未完工程项目等。同年10月，蒙古部长会议主席泽登巴尔也表示，蒙古正尽一切努力使蒙中关系正常化。1971年12月，中方正式回应了蒙方。1971年下半年，双方新派大使相继到任。两国间的其他问题，经过谈判协商，最终都得到了妥善解决，两国关系有了一定程度的恢复和发展，但依然没有摆脱意识形态对立和中苏关系恶化的深重影响。

1971年9月13日，林彪乘机出逃坠落在蒙古境内。蒙方将遇难者遗体掩埋后，要求中方就此做出解释。中方对本国民航飞机误入蒙古并坠毁表示遗憾，对蒙方掩埋遇难者遗体并帮助搜寻遗物表示感谢，同时希望运回遇难者遗体，或将遗体就地火化带回骨灰，蒙方交还死难者遗物。蒙方对中方未以书面形式正式答复表示遗憾，对中方的其他要求未予满足。9月29日，蒙方公布了此事简况和蒙方的抗议。中方出于多种考虑，未与蒙方继续纠缠，两国关系再趋平静。

中朝关系自60年代中期起逐渐冷淡。中国“文化大革命”开始后，双方高层交往完全中断，间或还有彼此攻讦等不友好行为。但是，在有关地区安全与稳定、反对外来战争威胁等问题上，中国仍一如既往地支持朝鲜。1969年9月，朝鲜最高人民会议常任委员会委员长、劳动党中央委员会副委员长崔庸健赴越南参加胡志明葬礼，归国途中停留北京，周恩来总理与崔庸健就改善两国关系问题交换了意见，双方迈出了改善关系的重要一步。

当年正值新中国成立20周年，轰轰烈烈的“文化大革命”搞乱了国内秩序和对外关系，中国安排国庆活动时，决定不请外宾参加。但是，中国领导人考虑到中朝关系的特殊性和改善两国关系紧迫性，决定特邀朝鲜派团来北京参加国庆。9月30日下午3时20分，中方紧急对朝发出邀请，朝方3小时后即做出积极答复。当晚11时30分，崔庸健率朝鲜党政代表团抵达北京，周恩来总理亲自到机场迎接。10月1日，毛泽东在天安门城楼上与崔庸健进行了亲切友好的谈话，指出中朝两国“目标是一致的”，“我们两国要靠紧”，“咱们关系不同，应该搞好关系”。中朝两国高层交往正式恢复。

1970年4月，周恩来总理应邀访问朝鲜。在与朝鲜领导人金日成举行的四场总共14小时的会谈中，双方就两党两国过去发生的一些事情达成了谅解，就改善和发展两国传统友好关系形成了新的共识。此后，中朝两国高层交往频繁不断。中国坚定不移地支持朝鲜为实现半岛和平统一而做出的努力，继续在经济、技术、军事、文化等各领域对朝提供援助。

印度尼西亚、马来西亚、菲律宾、新加坡和泰国是中国在东南亚的重要邻国。1967 年，该五国成立了东南亚国家联盟(简称东盟)。1971 年，东盟外长会通过东南亚中立宣言，希望本地区成为和平、自由和中立区。部分东盟国家开始调整对华政策，考虑与中国建交并发展正常关系。

东盟国家中最先采取行动的是马来西亚。1970 年底，马来西亚通过巴基斯坦驻华大使向中方表达了建交意向。1971 年，中马开始就建交问题交换意见。1972 年 11 月，马方派总理密使来华，与中方讨论建交问题。1973 年 6 月，双方在美国纽约开始正式谈判。

1974 年 5 月，马来西亚总理拉扎克访华，毛泽东主席、周恩来总理分别与拉扎克举行了会见和会谈，中马正式签署建交文件。马来西亚成为东盟中第一个与中国建交的国家。

菲律宾是中国的海上邻国，历史上与中国有着千丝万缕的联系，华人华侨在该国经济和社会生活中的作用相当突出。由于历史原因，菲律宾独立后一直与美国保持着特殊关系，并且与台湾当局建立了“外交关系”。进入 70 年代后，面对国际和地区形势的新变化，菲律宾开始重新考虑对华政策，自 1971 年起，菲方陆续派各种团组访华。中国非常重视与菲律宾的关系正常化问题，周恩来总理多次接见菲律宾客人，表达中方希望与菲律宾改善并发展正常关系的意愿。1974 年，菲律宾最终做出与中国建交的决定，安排总统夫人以总统特别代表身份访华，具体商讨建交问题。1975 年 4 月，两国建交谈判取得突破，当年 6 月，菲律宾总统来华访问，双方签署联合公报，宣布建交。随后，菲律宾发表声明，宣布断绝与台湾当局的一切官方关系，废除与台湾订立的友好条约和各种官方协定。

中菲建交后，两国关系进入新的发展阶段。但双方围绕南沙群岛主权的争议并未解决，菲方顽固地认为，那些群岛为无主之地，谁占谁有，并且还以此为依据，强行占领了南沙群岛中的 9 个岛，不时引发两国之间的摩擦和纠纷。在对台关系问题上，菲律宾的立场也很暧昧，与台湾的实质性往来仍不时发生。中菲关系表面上总体平静，但暗礁依旧，暗流涌动。

泰国与中国并不接壤，但属于中国的近邻国家，与中国的联系同样源远流长。但第二次世界大战后一段时间内，泰国执行亲美亲台政策，与新中国没有来往。1972—1973 年间，泰国试探性调整对华政策，效法中美两国，搞起了“乒乓外交”，期望通过互换乒乓球代表团以传递改善关系的意愿。1975 年泰国新政府成立，巴莫总理和春哈旺外长分别表示，泰国将承认中华人民共和国，希望两国尽快建交。当年 6 月，双方初步达成建交协议。

7 月 1 日，周恩来总理抱病与泰国总理巴莫签署了中泰建交公报。公报规定两国建交后，泰国断绝与台湾的一切官方关系。但泰国实行多党制，受政党轮替和政变频发等多种事态影响，其对华政策不够稳定。1976—1977 年间，中泰关系一度处于低谷。1978 年 3 月以后，中泰关系逐步改善，回到稳步发展轨道。

新加坡是以华人为主体的一个岛国，1963 年曾加入马来西亚联邦，1965 年独立建国。新加坡建国后与中国没有外交关系，与台湾当局也未“建交”，1971 年在联合国投票支持恢复中国合法权利。1972 年 7 月，中国派乒乓球队访问新加坡，在新闻报道中使用“新加坡共和国”国名，迈出了承认新加坡的重要一步。

20 世纪 70 年代中期，随着中国与马来西亚、菲律宾、泰国相继建交，中新交往进一步增多。1975 年 3 月，新加坡外长访华，表示愿与中国友好相处。1975 年，新加坡领导人李光耀访华，毛泽东主席和时任副总理的华国锋分别与其举行会见和会谈，但没有触及建交问题。1978 年，邓小平应邀访问马来西亚和泰国，新加坡得知后主动邀请邓小平去访，访问取得圆满成功。

印尼也是中国的重要海上邻国，华人华侨在印尼经济、文化等方面中的作用，同样十分突出。中国与印尼 50 年代前期建立的友好关系，因 1965 年发生的“9・30”事件而全面恶化，到 1967 年 10 月完全中断。印尼废除了与中国签订的所有条约和协议，经常举行以中国为假想敌的军事演习。但是，印尼出于多种考虑，与中国“断交”后并没有与台湾“建交”，1971 年联合国大会表决中国问题时，印尼没有支持中国，但也没有追随美国和日本，而是投了弃权票，为缓和对华关系留了余地。1977 年

9月，印尼外长在联合国会晤中国外长，探询两国复交和发展正常关系的可能，但浅尝辄止。

中国与缅甸50年代前期的友好关系，由于中国“文化大革命”期间支持缅共武装斗争、缅甸出现大规模反华排华浪潮而遭到严重挫折。为改善中缅关系，中方采取了主动。1970年5月，毛泽东主席在天安门城楼会见各国驻华使节，请缅甸大使转达他对奈温总统的问候，传递善意信号。当年11月，缅甸大使带来信息，奈温总统建议两国领导人进行互访和会晤，以解决双方关系正常化问题。1971年7月，奈温总统应邀对中国进行了非正式友好访问。双方对于过去发生的不愉快事件做了坦诚的反思。毛泽东表示承认当时中国自身在外交上也出了问题。奈温接受中方意见，承诺妥善解决在反华排华暴乱中遇害的华侨问题，两国关系当年实现了正常化。

第七章

外交工作拨乱反正取得重大突破

1966 年中国“文化大革命”开始后，战争与革命的时代观被引入到对外关系领域，履行国际主义义不容辞等理念被无限放大。“中国是世界革命的根据地”“打倒帝修反、天下一片红”等极左口号盛极一时。少数坏人在北京制造“三砸一烧”事件[①]，造成恶劣的国际影响。短短一年多时间，“文化大革命”前同 48 个国家建立的外交关系，近 30 个出了问题。一些驻外使馆被迫关闭，与某些国家的外交关系被迫降格，新中国外交事业遭受重大损失。毛泽东、周恩来发现问题后，严惩坏人，迅速纠偏，向外界传达中国愿同各国发展正常关系的积极信号。不久后，应召回国参加“文化大革命”的驻外使节和高级外交官陆续返任，一批新任命的驻外使节和外交官出国履新。中国与某些国家因“文化大革命”期间国内极左行为而受到损害的双边关系，得到补救和修复。中国外交在新的历史条件下，步入平稳健康发展的轨道。

一、与西方发达国家建交势如破竹

1964 年中法建交，打乱了美国长期孤立和封锁中国的战略图谋，整个世界都认为这无异于“外交核爆炸”。但在当时的国际大环境下，西方国家对中国的偏见仍根深蒂固，中法建交只是中国在改善同西方国家的关系方面取得的阶段性成果。从 20 世纪 60 年代中后期到 70 年代初期，中国同西方国家的关系一直没有取得新的突破和进展。

---

① 即砸毁印度尼西亚、印度、缅甸三国驻华大使馆，火烧英国驻华代办处。

北美国家加拿大毗邻美国，素来被称作“美国后院”，各方面深受美国影响。1968 年自由党执政后，加拿大内外政策中的独立自主意识有所增强。1969 年 5 月，中加两国驻瑞典的外交官开始商讨两国建交问题。经过 15 轮艰苦谈判，双方于 1970 年 10 月签署公报，宣布自当年 10 月起相互承认并建立外交关系，6 个月内互派大使。由于双方在台湾问题上仍存在一定的立场差异，中方在公报中重申台湾是中华人民共和国领土不可分割的一部分，加拿大政府表示承认中华人民共和国政府为中国的唯一合法政府。

中国与加拿大建交在世界上产生了很大影响，它意味着中国外交突破了“美洲阵线”，在“美国后院”撕开了口子。1971 年秋，加拿大在联合国表决中国代表权问题时，支持恢复中华人民共和国在联合国的合法权利，把蒋介石集团的代表驱逐出联合国，强有力地冲击了美国制造“两个中国”的战略图谋。西方世界和广大发展中国家随后陆续与中国建交，世界上出现对华建交潮，与加拿大的先导作用不无关系。

中国与澳大利亚、新西兰两国建交问题，此时也已提上日程。澳大利亚反对党工党 1955 年就表示，它不支持“两个中国”政策，而是承认中华人民共和国为中国唯一合法政府，主张中国进入联合国及其他国际组织。1971 年 9 月，工党领袖惠特拉姆应中国人民外交学会邀请来华访问，他当时表示，一旦该党在大选中胜出，将有一位澳大利亚总理访华，与中国唯一的合法政府总理会见，暗示该党上台后两国关系将有重大突破。1972 年 11 月，工党在大选中获胜后履行承诺，双方立即展开建交谈判，12 月 21 日即签署建交公报。

新西兰国内的政党情势与澳大利亚较为相似。1971 年，作为反对党的工党发表声明，表示如有机会执政，即刻与中华人民共和国建交。当年 12 月，工党在大选中获胜，柯克领导的新政府立即同中国进行建交谈判，很快达成协议，双方决定自当年 12 月起相互承认并建立外交关系。

按照毛泽东的“三个世界”理论，处于第一世界和第三世界之间的发达国家是第二世界，“这些国家反对超级大国的控制、干涉、威胁、剥削和转嫁经济危机的斗争，日益发展，它们的斗争，也对国际形势的发展产生重要影响。”[①] 中国与加拿大、澳大利亚、新西兰建交后，调整并改善与发达资本主义国家关系的步子迈得更大。

德意志联邦共和国（即西德）当时在资本主义世界中经济实力仅次于美国，同时又是西方同苏联进行战略博弈的前沿阵地。中国调整对西欧国家的政策，目光首先投向西德。西德当时也意识到，中国是“潜在的大国”，因而越来越重视对华关系。中国和西德 1964 年就有过官方接触，但没有产生任何结果。1969 年西德中左翼政党社会民主党上台后，与自由民主党联合执政，开始实行“新东方政策”，意在缓和与苏联和东欧各国的关系，同时开始试探改善对华关系。

1970 年 1 月，西德外交部向中方表达了愿就双方感兴趣的问题进行谈判的意向。1972 年，反对党基督教民主联盟也做出决议，要求政府同中国实现关系正常化，当年 7 月，应中国外交学会邀请，该党副主席施罗德以联邦议会外委会主席身份来华访问，实际上是受政府委托，来华探讨建交问题，周恩来总理两次会见了施罗德。由于西德与台湾没有关系，双方确认中德建交的条件和时机均已成熟。

1972 年 8 月，中国与西德的建交谈判正式启动。经过八轮磋商，双方最终达成协议，于 9 月 29 日草签了建交公报，并对外发布了消息。当年 10 月 11 日，西德外长谢尔来访，实现了战后西德外长首次访华，当日，两国外长签署公报，正式宣布建立外交关系。

中国与英国 1954 年建立了代办级外交关系，此后多年，两国关系止步不前。1970 年上台执政的保守党，对苏联政策比较强硬。其领导人认为中苏严重对立，而中美关系已经松动，发展对华关系符合英国利益。因此，英国新首相希思决定改善中英关系，其目标首先是将两国关系提升至大使级。1970 年国庆节时，毛泽东主席在天安门城楼上请英国驻华代办转达他对英国女王的问候，传达中方善意，双方改善关系的气氛和条件趋于成熟。

这时，1967 年发生的火烧英国代办处的事件已经得到解决。中国负责修复的英国代办处办公楼已经交付使用。1967 年香港反英抗暴风潮期

---

① 中共中央文献研究室编：《邓小平文集（一九四九——一九七九年）》（下卷），人民出版社 2014 年版，第 349 页。

间被逮捕监禁的爱国同胞和中国各地拘捕的英国公民，已获释完毕。中英关系改善的关键是英国对台湾的态度。1971 年 3 月 2 日，周恩来总理接见英国代办谭森，就英国提议驻华代办处升格表明如下立场：英国在台湾设有领事馆，对中国在联合国席位问题采取两面态度，这是中英互换大使的主要障碍。他严正要求：英国撤销在台湾淡水的领事馆，完全赞同中国加入联合国，就过去宣扬“台湾法律未定”、制造“两个中国”和“一中一台”做出澄清。当年 6 月，英国表示完全满足中方要求，同时面交了任命驻华大使的征询函，但却回避了“台湾地位未定”问题。

英国在台湾问题上玩弄两面手法，双方建交谈判进行多轮未有成果。中方毫不妥协，要求英国必须放弃“台湾地位未定”论，迫使英国最终转变了立场，同意在联合公报中写明“台湾是中华人民共和国的一个省”，并对中方口头承诺，今后不宣传不提倡“台湾地位未定论”，也不从事此类活动，公开回答问题时将表示，台湾问题是中国内政，要由中国人民自己解决。1972 年 3 月 13 日，双方签署了联合公报。同一天，英国外交大臣宣布，中华人民共和国政府和台北都认为台湾是中国的一部分，英国坚持《开罗宣言》和《波茨坦公告》关于台湾归还中国的观点，这一看法至今未变。至此，中英之间维系 18 年的代办级外交关系升格为大使级，两国关系进入新的发展阶段。

中国与荷兰 1950 年建立的代办级外交关系，此时已严重落后于国际形势的发展和双方的共同需要。1971 年 11 月，荷兰提议将中荷两国的代办级外交关系提升为大使级，但在当月开始的谈判中，荷兰拒绝就台湾问题做出中方所希望的承诺和表态，双方的谈判拖延到中英外交关系升格之后。1972 年 5 月，两国最终就互换大使一事达成协议。荷兰在联合公报中重申中华人民共和国是中国唯一合法政府，表示尊重中国政府关于台湾是中华人民共和国一个省的立场，此外还口头承诺，荷兰不支持也不提倡“两个中国”“一中一台”“一个中国两个政府”“台湾地位未定论”及其相关活动。

南欧地区共有 8 个国家，即意大利、西班牙、葡萄牙、希腊、马耳他、圣马力诺和摩纳哥。新中国成立后 20 多年，与南欧地区任何国家都没有外交关系，这种局面很不正常。1969 年，意大利开始通过多种渠道与中国探讨建交问题。当年 2 月 25 日，双方开始建交谈判，但在最初阶段，意方拒绝就台湾问题明确表态。中方严正指出，意大利过去追随美国搞“两个中国”“一中一台”，干涉中国内政，中方完全有理由要求意方表明立场。经反复谈判，1970 年 11 月 5 日，双方终于达成协议并签署了公报，次日宣布正式建交。

希腊 50 年代前期对华不友好，唯美国马首是瞻。50 年代中后期，希腊与西方盟国的关系出现问题，开始奉行对华中立政策。1967 年军政府上台后，希腊国际处境困难，发展对华关系意愿增强。中国考虑到中希建交可能产生的积极影响，接受了希腊建议，与其展开了建交谈判。中希建交的主要障碍也是台湾问题。中方在谈判中要求希腊确认中方的原则立场，断绝同台湾的“外交关系”，限期撤走台湾在希机构。1972 年 6 月 5 日，双方相互承认并建立外交关系。

葡萄牙 1974 年正式提议与中国建交。当时，中葡之间存在着澳门问题，葡萄牙在其非洲殖民地搞“非殖民化”，中国与非洲国家需要协调立场，因此对葡方建议，中方并未急于回应。1975 年 1 月，葡萄牙主动发表声明，承认中华人民共和国为中国唯一合法政府，台湾是中国领土不可分割的一部分。而非洲统一组织此时已放开对非洲国家与葡萄牙建交的限制，中葡建交的主要障碍已不复存在。但就在这时，葡萄牙发生未遂政变，政府内亲苏势力占了上风。中方重新做出了暂不急于同葡萄牙建交的决定。

1978 年，葡萄牙组成新政府，实行依靠美国、联合欧洲、发展同第三世界关系的新政策，在某些方面与中国当时的国际战略有相吻合之处，中方决定接受葡方要求，通过两国驻法国大使进行建交谈判。当年 6 月，中方提出了建交三原则，即葡方承认中华人民共和国政府是中国人民唯一合法政府，台湾是中国领土不可分割的一部分之外，澳门是中国领土，一定归还中国。葡方两次答复中方，同意中国政府立场。1979 年 2 月，两国经过历时 5 年的谈判，最终建立起大使级外交关系。

西班牙 1972 年 10 月提议中国发展外交关系，随后提出了建交谈判的具体建议。1973 年 1 月，双方开始建交谈判，进展非常顺利，3 月 9 日即签署建交公报。此后一个月内，台湾当局撤走了在西班牙的官方代表机构。

马耳他 1971 年 9 月表示愿与中国建交，但该国与台湾关系十分密切，希望与中国建交后能够从中方得到原来从台湾获取的经济援助。双方以此为条件展开谈判，中方同意提供1000万美元贷款，并就经济援助问题签署会谈纪要。1972年1月底，中马签署建交公报。台湾在马耳他的代表机构，一年内全部撤离。

圣马力诺是一个很小的国家，但建国历史十分悠久，在国际事务中长期保持独立，与台湾当局没有任何关系。1969年，圣马力诺表示欲与中国建交，双方谈判进展顺利。1971年5月6日，中圣签署建立领事级正式关系协议。7月15日，两国关系升格为大使级。

在中欧地区，各国与中国开展半官方的和民间的友好往来，比利时一直走在前列。进入70年代后，比利时意识到与中国正式建交的时机已经成熟。但1971年6月两国驻法大使开始谈判时，比利时在台湾问题上存在幻想，试图在不与台湾当局断交的情况下，与中国建交。经过反复谈判，比方最后接受了中方立场，同意中比建交后台湾当局15天内撤走官方机构。10月25日，中比发表了建交公报。中比建交后，卢森堡开始考虑与中国建交问题。1972年1月，中卢两国驻苏联大使开始建交谈判。但在台湾问题上，中卢双方最初也有很大分歧，最后卢方不得不接受中方立场。当年11月13日，双方签署公报，宣布建立外交关系。奥地利1970年开始调整对华政策，当年在联合国对恢复中国合法权利案投了赞成票。1971年2月，该国议会批准了与中国建交案，两国当年4月展开建交谈判，5月26日签署联合公报，宣布自28日起互相承认并建立外交关系。

爱尔兰在对外政策上受英国影响很大。1973年，该国开始就建交问题与中方进行接触，1976年正式向中国表明建交意愿。此后，两国的贸易关系和其他半官方往来不断扩大。但爱尔兰在对华建交问题上一直患得患失，两国直到1979年6月，中国进入改革开放新时期后，才最终建立起外交关系。爱尔兰成了西方世界与中国建交最晚的一个国家。

二、成功开启与美国对话的大门

美国是世界上最大的资本主义国家，冷战时代被称作“资本主义世界的霸主”。朝鲜战争结束后，中国在相当长一段时期内，将美国视为“中国人民和全世界人民最凶恶的敌人”。但是，中国领导人从地缘政治和国际关系的现实格局出发，从中国国家利益和外交斗争的实际需要出发，一直在为改善中美关系而积极努力。

1969 年，当中苏关系跌入深谷，几乎进入战争状态时，毛泽东通过周恩来委托几位元帅研究国际形势和中国外交战略，他们提出了利用美苏矛盾、打开中美关系大门的建议。毛泽东审时度势，做出了反对美苏两霸、侧重打击苏联的新方针。进入 70 年代，中国一方面高举反对两个超级大国的旗帜，继续反对苏联霸权主义和美国的战争政策，坚决支持印度支那人民的抗美救国战争；另一方面寻找各种机会与可能，向美国传递信息，表达中国愿与美国接触，建立正常国家关系的信息，以便建立更加广泛的反对苏联霸权主义的国际统一战线。

美国的一些政治家此时也意识到，战后历届政府坚持的不承认中国、不与中国发生关系的政策已经过时。1967 年 10 月，曾任美国副总统的共和党人尼克松在《外交季刊》上撰文指出，从长远观点看，美国“不能永远使中共隔离于国际社会之外”。1968 年 8 月，他又对记者表示，“我们绝不能忘记中国，我们必须经常寻找机会与它谈判，如同与苏联谈判一样。”他主张不要静观待变，而是要设法促变。①

1971 年，美国总统尼克松在堪萨斯发表讲话称，世界形势正在发生“非常重大的变化，”“美国遇到甚至做梦也想不到的那种挑战。”“今天世界上有五大力量中心。它们是美国、西欧、苏联、中国，当然还有日本。这五种力量将决定世界在本世纪最后三分之一时间里的前途。”②

基于这种理念，1969 年尼克松就任总统不久，即开始“探索同中国人接触的可能性”③。当年 3 月，他委托法国总统戴高乐向中国转达了改善对华关系的意愿。总统国家安全事务助理基辛格博士，根据尼克松的要求提出了改善美中关系的具体方案。8 月，尼克松请巴基斯坦、罗马尼亚两国领导人向中方传话，表示美国不会参与孤立中国的安排，希望与中方对话，保持中美最高级联系。12 月 3 日，美国驻波兰大使向中国外交

---

① 王泰平主编:《中华人民共和国外交史》(第二卷)，世界知识出版社 1998 年版，第 347 页。

② 冬梅编:《中美关系资料选编（1971.7—1981.7）》，时事出版社 1982 年版，第 75 页。

③〔美〕理查德·尼克松:《尼克松回忆录》中册，裘克安等译，商务印书馆 1979 年版，第 229 页。

官表示，尼克松要同中国进行“重大的具体的会谈”。捕捉到这些信息后，中国指示驻波兰使馆，同意恢复中断两年的中美大使级会晤。

1970 年 1 月 20 日，中美第 135 次大使级会谈在美国驻波兰使馆举行。美方明确表示愿意改善对华关系，准备派代表到北京或接受中国代表到华盛顿直接会谈。中方对此积极回应，表示愿意举行高一级会谈。2 月 20 日，双方在中国驻波兰使馆举行第 136 次大使级会谈，中方明确表示，愿意接待美方部长级代表或总统特使到中国商讨两国关系中的根本性问题。

1970 年 3 月，柬埔寨发生军事政变，西哈努克政权被美国支持的右派势力所推翻。毛泽东于 5 月 20 日发表《全世界人民团结起来，打败美国侵略者及其一切走狗》的声明，支持印度支那三国共同开展抗美救国斗争，中美大使级会谈再次中断。但美国方面并没有放弃与中方建立接触和联系的努力。当年 7 月，美国宣布放松对华贸易和旅游限制，而后又停止派遣驱逐舰到台湾海峡活动。美国此举，意在通过调整对华政策，影响美苏关系，即利用中苏矛盾，通过改善对华关系增加与苏联抗衡的筹码。此外，美国深陷印度支那战争泥淖，而中国全力支持印度支那三国，美国很希望与中国改善关系，使美国尽快走出印度支那战争的深渊。

当年 7 月，中方释放了被判 20 年徒刑的美国间谍华理杜，向美国显示姿态。毛泽东主席 10 月 1 日、12 月 18 日两次会见美国友人斯诺，同他谈中美关系。毛泽东表示，尼克松多次写信说要派代表来中国，“如果尼克松愿意来，我愿意和他谈，谈得成也行，谈不成也行，吵架也行，不吵架也行，当作旅行者来谈也行，当作总统来谈也行。”毛泽东还透露，“尼克松要派代表来中国谈判，那是他自己提议的，有文件证明，说愿意在北京或者华盛顿当面谈，不要让我们外交部知道，也不要通过美国国务院。”“中美两国总要建交的。”①

此时，尼克松本人访华意愿愈加强烈。10 月初，他颇动感情地向媒体表示，如果我死以前有什么事情要做的话，那就是到中国去。如果我去不了，我要我的孩子们去。当月下旬，他请正在美国出席联合国有关

---

① 中华人民共和国外交部、中共中央文献研究室编：《毛泽东外交文选》，中央文献出版社、世界知识出版社 1994 年版，第 593、594 页。

活动的巴基斯坦和罗马尼亚两国总统传话，说中美关系十分重要，他要走向同中国和好，并说美国绝不会同苏联合谋反对中国，需要派一位密使访问中国。在同罗马尼亚总统谈话时，尼克松非同寻常地使用了中华人民共和国的正式国名。11 月 10 日，来华访问的巴基斯坦总统向中方转达了尼克松的意思。14 日，周恩来作出答复，欢迎美国特使来华，时机通过巴基斯坦总统商定。这时，罗马尼亚副总理来华访问，传递同样信息，周恩来以同样口径做出回应。

12 月 16 日，美国回信，确认在北京举行高级会晤是有益的，会谈将讨论中美之间的各种问题，包括台湾问题。1971 年，尼克松进一步释放改善中美关系的信号，并且采取了相应措施。当年 4 月，中方邀请美国乒乓球队访华，巧妙利用民间外交手段，调动两国官方关系。周恩来总理会见了美国乒乓球队的年轻人，他说：你们这次访华，打开了两国人民友好来往的大门，有意向外界传递中美关系将有重大改变的信息。4 月 21 日，他又代表中国政府，通过巴基斯坦总统正式向美国表明：中方“愿意公开接待总统特使如基辛格博士，或美国国务卿甚至美国总统本人来北京直接商谈。”4 月 29 日、5 月 17 日和 22 日，美国三次就中方邀请做出表态，最后提议由基辛格博士与周恩来或另一位适当的中国高级官员举行一次秘密的预备性会谈。中共中央政治局对尼克松来访一事进行了认真研究和部署，于 5 月底请巴基斯坦总统转告美方，毛泽东欢迎尼克松来访，周恩来也欢迎基辛格博士来华进行秘密的预备性会谈。

1971 年 7 月 9—11 日，美国总统国家安全事务助理基辛格博士秘密来华。周恩来与基辛格举行了多轮会谈，双方涉及台湾、印度支那战争、美苏关系、美日关系、南亚次大陆局势等诸多问题，同意不再恢复在波兰举行的中美大使级会谈，确认尼克松总统 1972 年春天访华为宜。7 月 16 日，双方同时发表了周恩来在北京会见基辛格、美国总统即将访华的消息，顿时轰动整个世界。

1971 年 10 月 20 日，基辛格再次来华，为尼克松访问进行政治准备，其中最重要的任务是与中方商定尼克松访华后双方公开发表的联合公报。周恩来与基辛格反复沟通后，双方就公报大部分内容达成一致，但有关台湾问题的表述，无法找到共同语言，最后决定待尼克松访问时再作处理。1971 年 12 月，美国总统国家安全事务副助理黑格率团来华，为尼克松访华做技术性准备。双方围绕联合公报的措辞，再次展开了激烈交锋。

1972 年 2 月 21—28 日，美国总统尼克松对中国进行了历史性访问。中美之间没有外交关系，中方没有鸣放礼炮，也没有安排隆重的欢迎仪式，但给予尼克松的礼遇不可谓不高。机场上悬挂了两国国旗，军乐队演奏了两国国歌，周恩来总理陪同客人检阅了仪仗队。为了改变美国前国务卿杜勒斯在日内瓦会议期间拒绝与周恩来握手而在全世界造成的恶劣形象，尼克松走下舷梯后，主动上前与周恩来握手，并且热情地说："这是中美两国领导人越过一个大洋，越过相互敌对 20 多年的握手。这表明中美关系从此将揭开新的一页。"

那些年毛泽东主席身体状况不佳，早已不与外国客人进行政治性或工作性会谈，而只是礼节性会见，时间通常严格控制。这次对尼克松也不例外，也是礼节性会见，不搞正式会谈。当天下午尼克松刚下飞机，即赶往毛泽东主席的书房举行会见。毛泽东与尼克松的谈话幽默风趣而饱含哲理，原定 15 分钟的会见延至 70 分钟。当双方谈到美国即将举行的总统竞选时，毛泽东表示，民主党如果再上台，我们也不能不同它打交道。谈到中美关系时，毛泽东说："过去二十二年总是谈不拢……我们办事也有官僚主义，你们要搞人员往来这些事，要搞点小生意，我们就死也不肯。十几年，说是不解决大问题，小问题就不干，……后来发现还是你们对，所以就打乒乓球。"当双方谈到当时的流行口号"打倒帝、修、反"时，毛泽东诙谐地说：大概我这种人放空炮的时候多，无非是团结起来，打倒帝、修、反，建立社会主义这一套。毛泽东还说，"你可能就个人来说，不在打倒之列。可能他（指基辛格——作者注）也不在内。都打倒了，我们就没有朋友了嘛。"①

尼克松此次访华的会谈对手，实际上是周恩来总理，双方共举行三次内容广泛、坦率、严肃而不失友好的正式会谈。会谈涉及两国关系、印度支那战争、朝鲜问题、日本问题、南亚次大陆形势、对苏政策以及世界前途等许多重大问题。中国外长和美国国务卿的会谈，主要涉及双边关系，中国副外长与基辛格重点讨论联合公报问题。而所有这些会谈，

---

① 中共中央文献研究室编：《毛泽东年谱（1949—1976）》（第六卷），中央文献出版社 2013 年版，第 427—428 页。

争执最激烈的仍然是台湾问题。毛泽东主席密切关注并引导着双方的会谈，每次会谈后都要请周恩来当面汇报。26日，周恩来陪同尼克松去杭州和上海访问，28日回来后连夜向毛泽东汇报。

2月28日，中美发表联合公报。这是评估中美关系现状、指导两国关系未来的第一份双边文件，意义重大而深远。公报列举了关于中美关系的12点共识，其中的核心内容是：任何一方都不应在亚太地区谋求霸权；各国不论社会制度如何，都应根据和平共处五项原则处理国与国的关系，国际争端不应诉诸武力和武力威胁：双方准备在相互关系中实行上述原则。公报也包含了扩大双方经贸、科技、文化交流与联系等方面内容。关于台湾问题，中方考虑到了美国的难处，没有坚持要求美国承诺废除美台防御条约，也没有要求美国立即从台湾全部撤军，而是先确定全部撤军目标，给美国留点时间。

双方妥协后，美方在公报中就台湾问题做了如下表述，它认识到海岸两边的中国人都认为只有一个中国：台湾是中国的一部分。这段言简意赅的表述，从根本上阻绝了美国制造“两个中国”的可能性，推翻了西方某些势力鼓吹的“台湾地位未定论”，实际上是接受了一个中国原则，这是中国对美外交斗争一个重大成果，符合中国利益，为后来两国关系继续发展，最终正式建交创造了有利条件。

三、抓住机遇推动中日邦交正常化

进入20世纪70年代后，作为中国重要邻国的日本跻身于世界经济大国之列。美国与日本是同盟关系，但美国对日本很不放心，多次动用经济手段整治日本，意在削弱日本的竞争力，防止日本成为美国的潜在对手。在此情势下，日本国内要求改善对华关系、实现中日邦交正常化的呼声不断高涨。基辛格秘密访华，特别是尼克松访问中国，对日本冲击很大。中国注意到国际形势，特别是亚太形势的新变化和日美关系的新动向，决定改善中日关系，进一步稳定东北亚形势，促进本地区友好交往与合作，共同应对苏联霸权主义的威胁和挑战。

1970年4月，日本社会党代表团访华，与中国有关方面发表联合声明，提出了实现中日邦交正常化的四项基本原则。这就是：争取废除美日安全条约；反对一切敌视中国的政策；基于一个中国和台湾是中国领土不可分割的组成部分的原则立场，废除日台条约；按照和平共处五项原则和日中关系三原则，立即实现邦交正常化。1971 年 7 月，日本公明党派团访华，向中方提出了恢复中日关系的五项原则：一，中华人民共和国政府是代表中国人民的唯一合法政府；二，台湾是中国的一个省；三，日台条约是非法的，必须废除；四，美国从台湾地区撤出其武装力量；五，必须恢复中华人民共和国在联合国的一切合法权利并把蒋介石集团的代表逐出联合国。

当年 10 月，日本促进恢复日中邦交议员联盟访华代表团来访，中国借此之机，提出了中日邦交正常化三原则，即中华人民共和国是代表中国的唯一合法政府；台湾是中华人民共和国领土不可分割的一部分；日台条约是非法的和无效的。这三项原则被写入双方发表的共同声明中，但没有涉及日本所关心的日美同盟问题，为日本维持与美国的特殊关系预留了空间，受到日本社会的普遍欢迎。

但是，当时日本的佐藤政府顽固执行盲目追随美国的政策，无视国际关系的变化和国内要求中日邦交正常化的压力，在第 26 届联合国大会上竟伙同美国搞了两个共同提案，继续阻止恢复中华人民共和国在联合国的合法权利，结果遭到失败。

1972 年 7 月，田中角荣成为日本新首相。他在就任后举行的记者招待会上表示，日中邦交正常化的时机已经成熟，他要认真处理这一历史性课题。大平外相也表示，为实现日中邦交正常化，新内阁首相或外相要到中国去访问。他还表示，日中邦交正常化时，不能想象日台条约还会继续存在。日本对华政策开始转向，中方立即做出积极回应。周恩来总理表示，如果日本现任首相、外相或其他大臣来华谈恢复中日邦交问题，北京机场准备向他们开放。

经过两国外交部门的事前沟通和协调，1972 年 8 月 11 日，日方正式提出，田中首相要为日中邦交正常化而访华。8 月 13 日，中国外长宣布，中方欢迎并邀请田中访华，就中日邦交正常化问题进行谈判。双方确认田中首相 9 月 25—30 日访问中国，“谈判并解决中日邦交正常化问题，以建立两国之间的睦邻友好关系。”①

---

① 《人民日报》，1972 年 9 月 21 日。

田中访华期间，周恩来与他举行了四次会谈。两国外长举行了两次会谈。双方就两国关系正常化所涉及的重大问题，进行了激烈交锋。关于复交三原则，日方在联合声明前言中表示：日本方面重申，站在充分理解中华人民共和国政府提出的复交三原则的立场上，谋求实现日中邦交正常化这一见解。正文中则写明，日本国政府承认中华人民共和国政府是中国的唯一合法政府。中华人民共和国重申，台湾是中华人民共和国领土不可分割的一部分。日本国政府充分理解和尊重中国政府这一立场，并坚持遵循波茨坦公告第八条的立场。

关于中日之间的战争状态，双方采用折中办法，即在前言中先做如下表述：战争状态的结束，中日邦交的正常化，两国人民这种愿望的实现，将揭开两国关系史上新的一页。而后又在正文中写明：自本声明公布之日起，中华人民共和国和日本国之间迄今为止的不正常状态宣告结束。当时，田中出席周恩来为他举行的晚宴时，曾经致词称，日本给中国国民添了很大的麻烦，他对此再次表示深刻的反省。

周恩来对田中轻描淡写的表态极为不满，会谈时严厉驳斥。田中解释称，“添麻烦”就是诚心诚意谢罪，包含保证以后不重犯、请原谅之意，汉语如有更恰当词汇，可按中方习惯改写。联合声明最后表述为，日本方面痛感日本国过去由于战争给中国人民造成的重大损害的责任，表示深刻的反省。

关于日美安全条约和日台关系，日方在会谈时强调，日美关系重要，主张以不改变不损害日美关系为前提实现中日关系正常化。中方表示对日美条约有意见，但不在联合声明中提及。至于日台关系，日方承诺中日建交后即刻断绝与台湾的外交关系，绝不支持“两个中国”或“台湾独立运动”，但经济往来和人员交流不可能一下子切断。中方对此表示谅解，但日方要随时向中方打招呼，日方表示同意。①

关于钓鱼岛的归属问题，周恩来当时表示，这个问题此次不谈，以后再说，双方实际上达成了搁置争议、以后再谈的谅解。

毛泽东主席密切关注着双方的会谈情况，随时听取周恩来的汇报。

---

① 王泰平主编：《中华人民共和国外交史》（第二卷），世界知识出版社 1998 年版，第 22—25 页。

9 月 27 日晚，当双方的实质性会谈基本结束时，毛泽东在中南海游泳池住地会见了田中，同他进行了亲切友好的谈话。田中告诉毛泽东，我们进行了非常圆满的会谈，毛泽东说，“那就好了，天下太平。”毛泽东特别问道:“你们那个‘添麻烦’的问题怎么解决了？”田中表示，“我们准备按中国的习惯来改。”毛泽东充分肯定了田中访问的成果，说“现在彼此都有这个需要。”①

双方会谈结束并就联合公报达成协议后，周恩来现场写下“言必信行必果”六个大字送给田中，田中回赠“信为万事之本”六个字。9 月 28 日，毛泽东批准了周恩来送审的《中华人民共和国政府和日本国政府联合公报》。29 日，双方外长签署了联合公报。中日关系从此进入了新的同时也更为复杂的发展阶段。

四、坚定不移地反对地区霸权主义

中国和越南山连山，水连水，两国人民历史上的联系与交往源远流长。近现代以来，两国人民在反对帝国主义侵略、争取民族独立和解放的斗争中彼此同情，相互支持，联系更加密切和广泛。越南共产党的缔造者胡志明，早年即与中国共产党人有着密切交往。越南党和国家其他一些领导人，也曾有过在中国学习生活，与中国革命者并肩战斗的经历。正因为如此，1954 年中国驻越南大使罗贵波递交国书时，胡志明主席表示:“因为地理、经济、文化、历史等等关系，我们越中两国本来是兄弟之邦，尤其自中华人民共和国成立以来，这种唇齿相依的关系更加发展更加深厚。”很长一段时期，中越双方都习惯于用“同志加兄弟”来形容中越关系。

中国是世界上在越南抗法战争中为其提供实质性支持和援助最大的国家。1950 年 1 月胡志明来到中国当面求援后，新中国即在人力物力等各个方面开始向越南提供广泛援助，为越南抗法斗争取得最后胜利做出了重大贡献。新中国也是世界上第一个承认越南民主共和国并与其建立外交关系的国家，又是第一个与越南建立贸易关系的国家，越南则是新

---

① 中共中央文献研究室编:《毛泽东年谱（1949—1976）》(第六卷)，中央文献出版社 2013 年版，第 448—449 页。

中国成立后对外提供援助最多的国家，长期处于中国对外援助的第一位。越南抗法战争结束后，为了帮助其恢复国民经济，医治战争创伤，中国派出大批专家、顾问、工程技术人员到越南工作，1955 年曾一次提供 8 亿元无偿援助，帮助其修复铁路、港口、公路、航运、机场、矿山、水利设施，修复和新建工业项目。在抗美救国战争中，中国不但长期向越方提供各种形式的支持和援助，为苏联和社会主义各国援越物资过境提供便利，而且出动几十万军队，帮助越南打通了连接印度支那三国的运输通道，保卫河内、海防等北方城市的港口、机场等重要军事目标和民用设施，付出了数千军人的鲜血和生命。对于这一切，包括胡志明在内，越南许多领导人不止一次地表示过感谢和感激。

中越两国的政治分歧，早在 60 年代末期即已初露端倪。1969 年胡志明逝世前留下遗嘱，称他对国际共产主义运动的分裂感到痛心，实际上是对中国坚持反对苏联大国主义和强权政治表示不满。进入 70 年代后，越南新领导人又对中国打开对美关系大门、相继邀请美国总统国家安全事务助理基辛格和尼克松总统本人访华感到不快。中方预感到，正在进行抗美救国战争的越南可能对中国调整对美关系感到不解，因此，周恩来总理曾两次秘密赴越，及时向越南领导人说明情况，希望得到越方理解。

1971 年，越南南方共和临时革命政府[①]外交部长阮氏萍等人来华，周恩来曾就中美高层接触一事向他们进行解释。周恩来说，“基辛格刚走，我就立即去河内，把情况告诉亲近的兄弟党，等于我把心都掏出来了。新中国成立 22 年来，美国仍不承认中国，中美谈判 16 年也没成果，现在基辛格、尼克松主动到中国来谈判，就等于他们承认了错误。赫鲁晓夫可以去美国谈判，但我周恩来并没有去华盛顿。你们可去巴黎同美国谈判，为什么我们不可在北京同美国谈判？我们仅要求美国尽快撤军，我们并未出卖朋友。”[②]

越南领导人固执己见，对周恩来这些语重心长的话听不进去，坚持认为中国调整对美关系损害越南利益。他们发表文章，含沙射影地攻击

---

① 成立于 1969 年 9 月，越南南北统一后撤销。

② 转引自王泰平主编:《中华人民共和国外交史》(第三卷)，世界知识出版社 1999 年版，第 60 页。

中国“联美反苏”“破坏社会主义阵营团结。”中国出于大局考虑，从未公开两国的分歧。1973 年毛泽东主席会见越南总理范文同时，仍表示，“我们应该支持你们，尽我们的所能支持你们。”①

1973 年关于结束越南战争的巴黎协定签字后，越南军队继续作战，于 1975 年实现了全国统一。这一年，美国扶持的金边朗诺政权垮台，柬埔寨全国解放。老挝爱国进步力量也战胜了亲美势力，废除君主政体，走向民主共和。在包括中国在内的世界许多国家的大力支持下，印度支那三国的抗美救国战争全面结束。

就在这一年的 12 月，越南向中国提出了领土要求，首先要求就划分北部湾海域进行政府间谈判。中方同意了越南建议，双方于 1974 年 8 月开始副外长级谈判。但越方在谈判中竟然表示，根据 1887 年满清政府与法国签署的《续议界务专条》，北部湾边界已经划定，越南早已按此界线行使主权和管辖权。中方是根据越方提出的边界未定的共识准备谈判的，对越方的态度变卦一时措手不及，一方面据理反驳，一方面主张继续谈判，公正合理地解决问题，但越南坚持己见，谈判未有进展。

1975 年 4 月，越南强占了中国在南沙群岛和西沙群岛中的 6 个岛屿，中方提出交涉。越南于当年 6 月正式表态，称这两个群岛自古就是越南领土，随后修改过去出版的地图，将南沙和西沙两个群岛划入越南。当年 9 月，中方照会越方，表示不满并阐明了中方立场。但越南一意孤行，坚称越南对这两个群岛拥有神圣主权。

1975 年 9 月，越共中央总书记黎笋率越南党政代表团访华。毛泽东主席会见黎笋时，没有特别提到双方的分歧，只是说“有些问题，吵，但是大局是好的”。② 中共中央副主席、国务院副总理邓小平与黎笋会谈时，本着维护中越传统友谊、解决实际问题的态度提出了两国领土领海争议问题，对越方的立场表示不能理解和难以接受。但他同时又表示，对国际事务，“从总的原则来看，我们两国之间有相当的距离，对许多具体问题的观点有相当程度的不同。尽管我们有不同的看法，我们希望不

---

① 《建国以来毛泽东文稿》（第十三册），中央文献出版社 1998 年版，第 353 页。

② 中共中央文献研究室编：《毛泽东年谱（1949—1976）》（第六卷），中央文献出版社 2013 年版，第 609 页。

要因此影响两国关系，应当继续保持友好。”[①] 黎笋对邓小平的建议闪烁其词，不做回应，反而要求中方增加对越援助。邓小平表示，中国答应援助的 200 多亿人民币，已付 170 多亿，还有一部分需继续完成。原先答应的援建项目，中国也将尽力完成。会谈结束后，两国又签署了中国向越南提供无息贷款和提供援助物资两个协定。

遗憾的是，中方所做的这些努力，未能使两国关系回到健康发展的轨道。1975 年，越南在边境地区挑衅 439 起，1976 年竟增加到 986 起。越方甚至动用数百名武警围打中方维修两国铁路接轨点的工人。[②] 中方对两国关系的发展态势极为不安，对越南恣意恶化两国关系也极为愤慨，双方几乎中断了政治往来。

1977 年 6 月，中共中央指派李先念副总理与访欧归国途经北京的越南总理范文同举行会谈。李先念严肃地指出了两国关系中存在的种种问题：越南反华宣传、两国边境纠纷、铁路接轨点争端、南沙西沙两个群岛的主权争议、北部湾划界、越南驱赶华人华侨等。随后，李先念就改善两国关系、解决已经出现的问题提出了具体建议。范文同未做回应，但表示会向越南党中央政治局和总书记汇报。1977 年 10 月，双方根据中方建议恢复边界谈判，但越方节外生枝，提议海上边界与陆地边界一并解决，致使双方在议题和程序问题上无法达成共识，谈判拖延数月毫无进展。1978 年 6 月，越南代表团以工作忙为由，单方面中断了谈判。

这时，越南已经完全放弃抗美救国战争时期恪守的在中苏之间保持中立的立场，在对外关系领域开始执行全面依附苏联的政策。1975—1978 年间，越共中央总书记黎笋三次访苏。通过这些访问，越南将苏联提供的巨额贷款争取为无偿援助，在此背景下，越南加入了苏联控制的经济互助委员会，与苏联签署了具有准军事同盟性质的友好合作条约，支持苏联建立针对中国的亚洲集体安全体系，允许苏联在其境内建立海空军事基地。昔日对华友好的越南，沦为彻头彻尾的苏联反华工具。

---

① 王泰平主编:《中华人民共和国外交史》(第三卷)，世界知识出版社 1999 年版，第 63 页。

② 王泰平主编:《中华人民共和国外交史》(第三卷)，世界知识出版社 1999 年版，第 64 页。

越南此时依然保持着庞大的军队和作战力量，其领导人企图利用本国的地区军事优势和苏联的外交支持，建立越南主导和控制的“印度支那联邦”。但是，越南提出的共建“联合军队”和“联合经济”、实行“共同的外交政策”等建议，理所当然地遭到了柬埔寨的拒绝。双方潜在的矛盾迅速激化，边境地区冲突不断。1978 年底，越南全面入侵柬埔寨，1979 年 1 月攻占其首都并建立起亲越政权。对越南在本地区大搞侵略扩张、实行强权政治和次地区霸权主义，中国表示坚决反对；对越南境内出现的大规模迫害、排斥和驱赶华人华侨问题，表示强烈不满和抗议，多次提出严正交涉。

1978 年 11 月，在中越两国关系已经十分严峻的情况下，越共中央总书记黎笋率团访华。中方对两国间的这次峰会高度重视，中国共产党中央委员会主席华国锋带领大批党政军负责人到机场迎接，并与他举行了两次会谈，没有取得预期结果。但是，在华国锋主席举行的欢迎宴会上，黎笋说了很多热情友好、表示谢意的话，称“越南共产党、越南人民过去、现在和将来，将永远十分重视越中友谊，决心使这种伟大友谊世世代代牢不可破。”[①] 然而，正是黎笋本人 1978 年 7 月主持越共中央四中全会，确认中国和柬埔寨为越南的“直接敌人”，并且做出了“防范北方的威胁，准备与中国作战”的决议。随后，越共中央向军队下达指示，称“中国是最直接、最危险的敌人，是越南新的作战对象，要采取进攻的战略，在边界内外进行反击和进攻”。[②] 身为越南最高领导人的黎笋，成了破坏中越关系的第一推手。

对越南愈演愈烈的反华行为，中国在忍无可忍的情况下被迫采取反制措施。1978 年 5 月 12 日，中方通知越南，撤销 21 个对越援助项目。同月 30 日，中方再次通告越南，另外再撤销 54 个项目。7 月 3 日，中方最后告知越方，中国将停止全部援越项目，撤回全部援越工程技术人员，撤销驻越南经济代表处，关闭越南在中国广州、南宁和昆明的领事馆。

---

① 王泰平主编:《中华人民共和国外交史》(第三卷)，世界知识出版社 1999 年版，第 67 页。

② 王泰平主编:《中华人民共和国外交史》(第三卷)，世界知识出版社 1999 年版，第 68 页。

1978 年，中国关闭通往越南的国际铁路运输线。

1979 年 1 月 7 日越南军队占领柬埔寨首都金边后，中国政府发表了措辞极为严厉的声明，但越南迷途不返，反而变本加厉地扩大对柬侵略，继续进行反华挑衅。1979 年 2 月 17 日，中国对越边境自卫反击战全面爆发。中国政府在当日发表的声明中宣布："中国要建设自己的国家，需要一个和平的国际环境，不愿意打仗，但也绝不允许别人肆意侵犯中国领土；中国不要越南的一寸土地，要的是和平安定的边界；在给越南侵略者应有的还击之后，中国边防部队将严守祖国边界。"①

中国对越南的边界自卫反击战是一场非常有限的战争，仅仅持续了一个月。在前 17 天的战斗中，中国军队攻占了越南的高平、凉山、老街、黄连四个省、21 个县和广宁、河宣两个省的部分地区，摧毁了越军在这些地区建立的用以侵犯和骚扰中国边境的军事设施。3 月 5 日，中国军队开始撤离，3 月 16 日全部撤回。战争发生后，越南紧急呼吁苏联全力支持和保卫越南，但苏联虚与委蛇，未能向其提供任何实质性援助。越南建立地区霸权的图谋，遭到沉重打击。

---

① 《人民日报》，1979 年 2 月 18 日。

下　篇　担起发展中大国的责任

第八章

国际战略和对外政策全面调整

1978 年 12 月党的十一届三中全会召开后，党和国家工作重心转移到经济建设上来，与此相适应，国家对外战略和政策也进行了全面调整。中国与外部世界的关系，开始发生举世瞩目的重大变化。所有这一切，都与邓小平关于当今时代主题的科学判断、关于中国与外部世界的关系的冷静思考、关于争取良好的国际环境的战略思维、关于实行全方位开放的外交理念密切相关。

邓小平认为，当今世界面临的主要问题是和平与发展，当今世界同时又是一个开放的世界，中国闭关自守发展不起来，争取长期稳定的国际环境和睦邻友好的周边环境，是中国外交面临的根本性任务。中国对外开放，就是尽量吸收国际先进经验，引进资金和技术，也包括引进人才和管理经验。归根到底，就是要充分利用国内国际两种资源，广泛开拓国内国际两个市场，学习和掌握组织国内经济建设和推进国际交流合作的两套本领，在全面参与区域经济合作和经济全球化的进程中，实现自身的发展和繁荣，同时为推动和促进人类社会的发展与进步做出贡献。

按照邓小平对世界格局的观察思考和关于中国外交布局的总体设计，中国对外开放是多领域多层次和全方位的。因此，争取良好的国际环境，当时所要解决的主要问题：一是要全面推进与西方发达国家的务实合作，二是要尽快改善与苏联东欧国家的关系，三是要进一步密切同广大发展中国家的关系。

一、对时代主题和潮流做出新判断

邓小平是中国改革开放、社会主义现代化建设事业的总设计师和引路人，也是新时期中国对外新战略和新政策的主要制定者和伟大实践家。他所提出的中国外交新战略和新政策，是与他对国际形势的科学判断，对中国与外部世界关系的冷静分析为依据的。

早在1975年邓小平重新出来工作不久，他就敏锐地发现并指出，世界形势已经发生重大变化，其中最突出的一点就是“两大阵营的概念已不合乎今天的实际”，“不但社会主义阵营发生了变化，帝国主义阵营也发生了变化”。针对西方发达国家之间的关系变化，他特别指出，欧洲、日本同美国“有相互依赖的一面，但控制和反控制的斗争成了它们之间关系的一个很重要的特点，而且它们面临着一个新的问题，就是出现了一个苏联社会帝国主义。”[①] 当年4月，邓小平在会见来华访问的美国政治家时明确地表示：“我们现在需要一个和平的国际环境来建设我们的国家。”[②] 这是他本人也是中国领导人第一次对外阐述“争取和平的国际环境”的外交思想。

那时，中国尚处于“文化大革命”后期，对世界形势和国际关系的基本判断还没有摆脱“战争与革命”的思维定式。全党全社会都认为，当时的世界形势总体上是美苏两个超级大国“既勾结又争夺”，“山雨欲来风满楼”，“世界大战总有一天要打起来”。“要时刻准备打仗”，成为当时中国制定内外政策，特别是国防和外交政策，处理对外关系的基本出发点。邓小平高瞻远瞩，洞察世界风云，旗帜鲜明地把“争取和平的国际环境”作为中国外交的重大任务提出来，实属难能可贵。

中国要争取和平的国际环境，自己必须坚持和平的发展道路，坚持不强权不称霸的基本方针，二者相互统一，密不可分。70年代中后期，邓小平多次对外国客人表示，中国这样一个落后的国家没有资格称霸，

---

① 中共中央文献研究室编：《邓小平思想年谱（一九七五——九九七）》，中央文献出版社1998年版，第3页。

② 中共中央文献研究室编：《邓小平思想年谱（一九七五——九九七）》，中央文献出版社1998年版，第5页。

既使三十年五十年以后中国成了发达国家，也不能称霸。他强调：“毛主席制定的路线叫永远不称霸……我们在联合国正式声明过”，“我们是用这样的路线来教育我们的子孙后代的。”[①]那时，世界上已经有人对未来中国的对外政策心存疑虑，有鉴于此，邓小平情真意切地表示：“中国在若干年后强大起来了，四个现代化实现了，只要我们还是社会主义国家，就不会发动战争……社会主义国家，不论大小，不管它发达到什么程度，永远属于第三世界，所以毛主席为我们制定的对外政策和路线是永远不称霸。”[②]“我们希望永远保持社会主义制度，永远不要搞霸权主义，永远属于第三世界”[③]。

“文化大革命”结束后，邓小平在指导党和国家全局工作的过程中，对中国的国际处境和争取和平的国际环境问题进行了更加深入的思考，得出了更为清晰的判断和结论。1978年，他对来华访问的外国客人说，长期以来，中国“关起门来搞建设，连世界是个什么样子都不清楚。”[④]后来，他又指出，中国关起门来搞建设，是由于传统思维和“四人帮”极左思潮的影响，是我们“自己把自己的手脚束缚起来”，“现在的国际条件对我们很有利。”[⑤]他强调，“中国在历史上对世界有过贡献，但是长期停滞，发展很慢。现在是我们向世界先进国家学习的时候了。关起门来，固步自封，夜郎自大，是发达不起来的。”[⑥]他提出，“要实现四个现代化，就要善于学习，大量取得国际上的帮助。要引进国际上的先进技术、先

① 中共中央文献研究室编：《邓小平思想年谱（一九七五——一九九七）》，中央文献出版社1998年版，第2页。

② 中共中央文献研究室编：《邓小平思想年谱（一九七五——一九九七）》，中央文献出版社1998年版，第48页。

③ 中共中央文献研究室编：《邓小平思想年谱（一九七五——一九九七）》，中央文献出版社1998年版，第134页。

④ 中共中央文献研究室编：《邓小平思想年谱（一九七五——一九九七）》，中央文献出版社1998年版，第66页。

⑤ 中共中央文献研究室编：《邓小平思想年谱（一九七五——一九九七）》，中央文献出版社1998年版，第67页。

⑥ 中共中央文献研究室编：《邓小平思想年谱（一九七五——一九九七）》，中央文献出版社1998年版，第85页。

进装备，作为我们发展的起点。”[①]

1978 年 12 月党的十一届三中全会做出改革开放重大决策时，国际关系仍风云变幻，世界形势仍十分复杂。中国与美国还没有建交，与苏联的关系仍持续紧张，印度支那地区的事态发展对中国不利。邓小平预见到国际上还要经历一些风浪，但认为 80 年代的危险可以度过。因此，他在 80 年代初坚持认为，“我们需要一个比较长期的和平环境来发展”，认为“争取 20 年的和平环境是可能的”，不过，这需要国际社会“联合努力，需要行动有力和有效。”[②]

1980 年，邓小平对赞比亚总统卡翁达谈到了中国对外政策调整的初步构想。他说，在对外政策方面，我们还是坚持毛主席制定的“三个世界”划分的理论，但在处理复杂的国际形势时，每个时期有每个时期的具体问题。中国要“改善同美国的关系、同欧洲的关系、同日本的关系”。[③] 当年 4 月，他以接受记者采访的方式，阐释改革开放新时期中国处理对外关系的新思路。他说：中国是社会主义国家，这个社会制度的性质决定了我们对外奉行和平外交政策。和平共处五项原则是我们处理同其他国家之间关系的准则。他指出，在政治上和道义上支持一切被压迫民族和被压迫人民的斗争，这是我们义不容辞的责任，但是，一个国家的人民革命取得胜利，主要地依靠自己的力量，革命是不能像商品那样输出或输入的。[④] 这一重要表述，意味着中国将根本改变“文化大革命”时期对外工作以“支左反修”为指导、以“支援世界革命”为己任的严重偏误。

1981 年 11 月，邓小平首次使用了中国对外政策实行“转折”的新提法，并把对外政策转折与国内工作重心调整紧密联系在一起。他在会见

① 中共中央文献研究室编：《邓小平思想年谱（一九七五——一九九七）》，中央文献出版社 1998 年版，第 85、86 页。

② 中共中央文献研究室编：《邓小平思想年谱（一九七五——一九九七）》，中央文献出版社 1998 年版，第 152 页。

③ 中共中央文献研究室编：《邓小平思想年谱（一九七五——一九九七）》，中央文献出版社 1998 年版，第 152 页。

④ 中共中央文献研究室编：《邓小平思想年谱（一九七五——一九九七）》，中央文献出版社 1998 年版，第 155 页。

南斯拉夫客人时表示：除了国际风云发生激烈变化，例如发生战争之外，我们始终一心一意搞建设。这不只是我们这一代人的事，至少要三四代人来干这件事。这不是哪一个人的转折，而是整个党、国家和人民的转折。[①]1982 年初，他对阿尔及利亚客人说：超级大国、帝国主义和新老殖民主义都不希望我们发展。为了发展的需要，我们还是应该同它们建立良好的关系，实际上我们也都是这样做的。同时，他也明确主张第三世界国家加强友好合作，开辟更广泛的合作领域，认为"'南南'合作是国际关系中一个重要问题，是历史发展的方向。"[②]

通过这一系列谈话，邓小平向世界表明，中国调整对外关系不是暂时的而是长期的，不是局部的而是全面的，不是权宜行为而是战略考虑。为全面落实争取和平的国际环境以实现自身发展的重要思想，邓小平同时也对国内有关方面发出指示：国际形势越来越动荡，战争的危险始终存在。但是，争取长一点时间，延缓战争的爆发是可能的。我们的政策是，争取拖长，争取更多一点的时间，延缓这个战争的爆发，这样对我们有利，也符合世界绝大多数国家和人民的愿望。我国对外政策的总方针是反对霸权主义，维护世界和平。[③]

1982 年秋召开的党的十二大，体现了以邓小平为代表的中国领导人对国际关系的新思考和处理对外事务的新思路。大会指出，中国的前途同世界的前途息息相关，爱国主义同国际主义结合是我们处理对外关系的根本出发点。但爱国主义指的是"决不容忍中国的民族尊严和民族利益受到任何侵犯"，国际主义则是指"我们坚持执行独立自主的对外政策，同我们履行维护世界和平、促进人类进步的崇高的国际义务是一致的。"[④]尽管大会对国际形势的分析还有传统思维的遗痕，认为世界大战的危险

---

① 中共中央文献研究室编:《邓小平思想年谱（一九七五——九九七）》，中央文献出版社，1998 年版，第 207 页。

② 中共中央文献研究室编:《邓小平思想年谱（一九七五——九九七）》，中央文献出版社，1998 年版，第 211—212 页。

③ 中共中央文献研究室编:《邓小平思想年谱（一九七五——九九七）》，中央文献出版社，1998 年版，第 171 页。

④ 中共中央文献研究室编:《十二大以来重要文献选编》（上），中央文献出版社 2011 年版，第 33 页。

越来越严重，但同时指出，“世界和平是有可能维护的”。大会确认“第三世界在战后国际舞台上的崛起是我们时代的头等大事”，而社会主义中国属于第三世界，反对帝国主义、霸权主义、殖民主义是中国神圣的国际义务。和平共处五项原则适用于包括社会主义国家在内的一切国家。中国“永远不称霸”。[①]

这时，邓小平对世界形势和国际关系的观察、思考和判断，已经涉及时代主题和潮流、人类面临的共同挑战和任务等重大问题，视野更加开阔，分析更加透彻，结论更加精辟。1984 年 5 月，他在会见外宾时谈到，现在世界上问题很多，有两个比较突出，一是和平问题，二是南北问题。解决第一个问题，就要反对霸权主义和强权政治，解决第二个问题，就要解决世界范围内的两极分化，即富国愈富、穷国愈穷，发展差距过大的问题。[②]1985 年，他在会见外宾时进一步指出：“现在世界上真正大的问题，带全球性的战略问题，一个是和平问题，一个是经济问题或者说发展问题。和平问题是东西问题，发展问题是南北问题。”“南北问题是核心问题。”[③]

1985 年 6 月，邓小平在国内一个高层会议上深入阐述了他对战争、和平与发展问题的新认识和新判断。他说，由于两个超级大国的存在，世界大战危险还在，“但是世界和平力量的增长超过了战争力量的增长。”和平力量既包括中国在内的第三世界，也包括美苏以外的发达国家。此外，由于“世界新科技革命蓬勃发展，经济、科技在世界竞争中的地位日益突出”，“在较长时间内不发生大规模的世界战争是有可能的，维护世界和平是有希望的。”[④]

正是基于对国际大势、周围环境、力量对比等诸多因素的全面分析，“文化大革命”后中国领导人很快改变了战争危险迫在眉睫的看法，把争取和平的国际环境作为对外工作的首要任务。1987 年召开的党的十三大，依据和平与发展的时代主题，结合我国改革开放和现代化建设实际需要，

---

① 中共中央党校教务部编：《十一届三中全会以来党和国家重要文献选编》，中共中央党校出版社 2008 年版，第 148、149 页。

② 《邓小平文选》第三卷，人民出版社 1993 年版，第 56 页。

③ 《邓小平文选》第三卷，人民出版社 1993 年版，第 105 页。

④ 《邓小平文选》第三卷，人民出版社 1993 年版，第 127 页。

对国家外交战略和布局做出了重大调整。大会强调，中国将继续坚定不移地奉行独立自主的和平外交政策，在和平共处五项原则的基础上，同世界各国发展友好合作关系，并同全世界爱好和平的国家和人民一道，努力推动国际形势朝着有利于世界人民、有利于世界和平的方向继续发展。①

二、与美国建立和发展正常国家关系

美国是世界上最大的发达国家。中国要打开国门，实行全面对外开放，与外部世界建立广泛的接触和联系，首先必须对美国开放，而要实现对美开放，必须尽快解决中美正式建交和两国关系全面发展这个外交难题。早在“文化大革命”结束前夕，邓小平就已经在积极推动此事。1975 年 4 月，他对来华访问的美国众议院议长明确表示，1972 年尼克松来到中国，这是中美关系的转折点，是新的开端。只要双方遵循《上海公报》的精神和原则，逐步发展两国关系是完全可能的。

当时，台湾问题是妨碍中美关系正常化的最大障碍。在这个问题上，邓小平从中国主权、安全考虑，十分坚定地为中美建交提出“撤军、废约、断交”三项条件，即美国从台湾撤出军事力量，同台湾废除所谓的《共同防御条约》，断绝美国与台湾之间所谓的“外交关系”。就此，他多次严正地向美国人申明，中美关系的关键是台湾问题，实现中美关系正常化的其他方式我们不考虑。“两个中国”“一个半中国”“一个中国一个台湾”的立场，我们不能接受。②

中美两国因社会制度、对外战略不同而产生的矛盾和冲突，当时也是妨碍中美关系正常化的重要因素。对此，邓小平主张超越分歧和差异，以求同存异的方式予以解决和克服。他对美国人表示：“我们两国的社会制度不同，意识形态不同，对国际政治的许多主张也不同，但我们还有一些共同的语言，甚至在一些重大国际问题上有些共同的语言。”③他强

① 中共中央党校教务部：《十一届三中全会以来党和国家重要文献选编》，中共中央党校出版社 2008 年版，第 189 页。

② 中共中央文献研究室编：《邓小平思想年谱（一九七九——一九九七）》，中央文献出版社 1998 年版，第 10 页。

③ 中共中央文献研究室编：《邓小平思想年谱（一九七五——一九九七）》，中央文献出版社 1998 年版，第 5 页。

调，“我们两国虽然各自所处的地位不同，但两国领导人相互经常接触、交换意见，总是有益处的。我们两国社会制度不同，理所当然地有许多分歧，但这不排除寻求共同点，不排除在上海公报的基础上寻求发展两国关系的途径。”[①]

1977 年，中国“文化大革命”已经结束，改革开放蓄势待发。美国总统卡特出于美国自身战略需要，特别是对抗苏联的需要，将中美关系视为其全球政策的一个中心因素，决定按上海公报的原则解决中美建交问题。当年 4 月，卡特之子来华，转达了美方对中美关系的关切。同年 8 月，万斯国务卿来华，表示美国愿与中国实现关系正常化，并且提出了“美国方案”。但这个方案的两点实质内容中方不能接受，一是中国要承诺不以武力解放台湾，二是美国要在台湾搞不挂牌的大使馆。邓小平不容置辩地对美方表示：“我们对这个方案是不能同意的。台湾问题是中国的内政，别人不能干涉。”[②] 但邓小平毕竟是原则坚定性与策略灵活性相统一的政治大家和外交高手，他没有草率地把中美关系正常化的路子堵死，而是表示，中国可以允许美国与台湾保持非官方往来，至于中国如何统一，还是让中国人自己来解决。

1978 年，经过反复沟通和磋商，中美建交问题正式提上两国外交日程。当年 1 月，针对美国在台湾问题上存在的幻想，邓小平再次对来访的美国代表团表示，中国解决台湾问题，不能排除两种方式，一是和平方式，二是军事手段，“我们在这方面不可能有什么灵活性。要说灵活性，就是我们可以等。”[③] 当年 3 月，美国总统国家安全事务助理布热津斯基访华，他表示，卡特已决心实现中美关系正常化，因为一个强大的、独立的中国，同邻国和平相处的中国，在一个多元化的世界中，将是和平的力量，将对解决世界的问题起建设性的作用。邓小平答复说：我们双方随时可以签订关系正常化的文件，但涉及台湾问题的三项条件，即

---

① 中共中央文献研究室编：《邓小平思想年谱（一九七五——九九七）》，中央文献出版社 1998 年版，第 23 页。

② 中共中央文献研究室编：《邓小平思想年谱（一九七五——九九七）》，中央文献出版社 1998 年版，第 37 页。

③ 中共中央文献研究室编：《邓小平思想年谱（一九七五——九九七）》，中央文献出版社 1998 年版，第 53 页。

断交、撤军、废约，“我们不能有别的考虑。”他强调，因为这涉及主权问题，是一个根本性的问题。“中国人民在什么时候，用什么方式解放台湾，是中国人自己的事。”①

在邓小平直接主导和指挥下，1978 年 7 月中国与美国开始建交谈判，当年 12 月 16 日发表建交公报。中美两国自 1979 年 1 月 1 日起，正式建立了外交关系。

邓小平十分重视中美关系。1979 年 1 月 29 日，两国建交不到一个月，他即以副总理身份前往美国，进行新中国领导人对美国的首次访问。美方以国家元首的最高规格接待邓小平，安排邓小平访问了卡特总统的家乡。邓小平在美国宣布，他此次访问的目的，第一是向美国人民转达中国人民的情谊；第二是了解美国人民，了解你们的生活，了解你们建设的经验，学习一切对我们有用的东西；第三是同贵国的领导人就发展两国关系和维护世界和平与安全的问题广泛地交换意见。在与美国领导人会谈和公开讲演时，邓小平始终强调，中美两国社会制度不同，意识形态不同，但“两国人民的利益和世界和平的利益要求我们从国际形势的全局、用长远的战略观点来看待两国关系。”两国的友好合作“不仅有利于两国的发展，也必将成为维护世界和平、促进人类进步的强大因素。”②

中美建交和邓小平访美，是新中国历史上意义深远的重大事件，它标志着中国走向世界的大门正在全面打开。但是，中美建交时，两国围绕台湾问题的分歧并未完全解决。建交公报发表后，双方各自发表声明，阐述对台湾问题的不同立场。美方表示，期待台湾人民将有和平的未来，关心中国人自己和平解决台湾问题。中方则强调，解决台湾回归祖国、完成国家统一的方式完全是中国内政。鉴于美国人始终抱有幻想，期望中方承诺不以武力方式解决台湾，邓小平不停地提醒美国，台湾回归祖国问题完全是中国内政。中国不能承担除了和平方式以外不能用其他方

---

①　中共中央文献研究室编:《邓小平思想年谱（一九七五——一九九七）》，中央文献出版社 1998 年版，第 65 页。

②　中共中央文献研究室编:《邓小平思想年谱（一九七五——一九九七）》，中央文献出版社 1998 年版，第 110 页。

式实现统一祖国的愿望，“我们不能把自己的手捆起来。”[①]

美国出于自身战略考虑，在台湾问题上玩弄两面手法。邓小平访美后，美国国会通过了“与台湾关系法”。该法除规定美国要继续对台出售武器之外，还规定美台间除“共同防御条约”及相关协定外，以前签署的“条约”和“协定”一律有效。中方对此十分不满，与美国反复交涉，提交抗议照会。卡特总统后来不得不承诺，他在执行该法时要遵守两国在建交公报中达成的协议。

1980 年是美国总统选举年。共和党总统候选人里根在竞选活动中发表一系列严重损害中美关系的言论。当年 8 月，共和党副总统候选人布什访华，邓小平义正词严地要求他向里根转达中方的如下立场：中美关系是全球战略的一个重要组成部分，这是一个关键性问题，其他问题不能代替。任何从中美建交公报倒退的言论和行为，中国政府都坚决反对。共和党竞选纲领中对中国政策部分（其中包括对台湾的政策）和里根先生最近发表的有关言论，真的付诸实施的话，这只能导致中美关系后退。如果以为中国有求于美国，以致一旦美国共和党竞选纲领中的对华政策和里根先生发表的有关言论成为美国政府政策付诸实行，中国也只好吞下，别无选择，那完全是妄想。为了让里根了解中方警告的分量，邓小平把这几点写成文字，请布什转交里根。[②]

1981 年 1 月，在大选中获胜的里根即将入主白宫。他围绕中国问题发表的言论令中方深感不安。邓小平再次对美国表明：（一）中国很弱很穷，装备又落后，但我们有“块头大”这个好处，并且不信邪，“需要中国自己做的事情，中国是敢于面对现实的。”（二）中国本身的生存能力比较强，即使现在世界发生大的动乱和各种难测的变化，中国自己也能够活下去。（三）如果由于台湾问题迫使中美关系倒退的话，中国肯定要做出相应的反应，只有正视现实。（四）认为中国政府信奉的意识形态旨

① 中共中央文献研究室编：《邓小平思想年谱（一九七五——一九九七）》，中央文献出版社 1998 年版，第 107 页。

② 中共中央文献研究室编：《邓小平思想年谱（一九七五——一九九七）》，中央文献出版社 1998 年版，第 166—167 页。

在摧毁类似美国这样的政府，这是恢复六十年代以前的观点。[①] 但是，当时里根对中方的警告置若罔闻，他上台后不但表示要充分实施“与台湾关系法”，同时还声称中国无权过问美国的对台政策。中美关系出现建交后的第一次深重危机。

1981 年 6 月，美国国务卿黑格访华，试图纾缓中美关系。中方对两国贸易关系有所发展、双方在一些重大国际问题上协调行动表示满意，同时对美国持续向台湾出售武器表示严重不满。邓小平当面质问美国国务卿，现在台湾海峡局势很平静，有什么必要不断向台湾出售武器？他警告美国，“干扰行动太厉害会引起相应的反应，导致中美关系停滞，甚至倒退，思想上要有这个准备。”[②] 美国国务卿不得不表示，美国认识到这个问题对中国的敏感性，会非常谨慎和克制地对待这一问题，但回避做出令中方满意的承诺。此后，双方围绕这些问题继续展开激烈较量。当年 10 月，中国总理和外长利用参加坎昆南北首脑会议之机，与里根总统和黑格国务卿进行了深入沟通。会议之后，中国外长又专程赴美，继续与美国商谈此事，但没有形成共识。

1982 年春，中美两国就美方对台售武问题进行的谈判陷入僵局，两国关系危机持续发展。当年 5 月，美国副总统布什来华，双方领导人再次直接沟通，最终达成妥协性文件，即 1982 年的“八一七”公报。双方在公报中重申了两国建交公报所确认的各项原则，除此之外，美方承诺，美国向台湾出售武器的性能和数量将不超过中美建交后近几年的水平，并准备逐步减少对台湾的武器销售，经过一段时间后最终解决这个问题。[③]

为了促使美国严守诺言，邓小平在“八一七”公报发表前专门接见美国驻华大使，要他转达致里根的口信，警告美国不要以玩弄文字游戏的方式拒绝履行承诺和保证，希望美国正视这个问题。公报发表时，中国外交部发言人也郑重声明，最终解决美国对台售武问题，指的是经过

---

① 中共中央文献研究室编：《邓小平思想年谱（一九七五——一九九七）》，中央文献出版社 1998 年版，第 178—179 页。

② 中共中央文献研究室编：《邓小平思想年谱（一九七五——一九九七）》，中央文献出版社 1998 年版，第 192 页。

③ 田增佩主编：《改革开放以来的中国外交》，世界知识出版社 1993 年版，第 391 页。

一段时间后美国完全停止对台售武。[①]

“八一七”公报在解决美国对台售武问题上迈出了重要一步。它和中美上海公报、建交公报一样，构成了两国关系的政治基石，是规范和指导中美两国关系的基本文件。“八一七”公报发表后，中美关系一度转入平稳发展轨道，两国高层接触频率加快，政治互信度有所提高，经贸合作与人文交流更趋务实。

三、与其他发达国家的关系实现良性发展

中国向外部世界全面开放，除了要同美国建交并全面开展正常交往外，还必须处理好同其他地区所有发达国家的关系，引导并推动社会制度不同、价值体系不同、发展水平不同的发达资本主义国家摒弃对中国的偏见和成见，使中国与这些国家的关系进入健康稳定、既有益于双方也有益于整个国际社会的良性发展轨道。

日本是与中国一衣带水的邻国，但从社会制度、国际政治和世界经济的角度看，日本属于发达资本主义国家，通常被视为西方世界的重要成员。1972 年中日建交后，双方在政治、经济、人文等各领域的交往与合作不断扩大，签署了贸易、航空、渔业、气象、科技和投资保护等一系列政府间协定。

1978 年 8 月，中国已开始酝酿改革，中日两国恰好在此时缔结了和平友好条约，两国关系面临前所未有的发展机遇。当年 10 月，邓小平以中国政府副总理身份访问日本。他在日本表示，中国需要同日本友好，日本也需要同中国友好，中日和平友好条约从政治上进一步肯定了两国友好关系，是 1972 年中日两国政府联合声明和中日邦交正常化的继续和发展。它为两国的睦邻友好关系奠定了更加稳固的基础，为进一步发展两国政治、经济、文化、科技等各方面的交流，开辟了更加广阔的前景，也对维护亚洲和太平洋地区的和平与安全产生积极的影响。[②]

---

① 田增佩主编:《改革开放以来的中国外交》，世界知识出版社 1993 年版，第 392 页。

② 田增佩主编:《改革开放以来的中国外交》，世界知识出版社第 1993 年版，第 356 页。

1979年12月和1980年5月，中日两国政府首脑实现互访。日本抓住中国改革开放的机会，宣布向中国提供3300亿日元（约合15亿美元）的政府开发援助（贷款）和4200亿日元（约合20亿美元）的能源贷款，以开辟中国市场，同时决定自1980年4月起，对中国产品提供特惠关税待遇，以进一步扩大两国经贸合作规模。[①]1982年，时逢中日建交10周年，双方政府首脑再次互访，共同举行纪念活动。中方提出了发展两国关系的三项原则，其核心内容是和平友好、平等互利、长期稳定，受到日方欢迎。日方确认中日关系进入成熟时期，认识到两国在政治、经济和其他领域需要进一步加强交流与合作。

1983年11月，中共中央总书记胡耀邦访问日本，推动中日睦邻友好关系与务实合作形成最佳状态。双方同意在两国关系三项原则基础上增加“互相信赖”，以四项原则为指导进一步拓展中日关系，同时成立由两国各界代表参加的中日友好21世纪委员会。胡耀邦当时邀请日本3000名青年，于1984年对中国进行友好访问。日本承诺邀请中国2200名青年，于1992年前分三批访问日本。

1984年是新中国成立35周年，中国改革开放成就初显，国内政通人和，各项事业蒸蒸日上，国际上处境改善，形势总体向好。日本首相中曾根看到了中国发展变化给日本带来的种种机遇，对中国进行了一次非常友好的访问。他对中国领导人表示，从两国国情看，如果友好相处，发展经济合作，对双方都有利，对世界也有利。在这次访问中，日本宣布向中国提供第二批4700亿日元（约合21亿美元）贷款，以帮助中国的现代化建设。[②]

邓小平十分关心并直接指导中国对日关系发展问题。他多次代表中国政府向日方表示，中方愿与日本一道，把中日友好合作关系推向新的高度。他强调，“对日本友好的方针是毛泽东主席定下来的，是周恩来总理领导实行的”，因此，双方都要“从比较高的政治角度来考虑”这个

---

① 田增佩主编:《改革开放以来的中国外交》，世界知识出版社第1993年版，第357页。

② 田增佩主编:《改革开放以来的中国外交》，世界知识出版社第1993年版，第359页。

问题。他指出，尽管中日两国社会制度不同，但只要双方坚持中日联合声明中确立的长期友好的方针，“我们友好的基础就是巩固的，就可以建立牢固的相互信任关系。”①

1988 年，日本首相竹下登访华。竹下登也表示，发展同中国的关系是日本外交的重要支柱。他特别谈到，日本政府以对过去历史进行严肃反省为出发点，以《日中联合声明》《日中和平友好条约》以及日中关系四项原则为依托，继续重视和发展对华关系，这一政策没有丝毫改变。他高度评价中国改革开放的成就，表示日本将继续对中国现代化建设给予力所能及的合作。在这次访问中，日本宣布向中方提供第三批 8100 亿日元（约合 60 亿美元）新的政府贷款。

对日方当时采取的这种积极友好的对华政策，和有利于双方的务实合作态度，中方理所当然地表示了感谢。②但同日本领导人相比，中国领导人把握和处理中日关系时高屋建瓴，站得更高，想得更远。因此，邓小平在会见竹下登时说，我们考虑两国关系不仅是从两国和两国人民的利益出发，而且是从亚太地区、世界和人类的利益出发的。他主张将两国关系置于相互信任的基础上。

改革开放后，除美国和日本外，中国与欧洲各发达国家的友好交往与务实合作进入新的发展阶段。在 1979—1989 年的 10 年时间里，中国与欧洲发达国家的政治交往十分密集。国家元首、政府首脑、外交部长互访和其他各方面的接触非常频繁。1979—1984 年间，中国总理访问了英国、法国、意大利、联邦德国、比利时、瑞典、挪威、丹麦和欧共体。这是中国政府首脑首次访问这些欧洲国家和欧共体，当时不仅对推动中国与欧洲发达资本主义国家的关系发展意义重大，对西方世界全面认识和了解中国也有深远影响。1986 年，中共中央总书记访问了英国、法国、意大利和联邦德国，这是中国共产党的最高领导人第一次到访西欧，所访国家均以国家元首规格和礼遇进行接待。中国共产党作为社会主义中

---

① 中共中央文献研究室编：《邓小平思想年谱（一九七五——一九九七）》，中央文献出版社 1998 年版，第 2 页。

② 田增佩主编：《改革开放以来的中国外交》，世界知识出版社第 1993 年版，第 360 页。

国的执政党，在西方世界的影响进一步扩大。1987 年，中国国家主席访问了法国、意大利、卢森堡和比利时，这是中国国家元首第一次进入欧洲发达国家，意义不言而喻。

这期间，欧洲发达国家的领导人纷至沓来，穿梭似地访问已对外开放的中国，其中有英国女王和首相、法国两任总统、比利时国王和首相、荷兰首相、卢森堡首相、联邦德国总统和总理、奥地利总统、意大利总统和总理、西班牙国王和首相、葡萄牙总统和总理、希腊总统和总理、丹麦女王、瑞典国王和芬兰总统。有的国家来过不只一位总统，如法国；有的不只来过一位总理，如意大利；有些政治家不只来过一次，如英国首相、马耳他总理。中国与相当多的欧洲发达国家建立了外交定期磋商机制。

这期间，中国同欧洲国家的经贸关系和技术合作，从初始阶段单一的商品贸易发展为大范围引进资金、技术和成套装备，广泛使用来自这些国家的各类贷款和发展援助。中国与这些国家多领域、多渠道、多种形式的互利合作格局已初步形成。据有关部门不完全统计，1981—1992 年间，中国与欧洲发达国家之间的贸易额，由 60 亿美元增加到 198.35 亿美元。欧洲发达国家和欧共体向中国提供的政府优惠贷款和发展基金，到 1988 年时已达 26 亿美元，到 1992 年承诺额为 98.26 亿美元，签约后生效额为 83.04 亿美元。1992 年，欧洲发达国家对华投资的独资企业和合资企业已逾千家，投资协议金额超过 40 亿美元。[①] 中国与欧洲国家技术合作范围，也从传统的工农业发展到环保、能源、核能、交通、电站、新兴通信、高新技术等诸多领域。中国与欧洲发达国家签署的投资保护协定、避免双重征税协定等，在促进中国与这些国家经贸关系发展方面发挥了重要作用。

在同欧洲发达国家开展全面交往与合作的过程中，中国十分重视同欧洲共同体（简称欧共体）的政治经济关系。欧共体成立于 1965 年，由 50 年代建立的欧洲煤钢共同体、欧洲原子能共同体和欧洲经济共同体共同组成。1975 年，中国与欧共体正式建立关系，当年即在欧共体所在地布鲁塞尔设立使团。1978 年 4 月，中国与欧共体签订为期 5 年的贸易协

---

① 田增佩主编：《改革开放以来的中国外交》，世界知识出版社第 1993 年版，第 433 页。

定，相互提供最惠国待遇，迈出经济合作的重要一步。从 1980 年起，欧共体给予中国普遍优惠制待遇。从 1983 年起，双方开始举行定期的政治磋商。

中国重视和支持欧洲一体化，支持欧共体在本地区和国际事务中发挥越来越大的作用，支持欧洲以欧共体为核心加速全面一体化进程。自 1984 年起，欧共体开始逐年向中国提供财政技术援助，主要用于发展农业项目。1988—1992 年间，欧共体实施援助中国奶类发展项目协议，共向中方提供了近 1 亿美元的实物技术援助。1987—1991 年，欧共体向中国提供了总计 253 万欧洲货币单位（即欧元的前身埃居）的救灾援助。双方相互支持、务实合作的规模和水平不断提高。

加拿大是较早与新中国建交的西方国家之一，也是公认的西方七大工业国之一。1980—1989 年间，中国国家主席、政府总理、人大常委会委员长和多位副国级领导人先后访加。加拿大总督和几任总理先后访问过中国。两国外交部门建立了定期磋商制度，近 20 对省、市建立了友好交往关系。自 1980 年起，加拿大对中国输加商品实行普遍优惠税待遇，双方贸易额增长很快，到 1992 年时达 25.79 亿美元。自 1986 年起，加拿大开始对华提供优惠贷款，首批金额 4.68 亿美元，1988 年提供的第二批金额 4 亿美元。加拿大对华提供官方发展援助始于 1981 年，首批无偿援款 8000 万加元，实际承诺金额为 1 亿加元。1986 年又提供第二批发展援助 2 亿加元。双方相互投资也出现快速增长局面。截至 1992 年，加拿大在华直接投资项目共 581 个，中国对加投资的独资和合资企业，至 1991 年 9 月统计，总共 62 个，投资金额为 3.66 亿美元。这在当时是一个了不起的成就。

中国与澳大利亚、新西兰的关系，如同中国与欧美发达国家的关系一样，改革开放后亦呈全面快速发展之势。

四、与苏联和东欧各国实现关系正常化

按照邓小平的设计，中国对外开放，不仅要面向欧美发达国家，而且还要面向苏联和东欧国家。要做到这一点，必须超越意识形态分歧，化解几十年关系恶化积累的矛盾和问题，同苏联和东欧各国全面实现关系正常化，首先要实现中苏关系正常化。

中国改革开放之初，中苏关系仍处于僵冷状态。虽然双方都以不同方式表达过改善关系的意愿，但因条件不成熟，无法迈出实际步骤。1979 年 4 月，《中苏友好同盟互助条约》30 年有效期期满。苏联方面有意与中国商谈该条约有效期问题，但中国根据国际关系发展变化的新特点，尤其是中苏关系的实际状况，同时也基于不再与任何国家或国家集团结盟的新立场，决定不再延长该条约的有效期，婉拒了苏方建议。在做出这一决定时，中国向苏联建议，双方谈判解决两国关系中悬而未决的问题，最终改善两国关系。此后，中苏两国通过外交途径就谈判的宗旨、内容和任务交换了意见。

1979 年 9 月，亦即中国改革开放初年，中苏副外长级国家关系谈判在莫斯科正式启动。在谈判中，中方一开始就提出了关于改善两国关系的具体建议，其中包括要求苏联消除对华军事威胁、减少苏联在中苏边境驻军、苏军从蒙古撤离、苏联停止支持越南反华和侵略柬埔寨、双方举行边界谈判等内容。苏方提出的是苏中两国关于相互关系的原则宣言（草案），不涉及改善两国关系的具体问题。双方立场分歧过大，未能达成协议。1979 年底，苏联出兵侵略中国邻国阿富汗，对中国安全带来新的威胁。中方于 1980 年 1 月建议推迟两国关系正常化谈判。

1982 年 3 月 24 日，苏联领导人勃列日涅夫在位于中亚的苏联城市塔什干[①]发表讲话，这篇讲话虽然包含攻击中国的语言，但承认中国是社会主义国家，强调了中国对台湾的主权，并表示愿意改善对华关系。邓小平注意到勃列日涅夫讲话所传达的信息，立即指示外交部做出反应。3 月 27 日，《人民日报》以显要位置发表中国外交部新闻发言人声明："我们注意到了 3 月 24 日苏联勃列日涅夫主席在塔什干发表的关于中苏关系的讲话。我们坚决拒绝讲话中对中国的攻击。在中苏两国关系和国际事务中，我们重视的是苏联的实际行动。"[②]国际社会注意到，中国实际上是回应了苏联的意愿。这一谨慎而含蓄的声明，预示着对抗了 30 年的中苏关系，有可能发生变化，并使世界局势为之改观。[③]

---

① 现为乌兹别克斯坦共和国首都。

② 《人民日报》，1982 年 3 月 27 日。

③ 钱其琛：《外交十记》，世界知识出版社 2003 年版，第 6 页。

这年夏天，邓小平邀集几位中央领导同志和外交部相关人员到其家中，研究改善中苏关系问题。他提议采取大的行动，向苏联传递信息，争取中苏关系有大的改善，条件是苏联做点事情，主动解决“三大障碍”，即苏联从中苏边境和蒙古撤军，从阿富汗撤军，并劝说越南从柬埔寨撤军。“小平同志提出的改善中苏关系的条件，却将现实问题的解决置于首位，重点由意识形态的争论转向了国家利益的考虑，显示出日后中国外交政策调整的趋向。”①

当年 8 月，按照邓小平的部署，外交部苏欧司司长以视察工作为名来到中国驻苏联大使馆。这位司长约见苏联外交部副部长，向他复述了在国内准备好的长千余字的说帖。说帖表示，中方愿意改善两国关系，建议苏方从解决一两个重要问题入手，为两国关系打开一个新局面，使两大邻国恢复睦邻关系。8 月 20 日，苏方做出正式答复，表示愿在任何时间、任何地点、任何级别上同中方讨论苏中关系问题，以便“消除关系正常化的障碍”。邓小平听取汇报后，决定同意重开中苏谈判。②不久后召开的中共十二大，也对苏方改善两国关系的意愿做了回应，明确表示，如果苏联采取实际步骤解除对中国安全的威胁，中苏两国关系就有走向正常化的可能。

1982 年 10 月，中苏双方政府特使关于两国关系正常化问题的磋商在北京举行。由于苏联始终回避“三大障碍”问题，双方立场差距甚大，磋商依然没有结果。这时，苏联“病夫治国”恶果凸显，1982 年 11 月至 1985 年 3 月，三位“带病上岗”的最高领导人亡于任上，在调整对华关系问题上确实难有重大举措。1985 年 3 月，戈尔巴乔夫就任苏共中央总书记，这位新领导人急于树立国际形象，改善中苏关系的意愿较前强烈。1986 年 7 月，他在苏联远东城市海参崴发表讲话时表示，在从蒙古撤军、缓和中苏边境局势、从阿富汗撤军等问题上，苏联将有所行动。

邓小平密切关注着中苏关系正常化的谈判进程。苏联三位领导人逝世时，中方每次都派特使赴莫斯科参加葬礼，以表达改善中苏关系的意

---

① 钱其琛：《外交十记》，世界知识出版社 2003 年版，第 6 页。

② 钱其琛：《外交十记》，世界知识出版社 2003 年版，第 8—10 页。

愿，推动苏方为两国关系正常化采取行动。1985 年 10 月，邓小平通过来华访问的罗马尼亚领导人向戈尔巴乔夫传递口信，表示如果苏方采取措施消除“三大障碍”，他愿意同戈尔巴乔夫会见。邓小平说，他出国访问的历史使命已经完成，但为了这个问题，他可以破例。实际上，这是他提出的通过高级会晤来解决中苏关系正常化问题的重大倡议。

对邓小平的倡议，苏方很快做出回应，表示苏中举行最高级会晤和恢复党的关系的时机已经成熟。苏方提议两国最高领导人在苏联远东地区或中国境内举行会晤，以讨论苏中关系正常化问题。1986 年 7 月戈尔巴乔夫的海参崴讲话发表后，邓小平于 9 月初又接受美国记者采访，公开地表达了他愿意就中苏关系正常化问题与戈尔巴乔夫举行会晤的想法。

1988 年 6 月，苏方在两国政府特使第十二轮磋商中，同意就柬埔寨问题举行专门磋商。两国关系正常化进程终于进入了新的发展阶段。当年 12 月，中国外长在时隔近 30 年后，首次访苏。中苏外长就两国关系正常化的具体问题交换意见，确定了举行最高级会晤的时间。1989 年 2 月，苏联外长访问中国，向邓小平面交戈尔巴乔夫亲笔信。双方就关系正常化问题进行的讨论更为深入和认真，在消除“三大障碍”问题上，取得了重要进展。

1989 年 5 月，苏联领导人戈尔巴乔夫应邀访华，邓小平等中国党和国家领导人与他举行了多场会见和会谈。邓小平在会见时回顾了中苏关系历史，同时提出了“结束过去、开辟未来”的中苏关系发展新方针，得到苏方赞同。双方在就此发表的联合公报中宣布，两国高级会晤的举行标志着中苏关系正常化；中苏关系正常化不针对第三国，不损害第三国利益；双方将在和平共处五项原则基础上发展相互关系，愿通过和平谈判解决两国间一切争端，相互不以任何形式使用武力或以武力相威胁；双方同意采取措施，将两国边境地区的军事力量裁减到与两国正常睦邻关系相适应的水平；双方主张以有关目前中苏边界的条约为基础，根据公认的国际法准则，本着平等协商和互谅互让的精神，公正合理地解决历史遗留的边界问题；两国将在平等互利原则基础上，积极而有计划地发展经济、贸易、科技和文化等领域的关系；双方认为两国在社会主义建设和改革方面交流情况与经验，并就双边关系和共同关心的国际问题交换意见是有益的；双方同意中苏两党根据独立自主、完全平等、互相尊重、互不干涉内部事务的原则进行接触和交往。

在联合公报中，中方对苏联宣布从蒙古撤出 75% 的军队表示欢迎，同时希望其余的苏军能在较短时间内全部撤离。苏方表示支持中国在台湾问题上的基本立场。双方还在公报中就国际和地区问题表明了共同的和各自的看法与主张。

中苏关系正常化后，双方各领域友好交往，包括两党两军之间交往、公安和监察部门之间的交往，顿时活跃起来。据统计，1989 年两国副部长级以上的代表团来往有 100 多起，其中正部级以上的交往超过 1/4。1990 年，中国政府总理时隔 24 年后，正式访问苏联。两国外长在不同场合举行了 5 次会晤。

中苏两国在经济、科技、文体等其他领域的交流与合作，实际上早在两国高级会晤举行之前，就已经有条不紊地开展起来。1983 年，双方恢复互派留学生。1984 年，苏联第一副总理访华，两国签署一批发展经贸关系和科技合作的协定，并且成立了中苏经济、贸易、科技合作委员会。双方数十个部委和省市开始对口交往。1985 年，双方就改善领事关系达成一些共识。中国全国人大与苏联最高苏维埃恢复交往。1986 年，苏联两位副总理先后访华，双方签署了关于互派工程技术人员、两国计委相互联系和合作的协定以及中苏领事条约。1987 年，中苏恢复边界谈判。两国科学院恢复往来。1983 年兴起的中苏边境贸易，1988 年已达 8 亿瑞士法郎。[①]1989 年两国关系正常化时，双方的贸易额已达 48.32 亿瑞士法郎。

中国与东欧各国关系的改善，与中方对苏关系调整进程大体一致。改革开放后，特别是中共十二大召开后，中方多次表示，和平共处五项原则适用于东欧各国，对外开放包括东欧国家，中国与东欧各国维护世界和平的愿望和利益是共同的。在这样的思想指导下，中国同罗马尼亚、南斯拉夫相对较好的关系得到进一步发展，同阿尔巴尼亚的关系有了明显改善，同原来关系不睦的波兰、捷克斯洛伐克、匈牙利、保加利亚和民主德国（东德）的关系，随着中苏关系的调整而改善，与有些国家改善关系的步伐甚至走在了中苏关系前面。

---

① 田增佩主编：《改革开放以来的中国外交》，世界知识出版社 1993 年版，第 295 页。

五、周边环境显著改善

由于历史和现实原因，中国周边环境比较复杂，“文化大革命”期间尤其如此。改革开放后，中国全面调整对外战略和政策，争取良好的国际环境，不能不把与邻国建立睦邻友好关系作为外交重点之一。

中国在东北亚地区的邻国除俄罗斯、日本外，还有蒙古国、朝鲜和韩国。中蒙两国60年代即已解决边界问题，不存在领土纠纷，但两国关系受中苏关系影响，长期僵冷。中国改革开放后，两国关系逐步改善。1984年9月，两国外长时隔20多年后在联合国会晤，就发展双方关系问题交换了意见。1985年，两国友协组织实现互访。同年，双方开始边境贸易，开通国际列车。1986年，双方签署长期贸易协定，两国首都恢复航班。1987年，双方恢复科技、文化领域的交流与合作。到80年代末，两国工、青、妇组织乃至军队、议会和执政党均实现代表团互访。双方成立经贸科技合作委员会，签署民事和刑事司法协助文件，缔结关于边境制度和处理边境事件的条约。1990—1991年，中蒙领导人实现互访。中方领导人访蒙打破了新中国国家元首从未访蒙的历史。整个80年代，中蒙贸易快速发展，贸易额由80年代初的1164万瑞士法郎增加到1992年的1.83亿美元。为适应两国经贸关系特别是边境贸易的迅速增长，两国于1991—1992年间开放了9对口岸。

中国与朝鲜的特殊友好关系在“文化大革命”期间一度受挫，后来得以修复。中国改革开放后，两国各领域友好合作进一步巩固和发展。两国最高领导人和党政军各方面负责人经常互访，不断地就两国关系和地区局势等问题交换意见。中国对朝方反复表示，中国党、政府和人民十分珍惜中朝友谊，将一如既往，为巩固和发展双方的友好合作关系而竭尽努力。朝方也对中方反复表示，加强和发展朝中友谊并使之世代相传，是朝鲜党和政府坚定不移的方针，任何时候都不会改变。

整个20世纪80年代，中国积极支持朝鲜为缓和半岛局势、争取自主统一祖国所作的努力，为朝鲜经济建设事业提供了力所能及的援助。1990年，双方签署中国对朝鲜提供经济援助的协定，成立中朝经贸科技合作委员会。1991年，朝鲜和韩国同时进入联合国。中国次年与韩国建交，中朝关系出现波动，但中朝两国传统友好关系的基础没有动摇，在地区和国际事务中相互配合的传统没有改变。

新中国成立后与韩国一直没有外交关系。改革开放后，中国根据国际形势的变化和自身需要，逐步调整对韩政策。自1983年起，中韩开展转口贸易。到1988年时，双方间接贸易发展为民间直接贸易。1990年，双方贸易额达38亿美元。在此期间，双方在体育、文化等其他领域的往来日趋活跃。1990年，中国外交部副部长率团赴汉城[①]出席国际会议，会见了身为大会主席的韩国外长，双方开始外交接触。1991年9月，中国在联合国投票支持同时接纳朝鲜与韩国为会员国。此后不久，中国国务委员兼外长利用在汉城参加国际会议之机，与韩国外长举行会晤并受到韩国总统接见。两国的政治接触进一步深入。1992年，韩国外长来华主持国际会议。中国总理、外长分别与其会见、会谈，两国建交条件完全成熟。当年8月，中韩正式建交，韩国与台湾的“外交关系”即告中断。当年9月，韩国总统应邀访华，双方发表阐明两国关系基本原则的联合公报，同时签署了关于多领域合作文件。中韩关系进入全面发展的快车道。

中国在东南亚地区有很多并不接壤、但却非常重要的邻国，其中包括20世纪60年代成立的东南亚国家联盟（简称东盟）的初始成员国泰国、马来西亚、新加坡、菲律宾和印度尼西亚。1978年中国宣布改革开放时，越南入侵柬埔寨，中国与东盟国家在柬埔寨问题上立场相近，彼此配合，协调行动，其他各方面关系也同时得到不断改善和发展。

1988年，中国宣布了同东盟国家发展全面关系的四项原则，即在国家关系中严格遵循和平共处五项原则；在任何情况下都坚持反对霸权主义的原则；在经济关系中坚持平等互利和共同发展的原则；在国际事务中遵守独立自主、相互尊重、密切合作、相互支持的原则。东盟各国对此表示欢迎，对华务实合作不断推进。到1991年时，东盟5国在华合计投资额已超过10亿美元，双方的贸易额从1978年的8.6亿美元，增加到79.6亿美元。东盟5国来华人数达27万之多。[②]中国与东盟国家的劳

---

① 韩国首都，即今日首尔。

② 田增佩主编：《改革开放以来的中国外交》，世界知识出版社1993年版，第38、40页。

务合作和工程承包也有较大发展，与有关国家签订的贸易、航空、科技等各领域合作文件和投资保护协定、避免双重征税协定等，为推动和促进中国与东盟的友好睦邻关系和互利伙伴关系，发挥了重要作用。

1990 年，中国与印尼恢复了中断 23 年的外交关系，同年与新加坡建交，1991 年又与东盟新成员、中国的海上邻国文莱建交。这一年，中国与东盟正式开启了建立对话关系进程。

在印度支那地区，越南、老挝、柬埔寨三国的关系错综复杂。中国与该三国的关系亦起伏不定。

1979 年中越两国发生边境战争后，相互关系恶化多年。为缓解两国关系，中方 1979 年即提议举行适当级别的谈判，以恢复边境地区的安宁与和平，进而解决边界问题。当年下半年，中方在双方第二轮副外长级谈判中提出处理中越关系八点建议，1983 年又就阻碍两国关系正常化的柬埔寨问题提出五点政治解决建议。1989 年 10 月，邓小平通过来华访问的老挝领导人，向越南转达了中方对于改善中越关系的原则立场，即中国愿意改善与越南的关系，但越南必须从柬埔寨全面撤军。

1990 年 9 月，越共中央总书记阮文灵偕同越南部长会议主席杜梅，与中国领导人在成都举行了会晤，双方达成重要共识。这成为中越关系正常化的转折点。1991 年，随着柬埔寨问题接近于解决，中越两国关系正常化的条件渐趋成熟。当年 9 月，越南外长应邀访华，双方同意恢复在经贸等各领域的交往与合作，逐步实现关系正常化。当年 11 月，越共中央总书记和越南政府总理率越南高级代表团应邀访华。双方在会谈中确认了指导两国关系未来发展的原则，确认两国两党恢复正常关系，表示将本着平等互利原则，促进经贸、科技、文化等领域合作，继续采取必要措施维护边境地区和平与安宁。中越关系正常化后，两国间最大的陆路口岸友谊关重新开放，各领域交往与合作全面恢复。

老挝是中国邻国又是越南邻国。由于地理、历史和人文因素，老挝与越南的关系相当紧密。1978 年中越关系恶化后，中老关系随之波动。老方要求中国撤回在老工程技术人员和专家，关闭中国新华社驻万象分社，对中国驻老挝使馆的人数也进行限制。1980 年，双方各自召回了驻对方的大使。1986—1987 年间，中方采取主动，调整中老关系，双方副外长实现互访。1988 年，两国恢复互派大使，老挝贸易和对外经济联络部长访问中国，双方签署贸易协定。1989 年 10 月，老挝政府总理、执政党人民革命党总书记应邀访华，中老两国两党关系正式恢复。1990 年，中国总理首次访问老挝，两国关系得到进一步发展。双方关于边界问题的谈判 1991 年顺利结束，两国总理当年 10 月在北京签署中老边界条约及其附图。

中国与柬埔寨的友好关系，由于 1978 年底越南入侵柬埔寨而出现重大变化。1982 年西哈努克亲王领导的民主柬埔寨联合政府成立后，中国立即予以外交承认，并全力支持民柬政权抗击越南侵略的正义斗争。1983—1989 年间，中国每年都邀请民柬政府代表团访华，并在联合国内外，为促使柬埔寨冲突各方实现和解，推动柬埔寨问题巴黎会议取得成功做出重要贡献。巴黎协定开始执行后，中国向联合国主持成立的柬埔寨全国最高委员会派出代表，对参加全国最高委员会的柬埔寨各方一视同仁，与其开展平等合作。这时，中国反复申明，中国在柬埔寨问题上不谋求任何私利，真诚希望柬埔寨各方实现民族和解，共同建设和平、独立、民主、不结盟的新国家。随后不久，中国又向柬埔寨全国最高委员会提供了 1000 万美元的援助。1992 年 6 月柬埔寨和平进程受挫，中国坚持公理，秉承正义，不带偏见地继续做各方工作，推动各方全面执行巴黎协定，最终使柬埔寨成为独立、和平与中立的国家。

“文化大革命”时期，中国与缅甸的关系也曾出现严重波折，后来得到改善。改革开放后，中国全面发展对缅关系，不断为中缅睦邻关系注入新动力。1984 年，缅甸总统吴山友访华，邓小平对他表示，中国实行开放政策，不仅是对发达国家，更重要的是开展南南合作。中缅经济合作潜力很大，希望共同探讨扩大合作的领域和方式，为南南合作提供经验。1985 年，缅甸前总统吴奈温来华，实现了对中国的第 12 次访问。此访不但彰显两国传统友谊根深蒂固，同时也为其发展光大奠定了基础。1988 年缅甸发生动乱，军人接管政权，中国尊重缅甸人民的选择，不干涉其内部事务，继续执行对缅友好方针，中缅关系进一步发展，高层往来依然如故，各领域合作持续深化。繁荣两国边境地区的边贸活动，也有长足发展。到 1992 年时，中缅贸易总额达到 3.68 亿美元。

改革开放后，中国与南亚诸国的关系也有新的发展变化。中国与巴基斯坦的传统友谊，经受住了国际风云变幻和地缘冲突加剧的考验。70

年代末，中巴两国政治关系更加密切，高层互访十分密集。中国共产党与巴基斯坦的主要政党人民党和穆斯林联盟，分别建立并保持着友好交往。双方在经贸、科技、军事、安全等领域的合作不断扩大。到1992年时，两国的贸易额已达6.87亿美元。共同进行的科技合作项目达238个。中国公司在巴签订的工程合同，金额总共达23.8亿美元。对于巴基斯坦和印度存有争议的克什米尔问题，中国支持巴方不诉诸武力、不使事态升级、通过和平谈判解决问题的态度。巴方将中巴友谊视为国家关系的典范，认为中巴友谊符合两国人民根本利益，对地区和平与稳定起到了重要作用。

中国与印度自1976年恢复互派大使后，相互关系逐步改善。1979年2月，印度外长应邀访华，双方政治接触开始恢复。1980年，两国总理利用出席南斯拉夫总统铁托葬礼之机，在贝尔格莱德举行会晤。双方都表示要改善两国关系，发展友好合作。1981年，中国政府副总理兼外长访印，双方确认两国关系前景光明、领域广阔，边界问题不应成为发展两国关系的障碍。此后，双方接触频率加快，接触方式更加灵活。

1988年12月，印度总理时隔34年后，正式访问中国，中印关系恢复到正常水平。在这次访问中，两国确认和平共处五项原则是搞好两国关系的基本指导原则，恢复和发展中印睦邻友好关系是双方的共同愿望。双方同意通过友好协商解决边界问题，同时积极发展其他方面的关系。针对中方对西藏问题的关切，印方重申西藏是中国的一个自治区，印度不允许某些藏人在印度进行分裂中国的活动。印度总理访华后，双方的政治接触进一步增多，两国的政党交往更加活跃，军事交往也逐步开展起来。

1990年3月，中国外长访问印度，印度新总理表达了愿与最大邻国中国发展关系的意向。1991年12月，中国政府总理时隔31年后访问印度。1992年5月，印度总统访问中国。通过这些访问，双方再次确认了以和平共处五项原则为基础、本着求同存异、着眼未来的精神发展双边关系的重要性，同意两国的边界分歧不应成为妨碍两国关系发展的障碍，而在边界问题解决之前，双方保持实际控制线地区的和平与安宁。由于双方的共同努力，中印之间的经贸关系也稳步发展起来，贸易额由1985年的近1.24亿美元，增长到1992年的3.39亿美元。

中国与尼泊尔、不丹、阿富汗的关系，80 年代也有新的发展和变化。中尼之间没有利益纠葛和利害冲突，两国高层往来始终不断，经贸、文化、教育、旅游等各领域的交往持续扩大，工程承包、劳务合作、合资经营等合作方式也陆续发展起来。西藏地方政府与尼泊尔的交往出现新的局面，两国重新修订并签署了关于中国西藏自治区和尼泊尔之间通商、交通和有关其他问题的协议。

中国与不丹没有邦交，但双方始终保持着睦邻友好关系。中不之间的主要问题是历史遗留的边界问题。1988 年，双方曾达成协议，确认两国将信守和平共处五项原则，在平等相待、友好协商、互谅互让的基础上，公平合理地解决这一问题。在此之前，双方保持边境现状和安宁。中方认为，中不互为邻国，都对边界问题采取积极态度，中方愿与不丹进一步发展友好合作。不丹则表示，它始终坚守西藏是中国一部分的原则立场。

中国与阿富汗之间传统的友好关系，由于 1979 年底苏联入侵阿富汗而中断，两国的经济合作和文化交流均被迫停止。但中国同情和支持阿富汗人民反对外来侵略的斗争。1980—1991 年间，中方通过巴基斯坦和联合国机构，向流亡在外的阿富汗难民提供了 2353 万元人民币和 150 万美元的救济物资。1990—1991 年间，中国红十字会等组织直接向阿富汗国内难民提供了一定数量的救济物资。

第九章

实行韬光养晦、有所作为的新方针

20 世纪 80 年代末 90 年代初，正当中国在改革开放的道路上阔步前行之际，国际形势发生了第二次世界大战结束以来最为深刻和复杂的历史性变化。其主要表现是：第一，东欧各国纷纷放弃社会主义道路，社会制度更迭引发动乱、内战和民族冲突，中东欧和巴尔干半岛出现一批新国家。第二，苏联改革失败导致这个横跨欧亚大陆的超级大国土崩瓦解，俄罗斯继承了原苏联在联合国的地位，各加盟共和国独立为新的主权国家。第三，柏林墙倒塌导致两德统一，东西方冷战以苏东集团瓦解而告终。西方认定资本主义在全世界“不战而胜”，中国和广大发展中国家在道路选择和制度安排方面遇到巨大压力。第四，两极格局掩盖的矛盾集中暴发，力量失衡带来的问题不期而至，国家动乱和地区冲突此起彼伏，新干涉主义与新霸权主义大行其道。第五，西方国家利用 1989 年的政治风波制裁中国，中国改革开放的外部环境暂时发生逆转，周边环境中的不确定性和不可测性明显增加。

面对这突如其来的巨大变化，如何判断国际形势与走向，中国应当怎样应对外部挑战，实行什么样的对外战略和政策，国内一时众说纷纭。对此，邓小平明察秋毫，洞若观火，明确指出，我们对许多国际问题的提法还是站得住的。“现在旧的格局在改变中，但实际上并没有结束，新的格局还没有形成。和平与发展两大问题，和平问题没有得到解决，发展问题更加严重。”[①] 不能把国际形势看成一片漆黑，不能认为形势恶化到

---

① 《邓小平文选》第三卷，人民出版社 1993 年版，第 353 页。

多么严重的地步，不能把我们说成是处在多么不利的地位。“一些深刻的矛盾刚刚暴露出来。我们可利用的矛盾存在着，对我们有利的条件存在着，机遇存在着，问题是要善于把握。”① 他预见到世界多极化不会改变，指出不管世界格局将来怎么变，“中国算一极。中国不要贬低自己，怎么样也算一极”②。

基于这些判断和分析，邓小平指示：“我们的对外政策还是两条，第一条是反对霸权主义、强权政治，维护世界和平；第二条是建立国际政治新秩序和经济新秩序。”“具体的做法，还是要坚持同所有国家都来往”③。针对苏东地区出现的问题以及西方对中国的制裁，邓小平坚定不移地向世界宣告，“尽管东欧、苏联出了问题，尽管西方七国制裁我们，我们坚持一个方针：同苏联继续打交道，搞好关系；同美国继续打交道，搞好关系；同日本、欧洲国家也继续打交道，搞好关系。”④ 他言简意赅地向国际社会表明：“我们要利用机遇，把中国发展起来”⑤。至于未来的中国在国际事务中发挥何种作用，邓小平反复强调，中国不当头“这是一个根本国策”。“中国永远不称霸，中国也永远不当头。但在国际问题上无所作为不可能，还是要有所作为”，即“要积极推动建立国际政治经济新秩序”。⑥

邓小平这些精辟论述，特别是关于冷战后如何处理对外关系的系列指示，被概括为“韬光养晦、有所作为”的外交方针。根据这一方针，1992 年召开的中共十四大指出，“和平与发展仍然是当今世界的两大主题。”“面对新的国际形势，中国共产党、中国政府和中国人民将继续积极发展对外关系，努力为我国的改革开放和现代化建设争取有利的国际环境，为世界的和平与发展做出自己的贡献。”⑦

---

① 《邓小平文选》第三卷，人民出版社 1993 年版，第 354 页。
② 《邓小平文选》第三卷，人民出版社 1993 年版，第 353 页。
③ 《邓小平文选》第三卷，人民出版社 1993 年版，第 353 页。
④ 《邓小平文选》第三卷，人民出版社 1993 年版，第 359 页。
⑤ 《邓小平文选》第三卷，人民出版社 1993 年版，第 358 页。
⑥ 《邓小平文选》第三卷，人民出版社 1993 年版，第 363 页。
⑦ 《江泽民文选》第一卷，人民出版社 2006 年版，第 242 页。

一、有理有利有节地打破西方制裁

1989 年 6 月的政治风波发生后，以美国为首的西方国家联手制裁中国，对中国改革开放事业造成了极大的干扰和破坏。打破西方制裁，改善国际处境，按照“韬光养晦、有所作为”的新方针全面推进对外工作，继续为改革开放和社会主义现代化建设争取良好的国际环境，成了当时中国面临的最重大的国际任务。

为打破西方的制裁，中国在进行全面研究和比较之后，决定将当时对华关系总体上相对平稳，特别是经济关系特别紧密的日本作为突破口。中方判断，“在联合制裁中国的各国中，日本一直扮演着一个不大情愿的角色，只是为了维护西方各国立场的一致，才勉强同意西方七国首脑会议制裁中国的决议。”[①]1989 年 8 月 1 日，中国外长在巴黎出席柬埔寨问题国际会议时，日本外相主动对中国外长透露，在此前半个月举行的西方七国首脑会议上，日本为中国做了解释，劝告西方不要使对华制裁升级。[②]当时中国从其他渠道，得到了类似的信息。海部首相在七国首脑会议上，确实明确表示，日本要恢复对华提供贷款。中国认定，日本出于对自身经济利益的考虑，可能最先松动对华制裁措施。

中方当时把日本作为西方制裁中国联合战线中的薄弱环节，作为西方制裁中国的最佳突破口，还有另外一个更深层次的战略考虑，这就是通过实现两国领导人的高层互访，促成日本天皇实现首次访华，将中日关系推进到新的发展阶段。1989 年 9 月，中国主动邀请日本日中友好议员联盟代表团，推动日方逐步调整了对华政策。1990 年 9 月，日本宣布全面解除对日本人访华的限制，随后取消了对华制裁措施，重开两国在经贸等领域的交往与合作。至 1991 年 4 月，日本大藏大臣、通产大臣和外相等人相继访华。为推动日方加大改善对华关系力度，中方赞同日方提出的中国外长先访日，随后日本首相再访华的建议，同时表示希望日本天皇在 1992 年两国关系正常化 20 周年时实现访华。

1991 年 8 月，日本首相海部俊树正式访华，成为西方对华制裁后第一

---

① 钱其琛：《外交十记》，世界知识出版社 2003 年版，第 191 页。

② 钱其琛：《外交十记》，世界知识出版社 2003 年版，第 191 页。

个访问中国的发达国家政府首脑。考虑到日本人民对核武器的恐怖和担忧，中国选择海部访华之机，宣布加入《核不扩散条约》，海部则正式通知中方，日本政府决定，作为第三批对华日元贷款，日本将向中国一次性提供当年22个项目的1290亿日元贷款。海部对中国的成功访问，标志着日本切切实实地解除了对华制裁，中日关系在两国的共同努力下，较好地完成了修复工作。

1992年4月，江泽民总书记访问日本。他在日本表示，中国将遵循邓小平倡导的改革开放方针，集中力量发展经济，继续吸取和借鉴包括日本在内的世界各国的成功经验。对两国关系中现存的和可能出现的问题，江泽民主张双方要以大局为重，妥善处理，共同把中日友好合作关系不断推向前进。日方提出了“世界中的日中关系”这一新概念，提出了“日中关系与日美关系同等重要”的新思想，表示愿同中国相互合作，为在亚太地区创造和平环境做出贡献。

当年10月，日本明仁天皇夫妇访问中国，承认中日关系有过一段不幸时期，给中国国民带来深重苦难，他对此深感痛心。他还表示，“我国国民基于不再重演这种战争的深刻反省，下定决心，一定要走和平国家的道路。”① 中方认为，“明仁天皇此次有关历史问题的表态，比此前日本领导人有明显进步，虽无‘谢罪’之词，但有较强的反省之意。”“日本天皇在这一时刻访华，对打破西方制裁起了积极作用，其意义显然走出了中日双边关系的范围。”②

自1993年起，日本成为中国第一大贸易伙伴，中国成为日本第二大贸易对象国和第二大出口市场。随着贸易关系的快速发展，两国科技合作和文化交流也有了全面发展。在这种形势下，1997年11月，中国政府总理访问日本，提出了发展中日关系五原则，即“相互尊重，互不干涉内政；求同存异，妥善处理分歧；加强对话，增进了解；互惠互利，深化经济合作；面向未来，实现世代友好”。

一年后，即1998年11月，江泽民主席访问日本，实现了中国国家

① 田增佩主编:《改革开放以来的中国外交》，世界知识出版社1993年版，第365页。

② 钱其琛:《外交十记》，世界知识出版社2003年版，第195页。

元首对日本的第一次访问。双方总结和回顾了两国关系的历史，发表了《关于建立致力于和平与发展的友好合作伙伴关系的联合宣言》，对两国关系的未来做了新的定位，同时还以联合新闻公报方式，对两国未来各领域交流与合作做了长远展望和全面规划。在事关两国关系基础的历史问题上，日本方面表示，日本内阁总理大臣 1995 年发表的有关谈话，对日本过去的殖民统治和侵略表明了深切的反省和由衷的道歉，日本政府再次向中国人民表示反省和道歉。基于对历史的诚恳认识，第二次世界大战后日本一直走和平发展道路，今后也不走军事大国道路。在台湾问题上，日方两次承诺，决不支持台湾独立，将继续只与台湾维持民间和地区性往来。

但是，中日关系在长足发展的过程中，始终有些暗流在涌动，干扰和破坏着两国睦邻友好合作的基础和前程。其中最主要的是日本对当年发生侵略战争的历史认识摇摆不定，极少数右翼势力否定和美化日本侵略历史的言论和行为愈演愈烈，导致日本全社会极端民族主义恶性膨胀，军国主义思潮严重泛滥。国会议员、政府阁员甚至首相参拜供奉甲级战犯的靖国神社的事情时有发生。此外，日本在钓鱼岛归属问题上坚持错误立场，在东海油气田开发问题上胡搅蛮缠，在台湾问题上不时采取两面做法，处理遗弃在华的化学武器行动不力，中日关系睦邻友好关系的发展面临诸多困难和挑战。

80 年代末乃至整个 90 年代，中国为打破并最终战胜西方国家的制裁，坚持不懈地开展对欧沟通交流、释疑解惑、友好交往与互利合作，以便将西方制裁造成的损失和危害减少到最低限度。实际上，西方也不是铁板一块，在处理对华方面，欧美国家既有统一意志、统一行动，又有各自的图谋打算。1989 年 6 月西方国家对华联合制裁时，北欧的芬兰、南欧的西班牙等国都未参与行动。西班牙不但继续执行中西两国之间已经签署的贷款协议和正在执行的经济合作项目，同时还继续保持并不断推进与中国的政治关系，包括高层交往。

针对这些情况，自 1989 年下半年起，中国同芬兰积极开展各领域交往，双方互利合作持续走强，参与对华制裁的其他北欧国家受此影响，陆续调整对华政策。1990 年下半年，中国与北欧各国的交往逐步恢复，到 1992 年时基本上全面展开。1990 年 10 月初，中国外长与西班牙外长在纽约会晤，双方达成两国外长尽快互访的协议。当年 11 月，西班牙外长不顾欧共体[①]其他国家的压力，正式访华，成为 1989 年西方对华联合制裁后欧共体中第一个访问中国的外交部长。

欧共体作为欧洲一体化机构，最初很重视发展对华关系。1988 年在华设立代表团后，中国与欧共体的关系发展很好。但 1989 年欧共体参与了对华制裁，中断了与中国的高层往来，双方关系短暂挫折。后来，欧共体意识到美国正私下里与中国保持接触，日本在发展对华关系方面已捷足先登，再加上中方努力对其开展工作，感到自身利益受损，遂于 1990 年 10 月部分恢复了对华关系，1991 年 7 月又取消了对华高级别互访限制，中国与欧共体之间各领域交往趋于正常。1992 年，欧共体恢复了中国发展援助受援国地位，当年即向中国提供了约 1200 万美元的发展援助基金。[②]欧共体当时能够做出这样的决定，西班牙和意大利等南欧国家，发挥了较为积极的作用。

1991 年，中国与欧共体 12 国的贸易额增长到 151.4 亿美元，占中国外贸总额的 11.2%。1992 年，双方贸易额又增加到 171.4 亿美元，比上一年增长了 15%。[③]这是中国与欧共体务实合作关系明显改善的重要表现。受此影响，英、法、德等其他欧洲主要国家纷纷与中国恢复了高层接触，并且还不断扩大经贸往来。中国与欧洲许多国家在科技、文化、教育等各领域的交流合作逐渐回到正常轨道。如德国，1992 年调整了对华政策，1993 年制定了以中国为重点的亚洲政策，两国关系完全恢复正常。法国参与对华制裁后，1991—1992 年间还向台湾出售了先进武器，导致中法关系尤其紧张。后经中方反复交涉和坚决斗争，法国最终调整了政策。1994 年 1 月，中法恢复了政治往来，双方宣布两国要在建交原则的基础上，恢复传统的友好合作关系。

1993 年 11 月，欧共体转变为以经济货币联盟和政治联盟为基础的

① 欧洲联盟的前身，时称欧洲共同体，为欧洲煤钢共同体、欧洲原子能共同体和欧洲经济共同体的总称，成立于 1967 年。

② 田增佩主编:《改革开放以来的中国外交》，世界知识出版社 1993 年版，第 438 页。

③ 田增佩主编:《改革开放以来的中国外交》，世界知识出版社 1993 年版，第 436—437 页。

欧洲联盟，简称欧盟。中国认为欧洲独立自强，走向统一，符合世界多极化的时代潮流，因而始终支持欧洲一体化的发展方向，愿意在新历史条件下与欧盟建立并不断发展平等合作关系。中国与原欧共体的关系，自然而然地平稳转换成中国与欧盟的关系。中国与欧洲各国的历史，也由此进入一个新的发展阶段。

由于中国不屈不挠，顽强斗争，把改善和发展与欧洲发达国家的关系同打破西方制裁紧紧地联系在一起，1992 年后，西方国家对中国的制裁已名存实亡。加拿大、澳大利亚、新西兰等国对中国的制裁措施，1991 年后也陆续取消。当然，由于意识形态和价值体系的对立根深蒂固，欧洲某些力量冷战思维还相当顽固，欧共体和欧洲一些大国在解除对华制裁方面，还是留了一手。双方的军事技术合作和高科技产品转让仍受到严格控制。欧洲某些势力还不时地利用台湾、人权、法轮功以及涉藏、涉疆问题对中国说三道四。干扰中欧关系正常发展的消极因素和负能量，还长期存在。

二、推动中美关系逐步转圜和改善

1989 年的政治风波发生后，美国带头实施对华制裁，双方在政治、经贸、金融、人文、安全等各领域的交往陷入停顿。中国实行“韬光养晦、有所作为”的外交方针，不争一时之利，不斗一时之气，一切都以争取和维护良好的国际环境为出发点。但是，面对以美国为首的西方国家拼凑的对华联合制裁，中国别无出路，只能选择斗争，而斗争的重点必然是美国。

制裁历来是把双刃剑。事实上，各方也都知道，美国策动的“制裁中国并不符合美国的全球战略和长远利益。在当时的中美苏大三角关系中，中美两国在抗衡苏联扩张方面进行了卓有成效的合作。美国孤立中国，未必对其自身有利。”[①] 对此，美国总统布什本人也是心知肚明。因此，西方制裁活动开始后，他不得不主动地多次向中国领导人传递口信，表示他个人是重视中美关系的，对中国的制裁是在美国国会和社会的压力下采取的行动，希望中国领导人能够谅解。6 月 21 日，急不可耐的布什总统秘密致函邓小平，表示他要派密使访华，同中方领导人交换看法。

① 钱其琛:《外交十记》，世界知识出版社 2003 年版，第 170 页。

邓小平立即复信表示同意，同时表明了中国对中美关系问题的严正立场。

1989年7月初，美国总统国家事务助理斯考克罗夫特将军秘密来华。邓小平确定了会谈基调，并且亲自出面会见。会见前，邓小平向陪同会见的领导同志做了“只谈原则，不谈具体问题”的指示，同时表示，“制裁措施我们不在意，吓不倒我们”。当时，听说西方七国首脑会议还将出台对华制裁新措施，立刻轻蔑地表示：不要说七国，70国也没有用。中国的形象就是不怕鬼，不信邪，做外事工作的要注意这个问题。[①] 会谈中，斯考克罗夫特将军转达了布什总统维护中美关系的意愿，同时又为美国对华制裁进行了辩解。邓小平表示，中国是一个独立的国家，执行独立自主的和平外交政策，中国的内政不容任何人干涉。任何国家同中国打交道，都应该遵循和平共处五项原则。我们希望中美关系能在和平共处五项原则的基础上继续发展，妥善处理各种问题。[②]

7月28日，布什总统再一次秘密致信邓小平。他一方面对中国接待他的特使表示感谢，表示他会尽力防止中美关系“这条船摇摆过度”，另一方面又继续为美国对华制裁政策辩护，甚至把责任完全推给中方。在信中，他用心良苦地自我表白：“请理解这是一封亲笔信，它来自一个希望看到我们共同进步的人。如果我跨越了建设性的建议与‘干涉内政’之间无形的门槛，请不要生我气。”“现在我请求您同我一起展望未来。这是一个具有戏剧性变化的未来。美国和中国对这个激动人心的未来都能做出很大的贡献。如果我们能够使我们的友谊重新回到正轨，那么，我们都能为世界的和平和我们两国人民的幸福做更多的事。”[③] 对此，邓小平复信表示，美国带头制裁中国，在很大范围内触犯了中国的利益和尊严，由此引起的中美关系的困难，责任完全在美国方面，应由美国来解决。

当年11月，布什总统再次致信邓小平，表示美国将与苏联举行首脑会晤，会晤不会损害中国的利益，希望美苏首脑会晤后，能够派特使来华，通报会晤情况，并探讨中美关系正常化问题。此时，美国基辛格博士正在中国访问，邓小平请基辛格向布什转达他对改善中美关系的具体

① 钱其琛：《外交十记》，世界知识出版社2003年版，第173—174页。

② 钱其琛：《外交十记》，世界知识出版社2003年版，第176页。

③ 钱其琛：《外交十记》，世界知识出版社2003年版，第178页

建议，其核心内容是要美国采取适当方式，明确宣布取消对华制裁；双方共同努力，近期内落实几项较大的经济合作项目；美方邀请江泽民总书记第二年正式访美。随后，邓小平又以书面方式对布什来信做出答复。

12 月 9 日，布什总统特使斯考克罗夫特再次访华，进一步与中方探讨改善两国关系的出路。由于此次访华公开进行，美国不与中方高层官员互访的禁令也不攻自破。全世界都看到，美国制造的对华制裁已经松动。双方在会谈中同意尽快结束纠葛，开辟未来，中美关系取得一些进展，出现了改善的趋势。

这时，东欧地区形势出现重大变化，原来的社会主义国家相继发生政权更迭。兴高采烈的美国错误地估计了形势，期待中国发生类似事变，改善对华关系的步伐放缓。1990 年 4 月，中国向美方提出了派特使访问华盛顿的建议，竟然被美方拒绝。邓小平委托来华访问的埃及总统向布什总统带话，警告美方不要因东欧的事情而过分兴奋，也不要用同样方式来处理中国问题和中美关系。此时，国际形势变数增多，海湾危机爆发并且愈演愈烈。美国突然感到，应对海湾局势需要与中国协调立场，甚至需要中国在联合国内予以配合和支持。

1990 年 11 月，中美两国外长以“不期而遇”的方式，在开罗机场进行了当面交谈。月底，中国外长应邀访美，双方就一些重大问题达成了部分谅解。1991 年 11 月 15 日，美国国务卿贝克访华。临行前，布什总统破例约见中国驻美大使，称恢复中美关系对双方至关重要，这既符合美国的最大利益，也符合中国的最大利益，希望贝克的访问能够成为两国关系的转折点。贝克来到北京后，在会谈中表示，他来中国带了三个空篮子，一个想装防止武器扩散，一个想装经贸合作，一个要装人权。中国领导人不卑不亢，明确而坚定地表示，不反对与美方讨论这三个问题，但中方也有几只篮子，其中最大的一只，是希望美国支持恢复中国在关贸总协定[①]中的缔约国地位。双方就这些问题展开了艰苦的谈判，会谈时间一再延长，贝克的专机不得不七次推迟起飞时间。最后，美国在取消部分制裁问题上松动了立场，同时承诺支持中国“入关”，另外承诺积极考虑在中美间设立贸易、经济和科技三个联委会，于 1992 年适当时候

---

① 即现在的世界贸易组织。

恢复部长级会议。

贝克国务卿富有成果的访问，对中美双方都有积极意义，国际社会予以很高评价，普遍认为这是中国外交的胜利。美国持续两年的对华制裁，事实上被打破。1993 年 11 月，应美国总统克林顿邀请，江泽民主席赴西雅图出席亚太经济合作组织领导人第一次非正式会议，与克林顿总统举行了一个半小时正式会晤，就两国关系等问题交换意见和看法，中美关系持续 4 年多的僵局完全打破。

此后，两国高层往来趋于正常，经贸等各领域合作逐步得到恢复。但美国处理对华关系深受冷战思维影响，意识形态偏见根深蒂固，把中国视为最大的潜在竞争对手，实行接触加遏制的两面政策，经常在台湾问题上干涉中国内政，不时利用所谓人权、民运、涉藏、涉疆和法轮功等问题对华说三道四，指手画脚。中美关系呈现出在斗争中谋求合作，在合作中坚持斗争这样一种常规态势。

三、沉着应对苏东地区的雪崩式剧变

苏联解体、东欧剧变是一个此呼彼应、相互联系的历史过程，但就事变发生的时间顺序而言，东欧剧变先于苏联解体。1989 年夏秋之季，苏联改革引发的危机刚刚显现，东欧各国政权易手、制度更迭、社会改弦易辙的过程已经开始。

1989 年 6 月，波兰反对派团结工会在大选中获胜，执政党波兰统一工人党遭到失败。9 月，波兰成立了东欧地区第一个非共产党政府。10 月，匈牙利执政党社会主义工人党改组为匈牙利社会党，国家转向多党制和议会民主制。次年春季，在选举中获胜的匈牙利反对党联合组建了新政府。1989 年 11—12 月间，保加利亚、捷克斯洛伐克、罗马尼亚和民主德国（东德）局势相继生变。罗马尼亚发生大规模流血冲突，党和国家最高领导人死于非命。东德在动乱中与联邦德国（西德）实现统一，从世界政治版图上彻底消失。1990 年，南斯拉夫共产主义联盟解体，反对派在南联盟各共和国纷纷上台。阿尔巴尼亚同一年也转向了多党制，共产党随后被解散。

东欧地区所有国家无一例外地放弃社会主义，走上新的发展道路，对中国如何处理同这些国家的关系，如何重构东欧外交格局，的确形成了巨大考验。对此，中国始终秉持“韬光养晦、有所作为”的方针，坚决遵循不干涉内政、尊重各国人民选择的原则，同时明确表示，希望与东欧各国继续保持和发展正常的国家关系，继续在各领域加强交流与合作。东欧各国新政权对中国所采取的立场普遍持欢迎态度，在台湾等涉及中国主权和尊严的一系列重大问题上，新政权大都继承了原共产党政权所奉行的原则立场。中国与东欧国家的关系，经受了历史风云变幻的严峻考验。

中国与东欧各国新政权的关系实现了平稳过渡与正常发展，同时根据不同情况，选择不同时机，有条不紊地与新独立国家建立外交关系，努力使中国对东欧地区的外交政策和布局，与该地区地缘政治格局的新变化新特点相适应。1993 年捷克斯洛伐克解体，斯洛伐克当年 9 月 1 日实现独立，成为主权国家。中国与斯洛伐克没有历史问题，也不存在利益纠纷，立即予以承认，并迅速建立了大使级外交关系。1992 年 4 月，南斯拉夫宣告解体。前南境内两个共和国塞尔维亚与黑山联合组成了南斯拉夫联盟，即南联盟。南联盟成立后，原中国驻前南大使改任为中国驻南联盟大使，中国与南联盟继续保持友好合作关系。

与此同时，中国与前南斯拉夫分离出来的新国家斯洛文尼亚、克罗地亚立即建立了外交关系。1993 年 10 月，中国与前南独立出来的另一新国家马其顿，也建立了外交关系。1995 年 4 月，从前南独立出来的波黑结束内战，政局趋于稳定，政权归属明朗，中国又与波黑[①]正式建交。2003 年，危机重重的南联盟改名为塞尔维亚和黑山（塞黑），中国与塞黑继续保持南联盟时期建立的外交关系。2006 年，塞尔维亚和黑山（塞黑）宣告解体，黑山从南联盟中独立出来，中国与黑山另外建立了外交关系。

整个 90 年代，中国与东欧地区各国的关系总体上处于平稳发展、平稳过渡状态。唯一有些例外的是前南地区。波黑独立后发生残酷内战，中国不得不拖延一段时间，待该国内战平息后才与其建交。马其顿 1999 年 1 月突然宣布与台湾“建交”，中国随即中止了与马其顿的外交关系。2001 年 6 月，马其顿与台湾断绝“外交关系”，中马关系恢复正常。

苏联解体始于波罗的海三国独立运动。早在 1991 年 9 月，苏联位于

① 全称为波斯尼亚和黑塞哥维那。

波罗的海地区的三个加盟共和国爱沙尼亚、拉脱维亚和立陶宛就已经宣布脱离苏联。当时，中苏关系刚刚实现正常化，如何同这几个从苏联分立出来的国家建立和发展关系，非常敏感和复杂。1991 年 9 月 7 日，苏联国务委员会宣布承认波罗的海三国独立。有鉴于此，第二天，中国外长致电波罗的海三国外长，宣布中国承认该三国独立。随后，中国外交部一位副部长访问三国，分别与其进行建交谈判。谈判中，中方表示支持该三国为维持民族独立和发展本国经济所做的努力，愿在和平共处五项原则基础上同三国保持和发展友好合作关系。三国支持中国在台湾问题上的原则立场，承诺不与台湾发生任何形式的官方联系。9 月 11 日、12 日和 13 日，中国与该三国签署并发表了建交公报。

这一年的苏联，民族关系分崩离析，经济困境变本加厉，政治斗争你死我活，执政 70 余年的苏联共产党山穷水尽，革新联盟的努力更是穷途末路。中国从维护世界安宁与稳定、推动共同进步和发展的理念出发，努力维护与苏联刚刚重建的国家关系。基于这样的战略考虑，同时也为了打破西方制裁给中国造成的外交困局，继 1990 年 4 月中国总理时隔 26 年访苏之后，1991 年 5 月，中国领导人江泽民以中共中央总书记、中央军委主席双重身份应邀访问了苏联。

江泽民此次访苏，不仅是对戈尔巴乔夫 1989 年访华的例行回访，更是中苏关系正常化后两国共同安排的又一峰会，双方都很重视。访问期间，双方各自通报国内情况，强调中苏国情不同，问题各异，走什么样发展道路是两国的内政，应相互尊重各国人民独立自主决定本国事务的权利。双方在共同发表的联合公报中，还对两国关系正常化之后各领域友好合作稳步发展表示满意，重申："各国都有权根据自己的特点选择社会制度、意识形态、经济模式和发展道路，这方面的差异不应妨碍各国之间的正常关系和合作。"

此后，苏联的政治、经济、社会和民族关系危机进一步发酵，但中苏关系依照双方商定的原则和路径持续向前发展。当年 8 月，苏联党政军一批要员成立国家紧急状态委员会，试图挽救苏联，遭到失败，导致苏共解散，苏联加速瓦解，戈尔巴乔夫先遭软禁后被释放。对这个震惊世界的大事件，中国表示，苏联发生的变化是苏联的内部事务，中国政府的一贯立场是，反对干涉别国内政，尊重各国人民的选择。

1991 年 12 月 8 日，苏联境内最有影响的三个联邦主体，即俄罗斯、乌克兰和白俄罗斯[①]，共同商定决定解散联盟国家，成立“独立国家联合体”。随后，位于中亚的哈萨克斯坦、乌兹别克斯坦、吉尔吉斯斯坦、塔吉克斯坦、土库曼斯坦和位于外高加索的亚美尼亚、阿塞拜疆以及与罗马尼亚接壤的摩尔多瓦等各共和国，亦纷纷宣布独立。地处外高加索的格鲁吉亚，此前已经宣布独立并且事实上中断了与苏联中央政权的联系。12 月 21 日，除波罗的海沿岸三国和格鲁吉亚外，原苏联境内的 11 个共和国领导人召开会议，正式签署独立国家联合体成立宣言，即《阿拉木图宣言》。会议决定由俄罗斯继承苏联在联合国的地位。12 月 25 日，苏联总统戈尔巴乔夫辞职，莫斯科克里姆林宫总统府上的苏联国旗，被俄罗斯的红白蓝三色旗所取代。

12 月 25 日当天，中国外交部发言人就苏联最终解体一事发表谈话，表示中国尊重各国人民的选择，同时表示愿意继续履行与原苏联签署的各项条约、协定和文件所规定的义务，希望各共和国也能继续履行上述各类文件所规定的义务和责任。中国愿在和平共处五项原则基础上，继续同这些共和国保持和发展友好合作关系。同日，中国派外贸部长和外交部副部长率团前往俄罗斯、乌克兰，期望与两国商谈经贸关系等双边问题。俄罗斯表示，它所需要的首先是对新俄罗斯的外交承认，不愿仅就经贸问题进行会谈。

12 月 27 日，亦即苏联解体后第三天，中国外长致电俄罗斯联邦[②]外长，宣布中国承认俄罗斯联邦政府，中国驻苏联大使改任中国驻俄罗斯联邦大使。当日，中俄两国外交部代表在莫斯科签署会谈纪要，确认俄罗斯继承原苏联与中国建立的外交关系。中国外长当日致电从原苏联独立出来的其他各国外交部长，宣布中国承认这些国家的独立，并准备分别与其进行建交谈判。

1991 年底至 1992 年初，中国政府代表团突击访问除波罗的海三国、外高加索三国和摩尔多瓦外的原苏联 8 个共和国，就中国与这些国家建

① 苏联为联邦制国家，境内 15 个加盟共和国，当时均称为联邦主体。

② 苏联解体后，俄罗斯继续实行联邦制，其宪法规定，“俄罗斯”与“俄罗斯联邦”两个国名同等使用。

立外交关系和发展友好合作进行会谈和沟通。在与俄罗斯方面会谈时，中方表示支持俄罗斯接替原苏联在联合国的地位，俄罗斯对此表示感谢，并表示愿意继承原苏中关系中的一切积极成果，同中国保持睦邻友好关系。双方在共同签署的会谈纪要中，共同肯定和平共处五项原则为两国关系的基础，确认 1989 年和 1991 年发表的《中苏联合公报》的各项原则继续有效。

1992 年 1 月上旬，中国政府派团出访中亚五国即哈萨克斯坦、吉尔吉斯斯坦、塔吉克斯坦、乌兹别克斯坦和土库曼斯坦与中亚五国顺利签署建交公报。同时委派中国驻俄罗斯大使作为全权代表，分别与乌克兰、摩尔多瓦、阿塞拜疆、亚美尼亚和格鲁吉亚进行了建交谈判，与这些新国家顺利建交。1 月 20 日，已经独立的白俄罗斯总理应邀访问中国。中白两国签署并发表了建交公报。至此，中国与原苏联独立出来的所有国家都建立起正常的国家关系。

四、与俄罗斯建立战略协作伙伴关系

苏联解体后，俄罗斯作为原苏联国际政治遗产的主要继承者，保住了在联合国安理会中的常任理事国地位，因而仍是世界上综合国力很强、发展潜力很大、对地区和国际事务有重大影响的国家。中国对这个走上了新发展道路的“老邻居”，对这个正在形成新的价值观体系和对外政策取向的“新大国”，自然非常重视。

1991 年 12 月中俄两国重新确认外交关系后，双方在各领域的联系、交往与合作很快转入新的发展轨道。1992 年 1 月底，中国政府总理与俄罗斯总统利用在联合国参加首脑会议之机，举行了会晤，双方就两国关系问题交换了意见和看法。两国领导人的首次接触，气氛和效果都很好。中国总理重申，中国愿在和平共处五项原则及中苏两个公报基础上，发展中俄睦邻友好关系，并向叶利钦发出了访华邀请。叶利钦表示，两国之间的社会制度和意识形态不同不应妨碍两国的合作。当年 3 月，俄罗斯外长访华，双方交换了苏联解体前签署的中苏国界东段协定批准书，同意就两国边界仍未协商一致的地段继续进行谈判，并且继续进行 1989 年开始的中苏边境地区相互裁减军事力量的谈判。俄罗斯外长特别表示，俄罗斯的政策是既同西方发展良好关系，也同东方特别是中国发展睦邻友好关系。中国再次向俄方发出了欢迎叶利钦总统访华的邀请。

1992 年 5 月，俄罗斯一位副总理来华，为叶利钦总统访华预做准备。双方在军事、科技、文化、教育、体育、卫生等各个领域中继续推进友好务实合作。1992 年 7 月，叶利钦表示：认为俄罗斯的外交政策是完全亲西方的，这不完全客观。我们为了解决削减核武器这样最基本的问题，只能首先调整同西方的关系。我们将坚定不移地走向东方。① 当年 12 月，叶利钦总统应邀成功地对中国进行了正式访问。在这次访问中，双方一致认为，两国领导人首次高级会晤为中俄关系开辟了“新纪元”。双方在联合声明中确认彼此互为友好国家，规定了两国关系的基本原则。中方强调，国与国之间最根本的是要超越意识形态的异同，做到互不干涉内政，尊重各自的选择，平等互利地合作。俄方赞同中方提出的和平共处五项原则和发展两国关系“睦邻友好、平等互利”八字方针。双方都认为，中俄两国存在某些差异，但在和平与发展等重大问题上有许多共同利益，发展长期稳定的睦邻友好、互利友好关系，符合两国人民的根本利益，也有利于亚洲和世界的和平与稳定。双方在这次访问期间签署了 24 项双边协定和文件。

此后，中俄各领域的交往与合作发展势头很好，中苏关系平稳地转变为中俄关系。两国的经贸关系发展超过预期，贸易额在 1991 年中苏贸易额 39 亿美元基础上，增加到 1992 年的 46 亿多美元。这段时期，新俄罗斯实行的与西方全面交好的政策即所谓西倾遭到冷遇，俄罗斯对美国和西方国家频频示好时屡屡受挫，俄罗斯开始进一步加大对外政策调整，兼顾东西方的特点越来越突出。

1994 年 1 月，俄罗斯外长再次访华，与中方讨论双方在莫斯科举行首脑会晤等问题，并向江泽民主席转交了叶利钦总统的信。叶利钦在信中建议两国建立面向 21 世纪的“战略性伙伴关系”。当年 4 月，俄罗斯一副外长来华为俄总理访华预做准备，对俄罗斯的建议做了解释和说明。俄罗斯总理访华期间也表示，“在许多方面和许多问题上，我们正在建设一种把我们带入 21 世纪的伙伴关系。”俄罗斯驻华大使还就俄罗斯总理

---

①　见吴恩远等:《改革开放的中国与世界》(中国社会科学院世界历史研究所编《世界历史》第 37 册)，江西人民出版社 2012 年版，第 398 页。

访问一事，专门向中国《人民日报》记者阐述俄中两国建立“建设性伙伴关系”的内涵，称这种伙伴关系中，两国关系完全平等，不分“老大哥”和“小兄弟”，两国在亚太地区和国际舞台上紧密合作，也不针对第三国。

中国在充分考虑世界格局变化、中俄关系状态、中国对外关系全局以及中国国际战略需要等多方面因素后，对俄罗斯的倡议做出了积极回应。1994 年 5 月，江泽民主席对来华访问的俄罗斯总理表示，俄方所提出的建议，与中方“建立两国长期稳定、睦邻友好、互利合作关系的思想是完全一致的”，他也认为，“应着眼于 21 世纪，从战略的高度来考虑和处理中俄关系。”[①]6 月，中国政府副总理兼外长访俄，转达江泽民主席对叶利钦总统的口信。口信中说，江泽民主席对叶利钦总统提出的建设面向 21 世纪建设性伙伴关系的建议表示赞赏。双方就江泽民主席当年秋天访问俄罗斯进行了深入沟通。

1994 年 9 月，江泽民主席应邀访问俄罗斯。这次访问是对叶利钦总统 1992 年访华的回访，同时也是中国领导人首访“新俄罗斯”，这次访问对中俄两国关系的定位和未来发展非常重要。通过这次访问，双方就巩固和发展中俄长期稳定睦邻友好的新型国家关系达成共识，宣布建立“面向 21 世纪的建设性伙伴关系”。两国发表了反映上述共同立场和意志的中俄联合声明，规定双方将在政治关系、经贸科技关系、军事政治领域、国际关系方面采取积极的和全面的步骤，以进一步确立面向 21 世纪的建设性伙伴关系，同时还发表了《中俄两国首脑关于不将本国战略核武器瞄准对方的联合声明》，签署了《中俄国界西段协议》等文件。

1995 年 5 月，江泽民主席赴莫斯科出席了俄罗斯庆祝反法西斯战争胜利 50 周年活动，在外交上予以俄罗斯很大支持。双方领导人重申，将为发展两国间长期的睦邻友好、互利合作的新型关系继续共同努力。1996 年 4 月，叶利钦总统第二次访华，双方达成了“世代睦邻友好、相互尊重信任、平等互利合作、共同发展繁荣”的新共识，宣布两国“建立和发展平等信任、面向 21 世纪的战略伙伴关系”。在这次访问中，双

---

① 见吴恩远等:《改革开放的中国与世界》(中国社会科学院世界历史研究所编《世界历史》第 37 册)，江西人民出版社 2012 年版，第 401 页。

方不仅就发展双边关系达成新的共识，而且在地区和国际事务上形成许多相同或相近的立场。譬如，双方都认为，和平与发展是当今国际生活的主流，同时世界和平与发展面临严重挑战，双方为世界持久、稳定的和平而努力；双方同意在提高联合国效率和行为能力方面加强合作，进一步提高联合国维持和平行动效率；双方主张建立公正、平等、互利合作、不采取歧视做法的国际经济新秩序；双方在国际反恐活动和打击有组织跨国犯罪等方面加强协调与合作；双方愿为亚太地区的和平、稳定与发展继续努力，进行多形式、多层次、多渠道的安全对话，加强地区的安全与合作；双方愿相互促进参与亚太多边经济合作。中国支持俄罗斯加入亚太经济合作组织。①

1997 年 4 月，江泽民主席再次访俄，这已是 1992 年以来中俄元首第四次会晤。双方就两国关系发展中的一些重大议题交换了意见，确定 2000 年将两国贸易额提高到 200 亿美元，同时还就双方在地区和国际问题上进行战略协作交换了看法，共同发表了《关于世界多极化和建立国际新秩序的联合宣言》。访问期间，双方宣布成立中俄友好、和平与发展委员会，这是中国与外国建立的第一个也是迄今为止唯一的此类性质的委员会。同年 11 月，叶利钦总统访问中国，双方发表中俄联合声明，签署一系列新的合作文件，其中包括关于两国政府经济科技合作基本方向、两国地方政府间合作原则的协定，以及两国关于天然气管道和石油领域合作的备忘录。

1998 年，江泽民主席应邀访问俄罗斯，与俄罗斯总统举行“不扎领带”的非正式会晤。1999 年，叶利钦总统应邀访问中国，与江泽民主席举行了同样“不扎领带”的非正式会晤。这两次会晤虽然都“不扎领带”，双方对外强调会晤属于“非正式”，但两国领导人会晤达成的共识，同样以联合声明、联合新闻公报的方式公之于世，政府间和相关部门之间，借此机会签署了新的合作协定和文件。这种“不扎领带”的高层会晤，突出领导人之间的个人友谊，表明双方的政治互信已达到非常成熟的地步。因而，这两次会晤对中俄关系的发展同样具有重要意义。

---

① 参见《中俄元首联合声明和宣言汇编》，世界知识出版社 2003 年版，第 25—30 页。

1999年，欧洲巴尔干地区局势生变，以美国为首的北约连续轰炸南斯拉夫联盟70多天，中俄两国相互配合，协调行动，一致支持南联盟反抗外来干涉、维护国家主权与民族尊严的斗争，反对美国打着“人道主义干预”旗号实行新干涉主义，反对北约通过军事冒险推行“新冷战”。美国战机轰炸了中国驻南联盟大使馆后，俄罗斯在政治上和道义上坚定支持中国，双方在重大国际和地区问题上的协调与配合更为紧密，在联合国等国际组织中的沟通更为有力和有效。中俄两国的战略协作伙伴关系，成了推动世界多极化进程、推动国际关系民主化、推动构建地区安全新格局、推动建立国际政治经济新秩序的重要因素。

1999年底，叶利钦辞去俄罗斯总统职务，普京入主克里姆林宫，中俄战略协作伙伴关系进入新的发展阶段。

五、更广泛地团结广大发展中国家

改革开放以来，中国始终坚持“中国是发展中国家”“中国属于第三世界”“中国永远站在发展中国家一边”的国际定位，始终坚持在双边和多边范围内，不断发展和扩大与广大发展中国家的交往与合作。冷战结束后，中国在世情和国情都有很大变化的新形势下，实行“韬光养晦、有所作为”的外交新方针，同时继续团结和联合广大发展中国家，积极支持和参与发展中国家之间的合作，即南南合作。在涉及发展中国家权益的问题上，中国坚守国际公理和正义，反对任何势力推行强权政治和霸权主义，反对任何国家或国家集团以大欺小，以强凌弱，以富压贫。正因为如此，中国在争取良好的国际环境，打破西方制裁的斗争中，赢得发展中国家的普遍同情和广泛支持。

中国与撒哈拉以南地区即黑非洲的关系，改革开放后得到更全面的发展，进入90年代后，发展势头更猛。中国继续执行60年代对非洲和阿拉伯国家提出的相互关系五项原则和对外援助八项原则，支持该地区各国争取和维护民族独立、捍卫国家主权、争取正当权益的斗争，支持各国为发展民族经济、加强政权建设、以和平方式解决矛盾和冲突而做出的努力，支持它们在地区和国际事务中不断发挥更大的作用。

在此背景下，中国与20世纪六七十年代同中国建交的那些传统友好国家，不断巩固、扩大和深化交往。与某些因“文化大革命”期间“以苏划线”“以美划线”，或因台湾问题干扰而关系生变的国家，不断改善关系并推进合作。与那些刚刚获得民族独立和解放的国家，如吉布提、津巴布韦、安哥拉、科特迪瓦、纳米比亚等，相继建立了外交关系。中国在黑非洲的外交阵地，呈现不断扩大、持续推进的总态势。

1983年，中国根据形势发展需要，提出了同非洲国家开展经济技术合作四项原则：（一）遵循团结友好、平等互利的原则，尊重对方的主权，不干涉对方的内政，不附带任何条件，不要求任何特权；（二）从双方的实际需要和可能条件出发，发挥各自的长处和潜能，力求投资少，工期短，收效快，以取得良好经济效益；（三）方式可以多种多样，因地制宜，包括提供技术服务、培训技术和管理人员、进行科学技术交流、承建工程、合作生产、合资经营等，中国方面对所承担的合作项目负责守约、保质、重义，中方派出的专家和技术人员不要求特殊待遇；（四）合作目的在于取长补短，互相帮助，以利于双方自力更生的能力和促进各自民族经济的发展。[①] 这四项原则的提出，受到了非洲国家的普遍欢迎，有力地拓展了中非合作领域。中国与黑非洲的政治关系，也因此变得更加坚实和紧密。

1989年春夏之交北京发生政治风波后，黑非洲许多国家领导人不顾西方压力，纷纷来华访问，以表达对中国人民的同情和支持。据统计，1989年和整个90年代，黑非洲国家共有100多位国家元首、政府首脑和议会议长一级的领导人来华访问。与此同时，中国继续无保留地支持黑非洲各国人民争取民族独立和解放、反对种族主义压迫的斗争，明确宣布，加强同非洲国家和其他第三世界国家的团结合作，是中国外交政策的基本立足点。

在这一方针指导下，中国表示，坚决支持非洲国家反对帝国主义、殖民主义、种族主义、霸权主义的斗争，支持非洲国家要求减免非洲债务、解决贸易保护主义与国际原料市场价格下跌问题以及加强南南合作和南北对话等合理主张。中国强调，国际形势已经并且正在发生着变化，但中国是非洲国家的朋友这一点没有变，非洲国家是中国的可靠朋友这

---

① 田增佩主编：《改革开放以来的中国外交》，世界知识出版社1993年版，第132页。

一点也没有变。面对国际形势风云变幻，中国和非洲国家更需要互相同情和互相支持，更需要紧密地团结在一起。

1992年，在中国综合国力已有很大提升，黑非洲国家对华合作期盼值明显增大的情况下，中国又适时地提出了同非洲国家发展关系的六条原则，其核心内容为：中国支持非洲各国为维护国家主权、民族独立、反对外来干涉和发展经济所做的努力；尊重非洲各国根据本国国情选择的政治制度和发展道路；支持各国团结合作、联合自强，以和平方式解决国与国之间的争端；支持非洲统一组织为谋求非洲大陆的和平稳定与发展，以及实现经济一体化的努力；支持非洲国家作为国际社会平等成员积极参与国际事务和为建立公正合理的国际政治经济新秩序而做的努力；愿在和平共处五项原则基础上，发展同非洲各国的友好往来和形式多样的经济合作。①

在这些政策和原则指导下，这段时间中国同该地区许多国家建立了经济技术和贸易合作混合委员会，向40多个国家提供了经济技术援助，建成了一批效益好受欢迎的新项目，另同40多个国家在工业、农业、林业、渔业、建筑、水电、服务和商业领域探索新的合作形式。中国与黑非洲的贸易总额到1992年时，已将近11.6亿美元。

西亚北非地区共有20多个国家。中国改革开放前，该地区有些国家与中国并无外交关系。1978年，中国同阿曼建交，拉开与该地区各国全面发展友好关系的序幕。80年代中后期，又与阿联酋、沙特阿拉伯、巴勒斯坦、巴林等国建交。至此，中国完全消除了在这一地区的“外交盲点”，实现了与该地区国家外交关系“全覆盖”。

西亚北非地区各国之间的关系极为复杂。由于领土、民族、资源、宗教等多方面原因，该地区局势持续动荡，冲突不已。中国对西亚北非地区的各种重大问题，一直采取公正的和负责任的立场。具体表现在：

对巴以冲突，中国坚持认为巴勒斯坦问题是中东问题的核心，主张各方以联合国安理会相关决议为基础，公正合理地解决阿拉伯被占领土和恢复巴基斯坦人民合法民族权利等问题，同时保障包括以色列在内的

---

① 田增佩主编:《改革开放以来的中国外交》，世界知识出版社1993年版，第137页。

中东各国的主权和安全。

对两伊战争，中国认为伊朗和伊拉克均为中国友好国家，一贯主张两伊政府从两国人民的根本利益出发，以地区安全和世界和平大局为重，以和谈方式结束战争。中国还与联合国安理会其他成员国一道，共同制定了结束两伊战争的相关决议，积极支持联合国秘书长的调停努力，敦促两伊在全面实施联合国决议基础上，公正合理地解决两国之间的分歧和争端。

对海湾战争，中国明确反对伊拉克吞并科威特，主张和平解决海湾危机，投票支持联合国运用多种手段迫使伊拉克从科威特撤军的各项决议案，对授权对伊拉克动武的决议案投弃权票。战争爆发后，中国力主各方保持克制，防止战争升级，尽快实现停火，早日恢复海湾地区的和平与安宁。科威特的主权和独立恢复后，中国立即表示祝贺，中国总理亲往访问。战后对伊制裁时，中国支持必要的制裁，同时主张尊重伊拉克的主权，考虑到伊拉克人民的生活状况，逐步减少制裁。对战后该地区的安全安排，中国主张各国的独立、主权和领土完整得以尊重，各国的内部事务各自解决，各国在尊重主权和平等互利的基础上加强合作，以实现地区的共同发展和繁荣。

中国对该地区重大问题所采取的这些正确立场，赢得了各国的广泛理解和高度赞赏，使中国与该地区各国的友好合作持续巩固和发展。中国与该地区几乎所有国家都签署了贸易合作协定，贸易总额 1992 年底达到 35.25 亿美元。[①]

中国与拉丁美洲国家的关系也有了较大发展。1979 年以前，中国仅与该地区 12 个国家建立了外交关系。进入 80 年代后，中国与该地区建交的国家增加到了 17 个。1981 年，中国政府总理访问墨西哥，实现了中国政府首脑对拉美的首次访问。随后，中国与拉美国家的高层交往稳步展开。1990 年，中国国家主席访问了墨西哥等国，实现了中国国家元首对该地区的第一次访问。借这次访问之机，中国提出了与拉美国家发展关系的四项原则：第一，以和平共处五项原则为基础，同包括未与中

---

① 田增佩主编:《改革开放以来的中国外交》，世界知识出版社 1993 年版，第 195 页。

国建交的所有拉美国家建立和发展友好合作关系；第二，平等互利，互通有无，取长补短，立足当前，着眼未来，不断拓展贸易往来和经济合作；第三，尊重彼此的传统和价值观，相互学习和借鉴，加强民间往来和交流，增进了解和友谊，广泛开展多种形式的文化交流；第四，在国际事务中，密切磋商，互相支持，加强合作，为建立国际政治和经济新制序而共同努力。此外，中方还提出了五点务实合作建议。一是继续保持高层领导人的互访和直接接触；二是巩固现有市场，不断增加双边贸易；三是充分发挥双方的优势，促进各种形式的经济技术合作；四是广泛开展文化交流；五是在和平共处五项原则基础上与尚未建交的国家建立和发展关系。

这期间，即 1979—1992 年间，拉美地区共有 11 个国家 22 位总统和副总统、7 个国家 12 位总理和副总理、14 个国家 25 位外长和 40 多位议会代表团访问了中国。中国各级各类团组赴拉美访问更是络绎不绝。中国与拉美国家的政治互动已十分频繁，与拉美国家经贸关系，也有了长足发展。贸易总额由 1979 年的 12.26 亿美元，增长到 1992 年的 29.75 亿美元。其中，巴西、古巴、阿根廷、秘鲁、墨西哥和乌拉圭，成为中国在拉美的主要贸易伙伴。中拉经贸合作展现出巨大的发展潜力和广阔的发展前景。

六、以“一国两制”方式解决港澳问题

香港和澳门自古就是中国领土。1949 年新中国成立时，香港和澳门分别处于英国和葡萄牙的殖民统治之下。新中国不承认帝国主义强加给中国的不平等条约，但考虑到香港和澳门问题的特殊性和复杂性，主张在条件成熟时，通过谈判和平解决香港和澳门的回归问题。

1840 年鸦片战争后，英国于 1842 年强迫清政府签订《南京条约》，从中国强行夺走香港。1856 年第二次鸦片战争后，英国逼迫清政府签署《北京条约》，又夺走九龙半岛南端界限街以南地区。1895 年甲午战争后，英国趁列强瓜分中国之机，于 1898 年强迫清政府签订《展拓香港界址专条》，强租深圳河以南到界限街以北大片土地及附近岛屿（后统称新界），租期至 1997 年。

1979 年春，邓小平首次明确地向港英当局提出解决香港问题的中国

思路，即香港是中国的一部分，这个问题本身不能讨论，但解决香港问题时，我们会尊重它的特殊地位，“这就是在本世纪和下世纪初相当长的时期内，香港还可以搞它的资本主义，我们搞我们的社会主义。”[①]后来，他又多次对英方表示，新界的租借，香港的割让，是过去不平等条约造成的，现在要讨论的是废除条约问题。

当时，国际上特别是英国对香港回归中国后的制度安排存在种种猜测，引起许多疑虑和担忧。邓小平对此表示，1997年香港回归后，主权属于中国，中国要维护香港作为自由港和国际金融中心的地位，不影响外国人在那里投资。在这个前提下，香港由香港人管理，即按照中国宪法规定，建立特别行政区，由香港人自己组成政府。届时，香港的各种制度都不变，对外还可用中国香港的名义发展民间关系，如贸易、商业关系。甚至还可保留护照。[②]以“一个国家、两种制度”的特殊方式解决香港回归问题，一是要保证中国在香港恢复行使主权，二是要保持香港的经济繁荣和社会稳定。

1982年9月，中英关于香港回归问题的谈判正式提上日程。英国首相撒切尔夫人访问中国，两国领导人达成了通过外交途径解决香港问题的共识。1983年6月，双方就原则性问题展开初谈，解决了谈判议题和程序等问题，后经22轮实质性谈判，于1984年9月草签关于香港问题的联合声明。1985年5月27日，中英互换各自国内批准书后，声明开始生效。香港回归问题和平解决，意味着中国朝着实现国家统一的方向迈出一大步，同时也为国际社会解决类似问题提供了宝贵经验，受到了包括香港同胞在内的国际社会的高度评价。

从中英联合声明生效到中国恢复对香港行使主权，还有12年的过渡期。国际社会，包括许多香港人，对回归后的香港如何发展、港人未来前景如何，港人治港如何实现仍有疑虑。为了稳定香港社会，引导回归工作顺利进行，中国全国人大于1988年成立了香港特区基本法起草委员

---

① 中共中央文献研究室编:《邓小平思想年谱（一九七五——一九九七）》，中央文献出版社1998年版，第115页。

② 中共中央文献研究室编:《邓小平思想年谱（一九七五——一九九七）》，中央文献出版社1998年版，第217页。

会。起草委员会由 59 人组成，其中 23 人来自香港。另外还在香港建立了有 180 人参加的香港基本法咨询委员会，广泛听取香港社会各界以及内地各方面人士的意见。1990 年 4 月，《中华人民共和国香港特别行政区基本法》（简称《香港基本法》）获得通过。该法对香港回归后中央与香港的关系、香港居民享有的基本权利和义务、香港的政治经济体制和对外事务，做出了具体规定。

1997 年 7 月 1 日香港正式回归祖国。香港特区政府宣誓就职，《香港基本法》开始实施。此后，中国内陆和香港乃至整个世界持续发生深刻而巨大的变化，在这种情况下，《香港基本法》起到了保持香港繁荣稳定的基石作用。香港不仅实现了真正意义上的高度自治，而且拥有处理对外事务的广泛权利。根据这些权利，香港每年都以中国代表团成员身份，派人参加需以国家资格出席的与香港有关的国际组织和国际会议的活动，同时还以“中国香港”名义，派人出席不需以国家名义出席的国际组织和国际会议的相关活动。许多国家在香港设有总领事馆、领事馆和得到认可的官方代表机构。香港在日内瓦、布鲁塞尔等世界上许多城市建立了经济贸易办事处。香港同祖国内地和世界各地的联系与合作，日益紧密并且在不断扩大。

澳门也是中国固有领土。1840 年中国清政府在鸦片战争中失败，早就居留在澳门的葡萄牙人乘机占据了这个城市。1887 年，葡萄牙与清政府签订《中葡会议草约》和《中葡北京条约》，迫使清政府承认“葡国永驻管理澳门以及属澳之地与葡国治理它处无异”。新中国成立后，中国政府多次重申澳门是中国领土。1979 年中葡建交谈判时，双方商定，将在适当时候以谈判方式解决澳门归还中国问题。1984 年中英关于香港问题的联合声明签字后，中葡解决澳门问题的条件趋于成熟。1985 年葡萄牙总统访华，中葡领导人就正式举行谈判以解决澳门问题达成一致。1986 年 6 月 30 日，有关澳门回归的谈判开始举行，经过 9 个月 4 轮谈判，双方于 1987 年 3 月签署联合声明草案。1988 年 1 月 15 日，双方交换了联合声明批准书，澳门随着中葡联合声明正式生效而进入回归前的过渡期。

1988 年 9 月，中国全国人大成立了《中华人民共和国澳门特别行政区基本法》（以下简称《澳门基本法》）起草制定委员会。1993 年，《澳门基本法》获得批准后正式生效。同《香港基本法》一样,《澳门基本法》也以国家大法的方式，规定了中央政府对澳门的基本方针和政策、澳门与中央政府的关系以及澳门民众的基本权利和义务等重大问题。该法完整地反映了澳门现行的政治、经济、文化、社会管理方式的基本特点和开展对外交往的实际需要，既照顾到澳门顺利过渡的现实考虑，也符合其稳定发展的长远利益。

1999 年 12 月 19 日，中葡双方在澳门举行政权交接仪式，澳门最终回到祖国怀抱。此后至今，澳门特区政治保持稳定，经济持续发展，同内地以及世界其他地区的交流合作不断扩大。澳门特区参加的政府间国际组织，共有 20 多个，其中 10 多个是以“中国澳门”名义单独参加的，另外 10 多个是以中国代表团成员身份参加。适用于澳门的国际公约，共有 300 多项，涉及外交、国防、海关、经济、金融、知识产权、建立国际组织等许多方面。澳门处理内部事务的自治权和开展对外交往的自主权，都得到了充分保障。

“一个国家，两种制度”，是中国在解决香港、澳门问题时提出来的一种特殊政策和构想。它在实践中经受住了国际风云变幻的考验，显示出无比巨大的优越性和不可否认的历史价值。因此，“一国两制”方针和构想，理论上也适用于解决台湾问题。早在 1978 年，邓小平就曾经对来访的美国客人表示过，台湾回归中国，实现祖国统一，在这个前提下，我们将尊重台湾的现实。他解释说，台湾的社会制度同我们现在的社会制度当然不同，在解决台湾问题时，我们会照顾这个特殊问题。[①]1979 年初，他又表示过，“对于台湾回归祖国的问题，我们是尊重台湾的现实的。台湾的社会制度可以不变”。[②] 后来，邓小平还说过，对台湾，“我们的政策和原则合情合理。我们尊重台湾的现实。台湾当局作为一个地方政府拥有它自己的权力，就是它可以有自己一定的军队，同外国的贸易、商业关系可以继续，民间交往可以继续，现行的政策、现在的生活方式

① 中共中央文献研究室编:《邓小平思想年谱（一九七五——九九七）》，中央文献出版社 1998 年版，第 97 页。

② 中共中央文献研究室编:《邓小平思想年谱（一九七五——九九七）》，中央文献出版社 1998 年版，第 106 页。

可以不变。”[①]

1979年1月，邓小平访问美国。针对美国朝野各界关于台湾问题的种种议论，他非常明确地告诉美国人，我们不再用“解放台湾”这个提法了，只要台湾回归祖国，我们将尊重那里的现实和现行制度。[②]1981年8月，邓小平在会见台湾和香港的一些知名人士时，再一次郑重表示，中央政府对台湾的政策是，“台湾不搞社会主义，社会制度不变，台湾人民的生活水平不降低，外国资本不动，甚至可以拥有自己的武装力量”。他还表示，我们要通过和平方式解决台湾问题，实现祖国统一，也不能排除在某种情况下使用武力，但“即使使用武力方式解决台湾问题，台湾的现状也可以不变。它作为中华人民共和国的一个省、一个区，还保持原有的制度和生活方式。”[③]

---

① 中共中央文献研究室编:《邓小平思想年谱（一九七五——一九九七）》，中央文献出版社1998年版，第109页。

② 中共中央文献研究室编:《邓小平思想年谱（一九七五——一九九七）》，中央文献出版社1998年版，第110页。

③ 中共中央文献研究室编:《邓小平思想年谱（一九七五——一九九七）》，中央文献出版社1998年版，第200页。

第十章

探索面向新世纪的大国关系

大国关系在世界格局演变和国际关系全局中的意义举足轻重。美国是当今世界最大的发达国家，中国是当今世界最大的发展中国家，两国在双边关系和国际事务中的联系日益广泛和紧密，战略利益的交织与冲撞越来越常态化。中美之间建立什么样的关系，不仅事关中美的发展和安全利益，同时也牵动和影响着整个国际关系。21 世纪来临之前，双方宣布共同致力于建立面向 21 世纪的建设性战略伙伴关系，就两国关系性质与走向做出定位。进入 21 世纪后，两国关系跌宕起伏，建立建设性战略伙伴关系的看法被建设相互尊重、互利共赢的合作伙伴关系的提法所替代。

中国与俄罗斯 20 世纪 90 年代建立起来的战略协作伙伴关系，经受了世纪之交国际风云变幻和各自国内形势变化的考验。两国之间建立的国家元首、政府总理年度会晤机制和其他各有关方面、部门、单体和组织逐渐形成的合作机制和交流平台，覆盖了中俄合作的所有领域，在两国战略协作伙伴关系巩固和发展的过程中发挥了重要作用。普京入主克里姆林宫后，中国关心普京时代俄罗斯对华政策走向和中俄关系未来，确信经过共同努力，保持并不断推进中俄战略协作伙伴关系的前景依然广阔。

中国从国际关系大局和自身实际利益出发，自始至终重视和支持欧洲一体化进程，认为欧盟发展有利于世界多极化进程，改善和发展与欧盟的建设性合作，符合双方利益和世界发展潮流。因此，中国对欧盟调整对华政策做出了积极而快速的反应，中欧战略伙伴关系进入新世纪后得到长足发展。中国与欧盟内各主要国家的战略伙伴关系，与中欧关系整体发展并行不悖、相得益彰。中国与中东欧合作形成新局面，使中国对欧外交的总体布局更加充实与平衡。

地区性大国或称次大国，特别是具有较大发展潜能的新兴大国，对地区和国际事务的影响也是不可忽视的。中国前所未有地接近于全面复兴的伟大目标，但仍处于将富未富、似强未强的发展阶段，自我定位为发展中大国，同时也不排斥国际社会关于中国是新兴大国的看法。近年来，中国在金砖国家框架内，积极推进与俄罗斯、印度、巴西、南非等新兴大国的关系。

一、中美关系：龃龉不断的对手与伙伴

中美两国历史文化底蕴差异大，社会制度截然不同，价值体系迥然有别，在重大问题上，看法、立场和主张常常严重相左，有时甚至尖锐对立。1979 年中美建交后，两国关系总体上向前向好，但曲折多变的特点非常突出。20 世纪 80 年代末 90 年代初美国带头对华制裁，失败后调整政策，对华政策中的合作面有所增大。但在全球战略中，由于俄罗斯尚未摆脱苏联解体的巨大冲击，国力仍在持续衰退状态，美国越来越倾向于将政治局势稳定、社会治理有序、民族关系和睦、经济高速增长和国力持续走强的中国，视为其全球利益的最大竞争对手。因此，美国对台湾出售武器不断升级，与台湾的接触与合作不断升温，1995 年 5 月竟然允许台湾地区领导人访美。

在中美关系再次面临严峻考验之际，中国不断加大对美交涉和斗争的力度，同时于 1995 年底至 1996 年春，在台湾海峡举行了大规模的军事演习，对跑到台湾海峡耀武扬威的美国海军力量，摆出不惜一战的强硬架势，促使美方认识到台湾问题对中国的敏感性和中美关系的脆弱性。1996 年 11 月，再次当选总统的克林顿表示，美国对华政策不是“孤立”“对抗”“遏制”，而是“建设性接触”。

在这一背景下，江泽民主席 1997 年深秋时节应邀访问美国，目的是“增进了解，扩大共识，发展合作，共创未来，推动中美关系进入新的发展阶段。”克林顿总统高度重视 21 世纪来临前中美之间的这次峰会。他赞扬中国在国际社会中起着越来越重要的作用，称数百个国际组织因

为中国参与而获益。中方认为江泽民主席此访是1979年邓小平访美后，中国最高领导人对美国进行的首次重要访问。因此，江泽民主席除在华盛顿会晤克林顿总统等美国领导人外，还访问了檀香山、威廉斯堡、费城、纽约、波士顿、洛杉矶等多个城市，广泛接触美国社会的方方面面。江泽民主席访问结束时，双方发表联合声明，宣布中美应该加强合作，共同致力于建立面向21世纪的建设性战略伙伴关系。这是双方第一次就两国关系性质与走向做出明确定位。

1998年夏，克林顿总统应邀访华。两国领导人这次商定，双方要共同努力，继续向建设性战略伙伴关系目标迈进。双方同时还宣布，各自控制的战略核武器互不瞄准对方。在有关亚太、南亚、东北亚以及世界热点等诸多问题上，双方也达成不少新的共识。在中方特别关切的台湾问题上，克林顿总统再次承诺，美国将恪守“一个中国”原则和中美三个联合公报的原则。由于双方共同努力，相向而行，中美关系这段时间有了突破性进展。自1996年起，美国成为中国第二大贸易伙伴，中国成为美国第四大贸易伙伴。两国的贸易额由1996年的428亿美元，猛增到2000年的744亿美元。[①] 包括核能在内的科技合作以及人文合作、军事交流，都有较大进展。

但是，由于种种原因，中美关系依然未能摆脱时松时紧、亦合亦分的基本路径。1999年3月，以美国为首的北约，以科索沃地区发生“人道主义灾难”为由，对南斯拉夫联盟进行空中打击，受到中国的强烈反对和谴责。5月7日，美军精确制导炸弹轰炸了中国驻南联盟大使馆，造成重大人员伤亡和财产损失，国际社会为之震惊。中国政府就此向美方提出最强烈抗议，随后提出四点严正要求：一，公开和正式地向中方道歉；二，对事件进行全面彻底的调查；三，迅速公布调查的详细结果；四，严惩肇事者。此后，中方宣布停止中美高层军事交流，推迟军控和国际安全问题磋商，停止人权问题对话。

在中国政府的强大压力下，美国不得不以多种方式向中方表示“道歉”，但反复辩称这是因有关部门“定位错误”和“数据库缺陷”而导致

---

① 见吴恩远等:《改革开放的中国与世界》(中国社会科学院世界历史研究所编《世界历史》第37册)，江西人民出版社2012年版，第388页。

的“悲剧性误炸”。对中方所遭受的人员牺牲和财产损失，美方做出了一定的赔偿，并向中方通报了事件的调查和处理结果。

2001 年 4 月，美国军用侦察机在中国海南岛以东中国专属经济区上空搞所谓“抵近侦察”，与中国军机发生“碰撞”，导致中方机毁人亡。严重受损的美国军机未经允许，擅自进入中国领空并降落到海南岛一军用机场。事发后，美国态度蛮横，拒不道歉，更不赔偿中方损失。这时，美国已进入小布什执政时期。他上台伊始，对华示强，公开宣称中国不是战略伙伴，而是竞争对手，在对台售武问题上，大有铤而走险之意。面对中美关系出现的新危机，中国毫不示弱，有理有利有节地同美国进行了坚决斗争。

2001 年美国遭受“9·11”恐怖袭击后，中国采取了支持和配合国际反恐斗争的负责任立场。小布什政府在外交事务中对中国的借助面上升。再加上中国在“南海撞机”事件中态度坚决，促使美国进一步认识到中美关系既重要又敏感。2001 年 10 月，小布什总统在其反恐事务极为繁忙的情况下，应邀来到上海，参加由中国主办的亚太经济合作组织领导人第九次非正式会议，以显示他本人对中美关系的重视和美国对中国主办大型国际会议的支持。在与江泽民主席会晤时，小布什总统表示，如果此次会议在其他国家召开，他可能不会参加。他来中国，是因为中美关系太重要，今后还会越来越重要。小布什总统向中方承诺，美国高度重视美中关系，致力于同中国发展建设性合作关系。美国国务卿鲍威尔当时称，中美关系是 30 年来最好时期。

2002 年，江泽民主席第二次访美。中美两国领导人就发展中美建设性战略合作关系达成一系列新共识，决定继续加强两国的高层战略对话和交往。2006 年 4 月，中国国家主席胡锦涛访问美国，目的是同美方加强对话，扩大共识，增进互信，深化合作，全面推进 21 世纪中美建设性合作关系。

2009 年，奥巴马入主白宫，在对华关系方面执行相对务实的温和路线，两国关系出现开局良好的新景象。虽然 2009 年底 2010 年初，双方因美国对台售武、美国总统会见达赖等问题再起波澜，但局面总体可控。美国派出高官来华进行解释，在修补关系方面表现主动。2010 年 4 月，胡锦涛主席利用赴美出席核安全峰会之机，与奥巴马就两国关系未来发展问题交换意见，取得新的共识。

2011 年中美关系稳步发展势头依旧。胡锦涛主席当年 1 月第二次访美。在与奥巴马总统会谈时，胡锦涛主席就两国关系的未来发展提出五点建议，即发展求同存异、平等互信的政治关系；发展深化全面合作、互利共赢的经济关系；发展共同应对挑战的全球伙伴关系；推进人民广泛参与的中美友好事业；建立深入沟通、坦诚对话的高层交往模式。与以往访问成果不同的是，双方这一次在中美联合声明中确认，两国将共同努力建设相互尊重、互利共赢的中美合作伙伴关系。共同致力于建立建设性战略伙伴关系的提法，首次被相互尊重、互利共赢的合作伙伴关系的新提法替代。

2011 年 11 月，胡锦涛主席在二十国集团峰会和亚太经合组织领导人非正式会议期间，继续与奥巴马总统保持接触。中国政府总理也利用出席东亚峰会之机，会晤奥巴马。双方领导人就两国关系和共同关心的重大国际问题和地区性问题，进一步交换意见，协调立场。这年 4、5 月间，第二轮中美人文交流高层磋商和第三轮中美战略与经济对话相继在美国举行。中美在战略对话框架下，首次举行了战略安全对话。6 月和 10 月，中美首次成功举行两轮亚太事务磋商。

2011—2012 年间，美国应对中方倡议，在共同努力建设相互尊重、互利共赢的合作伙伴关系方面总体上相向而行。但美国在利用达赖、人权、宗教、涉疆等问题干涉中国内政，为中美关系发展制造障碍的问题上，也有所动作。中国坚持不懈地继续进行交涉和斗争，使中美关系基本保持了总体稳定并向前发展的态势。2011 年，中美贸易总额达 4466 亿美元新高。中美双向投资进程加快，美国对华投资项目累计已逾 6.1 万家，2011 年实际对华投资 676 亿美元。中国企业对美国非金融类直接投资约 60 亿美元，涉及工业、科技、金融、保险、运输等许多领域。①

2012 年，中国国家主席、政府总理等领导人多次在国际会议上继续与美方接触，就两国关系和共同关心的重大问题交换看法，一致同意共同推进中美合作伙伴关系建设，探索构建新型大国关系。这一年，第四轮中美战略与经济对话以及中美战略对话框架下的中美第二次战略安全

① 参见《世界知识年鉴（2012—2013）》，世界知识出版社 2014 年版，第 869 页。

对话、第三轮中美人文交流高级磋商、第三和第四轮中美亚太事务磋商以及首轮中美中东事务磋商均顺利举行。两国在经贸、科技、能源、环境、人文、反恐、执法、防扩散、军事交往与政党对话等领域的合作都有新的进展。在朝鲜半岛问题、伊朗核问题、中东地区冲突以及全球经济治理、应对气候变化和国际金融危机等全球性问题上，亦保持着密切的沟通、协调或合作。

二、中俄关系：与时俱进的战略协作伙伴

中国与俄罗斯1996年建立的战略协作伙伴关系，经受了世纪之交国际风云变幻和各自国内形势变化的考验。在双方共同努力下，中俄国家元首和政府首脑定期会晤机制运作得非常成功。后来，双方陆续建立了议会领导人会晤机制，成立了总理定期会晤委员会，建立了战略安全磋商机制。在总理定期会晤委员会框架下，设立了经贸合作、人文合作、银行合作、交通运输合作等多个分委会，并且根据两国能源合作需要，专门设立了能源谈判代表会晤机制。这些分委员会和工作组数量不断增加，基本覆盖了中俄合作的所有领域，在两国战略协作伙伴关系巩固和发展过程中发挥了重要作用。

1999年12月31日，俄罗斯总统叶利钦突然辞职。当年8月刚刚出任总理的普京，以代总统身份入主克里姆林宫。2000年3月，普京在大选中获胜，成为俄罗斯新总统。普京上台后，全力整顿俄罗斯政局，建起垂直管理的国家权力体系，同时大力改造统一俄罗斯党，将该党打造为总统的执政基础。俄罗斯政坛群雄恶斗、乱象丛生的局面很快改变。国家经济形势，也由于国际能源价格上涨等多种因素，逐渐摆脱危机。在对外关系方面，普京更加坚定地致力于维护俄罗斯的民族利益和国家安全，更加注重东西方兼顾和政策平衡。

2000年，中俄两国领导人按惯例安排了多次接触和会晤。首先是7月5日，江泽民主席在“上海五国”元首杜尚别会晤期间，第一次正式接触普京，双方就“上海五国”发展方向和其他感兴趣的问题交换了意见。其次是7月17—19日，普京作为俄罗斯总统对中国进行了首次访问。来华前夕，普京对媒体表示，俄中关系发展不是权宜之计，与中国发展关系，是俄罗斯对外政策的优先方向之一。两国发展战略伙伴关系，

也是维护全球稳定和世界和平的最重要因素之一。通过这次访问，两国元首一致确认，双方建立的中俄平等信任、面向21世纪的战略协作伙伴关系，完全符合两国人民的根本利益，并对推动世界多极化、建立公正合理的国际新秩序具有重要意义和作用。访问结束后，双方除签署中俄元首北京宣言外，还共同发表了关于反导问题的联合声明，以体现中俄两国在重大国际问题上的协调与配合。此外，双方有关方面还签署了7份政府及部门间的合作文件。

2001年6月中旬，上海合作组织成员国元首会晤在上海举行。中俄两国元首按惯例单独进行了会晤。7月中旬，江泽民主席访问了俄罗斯。这次访问的突出成果是，双方签署了《中俄睦邻友好合作条约》，作为两国指导21世纪关系发展的纲领性文件，将世代友好、互不为敌的和平思想以法律形式固定下来。该条约第九条规定，如出现缔约一方认为会威胁和平、破坏和平或涉及其安全利益和针对缔约一方的侵略威胁的情况，缔约双方为消除所出现的威胁，将立即进行接触和磋商。这项规定对双方维护自身安全、维护地区稳定、促进世界和平的意义，是不言而喻的。江泽民主席访俄期间，还在莫斯科罗蒙诺索夫大学发表了讲演，题为《共创中俄关系的美好未来》，就21世纪中俄关系发展问题提出了中方的新建议：一是增进政治互信，巩固中俄睦邻友好的政治基石；二是扩大互利合作，增强中俄共同发展的动力；三是加强文明交流，共同致力于世界和平与发展。

2001年，美国发生“9·11”恐怖袭击事件，震惊整个世界。事件发生后，中俄两国元首立即进行电话沟通，通报各自对国际反恐形势的认识，协调政策与主张。此后不久，亚太经合组织领导人非正式会议在中国上海举行，两国元首围绕21世纪的中俄关系、国际反恐形势、维护世界和地区的和平稳定等问题，深入交换意见，取得广泛一致。

2002年12月初，普京再次访问中国。中俄两国元首就双边关系和共同感兴趣的地区和国际问题，深入广泛地交换意见。双方在联合声明中表示，深化两国战略协作伙伴关系符合两国和两国人民的长远利益，是唯一正确的历史选择，也是应对世界形势和国际关系发展所带来的挑战的需要。双方重申，无论国际风云如何变幻，无论两国国内发生什么样的变化，都要恪守《中俄睦邻友好条约》所确定的方针和原则，不断扩大、推进并以新的内容充实和深化两国战略协作伙伴关系，在双方关切的问题上协调立场和相互支持，以充分体现“永做好邻居、好朋友、好伙伴，永不为敌”的伟大战略思想。

当时，中俄两国与整个国际社会一样，面临同样严峻的反恐形势。出于共同反恐的现实需要，双方一致表示，恐怖主义、分裂主义和极端主义对主权国家及全球和平与稳定构成严重威胁，解决这些问题不应采取双重标准。打击国际恐怖主义必须依靠所有国家的共同努力。双方还确认，俄罗斯境内的车臣分裂势力和中国境内外的“东突”恐怖分裂分子，都是国际恐怖主义的组成部分。世界各国为有效维护各自国家的安全稳定，促进地区乃至全球的和平与繁荣，应加强反恐领域相互支持的力度和在国际上的协调与合作。鉴于中俄双方均对美国部署反导系统有特殊关切，双方共同发表了关于反导问题的联合声明，使国际社会进一步认识到中俄战略协作伙伴关系的意义和价值。

普京第二次访华期间，江泽民主席曾陪同他到北京大学发表演讲。普京表示，现在俄罗斯年轻一代对中国文化很感兴趣，他的两个女儿都在学习中国武术，其中一个女儿还在学汉语。江泽民主席也发表了讲话，指出中俄合作有着得天独厚的优势，蕴藏着巨大的发展潜力。中俄都处在国家发展新时期，双方互利合作有着广阔前景。

2003 年 3 月，胡锦涛同志就任中国国家主席。当年 5 月，胡锦涛主席赴莫斯科出席上海合作组织第三次元首会晤，同时访问俄罗斯，并参加圣彼得堡建城 300 周年庆祝活动。作为新任国家主席，此访对中俄关系的发展具有承前启后、继往开来的意义，双方都十分重视。两国元首在会谈中确认，双方要不断推动中俄睦邻友好合作关系向前发展。胡锦涛主席在莫斯科发表的《世代睦邻友好　共同发展繁荣》的讲话，国际上反应良好。这一年，中俄两国元首在国际会议等多边场合有过多次接触。两国总理举行了例行的年度会晤，两国外长举行了第十二次外长会，两国副外长进行了十多次事务性会晤和磋商。两国议会、政党、军队、地方和民间团体的交往，态势良好。

2004 年 10 月，普京总统第三次访华。俄罗斯外长在普京访华前夕，为中国新华社提供专稿，赞扬中俄战略协作伙伴关系具有强大生命力。普京这次访问的最大成果，就是双方签署了关于两国国界东段的补充协定。

这份文件的签署，意味着中俄两国边界问题全部解决。中俄间4370多公里的共同边界，从此成为没有争议、睦邻友好、互利合作的共同纽带。双方盛赞这份文件是“政治双赢的均衡合理的方案”，是中俄两国人民世代友好、睦邻合作的可靠保障，也是对亚太地区及世界安全与稳定的重要贡献，同时还为世界各国解决边界问题树立了成功的典范。正是在这次访问期间，中俄关于俄罗斯加入世界贸易组织的谈判宣告结束。中国在支持俄罗斯“入世”方面，为其提供了实实在在的支持，俄方对此深表满意。

但这时，中俄经贸关系的发展水平不尽如人意。双方经济合作的互补性没有充分发挥，合作的潜能和创造性没有完全发掘，贸易额一直徘徊在50亿—60亿美元之间。中国总理利用普京来访之机，提出五点建议：加大市场开放力度，扩大贸易规模；改善贸易结构，规范贸易秩序；增加相互投资，以投资促合作；尽早签署能源长期合作纲要；实现能源合作新突破，鼓励边境贸易合作。中方承诺，到2020年时，对俄投资将扩大到120亿美元，受到俄方欢迎。俄方对两国经贸关系下滑也感到担忧。普京亲自赶到西安，与中国一位副总理共同主持中国西北五省区与俄罗斯地方负责人扩大地方合作座谈会。

2005年5月，胡锦涛主席专程赴俄参加了纪念卫国战争胜利60周年庆典。同年6月，双方互换了两国国界东段协定批准书，历史留给的边界问题一劳永逸地得到解决。6月底7月初，胡锦涛正式访俄，双方发表了关于21世纪国际秩序的联合声明和有关访问情况的联合公报。2006年，普京对中国进行了国事访问，出席了“俄罗斯年”开幕式和中俄经济工商界高峰论坛开幕式。2007年，胡锦涛主席访问俄罗斯，出席了“中国年”活动开幕式。

2008年，俄罗斯总统普京任期届满。原总理梅德维杰夫在大选中胜出，接任总统。普京随即成为政府总理。梅德维杰夫总统同样高度重视对华关系，上任不久即访问中国。中俄两国领导人就发展两国关系和共同关心的重大国际问题发表联合声明，有关部门签署了关于核能、航空、金融、林业等领域的合作协定。这一年，中俄两国元首在国际会议上多次会晤，互致信函10余次，交往相当密切。普京以总理身份来华出席了北京奥运会开幕式，中国国家主席和政府总理分别与其举行会见。在俄罗斯国家元首与政府首脑易位的情况下，中俄战略协作伙伴关系，照常运转，没有偏误，显示了俄罗斯对华政策的连续性和两国睦邻友好关系的稳定性。

2009 年是中俄两国建交 60 周年。胡锦涛主席第四次访问俄罗斯，在俄发表题为《共创中俄关系的美好未来》的讲话，参与纪念活动。双方签署了联合声明以及能源、交通等重要领域合作文件。普京总理来华出席第十四次中俄例行总理会，同时出席中方举办的中俄建交 60 周年纪念活动。此时，中俄两国已结成 88 对友好省州和城市，人文交往与合作形势喜人，但经贸关系发展仍差强人意，贸易结构和贸易秩序有待改进的老问题比较突出。

2010 年，胡锦涛主席出席了俄罗斯纪念反法西斯战争胜利 65 周年庆典。2011 年，双方共同庆祝了《中俄睦邻友好合作条约》签署 10 周年。2012 年，普京重新当选为俄罗斯总统，梅德维杰夫再次出任总理。中俄睦邻友好关系和战略协作伙伴关系依然势头强劲，双方在国际事务中的协调配合与各领域中的务实合作依然异常活跃。

三、中欧关系：全方位发展的务实合作

20 世纪 80 年代末 90 年代初，欧盟的前身欧共体追随美国，以 1989 年春夏之交的政治风波为借口，对中国实行制裁，导致中欧关系一时跌入深谷。但国际关系中损人不利己的短视行为，经不住时间考验。经过中国不屈不挠的外交斗争，到 1994 年底，在欧共体基础上发展壮大起来的欧盟，不得不取消除军售以外的所有对华制裁措施。中国与欧盟的关系，进入一个崭新的发展时期。

由于中国大力争取和推动，也由于欧盟自身发展确有需要，自 1994 年起，欧盟陆续出台一系列改善和发展对华关系的新举措。最先出台的是《走向亚洲的新战略》，该战略将发展对华关系置于中心位置。1995 年，欧盟发表首份对华政策文件，名为《中国—欧盟关系长期政策》，正式宣布全面加强与中国在政治、经济等各领域的关系。1996 年，欧盟对华新战略出台，进一步突出对华政策的全面性、长期性和独立性。1998 年，《与中国建立全面伙伴关系》文件出台，欧盟对华关系被提升到与欧美、欧日、欧俄关系同等重要的水平。也就在就一年，21 世纪即将来临之际，欧盟决定不再向联合国人权委员会提出或联署针对中国人权问题的议案。欧盟利用人权粗暴干

涉中国内部事务、严重损害中欧关系的愚蠢做法得到部分纠正。

中国从国际关系大局和自身实际利益出发，自始至终重视和支持欧洲一体化进程，认为欧盟发展有利于世界多极化进程，改善和发展与欧盟的建设性合作，符合双方利益和世界发展潮流。因此，中国对欧盟调整对华政策做出了积极而快速的反应。1994 年江泽民主席访问法国，提出了中国发展对欧关系四项原则，即“面向 21 世纪，努力发展长期稳定的友好合作关系；相互尊重，求同存异；互利互补，促进共同繁荣；加强在国际事务中的磋商与合作。”这一年，中国与欧盟达成政治对话协议，中欧领导人会晤机制成立。

2001 年，欧盟发表《欧盟对华战略——1998 年文件执行情况及进一步加深对华合作的具体建议措施》，中国与欧盟建立起全面伙伴关系。2003 年，欧盟以《日趋成熟的伙伴关系——中欧关系的共同利益与挑战》为题发表文件，确认中欧关系已步入成熟期，发展稳定、持久、平等的伙伴关系为其重要目标。中国发布了《中国对欧盟政策文件》，规划了中欧合作的目标与重点，指出了双边关系的发展方向。当年举行的第六次中欧领导人会晤，决定双方建立全面战略伙伴关系。中国外长与欧盟“三驾马车”德、法、英首次举行专门双边会谈。

这时，中欧贸易额为 1252.2 亿美元，同比增长 44.4%。西欧国家对华投资项目 2162 个，协议金额 62.1 亿美元，同比增长 38%。实际投入 41.3 亿美元，同比增长 11.3%。[①] 双方在科技、教育、文化、卫生、环保、旅游等各领域的合作均蒸蒸日上。

2008 年是中欧全面伙伴关系确立 5 周年。此时的中欧经贸合作已产生丰硕成果，双方贸易额增加到 4255.78 亿美元。欧盟已经稳稳地成为中国的第一大贸易伙伴、累计第一大技术供应方和累计第四大投资方。欧盟对华投资项目累计 30253 个，实际投资额 625 亿多美元。当年双方举行了中欧首次经贸高层对话。

中欧政治关系也有很大改善。2008 年北京举办奥运会时，萨科奇以欧盟轮值主席和法国总统的双重身份来华，出席开幕式。出席开幕式的

① 中国外交部政策规划司编:《中国外交（2013 年版）》，世界知识出版社 2013 年版，第 256—257 页。

还有33个欧洲国家的18位元首、12位政府首脑、9位王室代表、3位议长和其他要人，共50多人。萨科奇向中国领导人表示，欧盟始终视中国为极具战略意义的合作伙伴，双方应加强互信，深化合作。当年双方在中国召开第七届亚欧首脑会议，欧盟委员会和欧盟27个成员国全员与会，包括5位国家元首、14位政府首脑和欧盟委员会主席。当然，即使在这时中欧关系也并非没有问题，由于法国总统高调会见达赖，应于当年举行的第11次中欧领导人会晤被迫推迟。

近年来，中欧关系全方位快速发展，政治、经济和人文成为三大合作支柱，城镇化和能源成为务实合作重点。2012年，中国总理温家宝在中欧领导人会晤时提出，双方要更加深入地相互理解和支持，以创新开放的思维扩大双边合作，共同致力于营造和平安全的国际环境，推动全球战略格局继续向着多极、稳定、均衡的方向发展。为此，他建议：第一，共同努力，扩大相互投资，尽早启动投资协定谈判；第二，促进双边贸易平衡、可持续发展，充分开发市场潜力，妥善处理分歧，争取共赢局面；第三，加强科研合作，带动结构调整和产业进步；第四，深化能源和环保领域合作，推进中欧城镇化合作；第五，以建立中欧高级别人文交流对话机制和举办文化对话年活动为契机，加强人文交流。

中国全面发展对欧合作，是经过认真研究和缜密思考的，建议和设想有很强的针对性和可操作性。欧盟对此予以充分肯定。但欧盟固守贸易保护主义，中欧贸易纠纷频频发生。因此，2012年召开第十五次领导人会晤时，中国总理又建议双方：第一，大力推进贸易自由化、便利化；第二，将先进制造业、新能源、新材料等战略性新兴产业作为重点，培育新经济增长点；第三，建立工作机制，推动双方在交通、电力、通信等领域开展合作；第四，推动国际金融改革取得新进展，维护全球经济金融稳定。

2012年4月，中欧举行了高级别人文交流对话首次会议，并就此发表了联合宣言。5月，双方举办了城镇化伙伴关系高层会议和高层能源会议，正式启动中欧城镇化伙伴关系、中欧能源消费国战略伙伴关系，签署了《中欧城镇化伙伴关系共同宣言》《中欧能源安全联合声明》《中欧关于促进电力市场相关合作的联合声明》等文件。

中欧全面战略伙伴关系历经十余年，成就可圈可点，领导人会晤机制发挥了重要作用。此外，中欧之间还有议会定期交流机制、中国经济社会理事会与欧盟经济社会委员会圆桌会议机制，以及经贸混合委员会、科技合作指导委员会、食品和消费品安全联合工作委员会、高级别战略对话、宏观经济对话、经贸高层对话、教育交流对话、区域政策对话、财金对话、贸易与投资政策对话、竞争政策对话、环境政策对话、民间友好合作对话、人权对话、司法研讨、政党高层论坛、文化高峰论坛、市长论坛、社会管理论坛、政治总司长磋商、外交政策磋商、非洲事务磋商、气候变化磋商、军控与防扩散磋商等诸多机制。这些机制的有效运转，为双边交换意见、沟通政策、协调立场、化解分歧提供了重要平台。

中欧全面战略伙伴关系不断发展并走向成熟，与中国同欧盟主要国家在双边框架下发展国家间战略伙伴关系并行不悖，相互促进。例如，1997 年，中国与法国宣布建立面向 21 世纪的全面伙伴关系。2004 年中法建交 40 周年时，两国关系提升为全面战略伙伴关系。1998 年，中国和英国宣布建立全面伙伴关系。2004 年，中英关系也升格为全面战略伙伴关系，同时宣布建立总理年度会晤机制。2004 年，中国与德国宣布在中欧全面战略伙伴关系框架下，建立具有全球责任的伙伴关系，同时宣布建立两国总理年度会晤机制。当时，中国已是德国在亚洲最大的贸易伙伴，此后两国经贸关系发展更快。到 2012 年两国建交 40 周年时，双方贸易额达 1600 多亿美元，贸易结构更加合理，贸易质量更加优化。德国成为欧盟对华关系的领跑者，中德领导人高层交往更加密切，外事沟通与磋商更加顺畅，立法机构和政治团体、友好组织间的交往更加融洽，科技和人文等领域合作前景更加广阔。

中国在与欧盟发展全面战略伙伴关系的同时，注意到中东欧地区的政治格局和区域经济已经发生重要变化。该地区曾是原苏联的势力范围，20 世纪 80 年代末东欧剧变后，这里出现许多新国家。加上从苏联独立出来后没有加入独联体的波罗的海国家，该地区的国家总数由原来的 8 个增加到了 16 个。[①] 该地区也不再被称作东欧，而是统称为中东欧，其中一部分国家陆续加入了欧盟，还有相当一部分游离于欧盟之外。中国与这些国家的联系，维持在旧的双边框架内，总体发展水平不高。如何在经济全球化

① 中东欧地区 16 国是：阿尔巴尼亚、波黑、波兰、保加利亚、克罗地亚、黑山、捷克、爱沙尼亚、立陶宛、拉脱维亚、马其顿、罗马尼亚、塞尔维亚、斯洛伐克、匈牙利、斯洛文尼亚。

和区域一体化平行发展、双边交往与多边合作齐头并进的形势下，扩大和深化与中东欧国家的交往，成为中国对欧外交全局中的一个新课题。

2012 年 4 月，经中方提议和努力，中国与中东欧地区 16 国领导人会晤和第二届中国—中东欧国家经贸论坛在波兰首都华沙成功举行。中国政府总理在会议上提出了发展中国与中东欧关系的四项原则：第一，坚持相互尊重、平等相待，照顾彼此重大关切，深化政治互信。第二，着力加强经贸领域的合作。尽快建立和完善工作机制和交流平台，确定合作重点，充分利用中国推出的一系列重要举措，争取短时期内取得实质性成果。第三，加强人文交流，从战略高度重视青年往来和媒体交流。第四，共同为中欧关系发展注入活力。除这四项原则外，中方还提出了促进中国与中东欧国家友好合作的 12 项具体措施。

中方关于扩大和深化中国—中东欧国家友好合作关系的原则建议和具体主张，受到了中东欧 16 国的普遍欢迎和支持。当年 9 月，中国—中东欧国家合作秘书处成立大会暨国家协调员首次会议在北京举行。中国—中东欧国家合作秘书处设在中国外交部，其宗旨是规划中国与中东欧各国的合作项目，协调合作中遇到的各种问题。中国—中东欧国家合作秘书处的成立和国家协调员机制的建立，标志着中国—中东欧国家合作工作网络正式形成。自当年 5 月起，在中方为中东欧国家提供的“100 亿美元专项贷款”项下，中国各方面迅速向该地区派出 60 多个经贸促进团组，达成许多合作意向。

中国—中东欧领导人会晤的机制化和其他多种合作机制的建立，改变了中国对欧外交因多种原因而造成的西重东轻现象。中国与中东欧的合作，既考虑到了中东欧地区和相关国家的具体情况与特殊需要，又与中国同整个欧盟的全面战略伙伴关系相互协调，彼此照应，二者并行不悖，有机衔接，使中国对欧外交总格局更加充实和平衡。

四、金砖国家：“新兴大国”的新型关系

在国际关系全局中，全球性大国或传统大国之间的关系作用显著，毋庸置疑。但历史和现实表明，地区性大国或次大国，具有较大发展潜能的新兴大国，对地区和国际事务的影响也不可忽视。冷战结束后，尤其是进入 21 世纪以来，随着世界经济发展态势发生变化，发展中国家与

发达国家经济社会发展水平差距缩小，被称为新兴经济体的地区性大国，在国际关系新变动中的作用受到广泛关注。

西方国家出于多种考虑，通常把中国、俄罗斯与印度、巴西、南非等国并列在一起，定性为“新兴经济体”，或称“新兴大国”。中国的综合国力和国际影响力远超上述其他各国，已前所未有地接近于全面复兴的历史目标，但中国总体上仍处于将富未富、似强未强的发展阶段，自我定位为“发展中大国”，因而不排斥国际社会有关中国是“新兴经济体”“新兴大国”的看法。

2001 年，美国高盛公司首席经济师吉姆·奥尼尔借用巴西、俄罗斯、印度、中国四国英文国名首个字母，发明了政治学词汇“金砖四国”（BRIC），“金砖四国”的概念立刻在国际事务中被广泛使用。2003 年该公司发表《与 BRICS 一起梦想的全球经济报告》，预言 2050 年世界经济格局将彻底改变，全球六大经济体将由中国、美国、印度、日本、巴西、俄罗斯六大经济体所组成。

自 2008 年起，上述四国举行一系列会谈并确立了峰会机制，“金砖四国”成为一个松散的、不结盟的，但相互间密切联系并广泛合作的特殊类型的国家集团。2010 年南非加入，金砖国家增加到五国，其英文拼法改为“BRICS”。中国在金砖国家框架内，与俄罗斯、印度、巴西、南非建立了既不同于传统的大国关系，也不同于发展中国家相互关系的新型的“新兴大国关系”。

金砖国家的合作始于 2008 年。当年 5 月和 9 月，“金砖四国”外长在俄罗斯城市叶卡捷琳堡举行两次会谈，决定四国在国际舞台上开始全面合作，并且还讨论了联合国千年发展目标、南南合作、气候变化、能源与粮食安全等共同关心的问题，拉开了金砖国家友好合作的序幕。11 月，四国财长在巴西圣保罗举行会议，一致呼吁改革现有国际金融体系，以适应世界经济的新形势。当年 7 月，四国领导人应邀出席了在日本洞爷湖举行的八国集团[①]系列会议，会议期间，就四国间相互合作以及共同

① 最初为七国集团，由欧美地区 6 个发达国家加日本所组成。俄罗斯后来应邀加入，该集团改称八国集团。2013 年乌克兰危机爆发，俄罗斯与西方关系恶化，被开除出八国集团。该集团复称七国集团。

关心的相关问题，进行了初步接触。

2009年6月，“金砖四国”领导人首次峰会在俄罗斯举行。当时南非尚未加入，中俄印巴四国领导人发表联合声明，针对国际金融危机暴露出来的诸多问题以及广大发展中国家的共同关注，呼吁落实二十国集团伦敦金融峰会达成的共识，改善国际贸易和投资环境，承诺推动国际金融机构改革，提高新兴市场和发展中国家在国际金融机构中的发言权和代表性。

2010年4月，“金砖四国”第二次峰会在巴西举行。四国领导人就世界经济形势、国际金融体系改革等问题交换了意见和看法，讨论了推动“金砖四国”加强协调与合作的具体措施，发表了反映四方共同立场的联合声明。当年11月，二十国集团领导人在韩国举行峰会，南非在此次会议期间正式申请加入“金砖四国”合作机制。12月，南非被吸收参加金砖国家合作机制，金砖国家合作机制正式形成。

这时，金砖国家的经济运行态势的确也不负众望。世界银行和国际货币基金组织出台改革方案，拟将金砖国家在世界银行中的投票权增加到13.1%，在国际货币基金组织中的份额提高到14.81%。这样一来，按购买力平价计算，金砖国家对世界经济增长的贡献率将会超过50%。2010年，中国经济总量超过日本，成为世界第二大经济体。巴西经济持续走强，成为世界第七大经济体。俄罗斯借助国际能源居高不下的大好时机，迅速改变了国家的财政状况，外汇和黄金储备跃升到世界第三位。印度继续保持年均6%以上的增长率，有望与中国、巴西一样，成长为世界上经济增速最高的国家之一。

所有这一切，进一步增强了金砖国家扩大和深化相互合作的意愿和决心。2011年4月，金砖国家领导人在中国三亚举行了第三次峰会，这也是南非加入金砖合作机制后的首次峰会。会议主题是“展望未来，享受繁荣”。在东道国国家主席胡锦涛主持下，五国领导人就国际形势、世界经济和金融问题、发展与合作等议题深入交换意见，共同规划了金砖国家的未来合作。会晤主要成果集中在三方面，一是就国际形势的发展达成了重要共识；二是加强了五国在国际经济和金融等领域重大问题上的协调与合作；三是深化并拓展了五国相互间多领域务实合作。会晤成果不仅表现为《三亚宣言》，还具体地反映在各国签署的一系列合作文件之中。

国际社会对金砖国家领导人三亚峰会，特别是对中国出面邀请南非加入金砖国家合作格外关注。南非是非洲第一大经济体，参与金砖国家合作，可以给南非经济增长带来机遇。因此，2010年4月至8月，南非总统祖马曾遍访巴西、印度、俄罗斯和中国，游说四国支持南非加入金砖合作机制。金砖国家当时也认识到，与南非合作将大大加强本国与整个南部非洲大陆的经贸关系，使金砖国家能在国际舞台更好地反映非洲对国际事务的立场，增大金砖国家整体参与国际事务的能力和水平。

2012年，金砖国家领导人峰会在印度首都新德里举行。会晤的主题是“金砖国家致力于全球稳定、安全和繁荣的伙伴关系”。五国领导人讨论了全球治理、可持续发展以及金砖国家合作问题。中国国家主席胡锦涛在会晤中表示：当今世界正处于大发展大变革大调整时期，新兴市场国家和发展中国家抓住机遇，加快发展，在团结中促合作，在合作中谋发展，日益成为促进南南合作、南北合作的重要力量，这将提高人类社会生产力整体水平，有利于世界经济更加平衡、国际关系更加合理、全球治理更加有效、世界和平更加持久。

2012年，金砖国家经济总量约占世界总量25%，贸易总量约占世界17%，五国间贸易总额为3000亿美元。近年来，由于自身经济结构不合理和外部金融危机的影响相互叠加，金砖国家的经济增长普遍出现下降趋势。其中，俄罗斯由2010年的4.3%下降到2013年的2.3%，印度同时期由7.4%下降到4.7%，巴西从7.5%下降到1.5%。① 国际上一时响起金砖褪色之说。但是，金砖国家经济暂时下滑和国际上关于金砖国家发展前景的悲观估计，并不能阻止金砖国家扩大合作的意愿和决心。推进金砖国家合作的努力此后仍在继续。

金砖国家是个新事物，开展内外交流、对话与合作的种种机制化安排，仍在进行之中，但有些机制和平台已搭建成型。如五国外长出席联合国大会时，一般都要举行会晤。金砖国家事务协调人或副协调人，经常举行不定期会议；五国常驻纽约、日内瓦的国际组织的负责人，经常会面或开会。在二十国集团框架下以及世界银行、国际货币基金组织年会期间，金砖国家的财长和央行行长也要举行会议。

---

① 参见《金砖国家发展报告（2014）》，社会科学文献出版社2014年版，第2页。

第十一章

全力营造睦邻友好的周边环境

世纪之交，中国周边同整个世界一样，和平、发展与合作依然是大势所趋。但历史遗留的各种矛盾和问题，力量对比变化引发的疑虑和冲突，相互交织。不稳定、不可测因素与不信任、不合作情绪时隐时现。中国周边环境因此带有这样的阶段性特征：一方面，周边各国普遍希望搭乘中国快速发展的顺风车，加强对华合作以获取更多机遇和利益；另一方面，某些国家对中国发展壮大深感恐惧，期望与美国结盟以抗衡中国崛起。经济上借助中国，安全上依赖美国，成为世纪之交中国在周边部分地区面临的新常态和新问题。

面对国际大环境和周边小环境的深刻变化，中国与时俱进，开拓创新，形成了大力推进周边外交、继续营造良好的周边环境的新思路。就此，1997年召开的党的十五大提出："要坚持睦邻友好。这是我国的一贯主张，决不会改变。对我国同邻国之间存在的争议问题，应该着眼于维护和平与稳定的大局，通过友好协商和谈判解决。一时解决不了的，可以暂时搁置，求同存异"[①]。2002年召开的中共十六大提出："我们将继续加强睦邻友好，坚持与邻为善、以邻为伴，加强区域合作，把同周边国家的交流和合作推向新水平"[②]。2007年召开的中共十七大又进一步表示：中国"将继续贯彻与邻为善、以邻为伴的周边外交方针，加强同周边国家的睦邻友好和务实合作，积极开展区域合作，共同营造和平稳定、

① 《江泽民文选》第二卷，人民出版社2006年版，第40页。

② 《江泽民文选》第三卷，人民出版社2006年版，第567页。

平等互信、合作共赢的地区环境”[①]。在这些新思路新理念指导下，“睦邻”“安邻”“富邻”成了中国周边外交战略的重要内容。面向新世纪的中国周边外交，表现得更加积极主动，更具时代特征，更符合中国全面崛起的战略需要。

一、“与邻为善、以邻为伴”的睦邻友好方针

中国是世界上拥有陆海邻国最多的大国之一。按照近年来普遍认同的“大周边”概念，除 14 个陆上接壤国和公认的那些海上邻国外，一些与中国并不接壤的国家，如新加坡、柬埔寨、泰国、孟加拉国、斯里兰卡、乌兹别克斯坦、土库曼斯坦等，也被视为中国邻国。大周边地区既是中国安身立命之所，也是中国发展繁荣之基。

在北方和西面，全面深化与俄罗斯以及中亚国家的务实合作，是中国营造周边环境新格局的重要努力方向。1996 年 4 月，中俄两国基本解决了边界问题，确立了战略协作伙伴关系。以此为前提，中国与俄罗斯、哈萨克斯坦、吉尔吉斯斯坦、塔吉克斯坦签署了关于在边境地区加强军事领域信任的协定。1997 年 4 月，中国又与该四国签署了关于在边境地区相互裁减军事力量的协定。

进入 21 世纪，中国与俄罗斯的战略协作伙伴关系不断深化，与中亚各国的务实合作全面发展。中哈两国解决边界问题后，哈萨克斯坦成为中国通过中亚进入欧洲和地中海地区的重要通道。两国于 2005 年建立战略伙伴关系。纳扎尔巴耶夫总统本人对华友好，是当今世界访华次数最多的国家元首。2008 年中国举办奥运会，纳扎尔巴耶夫以国家元首身份领跑境外圣火传递第一棒，向全世界展示了日久弥坚的中哈友谊。2011 年，中哈宣布发展全面战略伙伴关系。此时中哈贸易额已近 250 亿美元，双方在经贸、投资、能源、交通、安全、人文等各领域的合作进一步深化。

中吉两国于 1999 年解决了边界问题，2002 年签署睦邻友好合作条约。吉尔吉斯斯坦内政复杂，动乱频仍，政权几度非正常更迭，但中吉

---

① 中共中央文献研究室编:《十七大以来重要文献选编》(上)，中央文献出版社 2009 年版，第 37 页。

睦邻友好关系经受住了时局变化的考验，双方各领域友好合作持续扩大。到2011年时，中吉贸易额近50亿美元，中国成了吉尔吉斯斯坦第二大贸易伙伴和第二大进口来源国。塔吉克斯坦地处帕米尔高原，相对封闭的地理位置和错综复杂的内外矛盾，导致该国经济社会发展严重滞后，中国为塔吉克斯坦的发展和稳定提供了多方面的援助和支持，双方于2007年签署睦邻友好条约。2011年1月，中塔边界问题也最终得到解决。

进入21世纪后，中国与乌兹别克斯坦、土库曼斯坦的睦邻友好关系也得到全面发展。2004年，中乌决定进一步发展和加深两国友好合作伙伴关系。2005年签署友好合作伙伴关系条约。2012年，双方决定共建战略伙伴关系。中国尊重土库曼斯坦的永久中立国地位和相对独特的内外政策。土库曼斯坦在涉及中国国家主权和安全的所有问题上，和中亚各国一样，始终不渝地支持中国。1998年，中土达成进一步发展和加强友好合作关系的共识，以能源为主的互利合作迅猛发展。到2011年时，两国贸易额已近55亿美元。

在东北亚方向，积极发展、不断巩固并适时调整与蒙古、朝鲜、韩国及日本的关系，对中国营造长期稳定的周边环境至关重要。蒙古国内政治进程变幻多端，政党之争复杂激烈，但在对华关系方面，彼此无大分歧。中蒙2003年建立睦邻友好互信伙伴关系，2011年建立战略伙伴关系。两国在政治、经济、人文、地区和国际事务等方面的友好交流与合作始终保持良好态势。

中国高度重视与始终注意平稳平衡地发展与朝韩两国的睦邻友好关系。1994年朝鲜领导人金日成逝世后，两国高层交往一度中断。1999年朝鲜新领导人金正日来华访问，中朝恢复高层往来。此后金正日多次访华。中国党和国家领导人及党政军各方负责人均多次访朝，两国传统友谊进入新的发展阶段。2011年，中朝贸易总额超过了56亿美元，双方共同庆祝了两国友好合作互助条约签订50周年，启动了执政党战略沟通机制。中韩1992年建交后，高层互访保持不断，政治互信与日俱增，互利合作成果显著。双方贸易额1996年时即达200亿美元。1998—2008年间，两国关系实现了合作伙伴关系、全面合作伙伴关系、战略合作伙伴关系“三级跳”。

中国与日本的关系既重要又复杂，这一特点在世纪之交变得更加明显。中方为维护两国关系大局，引导两国关系健康平衡地向前发展，于1998年与日本共同发表了《关于建立致力于和平与发展的友好合作伙伴关系的联合宣言》，同时签署了一系列加强友好合作的文件和协定。由于双方的共同努力，至2002年中日邦交正常化30周年时，两国贸易额达1020亿美元，日本对华实际投资达363亿美元。为推动两国关系持续向好，中国5000人旅游交流团访日，日本1.3万人来华。江泽民主席出席中日邦交正常化30周年纪念大会并发表讲话。

但是，中日关系的基本态势此时已开始逆转。日本极右势力公开否定侵略历史，政府阁僚乃至首相本人参拜靖国神社，日美确立明显针对中国的“防卫合作新指针”，2001年以来竟多次同意“台独”分子李登辉访日，严重伤害中国人民的情感。中国不得不同日方持续损害两国关系的行为进行坚决斗争。中方强调，正确认识和对待历史，是维护中日关系的政治基础，双方领导人应高瞻远瞩，从战略和全局高度把握两国关系发展的大方向。在中方的大力推动下，2008年双方发表了《中日关于全面推进战略互惠关系的联合声明》。2010年，中日关系出现较大波动，中方依然坚持两国以往确定的原则和共识，主张加强各领域交流合作，妥善处理有关问题，推动双方战略互惠关系健康稳定地向前发展。两国领导人实现会晤后，中日关系一度又有所缓和。

2012年是中日建交40周年，也是双方商定的国民交流友好年，各种活动共设计了400余项。日本首次购买了中国国债，人民币与日元开始直接交易，两国在经贸、投资等领域的合作势头依然看好。中、日、韩三国领导人会议成功举行，三方还签署了投资协定。但就在这一年，日本右翼政客否认南京大屠杀，购买中日争议领土钓鱼岛计划出笼，媒体大肆炒作“中国间谍案”，日本政府在南海问题上与菲律宾等国一唱一和，为反华聒噪推波助澜。2012年12月，日本右翼势力代表人物安倍晋三入主内阁，对华政策进一步偏离睦邻友好轨道，中日关系发生严重危机。

在东南方向，中国一如既往，继续努力同东盟各国建立和发展睦邻友好关系。21世纪到来前，中国与越南解决了陆地和北部湾的划界问题，实现了1450公里陆地边界和12.8万平方公里海域总体稳定。此后，双方确立了指导两国关系发展的十六字方针，即“长期稳定、面向未来、睦邻友好、全面合作”，决心按“好邻居、好朋友、好同志、好伙伴”的“四好精神”，巩固并深化“同志加兄弟”式的传统友谊。中国与老挝的关系也得到长足发展。2000 年中国国家元首首访老挝，揭开两国关系史上新的一页，双方决定发展“长期稳定、睦邻友好、彼此依赖的全面合作关系”。2009 年，两国关系提升至全面战略合作伙伴关系。中国与柬埔寨并不接壤，但柬埔寨是中国在东南亚地区的可靠的朋友和伙伴。中柬 2006 年建立全面合作伙伴关系，2010 年升级为全面战略合作伙伴关系。

中国与东盟其他国家的关系，也呈现总体向好的发展态势。1999 年，中国与马来西亚签署了关于两国关系发展方向的联合声明，2009 年又签署了战略性合作共同行动计划。2000 年，中国与印尼共同确定了未来双边合作方向，2005 年建立战略合作伙伴关系。中国同缅甸 2000 年商定了未来双边合作框架文件，2011 年建立了全面战略合作伙伴关系。中国与泰国 2001 年达成推进战略性合作的共识，2012 年两国关系升格为全面战略合作伙伴关系，2013 年又制订出两国关系发展远景规划。新加坡 1990 年才与中国建交，但建交后两国关系发展很快。其领导人李光耀生前 20 多次来华访问或参加相关会议，与中国领导人结下深厚友谊。中新在政治、经济、科技、人文及地区事务等各领域都形成了较好的合作关系。中国与文莱 1991 年建交，1999 年两国宣布进一步发展在相互信任和相互支持基础上的睦邻友好合作关系，2013 年宣布建立战略合作伙伴关系。中国与菲律宾 2000 年确定了 21 世纪双边合作框架，2005 年达成了共建致力于和平与发展的战略性合作关系的共识，2009 年发表战略性合作共同行动计划。对于菲律宾恣意侵犯中国领海领土主权、破坏南海局势稳定的行为，中国坚持开展有理有利有节的斗争。

在西南方向，中国构建面向 21 世纪的睦邻友好关系总体上进展顺利。中国与南亚多国接壤，共同边界总长 4700 多公里，除中印、中不（丹）边界外，与其他陆上邻国的边界均已划定。中国和巴基斯坦“全天候”的传统友谊经久不衰，2005 年双方宣布建立更加紧密的战略合作伙伴关系。中印边界问题虽久拖不决，但两国关系持续改善，2003 年 6 月签署了关于两国关系原则和全面合作的宣言。2005 年，中印宣布建立面向和平与繁荣的战略合作伙伴关系，2006 年制定深化两国战略合作关系的“十项战略”，2008 年签署面向 21 世纪的共同展望。中国与尼泊尔

1996 年宣布建立世代友好的睦邻伙伴关系，2009 年升格为世代友好的全面合作伙伴关系。中国与阿富汗 2008 年互换睦邻友好合作条约批准书，2011 年建立战略合作伙伴关系。

中国与不丹没有外交关系，但中不（丹）睦邻友好关系未受影响，双方友好往来平稳发展。孟加拉国和斯里兰卡与中国均不接壤，但中国与该两国在地区和国际事务中相互支持，在务实合作方面相向而行，坚持互利共赢。孟加拉国是中国最大的受援国，到 2012 年时共接受中方援助近 40 亿元。2005 年为中孟建交 30 周年，双方宣布两国确立长期友好、平等互利的全面合作伙伴关系。2010 年，两国关系提升为更加密切的合作伙伴关系。中国长期支持斯里兰卡为实现国内和平与战后重建而做的积极努力，2005 年与斯里兰卡建立了真诚互助、世代友好的合作伙伴关系。2013 年，中斯关系重新定位为真诚互助、世代友好的战略合作伙伴关系。

2012 年是“与邻为善、以邻为伴”的周边外交新方针提出 10 周年，中国为营造长期稳定、睦邻友好的周边环境所做的努力，收获甚丰。截至该年底，中国与东亚、东南亚及南亚国家的经贸关系有了巨大发展，贸易额高达 1.09 万亿美元，占中国外贸总额的 28.4%，超过中国与美国、欧盟的贸易总额。东亚、东南亚和南亚国家对华投资达 175.14 亿美元，占中国吸引外资总额的 15.7%。中国对东亚、东南亚和南亚的非金融类直接投资达 54.72 亿美元，对该地区国家的工程承包营业额达 337.8 亿美元，占中国对外工程承包总额的 29%。中国与该地区各国的财金合作进一步深化，各类大项目合作不断推进，大型产业园区建设拉开序幕。亚太地区以中国与邻国睦邻友好关系为核心的利益共同体、命运共同体和责任共同体正在悄然形成。

二、从“上海五国”到上海合作组织

营造长期稳定的睦邻友好环境，不仅需要全力推进和发展同周边各国的双边关系，更要注重经营多边组织和多边关系。上海合作组织（简称上合组织）就是中国为开拓周边外交新局面、塑造周边外交新格局，精心打造的一个双边与多边合作齐头并进、区域内与区域外协作相互结合的新机制和新平台。

上合组织的前身是1996年中国与俄罗斯、哈萨克斯坦、吉尔吉斯斯坦、塔吉克斯坦为缓和边境地区局势、加强军事领域信任而在上海形成的五国元首会晤机制，当时称“上海五国”。“上海五国”机制运行时间不长，但孕育了具有强大生命力的“上海精神”，这就是“互信、互利、平等、协商，尊重多样文明，谋求联合发展”。2001年6月15日，乌兹别克斯坦总统卡里莫夫应中方邀请，出席“上海五国”元首会议，与五国领导人一起签署上合成立宣言和《打击恐怖主义、分裂主义和极端主义上海公约》。此次会议不仅意味着乌兹别克斯坦以平等成员身份和创始成员国地位加入上合组织，同时也表明“上海五国”成功转型为完整意义上的地区合作组织。

根据上合组织成立宣言，上合组织的宗旨是加强成员国之间的相互信任与睦邻友好；鼓励成员国在政治、经济、科技、文化、教育、能源、交通、环保和其他领域的有效合作；联合致力于维护和保障地区和平、安全与稳定：建立民主、公正、合理的国际政治经济新秩序。上合组织奉行不结盟、不针对其他国家和地区及对外开放原则，愿与其他国家及有关国际和地区组织开展多种形式的对话、交流与合作，在协商一致的基础上，吸纳认同上合组织宗旨和任务、相关原则和其他各项规定的国家成为新成员。上合组织成立宣言确认，“上海精神”是本地区国家合作中积累的宝贵精神财富，应继续发扬光大，使之成为21世纪上合组织成员国关系的基本准则。

上合组织的主要机制是每年在成员国轮流召开的元首理事会会议，此外就是政府首脑会议。2001年9月，上合组织在哈萨克斯坦原首都阿拉木图举行首次政府首脑会议，正式建立政府首脑定期会晤机制，即通常所说的总理会，同时还启动了上合组织多边合作经济合作进程，通过了关于开展区域经济合作的基本目标和方向的相关文件，以及启动贸易和投资便利化进程的备忘录。

上合组织第二次峰会于2002年6月在俄罗斯圣彼得堡举行，会议通过的重要文件是《上海合作组织宪章》以及关于成立地区反恐机构的协定，同时还发表了《上海合作组织元首宣言》。根据上合组织宪章和各方共识，上合组织的常设机构为秘书处，总部设在北京，秘书长由各成员国轮流派人担任，任期3年。2004年1月，上合组织秘书处和地区反恐机构组建工作全面启动。地区反恐机构原定设在吉尔吉斯斯坦首都比什凯克，后经各方协商，改为设在乌兹别克斯坦首都塔什干。该机构主任亦由各成员国轮流派任。

2004 年 6 月在塔什干举行的上合组织第四次峰会，在上合组织发展史上具有重要意义。中国国家主席胡锦涛在会上发表了《加强务实合作，共谋和平发展》的演说，就上合组织发展问题提出一系列重要建议。正是在这次峰会上，上合组织开启了接纳观察员的大门，蒙古获得上合组织观察员地位。2005 年 7 月在哈萨克斯坦首都阿斯塔纳召开的第六次峰会，签署了《上海合作组织成员国合作打击恐怖主义、分裂主义和极端主义构想》，同时还吸收巴基斯坦、印度、伊朗为上合组织观察员。伊朗毗邻中亚，与塔吉克人同属波斯人种，语言文化相近，与土库曼斯坦拥有漫长的共同边界，在中亚影响很大。此后，2009 年上合组织开始接纳对话伙伴国，白俄罗斯和斯里兰卡当年成为上合组织对话伙伴国。

2010 年 7 月在塔什干举行的上合组织第十次峰会和 2011 年在阿斯塔纳召开的第十一次峰会，在上合组织发展史上具有承前启后、继往开来的重要意义。第十次峰会不仅通过了上合组织的程序规则，使其运行更加有序有效，同时还批准了接收新成员条例，在实现扩员方面迈出了重要一步。第十一次峰会总结过去，规划未来，发表了上合组织成立十周年宣言，为上合第二个十年的进一步发展确定了方向和目标。

上合组织第十二次峰会于 2012 年 6 月在北京举行。胡锦涛主席作为轮值主席国元首，在峰会上发表了《维护持久和平　促进共同繁荣》的讲话，号召与会各方高举和平和谐、反恐维稳、合作发展的旗帜，将上合组织建成和谐和睦的家园、安全稳定的有力保障、经济发展的推动力量、开展国际交往和扩大国际合作的有效平台。为切实加强和促进上合组织的务实合作，中国宣布，未来 3 年将为上合组织成员国培养 1500 名各类专门人才，未来 10 年为各成员国提供 3 万个政府奖学金名额。这些新建议和新举措，彰显出中国推动上合组织长远发展、致力于本地区共同发展和繁荣的坚强意志和决心。

举办这次会议时，中国作为轮值主席国，除按惯例邀请成员国和观察员外，还邀请了阿富汗、土库曼斯坦两国总统，他们以主席国客人身份与会。联合国、独联体、欧亚经济共同体和集体安全条约组织的负责人，也按惯例参加了会议。会议期间，阿富汗被接纳为上合组织观察员，远在西亚的土耳其成为上合组织对话伙伴国。上合组织吸纳更多的国家作为观察员和对话伙伴，大大提升了它作为地区合作组织的代表性和权威性。

上合组织作为维护地区安全与稳定、打击“三股势力”的安全对话与合作平台，在推动成员国开展安全事务沟通、反恐信息交换和军事技术交流等方面发挥着越来越大的作用。2002 年 10 月，中国军队首次与吉尔吉斯斯坦军队举行实兵联合反恐演习。这也是上合组织框架内的第一次双边联合军演，示范效应十分明显。而后，中国又分别与哈萨克斯坦、俄罗斯等国军队举行联合军演，同时引导各成员国开展多边联合军演（乌兹别克斯坦参与度较低）。2005 年中俄两国共同举行的“和平使命”联合军演，出动军队上万人。2007 年的“和平使命”军演，上合组织成员国全部参加。这些规模不等、形式各异的双边和多边军演，不仅提高了成员国联手应对突发事件、共同处置危机的能力，同时还提高了军事交流的水平，增进了政治上的互信与安全方面的协作。

上合组织并不是单纯的区域安全对话平台，也不仅仅是为打击“三股势力”而建立的安全合作机制。2002 年签署的上合组织宪章，包含了有关经济合作的原则构想和丰富内容。历年召开的总理会，特别是 2003 年签署的上合组织成员国多边经贸合作纲要和 2004 年签署的纲要落实措施计划，在促进成员国互利合作方面发挥了重要作用。为实现这些纲要和计划，上合组织除定期召开经贸、交通、农业等多领域部长会议外，还成立了实业家委员会、银行联合体和工商论坛。中方主张推进贸易和投资的便利化，改善成员国之间的合作环境，进而加强经济技术合作，使各方从中受益，再经过 10—15 年努力，实现区域内货物、资本、技术和自由流动。这些建议和主张受到普遍欢迎。有关成立上合组织发展基金和上合组织开发银行的构想，也受到成员国的热烈欢迎，相关事宜正在沟通推进之中。

由于中国的积极推动和各方努力，上合组织的会议机制和工作机构已相当健全。除元首会和总理会外[①]，另外还有外长理事会、国家协调员

① 上合组织成立后只有 2002 年没有召开总理会。

理事会和部门领导人会议，如安全会议秘书会议[①]、总检察长会议、最高法院院长会议、公安内务部长会议、国防部长会议、总参谋长会议、经贸部长会议、交通部长会议、文化部长会议、教育部长会议、科技部长会议、农业部长会议、紧急救灾部门负责人会议[②]、卫生部长会议、财政部长会议、中央银行行长会议、最高审计机关领导人会议，等等。

上合组织是由中国发起，以中国和周边国家为主，以中国城市命名，总部设在中国，中国发挥引导作用的新型地区性合作组织。该组织的成功建立和有效运转，凝聚力和影响力不断扩大，是中国开拓周边外交新局面、打造周边合作新格局的巨大成果。它对于维护和保障中国西北边陲长治久安，巩固和加强成员国的共同安全与稳定，推动和促进成员国及相关国家的普遍发展与繁荣，具有不可估量的重要意义。

三、全方位参与和推动区域经济合作

中国以多、双边合作彼此推动、域内外合作相互促进的方式开拓周边外交新局面，打造周边合作新格局，并不仅仅局限于上合组织。除上合组织外，中国还积极参与“东盟 10+1”“东盟 10+3”“东盟 10+6”进程，全力推动中日韩三国合作，努力参与大湄公河次区域经济合作、亚洲合作对话。此外，中国也非常重视跨区域合作，努力在欧亚峰会、南亚联盟、亚洲合作对话、环印度洋地区合作联盟、东亚—拉美论坛等各种机制中发挥建设性作用。

东南亚国家联盟（东盟）是中国东南方向最有影响的区域合作组织。新世纪来临时，越南、老挝、柬埔寨和缅甸都已加入东盟，其成员国增加到 10 个。东盟的最高决策机构为首脑会议，主席由成员国领导人轮流担任，其执行机构为秘书处，设在印尼首都雅加达，秘书长为东盟最高执行官。此外，东盟还有由各国外长共同组成的协调理事会、共同体理事会、领域部长会议等机制。中国 1991 年与东盟建立对话与合作关系，此后便以“东盟 10+1”方式参与其活动，合作领域不断拓宽，合作方式

① 中国没有相应的机构，故参加此会的通常为主管公共安全的国务委员兼公安部长。

② 中国没有此类机构，通常是民政部部长或副部长参加此会。

不断创新。双方对话与合作的主要机制是领导人会议，另外还有 11 个部长级会议、5 个工作层面对话机制以及青年企业家论坛、文化产业论坛，等等。2012 年，中国成立驻东盟使团，任命首位中国驻东盟大使。中国—东盟中心正式运营。

2002 年，中国与东盟签署《南海各方行为宣言》，就和平解决南海争议、共同维护地区和平、开展南海合作等事达成协议。2003 年，中国作为域外大国率先加入《东南亚友好合作条约》，与东盟建立了面向和平与繁荣的战略合作伙伴关系，中国与东盟的关系进入更高发展阶段。自 2004 年起，中国每年在广西举办中国—东盟博览会及商务和投资峰会，与东盟在农业、工业、交通、环保、能源、信息产业、人力资源开发等 10 多个领域进行重点合作，在法律、教育、南海事务、青年事务等 20 多个领域形成务实合作基础。2009 年，中国提出与东盟合作新建议，主要内容包括设立 100 亿美元的中国—东盟投资合作基金，中方 3—5 年内向东盟提供 150 亿美元贷款，向中国—东盟合作基金增资 500 万美元，向老、缅、柬三国提供 2.7 亿元特别援助。2010 年，中国—东盟自由贸易区全面建成。2011 年，中国与东盟的贸易额达到 3628 亿美元。

东盟作为统一的地区组织，与中日韩三国开展对话与合作，形成了“东盟 10+3”机制。1999 年 11 月，中日韩三国总理在菲律宾出席“东盟 10+3”会议期间，正式启动中日韩合作机制。2000 年，中日韩三国决定在“东盟 10+3”框架下定期举行领导人会晤，并于 2003 年签署了《中日韩推进三国合作联合宣言》，决定成立三方委员会协调合作事宜。2004 年，中日韩领导人第六次会晤通过三国合作行动战略。2005 年，因日本首相参拜靖国神社，中日、韩日关系受到严重伤害，三国领导人会晤被推迟到 2007 年举行。

2008 年，中日韩领导人在“东盟 10+3”框架外举行首次会议，签署三国伙伴关系联合声明以及推动中日韩三国合作行动计划等文件。2009 年，第二次中日韩领导人会议在北京举行，会议总结了三国合作经验，规划了未来合作方向，发表了《中日韩合作十周年联合声明》和《中日韩三国持续发展联合声明》，就三国在环境、循环经济、气候变化、科技与新能源领域的合作做出规划。2010 年，中日韩领导人会议在韩国举行，会议发表成果文件《2020 中日韩合作展望》以及加强科技与创新合作、加强标准化合作两份联合声明。2011 年，三国领导人会议在日本举行，会议发表了领导宣言和关于灾害管理、核安全、可再生能源和能效合作三份共同文件。2012 年，中日韩领导人会议在北京举行，会议发表了关于提升全方位合作伙伴关系的联合宣言，另外还发表了关于加强农业、林业、荒漠化防治、野生动物保护的合作文件，签署了促进、便利和保护投资的协定。

中日韩三方委员会 2004 年开始启动，运转 5 年后，于 2008 年停摆。中日韩合作的外长会议机制于 2007 年启动，至 2012 年共举行 7 次会议。2011 年，三国合作秘书处在韩国成立并开始运行。截至 2012 年，中日韩三方已建立外交、科技、财政、卫生、海关等 18 个部级会议机制和 50 多个工作层面的交流平台。中日韩自由贸易区谈判开始启动。

东亚峰会由东盟 10 国和域外 8 国即中国、日本、韩国、澳大利亚、新西兰、印度、美国、俄罗斯共同举行。该峰会属于“领导人引领”性质的战略论坛，首届峰会 2005 年在马来西亚举行。该峰会没有建立分领域分层次的支撑机制和工作平台，但每年定期召开外长会和高官会，并且形成了经贸、能源、环境、教育部长的定期会晤机制。中国政府总理出席了东亚峰会历届领导人会议，支持各方启动谈判区域全面经济伙伴关系。2012 年召开的东亚峰会，通过了以中方倡议为基础的多边发展宣言。

1992 年由亚洲银行推动成立大湄公河次区域经济合作机制，成员国为澜沧江—湄公河流域六国，即中国、缅甸、老挝、泰国、柬埔寨和越南。大湄公河次区域合作的最高机构是领导人会议，每三年一次。中国积极支持并参与大湄公河次区域经济合作，主张在合作中遵循项目主导、注重实效、突出重点、循序渐进的原则。中国政府领导人出席了历次大湄公河次区域经济合作会议，2012 年 12 月在第五次会议上提出五点倡议，即深化基础设施领域合作，创新产业合作模式，加强对贸易投资合作的金融支持，推进民生与社会事业发展，提高地区发展的开放联动水平，受到各方赞赏和支持。

南亚联盟是南亚次大陆及其毗邻国家的区域性合作组织，成员国主要有印度、巴基斯坦、阿富汗、尼泊尔、斯里兰卡、孟加拉国等。中国于 2005 年成为南亚联盟观察员，2007 年起每年派外长或副外长级官员出席南亚峰会。2010 年和 2012 年，中国分两次向南亚发展基金捐款 60 万美元，以支持南亚联盟的发展。中国在人力资源培训、扶贫减灾、经贸、人文等领域，与南亚联盟开展合作。

中国积极参与“亚洲合作对话”。这个合作平台成立于 2002 年，共有 31 个成员国。首次会议举办国泰国为协调国，主要机制是外长会，主要活动是推动经济合作。该平台的另一重要机制是领域合作牵头国。到 2012 年，已有 20 多个国家担任了领域合作牵头国。中国是农业、能源领域合作的牵头国，已经举办过相应的活动。

中国是亚洲金融合作的主要倡导国和推动力量。1966 年成立的亚洲开发银行（亚行），作为亚洲国家开展金融合作的重要平台和区域性金融机构，与联合国及其相关机构联系密切。1983 年，已经改革开放的中国决定加入亚行，要求亚行妥善解决亚行中的中国代表权问题。1985 年，盗用中国名义的台湾当局在亚行内改称“中国台北”，中国于 1986 年加入亚行，从此与亚行全面合作。中国在与亚行的合作中受益匪浅，同时也为亚行的发展不断贡献力量。到 2008 年时，中国在亚行的股权和投票权已经列在美国和日本之后，位居第三。

积极参与清迈倡议并推动其多边化，是中国大力参与和推动亚洲金融合作的重要例证。清迈倡议形成于 2000 年，基础是东盟 10 国与中日韩签署的建立区域性货币互换网络的协议，目的是将东盟原有的货币互换机制扩大到中日韩，以便更好地防范区域性金融危机，帮助相关国家克服可能出现的短期资金困难。因该协议在泰国清迈签署，故称清迈倡议。中国全力支持亚洲国家的这个金融合作机制，为清迈倡议出资 384 亿美元（总量为 1200 亿美元），并与不少国家签署了货币互换协议。2003 年，中国提出清迈倡议多边化建议，提议将清迈倡议多边化总规模由 1200 亿美元扩容至 2400 亿美元，得到了各方的赞同和响应。

中国是亚欧会议的重要参与者和亚欧合作的积极倡导者。亚欧会议由新加坡发起，1996 年在泰国召开首次会议。到 2012 年底，会议成员共有 51 个，其中亚洲成员 21 个。中国本着“积极参与、求同存异、扩大共识、加强合作”的原则，不断加大参与亚欧会议的力度，出席了亚欧会议的历次首脑会议和外长会、高官会，并于 2008 年在北京主办了第七届首脑会议。2012 年，温家宝总理在第九届亚欧首脑会议上提出了有关亚欧合作的新看法和新主张：第一，自由、开放、公正的国际贸易是世界经济增长的重要动力，要以更大的诚意和决心扩大市场开放，以更加鲜明的态度和行动共同抵制贸易投资保护主义；第二，加强宏观经济政策协调仍是当前一项重要任务，要把推动世界经济强劲、可持续、平衡增长作为共同目标，促进经济增长和各国经济良性互动；第三，共同推动科技创新是战胜危机的根本手段，要加强科技创新政策对话，深化科学技术交流与合作；第四，健全的全球经济治理体系是世界经济增长的制度保障，要深入推进国际金融体系改革。为体现对亚欧合作的支持，中国每年向亚欧基金捐款 50 万美元，同时也呼吁各方定期地和积极地向亚欧基金捐款。

中国积极参与东亚国家与拉美的合作。1998 年由新加坡和智利发起成立的东亚—拉美合作论坛，是联系和沟通东亚与拉美两大地区的官方多边合作论坛。截至 2012 年，该论坛的参与国已达 36 个，其主要机制是每隔两三年召开一次的外长会。中国参与论坛活动，已承办多个合作项目，主要有拉美和加勒比国家青年外交官培训班、高级外交官访华团、中拉智库交流论坛、东亚—拉美大学校长论坛等。

中国正在尝试与环印度洋地区合作联盟开展合作。该联盟成立于 1997 年，到 2011 年时共有 19 个成员国、5 个对话伙伴国和 2 个观察员。中国 2000 年成为该联盟对话伙伴国，中国外交部官员每年都出席其部长理事会会议。

四、为维护地区和平与稳定而不懈努力

中国所处的亚太地区，是当今世界发展潜力最大、最具生机与活力的地区，同时也是冷战时代遗留的各种矛盾、冲突与当代世界发展进程产生的热点、难点问题交融汇集的地区，因而又是大国利益碰撞相对集中、战略博弈较为激烈的一个地区。中国为营造长期稳定、睦邻友好的周边环境，一直积极参与各种热点和难点问题的解决，为争取和维护地区的和平稳定做出了不懈的外交努力。

在东北亚地区，朝鲜半岛问题是影响地区和平稳定与共同发展的最主要障碍。1953 年朝鲜战争结束以来，半岛上的南北双方长期对立，战争状态并没有真正结束。中国历来主张维护朝鲜半岛的和平与稳定，希

望南北双方改善关系，最终以自主方式实现和平统一。1992 年中国与韩国建交，打破了战后几十年以中国、苏联为一方，以美国、日本为另一方，各自支持半岛对立一方的冷战格局，为半岛的和平发展提供了历史性机遇。然而，1974 年加入国际原子能机构、1985 年加入《不扩散核武器条约》、1991 年与韩国签署《朝鲜半岛无核化宣言》的朝鲜，1993 年突然宣布退出《不扩散核武器条约》，公开宣布进行核开发以解决电力不足问题，美国对此反应强烈。1994 年，朝美双方达成了关于朝核问题框架协议，双方关系有所缓和，朝鲜恢复与国际原子能机构的合作，开始接受该机构对其核设施的检查和监督。

但是，美方没有执行协议，美日韩三国帮助朝鲜拆除石墨反应堆，同时帮助建设两座轻水反应堆的承诺未能兑现。2001 年小布什入主白宫后，将朝鲜定性为“流氓国家”，并将朝鲜列为核打击对象之一。朝鲜对美国极度失望，与美国谈判破裂后，于 2002 年公开宣布它“有权开发核武器和比核武器更厉害的武器”，并再次退出《不扩散核武器条约》，停止与国际原子能机构合作，朝核问题发展为朝核危机。

对于朝鲜半岛持续紧张并不时激化的南北关系，中国从自身安全利益以及维护地区和平稳定的大局出发，始终坚持劝和促谈的建设性立场。2000 年南北双方实现首脑会晤，中国立即致电朝韩双方，表示赞成和支持。2010 年韩国发生“天安号”护卫舰沉没事件、朝韩双方在延坪岛相互炮击，中国立即发表声明，希望各方保持克制和冷静，防止事态升级失控。对于朝核问题，中国坚持半岛无核化立场不动摇，反对朝鲜开发核武器，同时，中国也不赞成把对朝制裁当作解决危机的唯一手段，主张以对话方式解决问题，包括朝方安全关切。经过中方的艰苦斡旋，2003 年 4 月，中国、朝鲜、美国在北京举行了朝核问题三方会谈。当年 8 月，中国、朝鲜、美国、韩国、俄罗斯和日本又在北京举行了六方会谈，由此形成朝核问题六方会谈机制。

由于朝鲜和美国互不信任，立场严重对立，六方会谈虽一度有所突破，各方显示了灵活，还发表过共同声明，但最后功亏一篑。2006 年朝鲜试射导弹，并成功地进行了核试验。尽管国际社会激烈反对，中国通过各种渠道对朝方做了工作，但朝鲜在拥核自保的道路上执意前行，于 2009 年退出六方会谈。此后，中国仍反复深入地协调各方立场，为重启六方会谈，实现半岛无核化，维持半岛和平稳定而继续进行外交努力。

中国积极参与阿富汗和平进程与战后重建。阿富汗 1979 年遭到苏联入侵。1989 年苏军撤离后，阿富汗陷入全面内战，1997 年建立起宗教色彩浓厚的塔利班政权。2001 年美国发生“9·11”事件，布什政府以反恐为名进军阿富汗，摧毁了塔利班的统治。2002 年，阿富汗在联合国主持下开启战后重建的“波恩进程”。中国积极支持和参与阿富汗重建，当年即向阿富汗提供 1.5 亿美元援助，而后又提供 1500 万美元无偿援助和 100 万美元现汇支持，并与阿富汗及其邻国一起，签署《喀布尔睦邻友好宣言》及关于鼓励更紧密的贸易、过境和投资合作的宣言等文件。

2005 年阿富汗举行议会选举后，“波恩进程”宣告结束，中国作为阿富汗的友好邻邦，真诚希望阿富汗实现和平、稳定与发展，在基础设施建设、资源能源开发、人力资源培训、医疗卫生等领域为阿富汗提供力所能及的帮助，包括大批民生项目。中国全力支持阿富汗民选政府，支持推进“阿人主导、阿人所有”的民族和解进程，希望阿富汗高级和平委员会为促进民族和解发挥重要作用。中国同时支持联合国在阿富汗重建过程中发挥核心作用，希望联合国阿富汗援助团加强与阿富汗政府的沟通，积极参与有关阿富汗战后重建的各种国际会议，呼吁国际社会，特别是本地区国家为推进阿富汗和解进程做出积极贡献。

2011 年 11 月，包括中国、阿富汗在内的 14 个域内国家在土耳其的伊斯坦布尔召开外长会，讨论在政治、经济、安全等领域开展合作，以最终解决阿富汗问题。美国等域外国家以及联合国、上合组织等地区性组织作为“支持伙伴”，参与了此次会议，阿富汗问题伊斯坦布尔进程由此启动。2012 年 6 月，伊斯坦布尔进程第二次外长会在喀布尔举行，主要议题是推进和平进程、打击恐怖主义和毒品走私等问题。2013 年 4 月，伊斯坦布尔进程第三次外长会在哈萨克斯坦举行，讨论与阿富汗重建有关的各种紧迫问题。中国始终积极参与阿富汗问题伊斯坦布尔进程，并在第三次外长会议期间，做出了 2014 年在北京举办第四次外长会的承诺，力求为解决阿富汗问题做出新贡献。

中国为全面解决伊朗核问题做出重要贡献。伊朗是中西亚地区结合部很有实力和影响的伊斯兰大国，1980 年与美国断交，美国多次指责伊朗借口和平利用核能，秘密发展核武器。2003 年，伊朗公开宣布，它已提炼出能够为其核电站提供燃料的铀，美国与国际原子能机构立即向伊朗施压，要求伊朗放弃其核计划并接受国际核查。伊朗被迫于当年 12 月签署了《不扩散核武器条约》附加议定书，开始与国际原子能机构进行合作。但伊朗与西方在如何利用核能问题上分歧十分严重，2006 年 1 月，伊朗宣布恢复核燃料研究工作，联合国安理会在西方国家推动下，通过了多份对伊制裁决议，压迫伊朗放弃核计划，伊朗对此强烈反对，伊朗核问题演变为一场旷日持久的危机。

伊朗核问题提交到联合国安理会后，5 个常任理事国与德国的代表就伊朗核问题多次会晤，六国磋商机制逐渐形成。伊朗与中国关系良好，但中国从维护核不扩散体系的原则立场出发，反对伊朗拥有核武器，对联合国安理会伊朗核问题决议，一直投赞成票，但中国始终主张以政治手段即谈判方式解决伊朗核问题，反对无限扩大制裁甚至扬言动武。2008 年 7 月，伊朗核问题六国开始与伊朗举行会谈，因双方分歧严重，始终未能谈出结果。2013 年 8 月鲁哈尼就任伊朗总统，伊朗核问题谈判出现转机。2015 年 7 月，伊朗核问题六国（美、英、法、俄、中、德）与伊朗正式达成全面协议。中国作为伊朗核问题谈判参与国，自始至终采取建设性立场，积极参与每一轮谈判，为推动谈判焦点和难点的解决乃至达成最终全面协议做出了积极的贡献。

中国坚决支持缅甸政府和人民自主解决本国问题。缅甸是中国的友好邻邦。1988 年缅甸政局生变，军人接管政权后，以美国为首的西方国家开始对缅甸内部事务指手画脚，压迫缅甸军政权“还政于民”，实行“民主改革”，并对缅甸实行孤立和制裁。在美英等国推动下，2006 年 9 月，联合国安理会将缅甸问题列入议程。2007 年 1 月，安理会就美英提交的缅甸问题决议案进行表决，该案指责缅甸国内存在人权、艾滋病、毒品等问题，指责缅甸局势对地区安全造成威胁，要求缅甸尽快改善国内状况，否则将面临更大压力和后果。

中国与俄罗斯等国一道，断然投票反对美英提案，致使该议案成为废案。中国认为，缅甸问题属于一国内政，应由缅甸政府和人民自主协商解决。在缅甸局势未对国际和地区的和平与安全构成威胁的情况下，安理会强行介入不仅逾越自身职责，而且无助于联合国其他机构对缅甸问题的正常讨论。中国鼓励东盟和联合国秘书长到缅甸斡旋，推进民主进程和民族和解，也鼓励缅甸同国际社会合作，认真落实民主路线图，推进经济改革，取得更大发展成就，同时还希望国际社会客观公正地看待缅甸问题，伸出援手，取消制裁，给缅甸一个公平和宽松的发展环境。

中国的原则立场维护了缅甸的国家利益，有利于中缅关系的全面发展，同时也符合联合国宗旨和国际法准则，但西方国家始终没有放弃利用联合国搞垮缅甸的图谋。2008 年缅甸遭受热带强风袭击，美英法三国推动安理会讨论缅甸风灾引发的“人道局势”问题。缅甸政府宣布将就宪法草案进行公投，并于 2010 年举行大选，联合国安理会又多次审议缅甸问题，发表主席声明及主席新闻秘书谈话，不断向缅甸政府施压，要求开启包容各方并具有公信力的进程。中国在安理会审议这些问题时，始终坚持缅甸问题属于一国内政，不赞同联合国过多介入，同时继续呼吁国际社会发挥建设性作用，支持和推动缅甸的民主进程和民族和解。

尼泊尔是位于中国西南方向的重要邻国和传统友好国家，但这个国家的形势也长期处于动荡不宁的状态。进入 21 世纪后，尼泊尔各政党围绕国家发展道路、行政区划改革、政权机构建设等问题展开了激烈斗争。2008 年大选后新政府成立，但局部地区的形势仍很不稳定。联合国安理会多次议论尼泊尔问题，并多次发表主席谈话。中国积极参与安理会对尼泊尔问题的审议，主张国际社会帮助尼泊尔各派尽快达成国内政治和解，鼓励联合国尼泊尔特派团继续为尼泊尔的和平过渡创造良好的安全环境。中国的这一立场和主张，受到尼泊尔各派力量的理解和认同，中尼关系也因此一直处于平稳发展的良好状态。

印巴冲突也是亚洲地区长期存在的热点和难点问题。南亚地区的地缘政治环境本来就非常复杂，各国之间积怨甚多。印度与巴基斯坦的克什米尔之争，尤其尖锐。克什米尔位于中国、巴基斯坦、印度和阿富汗四国的交界处，1947 年印巴分治时，克什米尔归属未定。1948—1949 年，印巴为争夺克什米尔爆发战争，结果是印巴两国分区控制了克什米尔南部和北部。1965 年和 1971 年，双方再次爆发战争，但问题仍未解决，两国的对立愈加深刻。1998 年印巴相继进行核试验，两国关系紧张到几乎失控。对于南亚大陆的这些纠纷和争端，中国严格恪守不干涉和不介入的原则立场，努力支持各方以对话代替对抗，共同维护地区和平与稳定。在与南亚国家建立和发展合作伙伴关系时，中国始终强调既不针对第三国，也不受地区国家关系变化的影响。

中国高度负责地处理涉及本国的维权与维稳问题。世界上的事情的复杂，有时是不依人的意志为转移的。中国妥善应对周边地区的各种热点、难点和焦点问题，为维护本地区的和平与稳定做出了不可否认的重要贡献，但自己却不由自主地卷入了某些国家蓄意制造的领土主权纠纷，陷入亚太地区的热点和焦点之中。这就是日本挑起的东海和钓鱼岛问题，菲律宾、越南等国挑起的南海问题。

对于中日之间的东海和钓鱼岛问题，中方的立场是明确和一贯的。早在 1978 年中日谈判和平条约时邓小平就说过，“中日之间并不是没有任何问题，比如钓鱼岛问题、大陆架问题。这样的问题，现在不要牵进去，可以摆在一边，以后从容地去讨论，慢慢地商量一个双方都可以接受的办法。这一代找不到办法，下一代、再下一代会找到办法的。”[①] 时至今日，中国对东海大陆架问题的基本立场始终未变，其核心思想是“搁置争议，共同开发”。钓鱼岛是中国固有领土，主权问题不容讨论，但在目前情况下，维持现状，避免事态失控，符合各方利益。因此，中国坚决反对日本当局以“购岛”方式改变钓鱼岛现状，强占中国领土，恣意破坏地区和平与稳定的行为。

对于南海问题，中国的立场和主张也是一贯的和明确的。早在联合国海洋法公约生效之前，中国就已郑重声明，中方有充分的历史证据和法理依据，对南海及其附近岛屿拥有主权。这一主张当时得到了世界上许多国家的承认，包括越南。20 世纪 70 年代南海发现石油后，南海周边国家纷纷抢占南海岛礁及其附近海域，疯狂在中国传统的九段线内掠采石油。中方坚持国家领土领海主权不可侵犯，坚持九段线不动摇，同时继续坚持搁置争议、共同开发，相关各方采取负责行动，共同维护南海和平稳定的建设性立场。但菲律宾、越南等国借助域外势力支持，继续侵犯作为中国固有领土的南海岛礁及其附近海域，肆意将南海问题扩大化、复杂化、国际化，这是中方绝对不能容许的。中方坚持主张通过对话和协商解决与相关国家的海洋权益之争，主张大力推进海上对话与合

① 中共中央文献研究室编：《邓小平思想年谱》（一九七五——九九七），中央文献出版社 1998 年版，第 74 页。

作，主张与东盟各国合作落实《南海各方行为宣言》，继续维护南海的和平、稳定与航行自由，为亚太乃至世界的和平、发展、进步与繁荣做出应有的努力。

第十二章

打造与发展中国家合作升级版

中国是世界上最大的发展中国家，亚非拉和南太平洋地区是世界上发展中国家最集中的地区。20 世纪 50 年代起，中国就十分重视与广大发展中国家的关系。在当时的世界潮流下，中国处理与发展中国家的关系，一方面基于自身拓展国际生存空间的实际需要，一方面出于反帝反殖的共同理想和目标。20 世纪六七十年代，随着国际关系深刻调整和中国对外战略转变，中国与广大发展中国家的关系被纳入反对霸权主义和强权政治、争取国际政治经济新秩序的斗争轨道。支援发展中国家克服经济发展困难、争取实现经济独立，成为中国处理同发展中国家关系的重要方面。中国在自身经济相当困难的条件下，为亚非拉许多国家提供了经济技术和资金援助。中国在非洲援建的坦赞铁路和其他惠民工程，时至今日，仍是中国与发展中国家真诚合作的标志性项目。

冷战结束后，和平与发展成为时代主题，中国在改革开放和社会主义现代化建设的新时期，继续拓展和深化与发展中国家的友好合作，并把巩固同广大发展中国家的关系，视为走向外部世界、参与国家事务、确保大国地位的战略依托。进入 21 世纪以来，中国与发展中国家的关系持续发展，无偿援助与互利合作齐头并举，合作的形式和内容更具时代特征，质量和水平在许多领域已超过发达国家与发展中国家的关系水平。①

① 亚洲是世界上发展中国家较为集中的地区之一。中国同亚洲发展中国家的关系，本书上一章已从营造睦邻友好的周边环境的角度做了阐述，故本节未重复涉及。

一、全面推进中非新型战略伙伴关系

非洲地区50多个国家，拥有10亿多人口。进入21世纪以来，经济发展的巨大潜力开始显现。21世纪头10年，世界上发展最快的经济体中，非洲就有6个。中国更加重视与非洲的关系，除台湾的3个所谓“邦交国”布基纳法索、圣多美和普林西比、斯威士兰以及与中国尚无外交关系的冈比亚外[①]，中国与非洲各国的关系普遍呈全面发展的良好势头。很多国家与中国建立了不同形式的合作伙伴关系。由于双方共同努力，到21世纪来临时，中国已稳定地成为非洲第一贸易伙伴。

随着时代的发展变化和国际合作方式的转型，中国在21世纪全面推进中非关系，除了深入发掘双边合作的巨大潜能外，更注重打造多边合作平台。2000年10月举办的中非合作论坛——北京2000年部长级年会，标志着中非合作新机制正式成立。该年会以面向21世纪如何推动建立国际政治经济新秩序、如何进一步加强中非经贸合作为主题。中国国家主席江泽民出席开幕式并讲话，以体现中方对这一新的合作机制以及整个非洲事务的高度重视。来自44个非洲国家的80余位部长级官员和17个国际和地区组织的代表与会，另外还有许多中非企业界人士。会议最后通过了《中非合作论坛北京宣言》和《中非经济和社会发展合作纲领》。在这次年会上，中国宣布减免非洲重债穷国和最不发达国家100亿元的债务，并提供专项资金，支持和鼓励有实力有信誉的中国企业到非洲投资，开展互利合作。设立非洲人力资源开发基金，帮助非洲国家培训专业人才。

中非合作论坛是中方发起成立的第一个中外合作论坛，其宗旨在于平等磋商，增进了解，扩大共识，加强友谊，促进合作。除中国外，该论坛包括了所有与中国建交的非洲国家。2001年7月，中非合作论坛部长级磋商会议在赞比亚首都卢萨卡举行，会议通过了建立论坛后续机制的程序。部长级会议每三年举行一次，高官级后续会议以及筹备部长级

---

① 中国与冈比亚1974年建交，1995年因冈比亚同台湾当局恢复所谓“外交关系”，中冈外交关系宣布中止。2013年11月，冈比亚与台湾断交。2016年，中冈两国建立外交关系。

会议的高官预备会，分别在部长级会议前一年及前数日各举行一次。部长级会议由外长或主管对外经济合作事务的部长参加。高官会由各国主管部门的司局级官员参加。部长级会议及高官会，分别由中国和会议承办国担任主席国和轮值主席国。非洲国家驻华使节与中方后援行动委员会秘书处，每年至少举行两次会议。

2003 年 12 月，中非合作论坛第二届部长级会议在埃塞俄比亚举行。中国政府总理温家宝和非洲国家的 6 位总统、3 位副总统、2 位总理、1 位议长及 70 余位部长、数十位国际组织代表出席了会议。会议通过了《中非合作论坛——亚的斯亚贝巴行动计划（2004—2006 年）》，中国宣布继续增加对非援助，加强人力资源开发合作，为部分最不发达非洲国家出口到中国的商品实行免关税待遇，给予埃塞俄比亚等 8 个非洲国家“中国公民自费出国旅游目的地”地位等。中非合作迈出新步伐，中非关系再上新台阶。

2006 年是中国与非洲国家开启外交关系 50 周年。[①] 为纪念这一重大历史事件，发扬中非传统友谊，提升中非合作水平，中非合作论坛举行北京峰会暨第三届部长级会议。中国和非洲 35 国元首、6 国政府首脑、1 位副总统和 6 位高级代表以及非洲联盟 [②] 主席出席了会议。中国和 48 个非洲国家外长、负责国际合作的部长或代表参加了部长级会议，24 个国际和地区组织代表作为观察员列席了开幕式。在这次以友谊、和平、合作、发展为主题的会议上，中国宣布了加强中非务实合作、支持非洲发展的新政策。其中包括：到 2009 年时对非援助规模比 2006 年扩大 1 倍，增加对非优惠贷款和优惠出口买方信贷，设立总额最终为 50 亿美元的中非发展基金，援建非洲联盟会议中心，免除与中国有外交关系的重债穷国和最不发达国家 2005 年到期的政府间无息贷款债务，为非洲建设 30 所医院，提供 3 亿元帮助防治疾病，等等。这次会议通过了《中非合作论坛北京峰会宣言》《中非合作论坛——北京行动计划

---

① 1956 年中国与位于北非的埃及建交，开启了中国与非洲国家友好交往的历史新时期，中埃建交之年因此被视为中非关系开启年。

② 非洲联盟简称非盟，成立于 1963 年，总部设在开罗，最初称非洲统一组织，2001 年正式改组为非洲联盟。

（2007—2009 年）》。

2009 年，中非合作论坛第四届部长级会议在埃及沙姆沙伊赫举行。中国政府总理与会并发表《全面推进中非新型战略伙伴关系》的讲话。他在讲话中又宣布了中国对非援助的新举措，主要有：倡议建立中非应对气候变化伙伴关系，在相关领域加强合作，中国为非洲援建太阳能等 100 个清洁能源项目；倡议启动“中非科技伙伴计划”，实施 100 个中非联合科研教学示范项目，接受 100 名非洲博士后来华进行科研工作，并为其回国服务提供资助；向非洲国家提供 100 亿美元优惠贷款，支持中国金融机构设立总额 10 亿美元的中小企业发展专项贷款；免除与中国建交的重债穷国和最不发达国家 2009 年底到期的对华政府无息贷款债务；为非洲援建的农业示范中心增加到 20 个，派出 50 个农业技术组，为非洲国家培训 2000 名农业技术人才；为援非的 30 所医院和 30 个疟疾防治中心提供 5 亿元设备和物资，为非洲培训 3000 名医护人员；为非洲援建 50 所中非友好学校，培训 1500 名校长和教师，3 年内为非洲培训各类人才 2 万名，将非洲来华留学的政府奖学金名额增至 5500 个；倡议实施中非联合研究交流计划；等等。

在双方共同努力下，以中非合作论坛为主要形式的新合作机制，给中非双方带来了超乎预想的合作成果。21 世纪头 10 年间，中非经贸关系持续迅猛发展，贸易额年均增幅超过 30%。至 2012 年底，中非贸易额创下 1985 亿美元的历史高位。与此同时，非洲也成了中国海外资源能源的重要供应地，成了中国第二大海外承包工程市场。中国对非洲的直接投资也有了较大的增长。为促进中非务实合作长期稳定地向前发展，中国还积极参与非洲发展基金和非洲银行的业务活动[①]，多次为非洲发展基金落实多边减债动议捐献资金。国际社会，特别是非洲国家，对中国以“真金白银”方式慷慨无私的援助评价甚高。

2010—2012 年间，中非合作论坛第四届部长会议各项后续行动得到全面落实。中国对非援助、优惠贷款、免关税、人员培训等举措提前超额完成。2012 年 7 月，中非合作论坛举行第五届部长级会议。非盟委员

① 非洲开发银行（简称非行）成立于 1964 年。按规定，加入非行必须首先加入非洲发展基金。中国于 1985 年加入了非洲发展基金和非洲银行。

会首次作为正式成员出席此会。当年，中国还与西非国家经济共同体签署了经济、贸易、投资和技术合作框架协议。中方以第五届部长级会议为契机，举办了一系列配套活动，继续拓展双方在文化、人文、科技、金融、法律等各领域的合作。在萨赫勒地区出现严重粮荒时，中国及时向受灾国提供粮食援助，受到受援国和整个非洲的好评。2012 年，中国对非直接投资达 29 亿美元，同比增长 70%。[①] 这时，中国对非洲的援助已经遍及该地区所有的 53 个国家 [②]，援助内容包括 1000 多个成套项目，派出技术人员 35 万多人次，累计在华为非洲国家培训 53700 多人，向 42 个国家派出了医疗队，向 15 个国家派出了近 400 名青年志愿者。此外还为不少国家提供了生产生活物资、技术援助和现汇援助。[③]

根据中非合作论坛北京峰会的决定，中非关系发展的目标是：建立和发展政治上平等互信、经济上合作共赢、文化上交流互鉴的中非新型战略伙伴关系。为实现这些目标，中国不断加强与非洲的政治交往，一方面每年安排很多高级代表团访问非洲，另一方面还要大量接待来自非洲的友好团组。此外，中国非常重视巩固和发展与非洲联盟的关系，视该联盟为非洲联合自强的主要平台和团结合作的重要象征。2010 年中国全国政协主席贾庆林出席非洲联盟第十八届首脑会议时，曾在会上发表《加强中非团结合作，携手共创美好明天》的讲话，宣布中国未来 3 年将向非盟提供 6 亿元无偿援助，并代表中方向非盟移交了中方援建的非盟会议中心。他还表示，中方愿与非盟共同努力，进一步充实双方战略对话机制，并在非洲的跨国跨区域基础设施建设、非洲和平与安全等领域加强合作。2008 年启动的中国—非洲联盟战略对话，截至 2015 年已举行六届。每两年在联合国举办一次的中非外长级政治对话，也已进行多次。中方同南部非洲发展共同体于 2011 年也成功举行首次政治磋商，与东非共同体商签了经贸合作框架协议。中非科技伙伴计划、中非联合研究交流计划、中非青年领导人论坛、中非民间论坛、中非智库论坛、中非科技合作论坛等，都运转顺利。

---

① 《习近平主席访问非洲成果丰硕》，《人民日报》2013 年 4 月 11 日。

② 包括那些与中国没有外交关系的国家。

③ 《习近平主席访问非洲成果丰硕》，《人民日报》2013 年 4 月 11 日。

非洲是一片充满生机与活力的热土，发展潜能巨大。同时，由于历史和现实原因，这里又是个充满矛盾和纷争、冲突与对抗此起彼伏的大陆。进入 21 世纪以来，中国积极参与非洲地区热点问题的解决，为维护非洲地区的安全与稳定、缓解某些地方的紧张局势、推动冲突地区的和解进程、实现冲突后重建做出了重大的外交努力和贡献。譬如在黑非洲地区，中国自 1992 年起，多次向陷入内战的索马里提供药物和物资援助。2003—2007 年中国担任联合国索马里问题协调员期间，积极推动索马里国内和平进程，于 2005 年和 2011 年，分别为索马里提供了 50 万美元人道主义援助和 100 万美元的现汇援助。中国赞赏联合国、非洲联盟和地区组织、地区国家为推动索马里和平进程所做的努力，呼吁国际社会加大对非盟驻索马里特派团的支持，向索马里提供更多援助，同时也支持联合国积极考虑适当时候在索马里开展维和行动。

在国际社会共同行动打击索马里海盗问题上，中国支持世界各国根据国际法及联合国安理会决议开展各项活动，支持国际社会在现行国际法框架下就起诉索海盗加强国际合作，主张以综合治理、标本兼治、帮助索马里政府应对经济社会问题等方式，制定打击海盗的地区战略。中国海军根据联合国安理会相关决议，派护航编队参与打击索马里海盗，为保护航经亚丁湾、索马里海域的船舶和人员安全、保护国际社会向索马里运送援助物资提供保护。

苏丹是北部非洲的一个大国，独立后南北关系长期紧张。在苏丹问题上，中国多年来一直主张对立和冲突的南北双方通过对话和协商解决分歧，主张全面落实双方签署过的全面和平协议。南北方彻底分裂、南苏丹最终独立后，中国平衡地发展同苏丹和南苏丹的关系，努力扩大与两国的友好交往与互利合作。对苏丹境内的达尔富尔问题，中国主张充分发挥联合国、非洲联盟、苏丹政府“三方机制”的作用，平衡推进联合国维和部署和政治谈判“双轨”进程，同时帮助苏丹改善人道和安全形势，争取早日实现该地区的和平、稳定与发展。对于 2013 年南苏丹爆发的内部冲突，中国在坚持不干涉内政的前提下，与冲突各方积极接触，提出了停火止暴、认真推进包容性政治对话进程、运用非洲方案解决非洲问题、缓解人道局势四项原则，并与联合国、欧盟、非盟以及苏丹、南苏丹的其他邻国共同努力，一道为南苏丹局势的稳定和缓解做出贡献。

中国还积极支持联合国有关决议和联合国驻南苏丹特派团的活动，派出整建制的维护部队到南苏丹进行和平值守，率先并且多次向南苏丹提供人道主义紧急援助，出资帮助建设平民保护所等重要设施。

在刚果（金）、几内亚比绍、科特迪瓦、厄立特里亚等国爆发冲突和内乱时，中国在联合国内外与国际社会共同努力，支持安理会采取建设性立场和行动，推动冲突各方通过政治谈判和对话解决矛盾与冲突，以实现和维护相关国家及地区的和平与稳定。此后多年，中国对非关系，从合作理念到合作机制，从项目设计再到具体行动，各个领域各个层面都有发展和创新，都有新的成果和经验。

二、开拓对拉美外交工作新局面

拉丁美洲通常是指美洲大陆除美国、加拿大之外，以罗曼语族语言为官方语言或主要交际语言的美洲地区，即美国以南的美洲地区，包括墨西哥、西印度群岛（加勒比地区）和南美洲。因此，美国以南的美洲地区（33个国家和地区）一般统称为拉丁美洲，也有的称为拉美和加勒比地区。由于历史因素和地缘政治等多方面原因，那里通常被视为美国的势力范围，甚至被称为美国的“后院”。

中国与拉丁美洲相距遥远，与拉美国家的交往与合作，与世界其他地区相比，很长一段时期明显偏少。1990年，时任国家主席杨尚昆访问墨西哥、巴西、乌拉圭、阿根廷和智利五国，实现了新中国元首对拉美的首次访问。此后，江泽民主席于1993年、1997年和2001年先后访问了古巴、巴西、墨西哥、智利、阿根廷、乌拉圭和委内瑞拉等国。胡锦涛主席亦于2004年、2005年和2008年访问了巴西、阿根廷、智利、古巴、墨西哥、哥斯达黎加和秘鲁。自20世纪90年代起，拉美国家领导人来华访问的，累计已有30多人次。进入21世纪以来，随着经济全球化进程不断加快，中国与拉美国家的政治接触和人文交往日趋活跃。中国政府总理、人大常委会委员长、全国政协主席和党政军各方面领导人对拉美的访问，也是逐年增多，络绎不绝。中国与巴西、委内瑞拉、墨西哥、阿根廷、智利、秘鲁等主要国家，自20世纪90年代中期起，相继建立起不同形式的战略合作伙伴关系或全面合作伙伴关系。

拉美和加勒比地区资源异常丰富，拥有5亿多人口，市场潜力巨大，发展前景广阔。巴西、墨西哥、阿根廷等国已经成长为有一定影响力的新兴大国。中国与拉美和加勒比地区的经贸关系与投资合作，从无到有，由小到大，逐步发展。到 2002 年时，拉美国家在华投资项目已有 9000 多个，实际投资额超过 300 亿美元。中国在拉美注册的独资与合资企业，已逾 380 家，投资额超过了 10 亿美元。到 2004 年时，中国与拉美的贸易额已达 400 多亿美元。中国成为巴西、墨西哥、阿根廷、智利和秘鲁等国最重要的贸易伙伴。中国与将近半数的拉美国家签订了经济技术合作协定，同 1/3 的国家签订了鼓励和相互保护投资协定，同部分国家还签署了避免双重征税协定。

2008 年，中国政府出于总体外交布局需要，首次发表《中国政府对拉丁美洲和加勒比政策文件》，正式提出要建设中拉平等互利、共同发展的全面合作伙伴关系。2009 年，时任国家副主席的习近平访问了墨西哥、委内瑞拉和巴西，中国与拉美这些有影响的地区大国的关系进一步发展和巩固。2010 年是中国与拉美和加勒比地区国家开启外交关系 50 周年。[①]中拉平等互利、共同发展的全面合作伙伴关系循序渐进，稳步发展。胡锦涛主席赴巴西出席金砖国家领导人第二次正式会晤时，访问了巴西，中巴签署《2010—2014 年共同行动计划》。国务委员刘延东访问智利等四国，在智利提出了深化人文交流的具体合作倡议，反响很好。国务委员兼国防部长梁光烈访问墨西哥、哥伦比亚、巴西三国，推动中拉军事关系向更高层次迈进。全国人大一位副委员长访问墨西哥、古巴、巴西三国，进一步丰富中拉议会之间的友好交往。中国外长访问了墨西哥、古巴、哥斯达黎加三国，并在墨西哥主持了中墨政府间常设委员会第四次会议。中国与巴西之间举行了第二次战略对话，与加勒比建交国举行了外交部间第四次磋商。拉美方面则有阿根廷、智利、特立尼达和多巴哥、牙买加、巴哈马等许多国家的国家元首、政府首脑、议会领袖、政党领导人和外长等官员纷纷来华访问。

2011 年，中国继续推动与拉美和加勒比国家平等互利、共同发展的伙伴关系向前发展。胡锦涛主席利用出席金砖国家领导人会晤、参加

---

① 古巴是拉美和加勒比地区最早与中国建交的国家，1960 年 6 月 26 日中古建交，标志着中国与该地区国家有了外交关系。

二十国集团峰会和亚太经合组织领导人非正式会议的机会，分别会见了巴西、秘鲁等国总统，并派特使出席了巴西、阿根廷总统连续当选后的就职仪式。国家副主席习近平出访古巴、乌拉圭和智利，中方与该三国签署 40 项合作协议。习近平在联合国拉丁美洲和加勒比经济委员会所在地智利发表了题为《携手开创中拉全面合作更加美好的未来》的讲话，为中拉关系的未来发展规划方案。第三届中国—加勒比经贸合作论坛在特立尼达和多巴哥举行。拉美和加勒比国家共同体（简称拉共体）正式成立时，胡锦涛主席致电祝贺。2011 年中国—加勒比经济技术合作论坛、第三届中国—拉丁美洲和加勒比民间友好论坛、中国—拉美企业家高峰会均成功举行。

2012 年中国进一步保持和加强与拉美国家的高层政治接触。中国领导人在多边活动场合，坚持与拉美国家领导人举行会见。温家宝总理利用赴巴西参加联合国可持续发展大会之机，访问了巴西、乌拉圭、阿根廷和智利。温家宝总理在联合国拉美和加勒比经济委员会所在地智利做了演讲，题为《永远做相互依赖的好朋友》。温家宝总理还与南方共同市场[①]成员国领导人举行了视频会议，就加强双方经贸关系发表联合声明。中国与南共市早已建立的友好联系，得到进一步发展。

这一年，哥伦比亚、古巴、哥斯达黎加等拉美国家领导人相继访华，中国与巴西、智利的关系分别升格为全面战略伙伴关系和战略伙伴关系。刚刚成立不久的拉共体[②]，对华合作态度积极，成立后即将发展对华关系放在突出位置。2012 年 6 月，中方就中拉整体合作提出系列建议，得到拉共体积极响应。中国外长与拉共体“三驾马车”外长在联合国大会期间举行首次对话，双方同意将推动建立以中拉合作论坛为核心的中国与拉美和加勒比国家整体合作机制，作为双方下一步共同努力的方向。中国与巴西签署两国政府间十年合作规划，宣布建立 1900 亿元人民币 /600 亿雷亚尔的双边本币互换安排。中国与智利签署自由贸易协定关于投资的补充协定，两国自由贸易区正式建成。中国与哥伦比亚启动两国自由贸易协定

---

① 成立于 1991 年，关税联盟性质的区域经济合作组织，简称南共市，成员国最初为阿根廷、巴西、巴拉圭和乌拉圭。委内瑞拉 2007 年加入。

② 全称为拉丁美洲和加勒比国家共同体，成立于 2011 年。

联合可行性研究。中国宣布未来 5 年向拉美国家提供 5000 个政府奖学金名额，并倡议举办中拉青年政治家论坛。

这时，中国与拉美和加勒比国家各领域的务实合作已经硕果累累。到 2012 年底，中拉贸易额已由 1979 年的 10 亿美元增长到 2612 亿美元。中国超过欧盟，成了整个拉美地区第二大贸易伙伴。中国在该地区的投资将近 650 亿美元。有 21 个国家成了中国公民的旅游目的地国。有 12 个国家开设了 25 所孔子学院和 10 所孔子课堂。随着人员往来不断增多，墨西哥、巴西与中国开通了直航。

当然，由于地理上相距遥远，再加上"美国因素"干扰，中国与拉美和加勒比地区交往与合作的整体水平仍有待进一步提高。到 2013 年时，拉丁美洲地区仍有 12 个国家与中国没有外交关系，而与台湾当局保持着所谓的"邦交"。不过，中国与这些国家也并非毫无往来。譬如海地，虽然与中国没有外交关系，但 2010 年该国发生地震时，中国仍然派去了救援队和医护队，并以政府名义向海地提供了现汇和物资援助。又如巴拉圭，尽管与中国也没有外交关系，但从中国的进口却大量增加。

三、为西亚北非的稳定与发展贡献力量

西亚位于亚、非、欧三大洲交汇点，地处阿拉伯海、红海、地中海、黑海和里海（亚洲腹地的内陆湖）之间，地理学上称之为"五海三洲"之地。按照冷战后国际上的普遍看法，西亚不仅包括沙特阿拉伯等海湾地区国家和伊拉克、叙利亚、约旦、巴勒斯坦、黎巴嫩等国，还包括伊朗、土耳其、以色列、塞浦路斯等非阿拉伯国家。从原苏联独立出来的外高加索三国即阿塞拜疆、亚美尼亚和格鲁吉亚，现在也被算作西亚国家。

非洲大陆撒哈拉沙漠以北地区即北非共有 5 个国家，其中包括埃及、阿尔及利亚这两个人口众多、在地区和国际事务中有较大影响的国家。由于这些国家的主体居民为阿拉伯人，同西亚大多数国家同属阿拉伯世界，同为阿拉伯联盟成员，构成一个紧密联系和相互影响的地缘政治板块，常常又被统称为中东国家。这些国家所在地区，被称作中东地区。

中东地区是世界三大宗教的发源地，因而也是人类文明的发祥地之一，是古代丝绸之路进入地中海和欧洲的主要通道。该地区油气资源丰

富，但水资源严重不足，大多数国家经济结构单一，经济发展水平相对滞后。由于民族、宗教、资源、领土等问题相互交织，中东一直是战后以来热点最集中、最不稳定的一个地区。长期以来，中国始终注意积极、平衡而稳妥地同该地区各国建立和发展友好关系。中国不仅与伊拉克、叙利亚、苏丹、埃及、沙特阿拉伯等国关系良好，与伊朗、土耳其、以色列、外高加索三国等非阿拉伯国家的互利合作也在不断向前发展。

中东地区最复杂、持续时间最长的问题是阿拉伯人与以色列人的冲突，即阿以冲突，尤其是巴以冲突，即巴勒斯坦和以色列之间的冲突。中国一贯支持巴勒斯坦和阿拉伯人民争取恢复民族合法权利的正义事业，认为巴勒斯坦独立建国是巴勒斯坦人民不可剥夺的权利，是实现巴以和平共处的基础和前提。因此，直到21世纪来临，中国始终主张有关各方遵循联合国决议，在“土地换和平”与中东和平路线图基础上，通过谈判解决巴以冲突，最终实现巴勒斯坦独立建国。近些年来，巴以冲突时起时伏，中方原则立场始终未变。中国与以色列和巴勒斯坦双方同时发展友好关系，同时继续坚持开展劝和促谈工作。

2014年夏，巴勒斯坦哈马斯组织与以色列在加沙地带发生大规模冲突，引发全世界关注，埃及等国提出停火倡议。中国外长利用访问埃及之机，提出具体建议，要求冲突双方立即停止以暴制暴，通过负责任谈判，寻找共同安全方案，建立保障机制。在重申支持巴勒斯坦人民独立建国的正当要求和合法权利的同时，中国呼吁联合国安理会承担必要责任，国际社会相互配合，形成推动以巴和平的合力。为缓解加沙地带的人道主义局势，中国政府和中国红十字会还向加沙人民提供了紧急的现汇援助和物资援助。

昔日的中东强国伊拉克，近年来也成了中东地区动荡不宁的一个国家。自从萨达姆政权被美国武力消灭，该国陷入全面动乱和血腥内战。中国反对外部势力对伊动武，全力主张并推动伊拉克冲突各方以政治方式解决相互间的矛盾和分歧，稳步恢复和发展与伊拉克在政治、人文、地区事务以及经贸、能源、基础设施建设等各领域的友好合作，并以多种形式向伊拉克中央政府和危机深重的库尔德地区提供人道主义帮助。到2014年时，伊拉克已成为中国第五大石油供应国，而中国成了伊拉克第一大贸易伙伴和第一大原油买家。中国继续支持伊拉克各派进一步加强沟通与对话，尽快组成包容性的、代表各派政治力量的政府，同时支持联合国和国际社会与伊拉克共同努力，共同打击严重威胁中东地区安全，首先是极大危害伊拉克等国的极端主义势力“伊斯兰国”。

北非地区的局势多年来相对平静，但 2011 年底风云突变。政局一向稳定的突尼斯因社会矛盾激化和外部势力插手，发生政治动乱和反政府风潮，导致政权迅速更迭和大规模冲突，并随即波及情况类似的埃及、利比亚和西亚的叙利亚、也门等国，中东地区盘根错节的矛盾和危机大面积爆发。面对突如其来并可能危及整个地区的中东乱局，中国一开始就主张通过对话和协商，开启包容性政治进程等途径和平解决危机，呼吁联合国和国际社会为中东地区和平稳定发挥作用，坚决反对西方国家为支持反对派而图谋不轨，滥用制裁手段或以武力威胁等方式推翻合法政权。当北约国家对利比亚进行空中打击、引发利比亚全面内战后，中国表示强烈反对，同时组织大规模撤侨，并为其他国家承担撤侨任务，受到国际社会普遍好评。

近年来，上述部分国家由乱而治，艰难转型，过渡期局势动荡长期化复杂化国际化等特点依然突出。中国同突尼斯、埃及、利比亚、也门等国新政权平稳地建立起新的政治关系，并适当地开展了友好往来，经贸、文化、科技等各领域的合作也得到了部分恢复，同也门的经贸关系甚至有了较大发展。与此同时，中国也同国际社会一道，为这些国家医治战争创伤，实现重建与发展提供力所能及的支持和援助。但中国与利比亚的经贸合作，因该国局势反复激化而遭遇挫折，中国在利比亚企业绝大部分被迫撤离，在建承包项目全部停滞。在也门乃至叙利亚也不同程度地遇到类似问题。

叙利亚是中东地区陷入严重动乱和血腥战乱而政权依然不倒的一个国家。但在美国等西方势力的支持下，反政府武装与叙利亚政府之间的冲突旷日持久，愈演愈烈。中国基于联合国宪章的宗旨和原则，基于叙利亚和中东地区各国人民的根本利益，积极在联合国内外推动叙利亚问题和平解决，多次提出具体主张和建议。这些主张和建议的核心内容是，强调政治途径是解决叙利亚问题的唯一现实出路，叙利亚有关各方应当停火止暴，开始政治对话和政治过渡进程，国际社会特别是联合国应在叙利亚问题上发挥积极的建设性作用。

为实现上述建议和主张，中国通过派官员出访叙利亚和相关国家、接待叙利亚政府代表团和反对派组织代表、参与叙利亚问题国际会议等多种渠道，平等地对叙利亚政府和反对派开展劝和促谈工作，强调中国在叙利亚问题上秉持客观公正立场，不庇护任何一方，对任何各方普遍欢迎的方案均持积极和开放态度。据此立场，中国全力支持联合国—阿盟叙利亚危机联合特使和联合特别代表的斡旋努力，并在联合国安理会两次行使否决权，反对西方国家暗含“政权更迭”、对叙利亚实施制裁等内容的决议案，有效地维护了普遍公认的国际关系准则和叙利亚的独立、主权、统一、领土完整和自主选择发展道路、社会制度的权利。

中国在积极推动中东国家和平解决国内冲突和危机、努力为实现地区稳定发挥建设性作用的同时，还大力发展与阿拉伯联盟（阿盟）、海湾阿拉伯国家合作委员会（海合会）的关系，力图通过与这些地区机构的交流与对话，进一步拓展和深化与该地区各国的务实合作、不断提升合作的质量和水平，以适应共同发展与进步的需要。其中，中国与阿盟的交流与对话，在推动中国与中东地区各国政治互信与经贸关系发展方面发挥着越来越大的作用。

中国与阿盟的关系始建于 2004 年 1 月。时任中国国家主席胡锦涛访问了设在埃及首都开罗的阿盟总部，会见了阿盟秘书长和阿盟 22 个成员国的代表。[①] 会见结束后，双方宣布成立“中国—阿拉伯国家合作论坛”。论坛以加强对话与合作、促进和平与发展为宗旨，以部长级会议为长期机制，每两年在中国或阿盟总部或任何一个阿拉伯国家召开一次，讨论中国与阿拉伯国家在政治、经济、安全等各个领域开展合作的有关情况，并就共同关心的地区和国际问题、联合国及其专门会议所讨论的热点问题交换意见和看法，必要时可召集非常会议。除部长级会议外，中阿论坛还设有高官委员会会议，每年召开一次例会。另外还设有中阿企业家大会、中阿关系暨中阿文明对话研讨会、中阿友好大会、中阿能源合作大会、中阿新闻合作论坛、中阿互办文化节等多种交流与对话机制。

中阿合作论坛的成立，为中国与阿拉伯世界各国开展交流与对话、

---

① 除西亚北非地区的阿拉伯国家外，黑非洲地区的阿拉伯国家毛里塔尼亚、吉布提、苏丹、索马里、科摩罗也是阿盟成员。

全面拓展和推进政治、经贸、科技、能源、人文等诸多领域的务实合作提供了广阔平台。首届中阿合作论坛部长级会议于2004年9月在开罗举行，会议形成了《中国—阿拉伯国家合作论坛宣言》和《中国—阿拉伯国家合作论坛行动计划》两个重要文件。第二届部长级会议于2006年5月在北京举行，主题是建立中阿新型伙伴关系，双方同意在政治磋商、能源、人力资源开发和环保等领域推动建立合作机制。第三届部长级会议在巴林举行，会议主要讨论了投资问题。第四届部长级会议2010年在中国天津举行，双方同意在论坛框架下建立全面合作、共同发展的战略合作关系。

中阿合作论坛第五届部长级会议2012年在突尼斯举行。此次会议规格很高，中方除外交部长与会外，商务部、文化部、国家能源局、中国国际贸易促进会、中国人民对外友好协会、工业和信息化部、卫生部等多个部委也派出代表与会，与阿盟秘书长和20位阿拉伯国家的外长或其代表一道，共同讨论“深化战略合作，促进共同发展”问题。在这次会议上，中方提出了到2014年将中阿贸易额提高到3000亿美元、接待100名阿拉伯国家青年精英访华、为阿拉伯国家培训人才等务实合作的新建议。双方同时还签署了中阿合作论坛2012年至2014年行动计划和其他一些合作文件。

中阿合作论坛成立以来，双方借助这个平台，共同举办了许多重要活动，以不断深化中阿之间的传统友谊与互利合作。譬如，2006年和2008年，中阿合作论坛框架下分别举行了阿拉伯艺术节和中国艺术节。2008年，中阿合作论坛在中国海南召开了第一届中国阿拉伯能源合作大会，同年在北京举行了首届中国—阿拉伯国家新闻合作论坛、中阿文明对话—语言与文化交流研讨会等。2012年1月，中国国际贸易促进会与沙迦工商会在阿联酋联合举办第四届中阿企业家大会暨投资研讨会，温家宝总理出席开幕式并发表讲话。当年3—4月，第二届中国艺术节和第三届中阿新闻合作论坛分别在巴林首都麦纳麦和中国广州举行。9月，第四届中阿友好大会和第三届中阿能源合作大会在中国银川举行。11月，来自20个阿拉伯国家和阿盟秘书处的40名青年应邀访华。中国“中阿合作论坛研究中心”代表团访问了埃及和海湾地区部分国家。

海湾阿拉伯国家合作委员会（简称海合会）成立于1981年，成立不久即与中国建立了联系。自 1990 年起，中国外长与海合会六国外长及其秘书长形成了集体会见机制，就双方感兴趣的问题交换意见和看法。双方还建立了战略对话和经贸联委会两个交流平台。经贸、能源合作在中国与海合会的关系中占有重要位置。

在西亚北非地区局势持续动荡的严峻形势下，中国借助中阿合作论坛以及中国与海合会建立的合作机制，不断拓宽中国与该地区各国的合作渠道和合作领域。在与各国的政治关系总体稳定的大背景下，各领域互利合作成就斐然。2012 年，中国从该地区进口的原油总量达 14829.23 万吨，与 2011 年持平，与该地区各国的贸易总额 2873.43 亿美元，同比增长 6.86%。中国与阿联酋、土耳其还签署了本币互换协议，与沙特阿拉伯、土耳其签署了核能合作协议，与阿尔及利亚签署了通信卫星合作协议。

四、与南太平洋岛国的友好合作向纵深发展

南太平洋地区包括澳大利亚、新西兰两个发达国家在内，共有 16 个主权独立国家和十几个尚属美、英、法等国管辖的地区。除澳大利亚、新西兰外，该地区所有国家和地区均处于不发达状态。目前，除澳、新两国外，中国与巴布亚新几内亚、斐济、密克罗尼西亚、纽埃、萨摩亚、汤加、努瓦阿图、库克群岛共 8 个国家保持着外交关系。其余 6 国即基里巴斯、瑙鲁、帕劳、所罗门群岛、图瓦卢、马绍尔群岛为台湾的所谓“邦交国”。①

中国非常重视与太平洋岛国的合作。除全面发展与建交国的友好合作外，中国对未建交国也保持着一般性的经贸关系，适度开展必要的文化、体育交往和民间友好往来。进入 21 世纪以来，中国把与太平洋岛国论坛的合作，视为全面提升与岛国务实合作与友好关系的重要机制和平台。

---

① 基里巴斯 1980 年曾与中国建交，2003 年基大选后宣布与台湾“建交”。中方随即宣布中止与基里巴斯的外交关系。瑙鲁 2002 年与中国建交,2005 年与台湾“建交”后，中方宣布中止外交关系。马绍尔群岛 1990 年亦曾与中国建交，1998 年与台湾“建交”，中国随即中止与马绍尔群岛的外交关系。

太平洋岛国论坛成立于1971年，最初称南太平洋论坛，2000年改为现名。1972年成立时建立的常设机构南太平洋合作局，于1988年更名为南太平洋论坛秘书处。该论坛成立的初衷在于加强成员组织之间的经贸关系和旅游、通信、教育等各领域的交流，而后逐渐发展为经济、政治、安全、政策等各领域合作的区域性组织。其成员也由最初的澳大利亚、新西兰、斐济等7个国家，扩大到南太平洋地区所有16个国家。① 另外还有2个联系成员、4个观察员和1个特别观察员。论坛的主要机制是每年召开一次在成员国轮流举行的首脑会议。

自1988年起，中国开始参与太平洋岛国论坛活动。1989年，太平洋岛国论坛决定邀请中、美、英、法、日和加拿大等国家出席论坛首脑会议后的对话会。该论坛同时成为当年成立的亚太经合组织观察员，1994年成为联合国观察员。1991—2007年，论坛先后接纳欧盟和韩国、意大利等为对话伙伴。目前，论坛对话伙伴共有14个。自1997年起，论坛每年在首脑会议前召开经济部长会议。自1999年起，又规定首脑会议前召开贸易部长会议。

中国自1990年起，连续派政府代表参加论坛首脑会议后的对话会，不断加强同论坛及其成员的合作。2000年，中国政府捐资设立中国—论坛合作基金，用以促进双方在贸易投资等领域的合作，基金设立后，中方先后资助了论坛驻华贸易代表处、投资局长年会、论坛秘书处信息存储系统更新、论坛进口管理等项目。2001年，太平洋岛国论坛驻华贸易代表处正式挂牌。2003年，中方就加强中国与论坛的关系提出一系列具体建议。2006年，中国政府总理出席中国—太平洋岛国经济发展合作论坛首届部长级会议开幕式。2008年，中国—太平洋岛国经济发展合作论坛投资、贸易、旅游部长级会议在中国厦门召开。

在2010年召开的第22届论坛会后对话会上，中国政府代表阐述了中方对太平洋岛国的政策，宣布了中国支持岛国经济社会发展的具体措施，重申了中国帮助岛国应对国际金融危机和气候变化的积极态度与政策主张，同时呼吁国际社会给予岛国更多的关注和支持。2011年，中国代表在第23届论坛会后对话会上又重申，中国政府将继续与论坛成员国

---

① 2009年，斐济因国内发生军事政变，被中止成员资格。

及其他对话伙伴协调与合作，为促进岛国地区稳定、发展与繁荣做出不懈努力。在与论坛合作的过程中，中国提出的“相互尊重、平等互利、彼此开放、共同繁荣、协商一致”原则，作为中国与包括南太平洋诸国在内的所有亚太国家开展友好合作的根本方针，受到论坛各方的赞赏和支持。为加强双方的互惠活动，2012 年起，太平洋论坛驻华代表处更名为太平洋岛国贸易与投资专员署。

在太平洋岛国论坛框架下，中国外交部和其他有关部门自 2004 年起，先后为岛国兴办多期高级外交官培训班，来自 8 个与中国建立外交关系的国家的外交官和论坛秘书处的官员参加了培训。

第十三章

全方位多层次的多边主义外交

当今世界的外交是复合型的立体化外交。多边外交在国际事务中的地位和作用，比以往任何时候都更加重要和突出。进入21世纪以来，以联合国及其庞杂的组织系统为核心，以名目繁多的峰会和论坛为载体，丰富多彩的多边外交势头强劲。中国对联合国越来越重视，参与联合国事务积极而主动。除联合国自身及其所属组织的活动外，中国积极参与联合国可持续发展大会、世界核安全峰会、世界议长大会、二十国集团峰会、亚太经济合作组织领导人非正式会议、金砖国家峰会以及欧亚会议、东亚峰会等多边机制及其活动，并在上海合作组织、亚洲博鳌论坛等多边机制中发挥着重要作用。有些重要峰会，如国家主席直接参与的世界核安全峰会、二十国集团峰会、亚太经合组织领导人非正式会议等，已成为中国展示改革开放良好形象，全面参与全球事务，营造良好的周边环境，充分发挥成长中的世界大国作用的重要舞台。

需要指出的是，无论全球性还是区域性的多边合作机制与交流对话平台，都不仅仅是领导人之间的闭门磋商和空泛谈判。中国领导人参加全球性或区域性峰会和论坛，总要把多边活动与双边活动密切统一起来，把参加多边活动与访问东道国结合起来，并且还要利用多边活动之机，与一些国家领导人举行双边会见或会谈，有时还要安排大型经贸、文化活动相配合，力求达到多边与双边活动并举、官方活动与民间外交同行、经贸洽谈与人文交流相伴的最佳效果。

一、在联合国中承担更多的大国责任

中国自1971年恢复在联合国的合法权利后，开始循序渐进地参与联合国事务。当时，美苏两国争霸世界，反对霸权主义和强权政治的斗争形势紧迫。中国把维护发展中国家的正当权益，推动建立国际政治经济新秩序，当成参与联合国事务的主要任务。因此，中国代表团在联合国刚一亮相即表示，中国希望联合国在维护国际和平、反对侵略和干涉、发展各国之间的友好合作方面发挥应有作用。

当时，毛泽东主席根据国际形势新变化、力量对比新态势和中国对外战略新要求，提出了“三个世界”理论，认为美苏两国是第一世界，包括中国在内的发展中国家是第三世界，其余国家为第二世界。他把团结第三世界，联合第二世界，反对美苏两霸确定为中国国际斗争的核心任务。1974年，邓小平以副总理身份出席联合国第六次特别会议，全面阐述毛泽东的“三个世界”理论，倡导建立公正合理的国际新秩序。正是在这次会议上，他向全世界做出了中国永远不做超级大国、永远不称霸的庄严承诺。

中国是这样说的，也是这样做的。当时，印度与巴基斯坦爆发了战争，中国在联合国激烈抨击苏联支持印度肢解巴基斯坦，全力支持巴方维护国家主权和领土完整。美国不断扩大对印度支那的侵略战争，中国在联合国强烈谴责美国的战略政策，全力声援印度支那三国抗美救国战争。历次联合国秘书长改选，中国都主张兼顾地区平衡原则，充分考虑发展中国家立场。在争取全面裁军、调解中东冲突、反对非洲的种族主义政权等问题上，中国也主动充当发展中国家代言人，坚定维护发展中国家的权益，推动国际社会团结进来，共同反对霸权主义和强权政治，在广大发展中国家赢得了较高的声誉。

中国自1971年起，即按联合国相关规则，派人轮流出任副秘书长，并同时成为联合国重要机构经济与社会理事会、托管理事会的理事国。1972年，中国开始参与联合国开发计划署、贸易与发展会议、环境规划署及妇女地位委员会的活动，1973年开始以理事会成员国身份参加粮农组织的活动。但最初一段时间，中国仍把联合国看作是美国操纵的工具，看成是美苏两霸既勾结又争夺的场所，因此，没有参与人权委员会、裁军委员会等重要机构的活动。对联合国维和行动，恪守反对干涉别国事务的传统立场，既不表示支持，也不承担义务。对于某些敏感问题，甚至不参与投票。

20世纪70年代末中国改革开放后，对外战略全面调整，对联合国的态度也发生重大变化。自1980年起，中国开始参加联合国裁军工作会议，次年派出裁军事务大使。1981年，中国投票支持延长联合国在塞浦路斯的维和行动期限，次年开始接受维和费用摊派。1984年，中国成为国际原子能机构理事成员国，向该机构派出了代表。1985年秋，中国总理出席联大会议，明确表示世界需要联合国，联合国也需要世界。自这一年起，中国开始派人出任国际法院法官职务。

到1986年时，中国正式确认联合国维和行动是维护国际和平与安全的有效手段，承认国际维和行动有助于缓解地区冲突与和平解决争端。中国外长在当年召开的联大会议上阐述了中国在裁军问题上的立场，并于1988年在联合国第三届特别裁军大会上提出了裁军问题八项主张，在国际上产生很大反响。这时，中国参与联合国事务的积极性和主动性明显增强。从和平利用外太空到海底资源开发，从科技文化交流到儿童防疫和艾滋病防治，联合国几乎所有机构、部门和会议，都有中国代表的身影和中国声音。在经济和金融领域，中国与联合国所属机构和相关组织，如开发计划署、世界粮食计划署、世界银行等，关系日渐密切，合作愈益广泛。

20世纪80年代末90年代初冷战结束之际，解决和平与发展问题更加突出，携手应对全球性挑战成为普遍诉求，西方国家欲乘苏东剧变之机和平演变中国的压力也进一步增大。中国在邓小平提出的“韬光养晦、有所作为”的外交方针指导下，继续尽最大努力，争取和创造有利于自身发展的国际环境。在此形势下，全面加强与联合国的合作，更积极更主动地参与联合国事务，对中国来说势在必行。1988年，中国开始参与联合国维和行动特别委员会的工作，陆续向联合国28个维和项目派出了军事人员、警察和民事官员。

1995年，国家主席江泽民出席联合国成立50周年纪念活动，详细阐明了中国对联合国的政策和立场。联合国事务从此成为中国深化大国外交、推进多边合作的最重要领域。中国将联合国作为展示改革开放良好形象、营造宽松友善的国际环境的重要舞台之一。1999年，面对国际力量对比新变化和中国显现的巨大发展潜能，国际社会要求中国承担更多责任和义务的呼声日益高涨。中国驻联合国代表提出的“联合国需要中国，中国需要联合国”的新理念，概括了中国对联合国的新认识，也反映了中国与联合国关系的新特点。2000年，江泽民主席出席了联合国千年首脑会议。他表示：“中国作为联合国安理会常任理事国，一贯恪守联合国宪章的宗旨和原则，支持联合国在维护世界和平与国际安全以及解决各种全球性问题中不可替代的重要作用。中国将一如既往地履行自己的义务和职责。”①

进入21世纪后，世界多极化、经济全球化、文明多样性和发展道路多样化持续彰显，各国各地区各类组织的多边互动与合作更趋活跃，联合国的地位和作用更为显著和重要。2005年，在中国与外部世界的关系已发生历史性变化的新形势下，中国国家主席胡锦涛出席了联合国成立60周年纪念活动。他在联合国提出了“和谐世界”的新构想，表明中国不仅要在联合国和国际事务中承担更大的责任和义务，还将为构建国际关系新理念、国际政治新秩序、国际安全新格局、国际合作新态势发挥更大作用和影响。

2010年9月，中国政府总理温家宝出席联合国千年发展目标高级别会议和第六十五届联大一般性辩论。在高级别会议上，温家宝总理发表《为实现千年发展目标而奋斗》的讲话，全面介绍中国在此方面取得的成就、经验以及为推动国际减贫事业、促进南南合作所做的贡献，并就实施千年发展目标向国际社会提出四点倡议：明确工作重点、兑现官方承诺、健全实施机制、维护和平环境。②会上，温家宝总理宣布了中国援助发展中国家的新举措，呼吁联合国在国际发展合作领域继续发挥核心作用。在联合国艾滋病规划署举办的艾滋病与千年发展目标讨论会上，温家宝总理表示，中国一直积极参与艾滋病防治的国际合作，连续多年向全球抗击艾滋病、疟疾和结核病基金捐款，未来三年将再次捐款1400万

① 《江泽民文选》第三卷，人民出版社2006年版，第112页。

② 中华人民共和国外交部政策规划司编：《中国外交（2011年版）》，世界知识出版社2011年版，第48页。

美元。在联大一般性辩论中，温家宝总理表达了中国将坚定不移地沿着改革开放、和平发展的道路前进的意志和决心。此外，温家宝总理还出席了安理会首脑会议，参与了“确保安理会在维护国际和平与安全方面的有效作用”的研讨。中国总理如此广泛参与联大活动，再次显示了中国政府对联合国事务的高度重视和积极支持。

近几年来，随着全球性问题和挑战日益增多，国际社会对联合国的期待与日俱增。联合国如何适应时代潮流、实现自身改革变得越来越紧迫，有关联合国改革的斗争越来越激烈。中国支持联合国进行合理的和必要的改革，积极参加相关问题的讨论和政府间谈判的相关会议，强调改革的重点是提高其权威和效能，包括精简机构、削减冗员、合理开支、克服官僚主义，等等。对于安理会改革，中国主张优先考虑发展中国家，特别是非洲国家在安理会的代表性。由于此项改革涉及全体会员国的切身利益，同时也涉及联合国职权和责任等核心问题，中国主张慎重行事，即坚持民主，耐心协商，兼顾各方利益和关切，以会员国协商一致、高度认同为前提，达成一揽子解决协议，而不是“分步走”或“零散处理”，目的是防止国际社会和联合国本身因安理会改革不当而发生重大分裂。中国这种高度负责的态度，在联合国内得到了广泛的理解和支持。

依据联合国宪章规定，中国作为安理会常任理事国，有权在争议较大的问题上行使否决权，以保持安理会的立场平衡和统一。但是，中国作为负责任的大国，使用否决权十分慎重。20 世纪 70 年代仅使用两次，第一次是为支持巴基斯坦维护国家主权与领土完整，第二次是为维护巴勒斯坦民族权利和部分阿拉伯国家的权益。改革开放后至 20 世纪末，中国使用否决权的次数仍相当有限，目的都是为了维护中国的国家主权和尊严。进入 21 世纪以来，中国行使否决权相对积极一些，目的也是为了反对强权政治和新干涉主义，捍卫发展中国家利益，维护联合国的形象和权威。但在许多时候，中国更多的仍然是弃权而不是运用否决权。譬如，2011 年西亚北非地区发生大规模动乱，联合国安理会连续就利比亚局势通过六项决议，中国对其中五项决议投了赞成票，但对扩大制裁并授权必要时对利比亚动武的第 1973 号决议，投了弃权票。联合国安理会当年 10 月讨论叙利亚局势时，中国与俄罗斯行使否决权，反对法国、英国、德国和葡萄牙提出的对叙利亚进行制裁并威胁使用武力的决议案，继续支持有关地区国家和组织为缓解叙利亚局势而做出的斡旋努力。

联合国维和行动是实践多边主义、维护集体安全的重要手段。截至2011年底，联合国在全球范围内共部署了66项维和行动。中国始终如一地积极参与联合国安理会、联大和联合国维和行动特委会的有关审议和磋商。在联合国维和行动规模不断扩大、授权日益广泛、面临的问题和挑战日益增多的情况下，中国坚持“当事国自愿、中立、非自卫时不使用武力”的维和三原则。1989—2011年，中国共参加了28项维和行动，派出军事人员、警察和民事人员两万多人次。中国承担的联合国维和费用，也越来越多。

随着中华民族大踏步地走向全面复兴，中国义无反顾地走向世界舞台中心，中国与联合国的关系在发生意义深远的变化。中国在联合国不仅永远代表发展中国家，坚守国际公理，主持国际正义，同时还要更大范围地履行自己的大国责任和义务，更加坚定地担当起建设性大国和负责任大国的神圣使命，为人类和平、发展、进步的崇高事业做出更大贡献。

二、在全球性峰会中广开多边外交渠道

当今世界是峰会如潮的世界。各国元首或政府首脑参加的各种峰会，在应对和解决人类面临的共同性问题方面有着不可替代的作用。目前世界上各种峰会多达数十个，有的峰会一年举办两次。除联合国大会外，我国领导人经常参与的全球性会议，主要有可持续发展大会、二十国集团峰会、世界核安全峰会、世界议长大会等，另外还有世界妇女大会、世界气候大会、达沃斯经济论坛等。有时也参加西方发达国家集团邀请发展中大国参加的七国集团＋发展中国家或八国集团＋发展中国家共同举办的峰会。中国领导人参加这些多边活动时，有时要结合访问东道国一并进行，有时还要与一些重要国家或国际组织的与会领导人举行双边会见或会谈，使多边外交活动与各种双边外交活动紧密地结合起来。

联合国框架下的可持续发展大会，也称环境与发展会议，于1972年在斯德哥尔摩举行首次会议。当时中国刚刚回到联合国，对此类事务还不熟悉，只派燃料化学工业部一位副部长率团与会。中国代表当时在会上表示，维护和改善人类环境，是关系到世界各国人民生活和经济发展的一个重要问题，中国支持并赞助这个会议。会议通过的《斯德哥尔摩

人类环境会议宣言》，被称作第一份人类环境宣言。经济发展与环境保护的关系即可持续发展问题，从此成为人类社会的一个重要议程。

第二次可持续发展大会 1992 年在巴西里约热内卢举行。来自 183 个国家的代表团和 70 多个国际组织的代表，共同讨论可持续发展问题，此会因此被称作地球首脑会议。会议通过了《关于环境与发展的里约热内卢宣言》和《21 世纪议程》等文件。有 154 个国家签署了《联合国气候变化框架公约》，另有 148 个国家签署了《联合国生物多样性公约》。这次会议在引导各国实现经济发展、社会发展与环境保护的平衡方面发挥了重要作用。中国国务委员宋健出席了部长级会议，李鹏总理出席了高峰论坛。

第三次可持续发展大会 2002 年在南非约翰内斯堡举行，来自 130 多个国家的元首或政府首脑、政府代表团和非政府组织代表共 6 万余人到会。中国高度重视此会，国家计委、科技部等部门共同组成参会筹委会，于会前举办"可持续发展与千年发展目标"研讨会。中国总理朱镕基率团参会并发表讲话。中国 150 多位非政府组织的代表也参与了相关活动。为配合此会，中国在北京举办了纪念人类环境会议 30 周年及联合国环境与发展大会 10 周年座谈会。全国人大常委会委员长李鹏到会讲话，介绍中国实施可持续发展战略的各项措施与成果。他表示，"中国作为最大的发展中国家和环境大国，是国际环境合作中的一支活跃力量。""可持续发展已经成为中国加强与世界各国合作的一条纽带。"他同时强调，"环境保护应当与经济发展水平相适应，处理环境问题应当兼顾各国现实的实际利益和世界的长远利益。实现可持续发展离不开和平稳定的环境。"①

2012 年，来自 188 个国家的国家元首、政府首脑或其代表，各种政府机构、企业、非政府组织代表数万人再聚里约热内卢，举行可持续发展大会。会议确定的目标是：重拾各国对可持续发展的承诺，查找实现可持续发展过程中的成就与不足，继续面对不断出现的各类挑战。集中讨论的主题是：绿色经济在可持续发展和消除贫困方面的作用，可持续发展的体制框架。为配合此次大会，中国外交部提前发表立场文件，阐述中方对相关问题的原则立场，并就大会任务、总体原则、绿色

① 《人民日报》，2002 年 6 月 25 日。

经济、可持续发展机制框架等提出建议。温家宝总理出席会议，分别在全体会议、高级别圆桌会议、“最不发展国家与里约 +20” 高级别边会上发表讲话，并与参加中国环境与发展国际合作委员会 20 周年边会的中外委员及专家学者进行了座谈和交流。大会最终文件《我们憧憬的未来》，在许多方面反映了中国和广大发展中国家的立场。

二十国集团领导人会议即 G20 峰会，是中国国家主席亲自参与的全球性会议。[①]G20 成立于 1999 年 9 月，当时西方七国集团财长和央行行长决定[②]，由发达国家和新兴市场国家共同组成集团，就国际金融问题展开磋商。当年 12 月，包括中国在内，G20 财长和央行行长在柏林开会，在国际货币基金组织和世界银行框架内建立起非正式对话机制。为确保该机制与布雷顿森林机构的密切联系，国际货币基金组织总裁、世界银行行长、国际货币金融委员会和发展委员会主席作为特邀代表，参与 G20 财长和央行行长会议。

G20 作为新型国际合作机制，具有涵盖面广、代表性强、兼顾区域平衡等特点，负有管理全球经济、应对发展问题、完善全球治理三大职能。中国非常重视 G20 的作用和影响，一开始就积极参与其部长级会议，并于 2005 年在北京主办了第七届 G20 财长和央行行长会议。胡锦涛主席出席会议并发表讲话，提出了尊重发展模式的多样性、加强各国宏观经济政策的对话与协调、完善国际经济贸易体制和规则、帮助发展中国家加快发展四项建议。

2008 年国际金融危机爆发后，G20 会议升级到国家领导人层面，成为全球经济合作的主要论坛。胡锦涛主席出席了当年 11 月在华盛顿召开的以“金融市场和世界经济”为主题的峰会。他以《通力合作　共渡时艰》为题发表讲话，强调有效应对金融风险，维护国际金融稳定，促进世界经济发展，需要国际社会增强信心、加强协调、密切合作、共

---

① G20 成员包括阿根廷、澳大利亚、巴西、加拿大、中国、法国、德国、印度、印度尼西亚、意大利、日本、韩国、墨西哥、俄罗斯、沙特阿拉伯、南非、土耳其、英国、美国、欧盟。

② 七国集团成员包括美国、英国、法国、德国、意大利、加拿大和日本。俄罗斯加入后称八国集团。乌克兰危机发生后，俄罗斯被开除出八国集团，八国集团又成为七国集团。

同应对。2009 年，G20 在伦敦和匹兹堡召开两次峰会，胡锦涛主席两次到会，相继发表《携手合作　同舟共济》和《全力促进增长　推动平衡发展》两篇讲话。针对当时异常严峻的国际金融危机和世界经济形势，胡锦涛主席呼吁各国保持宏观经济政策导向总体上的一致性、时效性与前瞻性，呼吁各国加强协调与合作，共同应对国际金融危机，共同反对贸易保护主义和投资保护主义，呼吁继续推进联合国千年发展目标进程，发达国家保持和增加对发展中国家的援助。

此后，中国领导人始终坚持出席 G20 峰会，持续不断地就国际金融和世界经济发表看法和建议。在 2010 年首尔峰会上，胡锦涛主席就实现世界经济强劲、可持续、平衡增长提出四点建议，一是完善框架机制，推动合作发展；二是倡导开放贸易，推动协商发展；三是完善金融体系，推动稳定发展；四是缩小发展差距，推动平衡发展。在 2011 年召开的戛纳峰会上，胡锦涛主席就提振市场信心提出“五个坚持”，即坚持在增长中兼顾平衡，坚持在合作中谋求共赢，坚持在改革中完善治理，坚持在创新中不断前进，坚持在发展中共促繁荣。他在戛纳峰会上还宣布，对于同中国建交的最不发达国家，中国对其 97% 的税目产品实行零关税待遇。在 2012 年举行的洛斯卡沃斯峰会上，胡锦涛主席又发表题为《稳中求进　共促发展》的讲话，呼吁 G20 既要巩固应对国际金融危机的成果，保持经济社会稳定和发展，又要稳中求进，探索新思路，采取新措施，解决新问题，推动世界经济强劲、可持续、平衡增长。在讨论国际货币基金组织增资问题时，胡锦涛主席宣布，中国参与国际货币基金组织增资，数额为 430 亿美元。①

中国高度重视并积极参与世界核安全峰会。世界首届核安全峰会于 2010 年 4 月在华盛顿举行，由美国总统奥巴马发起。包括中国在内，共有 47 个国家的领导人或其代表以及联合国、国际原子能机构、欧盟等组织的负责人出席会议。华盛顿核峰会讨论了核恐怖主义威胁和加强多边合作、共同应对措施等问题。中国极为负责地参与了会议筹备工作。

---

①　对国际货币基金组织增资，新兴经济体都有一定表示。印度、俄罗斯、巴西和墨西哥分别贡献 100 亿美元左右，土耳其贡献 50 亿美元。其他一些国家提供的资金总共约 10 亿美元。

胡锦涛主席立意高远，不仅呼吁各方凝聚共识，本着互利共赢原则普遍参与，密切配合，共同应对核安全挑战，而且把核安全问题与全面促进可持续发展，为世界持久和平、共同繁荣做出贡献紧密联系在一起。他言简意赅地提出如下五项主张：切实履行核安全的国家承诺和责任；切实巩固现有核安全国际法框架；切实加强核安全国际合作；切实帮助发展中国家提高核安全能力；切实处理好核安全与和平利用核能的关系。

世界核安全峰会每两年举行一次。2012 年 3 月于韩国首尔举行的第二届峰会，是在日本福岛核电站因海啸袭击而发生严重泄漏的背景下召开的。胡锦涛主席在会上发表了《深化合作　提高核安全水平》的讲话。他介绍了中国重视核安全能力建设，严格履行核安全国际义务，广泛开展核安全国际合作，积极对外提供核安全援助等情况，就如何增进核安全提出四点建议：一是坚持科学理性的核安全理念，增强核能发展信心；二是强化核安全能力建设，承担核安全国家责任；三是深化国际交流合作，提升全球核安全水平；四是标本兼顾、综合治理，消除核扩散及核恐怖主义威胁。

为配合胡锦涛主席与会并推动第二届核峰会取得成功，中国向会议主办方提出了《中国在核安全领域的进展报告》，介绍首届核峰会后中方工作进展情况。报告显示，中美两国 2011 年签署了《关于建立核安全示范中心合作谅解备忘录》，中方已成立国家核安全技术中心，并承担了示范中心的建设、运行及其管理；按照中美有关机构签署的另一些协议，中国正在对一座微型研究堆进行低浓化改造，中美合建中国海关辐射探测培训中心的工作即将完成。此外，中国于 2010 年批准了制止核恐怖主义行为国际公约，与美国合作出版了《核出口管制清单技术指南》，与国际原子能机构商定了核安全合作实际安排，与该机构合作举办了地区核安全培训班，并为该机构的核安全基金捐了款，参与了国际刑警组织框架下的核安全会议和演练活动。

国际社会在谋划核安全的过程中，除组织核安全峰会外，还于 2006 年发起了“打击核恐怖主义全球倡议”。中国、美国、俄罗斯等 12 国为倡议创始国，目前成员国共 80 多个。国际原子能机构、欧盟、国际刑警组织和联合国有关机构为观察员。中国反对任何形式的恐怖主义，积极支持倡议的相关活动，参与了历次会议和有关演练。

出席各国议会联盟（简称议联）[①]的各种会议和世界议长大会，也是中国始终参与的重要多边外交活动。议联是世界上最早的国际组织之一，迄今已有一百多年历史。1984 年，议联通过决议，接纳中国全国人大代表团为其成员。此后，中国全国人大代表团出席了议联第 71 届之后的历届大会和一些专题会议。1996 年 9 月，中国曾与议联合作，在北京举办了议联第 96 届大会。这次大会在国际上特别是各国议会交往史上产生了很大影响。

首届世界议长大会 2000 年 8 月底 9 月初在联合国举行，时称千年议长大会，由议联发起，目的是配合时任联合国秘书长安南提出的 2000 年举行千年首脑会议的建议，以加强议联与联合国的实质性合作。千年议长大会主席为当时议联主席、比利时人纳·赫普图拉女士，中国全国人大常委会委员长李鹏和俄罗斯、美国等 8 国议会领袖为千年议长大会副主席。千年议长大会是议联成立百多年来规模最大、级别最高的会议，来自 142 个国家的 156 位议会领袖出席，大会通过了千年议长大会宣言。这次大会也被称为首届世界议长大会。

2005 年联合国举行成立 60 周年纪念活动。为配合世界首脑会议，第二届世界议长大会于 9 月 7 日在联合国举行，主题为“议会与多边合作，迎接 21 世纪挑战”，主要目的有四项：一是在来自世界各地的民意代表之间进行交流；二是回顾各国议会过去的外交活动；三是讨论如何加强国际合作并对联合国提供更多支持：四是协助推进国际关系中的决策民主化。中国全国人大常委会委员长吴邦国出席大会，在会上做了题为《加强多边合作，促进共同发展》的发言，提出了相互尊重、建立互信、共同发展三点建议，并以大会第一副主席的身份主持了会议。大会最后通过了《缩小国际关系中的民主差距，让各国议会发挥更大作用》的宣言。会议期间，吴邦国委员长与各国议长和国际组织负责人广泛接触，就发展议会交往、促进双边关系以及共同关心的重大国际和地区问题交换意见。

---

① 各国议会联盟成立于 1889 年 6 月，由英国和法国议员发起，当时称“促进国际仲裁各国议会会议”，首次会议只有 9 个国家的 96 名议员参加。1899 年改称“促进国际仲裁的各国议会联盟”，1922 年改为现名。

2010年7月，第三次世界议长大会在议联总部日内瓦召开，主题是“危机形势下的各国议会：确保实行民主问责以造福大众”。吴邦国委员长出席大会并做了题为《实现千年发展目标国际社会义不容辞》的发言。他指出，进入21世纪以来的10年间，国际社会为实现千年发展目标做出了积极努力，但总体进展缓慢，广大发展中国家尤其是最不发达国家困难加剧，南北差距和贫富悬殊拉大，特别是受国际金融危机影响，实现千年发展目标任务更加紧迫、更加艰巨。针对这种形势，他又提出了坚定信心、加强合作、维护和平三点意见，同时表示，“中国全国人大愿与世界各国议会一道，充分利用各国议会联盟这个重要舞台，积极开展各种形式的多边合作，共同应对挑战，携手开辟未来，为实现联合国千年发展目标，为推动建设持久和平、共同繁荣的和谐世界而努力奋斗。”①

中国是世界妇女事业的主要推动力量，是联合国妇女地位委员会重要合作伙伴，也是该委员会年会和世界妇女大会的积极参与国。迄今为止，联合国共召开过四次世界妇女大会。1975年，首届世妇会在墨西哥城举行，133个国家的1800多位代表与会。中国全国人大一位女性副委员长率团参会。1980年，第二届世妇会在哥本哈根召开，145个国家及联合国有关机构和组织的代表共2000余人与会。中国全国妇联主席康克清率团参会，代表中国签署了《消除对妇女一切形式歧视公约》。第三次世妇会1985年在肯尼亚内罗毕召开。157个国家、联合国有关组织和机构、世界各地非政府组织代表约6000人参加了大会活动，另有1万余人参加了非政府组织论坛的活动。中国国务委员陈慕华率团与会。大会通过了《到2000年提高妇女地位内罗毕前瞻性战略》，即《内罗毕战略》。

1992年，联合国妇女地位委员会接受中国邀请，决定在北京召开第四届世妇会，主题为“以行动谋求平等、发展与和平”，次主题是“教育、健康和就业”。1995年9月，来自189个国家、联合国系统和相关机构、政府间组织和非政府组织的代表数万人聚集北京，参加第四届世妇会和同时举行的非政府组织论坛。国家主席江泽民出席大会并发表了讲

① 《吴邦国委员长在第三次世界议长大会上的发言》，新华网2010年7月19日。

话。他指出，妇女事业是人类的一项崇高事业。要提高妇女的地位和作用，不仅需要各国政府和人民的努力，还需要广泛的国际合作。中国全国人大副委员长陈慕华率团出席并主持大会。各方代表在会上都对中国政府为世界妇女事业所做的贡献表示衷心感谢。大会通过的《北京宣言》和《行动纲领》，反映了世界各国当时普遍关心的妇女问题，呼吁各国政府和国际社会做出新的承诺并采取行动，加速实现《内罗毕战略》规定的各项目标。

2015 年是世界妇女大会 20 周年。经过多年共同努力，国际社会在促进男女平等、妇女赋权和发展方面取得一系列积极进展，但也面临不少新问题和挑战。国际社会需要再出发，再行动。2015 年 9 月 27 日，中国国家主席习近平在纽约联合国总部出席并主持全球妇女峰会，发表题为《促进妇女全面发展　共建共享美好世界》的重要讲话。约 80 个国家元首或政府首脑与会，推动了各国进一步落实《北京宣言》和《行动纲领》，为实现 2015 年后发展议程妇女领域目标做出新的政治承诺，提供新的支持和帮助。

三、在跨区域多边机制中拓展合作空间

在当今世界，除联合国框架下的各种峰会、大会和论坛外，还有许多地区性和跨区域的峰会、会议与合作机制，它们在国际事务中的作用和影响同样非常重要，甚至不可或缺。中国参与的此类峰会、会议和机制主要有 APEC 会议、金砖国家峰会、中国东盟峰会、亚欧会议等。

APEC（亚太经济合作组织）[①] 作为跨区域的经济论坛和咨商机构，如今是亚太地区最高级别的政府间合作机制。APEC 由澳大利亚前总理霍克倡议成立，1989 年 11 月在堪培拉举行首届部长级会议，最初只有美、日、韩、澳、新和东盟部分国家参与。中国看到了 APEC 在推动区域贸易和投资自由化、加强经济技术合作方面的特殊作用，于 1991 年成为

---

① 亚太经济合作组织现有 21 个成员，分别是：澳大利亚、文莱、加拿大、智利、中国、中国香港、印度尼西亚、日本、韩国、墨西哥、马来西亚、新西兰、巴布亚新几内亚、秘鲁、菲律宾、俄罗斯、新加坡、中国台北、泰国、美国、越南。按规定，中国台湾只能派部长级主管经济的官员出席。

APEC 成员。目前，APEC 共有 21 个成员，包括了太平洋两岸所有重要经济体。

1993 年，APEC 在美国西雅图召开了首次领导人非正式会议。会议期间，所有领导人不着正装，而着休闲装，以营造轻松友好的氛围。领导人会议讲话，须经本人同意才能发表。会议结束时发表一项领导人宣言，题为《亚太经合组织领导人经济展望声明》。此后，APEC 领导人非正式会议每年召开一次，会议一直延续了这样的模式和风格。中国国家主席江泽民出席了 2002 年以前的历次 APEC 会议，每次都就国际形势、地区事务和共同关心的问题发表政策性演讲，表明中国立场和主张。中国为 APEC 会议取得成功和 APEC 机制不断完善做出了重要贡献。

2001 年 10 月，中国曾作为东道主，在上海举办第九次 APEC 领导人非正式会议。江泽民主席主持会议并在会上做了题为《加强合作，共同迎接新世纪的新挑战》的讲话。他全面阐述了中国对当时世界和地区经济形势的看法，提出了推进 APEC 合作的政策主张。由于中方全力推动，各方在许多问题上达成重要共识，会议通过了《领导人宣言：迎接新世纪的新挑战》《上海共识》和《数字亚太经合组织战略》。当时美国刚刚遭受“9·11”恐怖袭击，布什总统国事繁忙，取消了所有出访计划，但考虑到此会为中国主办，仍抽出时间来上海参会并会晤中国领导人。中国在全球安全形势空前紧张的情况下，成功举办此次会议，在国际上产生了良好反响。各方利用午餐会的机会，讨论了国际反恐问题，发表了《亚太经合组织领导人反恐声明》，形成了 APEC 成立以来质量最好的一批文件。

此后，中国更加重视并更加全面地参与 APEC 事务。2003 年 10 月，胡锦涛首次以国家元首身份出席在曼谷召开的 APEC 第十一次领导人非正式会议。而后 10 年，胡锦涛出席了历次 APEC 领导人非正式会议。

2010 年，APEC 第十八次领导人非正式会议在日本横滨举行，胡锦涛主席在会上发表重要讲话，在工商领导人峰会上发表主旨讲话，并且同工商咨询理事会代表进行了对话。在这些讲话和发言中，胡锦涛主席提出了在更高水平和更高层次上实现亚太地区经济又好又快发展的一系列主张，为会议讨论增长战略定下了基调。他所提出的全面、历史、客观地看待亚太新兴市场国家、鼓励其承担力所能及的国际责任，同时改进和完善现行国际体系，为新兴市场国家同各国共同发展营造良好环境的新观点，对国际社会准确认识新兴市场国家的地位、作用和影响，具有非常重要的导向意义。

2012 年 9 月，APEC 第二十次领导人非正式会议在俄罗斯远东城市符拉迪沃斯托克举行。会议的主题是“发展的挑战”。这是胡锦涛主席以国家元首身份最后一次出席此会。他在讲话中强调保增长、保稳定、谋发展仍然是亚太地区各成员共同关心的首要任务，呼吁各方继续发挥共克时艰、合作共赢精神，统筹各自发展和区域合作，兼顾当前和长远发展，努力推动亚太地区实现强劲、可持续、平衡增长。他还呼吁 APEC 坚持尊重各成员差异，在不同层次、不同范围、通过多种途径推动区域经济一体化，逐步探索出不同国情特点、不同发展阶段、不同文化背景的成员深化经贸合作的有效途径。

会议期间，中国代表团与各方广泛沟通，充分协商，推动会议制定了包含 54 项产品的 APEC 环境产品清单。胡锦涛主席会见了俄罗斯、印尼、加拿大、越南、文莱等国领导人，就中国与这些国家的双边关系和共同关心的问题交换意见。中国宣布主办 2014 年 APEC 领导人非正式会议，再次表明中国是区域经济合作的重要推动力，也体现了中国人民始终愿为国际经济合作发挥更大作用的积极意愿。

金砖国家领导人会议是由中国、俄罗斯、印度、巴西和南非共同组成的跨区域的新型对话与合作机制。作为世界公认的新兴国家集团，金砖国家之间所建立的次大国类型的新型关系，本书前面已经做过介绍。金砖国家成立距今不过数年，但成员国分属亚、欧、非、拉美四大洲，区域代表性强，并且均属潜力很大的新兴经济体。金砖国家领土占全球陆地总面积 30%，人口占全球 42%，生产总值到 2010 年时占全球 18%，贸易量占全球 15%。加强金砖国家间的合作与协调，不仅对这些国家的自身发展和广大发展中国家意义重大，对整个国际关系也有不可估量的影响。

2009 年 6 月，金砖国家在俄罗斯叶卡捷琳堡举行首次会议。中、俄、印、巴四国领导人共同表示，要推动国际金融机构改革，提高新兴市场发言权，改善国际贸易和投资环境，遏制贸易保护主义，支持能源供给多元化，开展气候变化对话。此次会议向国际社会传达了金砖国家希望在国际秩序大变革中发挥较大作用的强烈意愿。2010 年 4 月，金砖国家第二次峰会在巴西举行，四国领导人共同商定了金砖国家合作与协调的具体措施和主要领域。中国国家主席胡锦涛就此提出五大重点：继续巩固世界经济复苏基础，加强宏观经济政策协调；努力解决全球经济治理结构不平衡和完善国际金融监管体系；推进贸易自由化、便利化；抵制贸易保护主义；完善国际金融监管体系等。

金砖国家第三次峰会于 2011 年 4 月在中国三亚举行，主题为“展望未来，共同繁荣”。会议由东道国主席胡锦涛主持。胡锦涛主席在发言中阐述了中国对国际重大问题和金砖国家合作的基本立场和主张，就金砖国家未来的发展与合作提出三点建议：一是要继续坚持团结互信、开放透明、共谋发展的原则；二是要在金融和发展领域加强协调，继续坚定维护金砖国家的共同利益；三是要继续深化务实合作，夯实金砖国家合作的基础。[①] 应胡锦涛主席邀请，南非总统首次与会，金砖国家由四国扩大为五国。

金砖国家三亚峰会关于未来合作的新规划，涵盖了国际货币和金融体系改革、经济贸易合作、全球气候变化、大宗商品交易市场监管、粮食安全、核能安全利用国际合作等诸多方面。会议主张“21 世纪应当成为和平、和谐、合作和科学发展的世纪”，主张国际社会“同舟共济、加强合作、共同发展”，主张加强全球经济治理，推动国际关系民主化，提高新兴国家和发展中国家在国际事务中的发言权，表明中国与其他四国在重大国际问题上立场完全相同或相互接近。三亚峰会期间，作为配套措施，中方还主持召开了金砖国家经贸部长会议。会后，又根据三亚峰会确定的行动计划，在中国召开了卫生部长会议、首届金砖国家友好城市暨地方政府合作论坛、国家统计局局长会议、第二届国际竞争大会、安全事务代表第三次会议、农业合作专家工作组会议和第二届农业部长会议，等等。

金砖国家第四次峰会于 2012 年 2 月在印度新德里举行。会议以“金砖国家致力于全球稳定、安全与繁荣的伙伴关系”为主题，胡锦涛主席就此提出四点建议：坚持共同发展，促进共同繁荣；坚持平等协商，

---

① 中华人民共和国外交部政策规划司编：《中国外交（2012 年版）》，世界知识出版社 2012 年版，第 39 页。

深化政治互信；坚持务实合作，夯实合作基础；坚持国际合作，促进世界发展。峰会期间，印度同时举行了金砖国家经贸部长会议、工商论坛和金融论坛三场配套活动，发布了《金砖国家联合经济研究报告》和《金砖国家联合统计手册》。

亚欧会议是亚欧两大洲国家之间的政府论坛，1994 年由新加坡总理提议成立，1996 年在泰国曼谷召开首届会议。初始成员国为 26 个，目前为 51 个。该论坛的合作包括政治对话、经济合作和人文交流三大领域。最主要的活动是两年一次的首脑会、外长会、高官会和各种后续行动。此外还有不定期举办的经济、财政、文化、科技、环境、海关、检察、劳工和就业等专业性部长级会议。中国重视亚欧会议，一直本着“积极参与、求同存异、扩大共识、加强合作”的方针参与其活动。中国出席亚欧会议的通常是政府总理。

中国曾于 2008 年在北京主办过第七届亚欧会议，此外还主办过多次部长级会议，提出过许多有关亚欧合作的建议和主张。如 2011 年，中国在成都举办第二届亚欧交通部长会议，时任国务院副总理的张德江到会讲话，就扩大亚欧交通运输合作提出如下建议:（一）推动建立亚欧交通基础设施网络体系;（二）推动建立亚欧便捷高效交通运输体系;（三）推动建立亚欧绿色交通运输体系;（四）推动建立亚欧交通安全应急保障体系。当年，中国还举办了亚欧职业技术教育研讨会、亚欧森林可持续管理应对气候变化高级研讨会等。

东亚峰会原为东盟 10 国与中、日、韩、印、澳、新共同组成的区域内领导人年度会晤机制。俄罗斯、美国后来参与到东亚峰会中来。东亚峰会首届会议于 2005 年在马来西亚举行，当时确定了 17 个具体领域的合作倡议，发表了关于东亚峰会的吉隆坡宣言。温家宝总理出席了第一届至第七届东亚峰会。

四、构建主场环境下的本土化多边论坛

在形形色色的峰会和论坛遍及于世的当今时代，中国参与的全球性、区域性和跨区域的峰会、论坛已不胜枚举。近年来，由中国人倡议发起并在中国境内建立和运行的峰会与论坛，也逐渐多了起来，其中最大和最有影响的，当属博鳌亚洲论坛。

博鳌亚洲论坛成立于 2001 年 2 月，由中国等 20 多个亚洲国家和澳大利亚、新西兰共同发起，属于非官方非营利、定期定址的大型国际组织，是相关国家政府、企业、智库、政治活动家、社会知名人士和媒体代表就亚洲以及全球性问题开展交流与对话的开放式平台。论坛以中国海南的博鳌为永久总部，常设机构为秘书处，除首任秘书长为印度人外，迄今为止历届秘书长均为中国人。

博鳌亚洲论坛成立大会召开时，江泽民主席和日本前首相中曾根、菲律宾前总统拉莫斯、澳大利亚前总理霍克等 26 个国家的特邀嘉宾参加了开幕式和相关活动。大会通过了《博鳌亚洲论坛宣言》和《博鳌亚洲论坛章程指导原则》两份重要文件。江泽民主席宣布，中国政府将为论坛的健康发展提供支持。

博鳌亚洲论坛于 2001 年 4 月举行了首届年会，主题为“新世纪、新挑战、新亚洲　亚洲经济合作与前景”。中国政府总理朱镕基出席会议并发表了讲话。与会嘉宾有日本首相小泉纯一郎、泰国总理他信等。此后，论坛每年 3—4 月在博鳌按期举行。胡锦涛主席于 2004 年和 2008 年出席了论坛第三届和第七届年会，在开幕式上发表了主旨讲话。习近平 2010 年以国家副主席身份出席了论坛第九届年会，围绕年会主题“绿色复苏：亚洲可持续发展的现实选择”，发表了题为《携手推进亚洲绿色发展和可持续发展》的讲话。

2010 年 11 月，博鳌亚洲论坛与香港菁英会在香港联合举办了“2010 博鳌青年论坛（香港）”，主题为“复苏中亚洲发展的机遇与挑战”。来自亚太地区的 1800 多名代表和 50 多个国家的媒体代表参加论坛的活动。香港特别行政区长官、中国外交部副部长等出席会议并发表讲话，论坛举行圆满成功。

2011 年时值博鳌亚洲论坛创办 10 周年，当年 4 月召开的年会主题为“包容性发展：共同议程和全新挑战”。俄罗斯总统梅德韦杰夫、巴西总统罗塞芙、南非总统祖马、西班牙首相、韩国总理、乌克兰总理等嘉宾应邀与会。胡锦涛主席在开幕式上发表讲话，他指出，10 年来，博鳌亚洲论坛在凝聚亚洲共识、传播亚洲声音、促进亚洲合作方面发挥了重要作用，已成为全球具有重要影响的经济论坛之一。对于亚洲当时面临的各种问题，胡锦涛主席提出五点建议：尊重多样文明，促进睦邻友好；

转变发展方式，推动全面发展；分享发展机遇，共迎各种挑战；坚持求同存异，促进共同安全；倡导互利共赢，深化区域合作。他在讲话中还表示，“中国将坚定不移走和平发展道路，坚定不移奉行互利共赢的开放战略，始终把亚洲放在对外政策的首要位置，坚持与邻为善、以邻为伴的周边外交方针，积极发展同亚洲各国的睦邻友好和互利合作，努力维护有利于亚洲和平与发展的地区环境。”①

博鳌亚洲论坛 2012 年年会的主题为“变革世界中的亚洲：迈向健康和可持续发展”。李克强副总理出席会议开幕式并发表了《凝聚共识　促进亚洲共同发展》的讲话。他提出五点建议：一是立足内生增长，二是秉承开放包容，三是实现互利共赢，四是促进团结和谐，五是坚持和平发展。他在讲话中也指出，中国把扩大对亚洲开放作为对外开放的战略重点。

近年来，随着中国参与地区和国际事务的力度不断增大，对外部世界的影响力不断上升，博鳌亚洲论坛的国际认可度也不断提高，合作伙伴也越来越多。到 2013 年时，博鳌亚洲论坛的合作伙伴已有 27 家，其中包括沃尔玛集团、福特斯克金属集团、沙特基础工业公司、澳大利亚联邦银行等国际知名的大企业，还有英国广播公司、彭博社、CNBC、澳柒集团、VIVA 无线新媒体、凤凰卫视、华尔街日报亚洲版等著名境外媒体。

博鳌亚洲论坛年会的规模和影响近年来不断扩大。除在中国定期举办年会外，博鳌亚洲论坛还经常不定期地在境外举办专题性的论坛和研讨会。例如，2011 年 7 月，博鳌亚洲论坛在澳大利亚举办了“能源、资源和可持续发展会议”。9 月，又与香港菁英会在香港举办了“2011 博鳌青年论坛（香港）”，主题为“转型中的亚洲经济：青年的使命与角色”。11 月，又在法国举办了“第三届博鳌亚洲论坛国际资本会议”。2012 年 7 月和 11 月，博鳌亚洲论坛分别于日本和印度举办了“博鳌亚洲论坛中日企业家交流会”和“博鳌亚洲论坛亚洲金融合作会议”。

除博鳌亚洲论坛外，中国创办的夏季达沃斯论坛影响也越来越大。该论坛由世界经济论坛主席施瓦布和中国总理温家宝共同提议创办，全

① 中华人民共和国外交部政策规划司编：《中国外交（2012 年版）》，世界知识出版社 2012 年版，第 40 页。

称为“世界经济论坛新领军者年会”，是世界 500 强企业与最有发展潜力的增长型企业、各国和地区政府间的高峰会议，2007 年 9 月在大连举行首次会议，以后每年一次。因该会与瑞士达沃斯的“世界经济论坛”宗旨相近，主题相通，会风相同，故称夏季达沃斯。

夏季达沃斯 2007 年 9 月在大连举行首届年会，主题是“变化中的力量平衡”。2008 年在天津举行第二届年会，主题为“下一轮增长的浪潮”。2009 年在大连举行第三届年会，主题是“重振增长”。2010 年在天津举行第四届年会，主题是“可持续增长”。2011 年在大连举行第五届年会，主题是“关注增长质量　掌控经济格局”。2012 年在天津举行第六届年会，主题是“塑造未来经济”。随着论坛影响不断扩大，世界各地前来参会的人越来越多，其中包括许多国家的领导人和前政要。为适应不同与会者的参会需求，每次年会都要设立很多分论坛和专题会。例如，2012 年第六届年会召开时，来自 86 个国家的 2000 多人与会，其中包括卢旺达、丹麦、巴基斯坦、拉脱维亚等国的国家元首和政府首脑，另外还有来自全球 500 强的近 300 位 CEO。论坛设立了 90 多个主题各异的分会场。

夏季达沃斯创建以来，国际金融危机持续发酵，中国政府领导人每次与会都要提出应对挑战、共度时艰的具体意见和建议。例如，温家宝总理出席 2009 年年会时，呼吁各国面对困难，坚定信心，共同推动世界的和谐与繁荣，提出了共同应对全球气候变化、共同反对贸易保护主义、共同促进全球经济可持续复苏、共同保护知识产权四项倡议。2012 年年会时，温家宝总理又指出，国际金融危机进入第五个年头，全球经济下行风险不容低估，我们应该坚定信心，同舟共济，迎难而上。“坚定信心是战胜危机的力量源泉，科技创新是战胜危机的根本手段，绿色发展是经济转型的主要方向，开放合作是不可逆转的世界潮流”。①

中国军事科学学会创办的香山论坛，近年来在亚太地区乃至全球范围内倍受关注。这是一个有关安全与防务问题的学术交流平台，创办于 2006 年，最初每两年举办一次。自 2014 年起，论坛扩大规模，升级为亚洲安全与防务对话平台，每年举行一次。自 2014 年起，香山论坛由两

---

① 温家宝:《奋力开创中国经济更加光明的未来——在二〇一二年夏季达沃斯论坛上的致辞》,《人民日报》2012 年 9 月 12 日。

年一次改为每年一次。

2015 年 10 月，来自 49 个国家的政府和防务部门、5 个国际组织的代表团以及数百名专家学者云集北京，出席第六届香山论坛，共同探讨亚太地区的安全合作问题。中国的中央军委副主席范长龙围绕《亚太安全合作：现实与愿景》这一主题发表主旨演讲，提出了增进战略互信、完善交流机制、有效管控分歧、推进务实合作的倡议，受到与会者欢迎。他所阐述的“即使在涉及领土主权的问题上，我们也决不轻言诉诸武力”的安全理念，在国际上引发热议。论坛最后达成三大共识：一是亚太总体安全稳定，各国间相互合作是主流，而不是相互拆台；二是分歧问题可以通过对话妥善解决，要对话而不是对抗；三是有分歧不能妨碍合作，安全格局需要各方共商共建共享。

与会各方对香山论坛的议题设计、会议风格和最终成果均表满意。参加此会的美国官方代表团团长、美国国防大学校长弗·帕迪拉少将表示，美国积极支持中国举办香山论坛，这一平台促进了各国的对话磋商，有助于一些国家和平解决争端。从发展趋势看，香山论坛有望成长为与欧洲慕尼黑安全政策会议、亚洲香格里拉对话旗鼓相当的重要安全论坛。

近年来，中国官方机构和民间组织创办的不同规模、不同类型和不同主题的涉外论坛如雨后春笋般成长起来。有些论坛和会议，如中国发展高层论坛、世界和平论坛、欧亚经济论坛、陆家嘴论坛、太湖世界文化论坛、生态文明贵阳国际论坛、北京人权论坛、国际金融论坛等，都已办出一定的名气，办出了中国特色，提升了中国的影响。这些本土化的多边论坛和涉外会议，如同中国举办的奥运会、世博会、各种形式的涉外博览会、洽谈会一样，以增信释疑、凝聚共识、深化交流、推动合作为宗旨，以国内主场优势和相关各方广泛支持为依托，借助民智民力与社会资源，与国家重大内政外交相配合，精心设计，统筹安排，协调运作，不但成为中国对外开展民间外交、公共外交的新载体，同时也成长为中国立体化外交总格局中不可或缺的重要力量。

第十四章

全面推进的中国特色大国外交（上）

2012年11月，中国共产党在北京举行了第十八次全国代表大会。同前几届大会相比，此次令人格外瞩目。一方面，大会再次确认并庄严宣布，当今世界正在发生深刻而复杂的变化，但和平与发展仍然是时代主题，中国将继续高举和平发展与合作共赢的旗帜，坚定不移地致力于维护世界和平，促进共同发展，并将继续坚持与邻为善、以邻为伴，巩固睦邻友好，深化互利合作，努力使自身发展更好地惠及周边国家。另一方面，党的十八大产生的新一届中央委员会选出了以习近平同志为核心的新的中央领导集体，这意味着中国改革开放和现代化建设历经30多年之后，又进入一个崭新的发展时期。中国同外部世界的关系，随着中国自身的深刻变革，发生了更加显著的历史性变化。

2013年10月，中国举行了新中国成立以来首次周边外交工作座谈会，确定了今后5—10年周边外交工作的战略目标、基本方针和总体布局。2014年11月，中国又召开了全国外事工作会议，全面分析了国际形势和中国的外部环境，明确了新形势下对外工作的指导思想、基本原则、战略目标和主要任务。在以习近平同志为核心的党中央统一指挥下，党的十八大以来，中国外交在理论上有了新的发展和突破，在机制和体制方面有了进一步的探索和创新，对外战略投入和外交统筹协调得到全面加强，中国外交的特色、风格和气派得到了前所未有的彰显。中国与外部世界的互联互动空前紧密，中国特色大国外交的新局面已经初步形成。

一、坚持和平发展道路与合作共赢理念

中国改革开放以来，自身面貌发生了翻天覆地的变化。中国不但实现了国家实力地位和人民生活水平的大幅度提升，实现了从封闭半封闭到全方位对外开放的伟大转折，也为维护地区与世界和平，促进世界经济稳定发展，共同应对全球性挑战做出了重要贡献。但是，由于种种原因，国际上关于中国是否会坚持和平发展道路，中国发展壮大对本地区和整个国际社会意味着什么，各种议论始终不绝于耳。

中国多次公开宣告，中国将始终不渝地走和平发展道路，中国在坚持自身和平发展的同时，将始终致力于维护世界和平与稳定，积极促进各国的共同发展和繁荣。2011 年 9 月，中国国务院新闻办发表的白皮书，系统地阐述了中国的发展道路问题，指出中国发展道路的突出特征是科学发展、自主发展、开放发展、和平发展、合作发展、共同发展。

科学发展，就是把科学发展观作为经济社会发展的首要指导方针，坚持把发展作为第一要务，坚持以人为本，不断满足人民日益增长的物质文化需要，走共同富裕道路，促进人的全面发展，坚持全面协调可持续发展。自主发展，就是始终坚持独立自主，把发展的基点和重心放在国内，主要依靠自身力量和改革创新推动经济社会发展，不把矛盾和问题转嫁给别国。开放发展，就是把改革开放作为一项基本国策，把对内改革和对外开放结合起来，把坚持独立自主同参与经济全球化结合起来，把继承中华民族优秀传统同学习借鉴人类社会一切文明成果结合起来，把国际国内两个市场、两种资源结合起来，不断拓展对外开放的广度和深度。和平发展，就是把为国家发展营造和平稳定的国际环境作为对外工作的中心任务，同时积极为世界和平与发展做出自己应有的贡献，始终做维护世界和地区和平稳定的坚定力量。合作发展，就是坚持以合作谋和平，以合作促发展，以合作化争端，同其他国家建立和发展不同形式的合作关系，致力于通过同各国不断扩大互利合作，有效应对日益增多的全球性挑战，协力解决关乎世界经济发展和人类生存进步的重大问题。共同发展，就是坚持奉行互利共赢的开放战略，坚持自身利益与人类共同利益的一致性，在追求自身发展的同时努力实现与他国发展的良性互动，实现世界各国的共同发展，共同繁荣。

关于中国和平发展的内涵，白皮书指出五点：一是推动建设和谐世界，二是坚持独立自主的和平外交政策，三是互信互利平等协作的新安全观，四是秉持积极有为的国际责任观，五是奉行睦邻友好的地区合作观。这本白皮书向国际社会传递的重要信息是：中国和平发展是历史的必然选择，是中国发展的内在需要。和平发展是中国历史文化的传承，是中国基本国情的要求，是顺应世界潮流的选择。中国和平发展既需要自身坚持不懈的努力，也需要外部世界的理解和支持。

2012年党的十八大以来，中国的综合国力和对国际事务的影响力已上升到前所未有的水平，经济总量已稳居世界第二位，加快实现国家富强、民族振兴、人民幸福的中国梦已成为中华民族的统一意志和共同追求。在这种形势下，国际社会更加关注中国的发展道路、复兴方式以及全面崛起后与外部世界的关系问题，尤其关注新领导人的国际战略思想和外交政策走向。

2013年3月，习近平主席出访俄罗斯和非洲，国际社会对他首次以国家元首身份出访极为关注。习近平主席行前接受记者采访，专门阐述了中国同外部世界的关系。他更加明确地指出：随着国力不断增强，中国将在力所能及范围内承担更多国际责任和义务，为人类和平与发展做出更大贡献。中国将坚定不移走和平发展道路。我们也希望世界各国都走和平发展道路，国与国之间、不同文明之间平等交流、相互借鉴、共同进步，齐心协力推动建设持久和平、共同繁荣的和谐世界。①

访问俄罗斯期间，习近平主席在莫斯科国际关系学院发表演讲，首次全面阐述他对当今世界各种重大问题的看法。他指出："我们所处的是一个风云变幻的时代，面对的是一个日新月异的世界。""这个世界，和平、发展、合作、共赢成为时代潮流，旧的殖民体系土崩瓦解，冷战时期的集团对抗不复存在，任何国家或国家集团都再也无法单独主宰世界事务。"这个世界，"一大批新兴市场国家和发展中国家走上发展的快车道，十几亿、几十亿人口正在加速走向现代化，多个发展中心在世界各地区逐渐形成，国际力量对比继续朝着有利于世界和平与发展的方向发展。"②

---

① 《习近平接受金砖国家媒体联合采访》，《人民日报》2013年3月20日。

② 习近平：《顺应时代潮流　促进世界和平发展——在莫斯科国际关系学院的演讲》，《人民日报》2013年3月24日。

习近平主席特别指出，这个世界“各国相互联系、相互依存的程度空前加深，人类生活在同一个地球村里，生活在历史和现实交汇的同一个时空里，越来越成为你中有我、我中有你的命运共同体。”与此同时，“人类依然面对诸多难题和挑战，国际金融危机深层次影响继续显现，形形色色的保护主义明显升温，地区热点此起彼伏，霸权主义、强权政治和新干涉主义有所上升，军备竞争、恐怖主义、网络安全等传统安全威胁和非传统安全威胁相互交织，维护世界和平、促进共同发展依然任重道远。”①

谈到中国梦的内涵以及中国的发展道路问题时，习近平主席强调：“中国将坚定不移走和平发展道路，致力于促进开放的发展、合作的发展、共赢的发展，同时呼吁各国共同走和平发展道路。”“中国发展壮大，带给世界的是更多的机遇而不是什么威胁。我们要实现的中国梦，不仅造福中国人民，而且造福各国人民。”②

访问非洲时，习近平主席在与金砖国家领导人会晤时发表主旨讲话，再谈中国发展道路等问题。他表示，对金砖国家而言，“求和平、谋发展、促合作、图共赢，是我们共同的愿望和责任。”“不管国际风云如何变幻，我们都要始终坚持和平发展、合作共赢，要和平不要战争，要合作不要对抗”。“不管国际格局如何变化，我们都要始终坚持平等民主、兼容并蓄，尊重各国自主选择社会制度和发展道路的权利，尊重文明多样性。”“不管全球治理体系如何变革，我们都要积极参与，发挥建设性作用，推动国际秩序朝着更加公正合理的方向发展，为世界和平与稳定提供制度保障。”

关于中国的未来发展问题，习近平主席指出，中国的发展是开放的发展、合作的发展，“我们将坚持对外开放的基本国策，坚持互利共赢的开放战略，不断提高开放型经济水平。”“我们将坚持共同发展的理念，在平等互利的基础上开展同世界各国的经济技术合作，通过合作促进自身发展

---

① 习近平：《顺应时代潮流　促进世界和平发展——在莫斯科国际关系学院的演讲》，《人民日报》2013年3月24日。

② 习近平：《顺应时代潮流　促进世界和平发展——在莫斯科国际关系学院的演讲》，《人民日报》2013年3月24日。

和各国共同发展。”“中国将继续奉行独立自主的和平外交政策，把中国人民利益同各国人民共同利益结合起来，继续同世界各国加强宏观经济政策协调，反对保护主义，改善全球经济治理，共同促进世界经济增长。”①

2014年11月中央召开外事工作会议时，习近平总书记对国际形势做了全面的辩证的分析和思考，进一步规划和明确了未来中国外交的指导思想、战略布局、基本任务和政策目标。他指出，中国要充分估计国际格局发展演变的复杂性，更要看到世界多极化向前推进的态势不会改变；要充分估计世界经济调整的曲折性，更要看到经济全球化进程不会改变；要充分估计国际矛盾和斗争的尖锐性，更要看到和平与发展的时代主题不会改变；要充分估计国际秩序之争的长期性，更要看到国际体系变革方向不会改变；要充分估计我国周边环境中的不确定性，更要看到亚太地区总体繁荣稳定的态势不会改变。

习近平总书记在讲话中特别强调，中国对世界的依靠、对国际事务的参与在不断加深，世界对中国的依靠、对中国的影响也在不断加深。要建立中国特色的大国外交，使中国的对外工作有鲜明的中国特色、中国风格、中国气派。要坚持独立自主的和平外交方针，坚持把国家和民族发展放在自己力量的基点上，走自己的路，走和平发展道路，同时决不能放弃我们的正当权益，决不能牺牲国家的核心利益。要坚持合作共赢，推动建立以合作共赢为核心的新型国际关系。要坚持正确的义利观，做到义利兼顾，讲信义、重情义、扬正义、树道义。要坚持不干涉内政原则，坚持尊重各国人民自主选择的发展道路和社会制度，坚持通过对话协商以和平方式解决国家间的分歧和争端，反对动辄诉诸武力或以武力相威胁。

按照习近平总书记提出的中国外交新布局，中国首先要打造周边命运共同体，秉持亲诚惠容的周边外交理念，继续坚持与邻为善，以邻为伴，坚持睦邻安邻富邻，深化同周边国家的互利合作和互通。其次是运筹好大国关系，构建健康稳定的大国关系框架，扩大同发展中大国的合作。再次是切实加强同发展中国家的合作，把中国的发展同广大发展中国家的共同发展联系起来。最后是切实推进多边外交，推进国际和全球

---

① 习近平:《携手合作　共同发展——在金砖国家领导人第五次会晤时的主旨讲话》,《人民日报》2013年3月28日。

治理改革，增加中国和发展中国家的代表性和话语权。

习近平总书记对国际形势的系列分析和判断，特别是他反复宣示的中国外交理念和政策主张，增进了外部世界对中国坚持和平发展道路，坚持和平共处原则与合作共赢的认知和了解，在国际社会获得了广泛信任与赞同。

二、提出并全面推进“一带一路”计划

2013 年 9 月，习近平以新任国家主席身份，访问了中国在中亚地区的重要邻国哈萨克斯坦。访哈期间，习近平主席与纳扎尔巴耶夫总统多次会见会谈，深度交流，共同规划了两国睦邻友好关系的未来。更重要的是，在这次访问中，习近平主席在纳扎尔巴耶夫大学发表演说，提出了共建丝绸之路经济带的战略构想。他说，“为了使我们欧亚各国经济联系更加紧密、相互合作更加深入、发展空间更加广阔，我们可以用创新的合作模式，共同建设‘丝绸之路经济带’”。为实现这项造福沿途各国人民的宏伟构想，习近平主席提议先从几个方面做起，以点带面、从线到片，逐步形成区域大合作。具体说来就是要加强丝绸之路沿线各国的政策沟通、道路联通、贸易畅通、货币流通和民心相通。

当年 10 月，习近平主席访问了中国的海上邻国印度尼西亚。时值中国与东盟建立战略伙伴关系 10 周年，习近平主席与印尼总统共同宣布两国关系升级为全面战略伙伴关系，而后在印尼国会发表讲演，提出了“携手建设更为紧密的中国—东盟命运共同体”的新思想和“坚持讲信修睦”“坚持合作共赢”“坚持守望相助”“坚持心心相印”“坚持开放包容”五个努力方向，进而又提出了共建 21 世纪“海上丝绸之路”的重大倡议。他表示，“东南亚地区自古以来就是‘海上丝绸之路’的重要枢纽，中国愿同东盟国家加强海上合作，使用好中国政府设立的中国—东盟海上合作基金，发展好海洋合作伙伴关系，共同建设 21 世纪‘海上丝绸之路’。中国愿意通过扩大同东盟国家各领域务实合作，互通有无、优势互补，同东盟国家共享机遇、共迎挑战，实现共同发展、共同繁荣。”①

① 习近平：《携手共建中国—东盟命运共同体——在印度尼西亚国会的演讲》，《人民日报》2013 年 10 月 4 日。

习近平主席发出的共建“丝绸之路经济带”和共同建设“海上丝绸之路”的两大倡议，很快便以“一带一路”计划闻名于世。倡导并推动实施“一带一路”计划，是当前国际事务中前所未有的一件大事。中国下一步如何动作，相关国家充满期待，国际社会高度关注。跃跃欲试的中国社会各界也需要正确指导和引领。2013 年 10 月下旬中央召开周边外交工作座谈会时，习近平总书记论述周边外交时谈到了实施“一带一路”的政策构想。他说，“周边外交战略和工作必须与时俱进、更加主动”。与周边国家的经济合作，要“着力深化互利共赢格局”，“同有关国家共同努力，加快基础设施互联互通，建设好丝绸之路经济带、21 世纪海上丝绸之路。要以周边为基础加快实施自由贸易区战略，扩大贸易、投资合作空间，构建区域经济一体化新格局。要不断深化区域金融合作，积极筹建亚洲基础设施投资银行，完善区域金融安全网络。要加快沿边地区开放，深化沿边省区同周边国家的互利合作。”①

中国是“一带一路”倡议的发起国，更是“一带一路”建设的推动者。2015 年 3 月，中国国家发展改革委、外交部、商务部联合发布《推动共建丝绸之路经济带和 21 世纪海上丝绸之路的愿景与行动》白皮书，对中国提出“一带一路”的时代背景、共建原则、框架思路、合作重点、合作机制以及中国所要采取的行动、各地方的开放态势、未来前景等问题做出了全面阐述。

“一带一路”倡议是在当今世界发生复杂深刻的变化，各国面临的发展问题依然严峻的时代背景下提出来的。它顺应世界多极化、经济全球化、文化多样化、社会信息化的潮流，秉承开放的区域合作精神，致力于维护全球贸易体系和开放型世界经济，旨在促进经济要素有序自由流动、资源高效配置和市场深度融合，推动沿线各国实现经济政策协调，开展更大范围、更高水平、更深层次的区域合作，打造开放、包容、均衡、普惠的区域经济合作框架。实施“一带一路”倡议，符合国际社会根本利益，既是对国际合作以及全球治理新模式的积极探索，也将为世界和平发展增添新的正能量。

---

①《习近平在周边外交工作座谈会上发表重要讲话强调：为我国发展争取良好周边环境推动我国发展更多惠及周边国家》，《人民日报》2013 年 10 月 26 日。

共建“一带一路”，必须坚持开放合作、和谐包容、市场运作和互利共赢的原则。建设丝绸之路经济带，重点是畅通中国经中亚和俄罗斯至欧洲、经中亚和西亚至波斯湾和地中海、中国经东南亚和南亚至印度洋的联系。建设21世纪海上丝绸之路，重点是从中国沿海港口出发，经南海到印度洋，延伸至欧洲，或经南海至南太平洋。根据这样的思路，推进“一带一路”建设，陆上要依托国际大通道，以沿线中心城市为支撑，以重点经济产业园区为合作平台，共同打造新欧亚大陆桥、中蒙俄、中国—中亚—西亚、中国—中南半岛等国际经济合作走廊。海上要以重点港口为节点，共建通畅安全高效的运输大通道。其中，中巴（中国—巴基斯坦）经济走廊、孟中印缅（孟加拉国—中国—印度—缅甸）经济走廊与“一带一路”建设的关联最为密切。

“一带一路”沿线各国资源禀赋各异，经济互补性强，合作空间很大。共建的重点是要实现“政策沟通、设施联通、贸易畅通、资金融通和民心相通”，而要实现这“五通”，就要积极利用双边与多边两类不同的合作机制。利用双边机制，就是要加强双边合作，开展多层次多渠道磋商，推动双边关系全面发展，建设一批双边合作示范项目。利用多边机制，就是要强化上海合作组织、中国—东盟“10+1”、亚太经合组织、亚欧会议、亚洲合作对话、亚信会议、中阿合作论坛、中国—海合会战略对话、大湄公河次区域经济合作等多边机制的作用，使更多国家和地区参与到“一带一路”建设中来。

发挥多边合作机制的作用，还要继续发挥沿线各国举办的区域性和次区域的国家论坛、展会、博览会的作用，尤其应发挥好中国举办的博鳌亚洲论坛和各类涉外博览会、论坛、投资贸易洽谈会等平台的建设性作用。还要支持沿线国家地方、民间组织挖掘“一带一路”历史文化遗产，联合举办专项交流活动，譬如丝绸之路国际文化博览会、国际电影节和图书展等。为了更有力地推动实施“一带一路”计划，中国还倡议建立“一带一路”国际高峰论坛。

习近平主席、李克强总理等中国领导人充分利用各种外事活动机会，反复向国际社会阐释“一带一路”的深刻内涵及其重大意义。2014年11月中国主办APEC会议并召开东道主伙伴对话会时，习近平主席发表了题为《联通引领发展 伙伴聚集合作》的主旨讲话，提出以亚洲国家为重点方向，以经济走廊为依托，以交通基础设施为突破，以建设融资平台为抓手，以人文交流为纽带，深化亚洲国家之间的互联互通伙伴关系，共建发展和命运共同体。他在会见巴基斯坦等周边国家领导人时宣布，中国将出资400亿美元，成立丝路基金，以便为“一带一路”沿线国家基础设施建设等项目提供融资支持。为帮助周边国家加快基础设施建设步伐，中国承诺未来5年，为周边国家提供2万个互联互通领域的培训名额。

习近平主席发出的共建“一带一路”倡议和他所阐明的互联互通伙伴关系的新概念，受到了周边各国和国际社会的普遍欢迎。中国为解决亚洲基础设施建设资金需求而发起成立的亚洲基础设施投资银行，因此得到了广泛认同和支持。至2014年10月，包括中国、新加坡、印度等21国在内的首批创始成员国的财长和授权代表在北京签约，共同决定成立亚洲基础设施建设投资银行。截至2015年4月，亚投行意向创始成员国确定为57个，其中包括英国、德国、法国、加拿大等20个域外国家。2015年6月29日，《亚洲基础设施投资银行协定》在北京正式签署。亚投行作为中国发起并主导成立的新型国际金融合作机构，正式开始运营。

“一带一路”计划，本质是中国通过自身发展，带动周边地区和相关国家共同发展、共同繁荣、共同进步的合作计划、互利计划和共赢计划。该计划涵盖了中国周边以及西亚、北非、独联体、中东欧等地区总共60多个国家。由于中方大力推动和相关国家的积极回应，中国很快与不少国家达成了在“一带一路”框架内开展合作的共识，与一些周边国家签署了一批合作文件，如地区合作备忘录、边境合作备忘录、经贸合作中长期规划等。譬如，2014年9月中蒙俄三国元首会晤时，习近平主席提议将中国的丝绸之路经济带计划与俄罗斯跨欧亚大铁路、蒙古国“草原之路”[①]计划进行对接，共同打造中俄蒙经济走廊，得到俄蒙两国的赞同和支持。当年9月习近平主席访问塔吉克斯坦，与该国总统共同启动了杜尚别2号热电厂二期工程和中国—中亚天然气管道D线开工仪式。中

① 蒙古“草原之路”计划总投资约500亿美元，主要项目是连接中俄两国的近千公里的高速公路、1100公里的电气化铁路，扩展跨蒙古国铁路、天然气管道和石油管道。

国投资和参与兴建的这些大项目，推动了塔吉克斯坦基础设施的更新换代，促进了该国的现代化发展进程，既有助于提高该国整体经济潜能和人民的生活水平，也将带动其他中亚国家互联互通的发展进程。哈萨克斯坦方面也多次表示，愿将该国总统提出的旨在发展基础设施和工业、民生事业的"光明之路"计划，与中方提出的"一带一路"计划对接起来，为两国开拓更加广阔的合作前景。周边许多国家也都纷纷提出类似的建议和构想。

2015 年是"一带一路"计划全面推进的一年。中国与周边许多国家在基础设施互联互通、产业投资、资源开发、经贸合作、人文交流、生态保护、海上合作等领域，确定了重点合作项目，获得了一批早期成果。据中国商务部有关信息，截至 2015 年 4 月，中国在"一带一路"沿线国家共有 70 多个在建合作区项目，建区企业基础设施投资超过 80 亿美元，将带动入区企业投资近 100 亿美元，预计年产值超过 200 亿美元，可为当地创造 20 万个就业机会。从外贸方面看，中国与"一带一路"沿线国家双边贸易额达到 2360 亿美元，占中国外贸总额的 26%。利用外资方面，2015 年第一季度"一带一路"沿线国家在华设立外商投资企业 457 家，同比增长 18.4%，实际投入外资额为 16.8 亿美元。对外投资方面，第一季度中国对"一带一路"沿线国家非金融类直接投资达 25.6 亿美元，占同期对外投资总额的 9.9%。在"一带一路"国家承包工程新签合同额为 152 亿美元，完成营业额 140 亿美元，同比分别增加 7.6% 和 10.3%。①

三、为中美新型大国关系注入新动力

随着中国成长为具有全球影响力的世界大国，中国近年来更加重视大国关系问题。推动建设以中美新型大国关系为核心的各种形式的新型大国关系，成为中国外交的重中之重。

习近平主席高度重视中美关系。2013 年 3 月 14 日他就任国家主席当天，即应约与奥巴马总统通电话，交换对两国关系等重大问题的看法。6 月 7 日，中美两国元首在美国加利福尼亚州安纳伯格庄园举行了"不

---

① 参见中国新闻网，2015 年 4 月 28 日。

打领带”的会晤。双方在坦诚而友好的气氛中深入交流8个多小时。习近平主席向奥巴马总统介绍了中国政府的执政理念和内外政策。他重申：中国坚定不移走和平发展道路，坚定不移深化改革、扩大开放，努力实现中华民族伟大复兴的中国梦；中国梦是和平、发展、合作、共赢的梦，与包括美国梦在内的世界各国人民的美好梦想相通；中国梦的实现需要一个和平、稳定的国际和周边环境。中国将在实现自己梦想的过程中，为亚太地区和世界的和平、稳定与繁荣做出贡献。奥巴马总统介绍了美国政府的执政理念、执政目标和优先议程。①

在会晤中，习近平主席还特别表示，他2012年讲过，宽广的太平洋有足够空间容纳中美两个大国，现在依然这样认为。此次会晤奥巴马总统，主要目的就是为中美关系发展规划蓝图，开展“跨越太平洋的合作”。他提议双方“从两国人民根本利益出发，从人类发展进步着眼，创新思维，积极行动，共同推动构建新型大国关系”。② 两国元首就此达成共识，一致认为中美两国应该也可以走出一条不同于历史上大国冲突对抗的新路，同意加强双方各层次对话与沟通，不断增进相互理解与信任，继续通过互访、会晤、通话、通信等方式保持密切联系，尽早实现互访，并适时在中国再次举行类似会晤。

两国元首“庄园会晤”为中美关系的未来指明了方向，也对整个世界产生了重大影响。中方将中美新型大国关系的内涵界定为不冲突不对抗、相互尊重、合作共赢，顺应时代潮流，符合两国人民的根本利益和人类社会的共同事业。当年9月，G20峰会在俄罗斯圣彼得堡举行时，习近平主席与奥巴马总统再次会见。2013年12月4—5日，美国副总统拜登正式访华。这一年来华访问的还有美国国务卿、财政部长、总统国家安全事务助理、参谋长联席会议主席以及国会参众两院30多位议员。中国亦有许多军政要人与团组赴美访问，其中包括国务委员兼国防部长、全国人大外事委员会主任等。

2013年，两国机制性的对话、磋商与交流亦大都成功举行。其中，

---

① 中华人民共和国外交部政策规划司编:《中国外交（2014年版）》，世界知识出版社2014年版，第42页。

② 《习近平同奥巴马总统举行中美元首会晤》，《人民日报》2013年6月9日。

中美第五轮战略与经济对话取得 178 项成果，第四轮人文交流高层磋商取得 75 项成果，均为两项活动开展以来最高纪录。此外，双方还举办和举行了两国战略对话框架下的中美第三次战略安全对话、第二届中美省州教育厅长对话、第四次中美创新对话、第三届中美环保产业论坛、中美第十四次国防部防务磋商、第九次中美国防部工作会晤、中美海上安全磋商机制年度会晤、中美执法合作联合联络小组第十一次会议，共同召开了第二十四届中美商贸联委会会议、第五次中美清洁能源联合研究中心指导委员会会议、中美农业联委会第五次会议、中美交通论坛第六次会议、中美环境合作联委会第四次会议，等等。双方还建立了气候变化工作组和网络工作组。

由于价值观体系和国家利益不同，中美双方在许多问题上的立场差异仍明显存在。在台湾、西藏、新疆等事关中国核心利益的重大问题上，在人权、宗教事务乃至经贸关系领域，美国仍不时做出有碍双方建立新型大国关系的错误举动，或发出错误信号。对此，中国坚持进行有理有利有节的斗争，始终保持足够压力，迫使美国在建设中美新型大国关系方面与中国相向而行。双方在朝核问题、伊核问题以及金融危机、气候变化、网络安全、中东局势、阿富汗局势、南北苏丹冲突等问题上，继续保持沟通与协调，在联合国、二十国集团、亚太经合组织、东亚峰会等多边框架内，继续开展对话与协商。

2014 年是中美建交 35 周年，双方隆重纪念了这一历史事件。这时，两国已形成 90 多个政府间对话机制，结成 41 对友好省州和 202 对友好城市，人员往来每年超过 400 万人次。双方的贸易额与建交时相比增长了 200 多倍，达到 5200 多亿美元，双向投资存量超过了 1000 亿美元。2014 年，中美两国元首两次会晤，两次通话，多次通信，继续就中美关系及共同关心的重大问题保持密切沟通。其中最重要的会晤有两次，一是 3 月在海牙出席世界核安全峰会时，两国元首举行会晤，一致同意继续推进中美新型大国关系建设；二是 11 月亚太经合组织第 22 次领导人非正式会议在北京举行时，奥巴马总统与会并对中国进行国事访问。

2014 年 7 月，第六轮中美战略与经济对话和第五轮人文交流高层磋商在北京举行。习近平主席到会致词时重申，中美构建新型大国关系是双方“共同作出的重大战略抉择，符合两国人民和各国人民根本利益，也体现了双方决心打破大国冲突对抗的传统规律、开创大国关系新模式的政治担当。”[①] 他还特别指出，中美经济总量占全球三分之一，人口占全球四分之一，贸易占全球总量五分之一，利益深度交融，和则两利，斗则俱伤，双方应“登高望远，加强合作，坚持合作，避免对抗”，这样既可造福两国，又可兼济天下。为此，他提出了推进中美新型大国关系建设的四点主张，即增进互信，把握方向；相互尊重，聚同化异；平等互利，深化合作；着眼民众，加深友谊。他再次重申：“宽广的太平洋有足够的空间容纳中美两个大国。中美双方应该加强对话，增信释疑，促进合作，确保中美关系始终不偏离构建新型大国关系的轨道。”[②] 奥巴马总统在书面致辞中也表达了类似意愿。

2014 年 11 月奥巴马对中国进行国事访问时，习近平主席除举行正式欢迎仪式和宴会、与奥巴马总统举行大小范围会谈并共同会见记者外，还以散步、晚宴、茶叙等轻松方式，在中南海内与其进行深度交流，继举世瞩目的“庄园会晤”之后，又谱写了“瀛台夜话”的新篇章。在这次访问中，习近平主席表示，一个良好的中美关系符合两国人民根本利益，也有利于亚太和世界。这是中美两国领导人共同坚持的战略共识。他还表示，建立中美新型大国关系不能停留在概念上，也不能满足于早期收获，而是要继续前行。因此，双方要加强高层沟通和交往，增进战略互信，在相互尊重基础上处理两国关系，深化各领域交流合作，以建设性方式管控分歧和敏感问题，在亚太地区开展包容合作，共同应对各种地区和全球性挑战。奥巴马也表示，美国支持中国改革开放，无意遏制或围堵中国，无论在双边、地区还是全球层面，都将中国作为重要合作伙伴。同中国发展强有力的合作关系是美国在亚洲实行“再平衡”战略的核心。美国将与中国扩大合作，加深利益融合，通过坦诚和建设性对话解决差异。

作为奥巴马总统此次访华成果，双方就气候变化发表了历史性的联

---

① 习近平：《努力构建中美新型大国关系——在第六轮中美战略与经济对话和第五轮中美人文交流高层磋商联合开幕式上的致辞》，《人民日报》2014 年 7 月 10 日。

② 习近平：《努力构建中美新型大国关系——在第六轮中美战略与经济对话和第五轮中美人文交流高层磋商联合开幕式上的致辞》，《人民日报》2014 年 7 月 10 日。

合声明，各自宣布了至2025年的减排目标，共同为2015年巴黎气候谈判取得成功创造了必要条件。此外，两国还宣布，自2014年起，前往对方国家进行商务、旅游活动的公民将获得有效期10年的多次入境签证，留学人员将获得有效期最长达5年的多次入境签证。两国人员往来和人文交往将更加便利。

2014年中美高层交往和对话、各领域各层级的合作与协商更加活跃。双方共取得战略对话成果116项、经济对话成果87项、人文交流结果104项。两国贸易额创下5551亿美元新高，同比增长6.6%。中国对美累计非金融类直接投资达52.4亿美元，同比增幅为23.9%，双方完成了第十八轮双边投资协定的谈判。[①] 中美互为第二大贸易伙伴。中国持有的美国联邦债券数量仍居全球之首位，中国企业对美投资首次超过美国企业对华投资。2014年举行的中美第二十五届商贸联委会，就出口管制、知识产权、创新政策、双向投资等一系列经济合作议题达成一些关键共识，美国对华高技术产品出口管制措施将适度放宽。

中国在美国留学生总数达27.4万余人，[②] 同比增长16%以上，美国在中国留学的人数超过10万。未来三年，中国将开展“千校携手”环保项目，推动中美两国中小学校增进交流与合作，以增强环保意识。中方将成立民间性质的中美人文交流基金，与美国“十万强”基金相对接，共同推进美国学生来华学习项目；设计实施“知行中国”项目，邀请美国青年学者来华研修；推动50所美国大学与中方同等数量的院校建立“中美百校合作伙伴关系”，中方将为美方提供1000个奖学金名额。

两国军事领域的交流与合作有了新的发展。双方国防部签署了关于建立重大军事行动相互通报信任措施机制以及海空相遇安全行为准则两个谅解备忘录，多次举行不同规模和形式的联合军事演习。中国军队首次参加美国主导的“金色眼镜蛇”多边联合军演、2014年环太平洋联合军演，与美国及澳大利亚共同举办了三国军演，中国海军与美国海军还在亚丁湾举行了《海上意外相遇规则》运用演练。双方的军事交流进

① 中国国际问题研究院：《国际形势和中国外交蓝皮书（2015）》，世界知识出版社2015年版，第265—266页。

② 到2015年底，已突破30万人。

入前所未有的新发展。

2014 年中美关系依然一波多折。美国国务院和军方就媒体炒作中国计划设立南海防空识别区一事，纷纷“警告”中国，指责中国在南海宣示主权的做法是破坏地区稳定，要求中方说明在南海划设九段线的意义，无理要求中国放弃在本国专属经济区的活动。奥巴马总统访日时还公开承诺保卫钓鱼岛，美国司法部还以涉嫌窃取其企业机密为由，起诉 5 名中国军人。两国有关方面围绕着美机在中国领空抵近侦察，中国战机进行识别性查证等问题展开激烈争论。此外，美国还不时地与台湾当局进行变相的官方往来，并以各种方式继续向台湾出售武器，仍在利用人权、宗教、涉藏、涉疆等问题干涉中国内政。近年来又不断炒作“中国威胁论”，插手东海、南海问题，不断强化与日本、菲律宾、澳大利亚等国建立明显针对中国的军事同盟，危害亚太地区的和平、稳定与共同发展大业。

中国在积极推动构建中美新型大国关系的过程中，今后仍要坚持反对美国的霸权主义、强权政治和冷战思维，反对美国处理对华关系时干涉中国内政、侵害中国主权、限制中国企业在美投资、对华实行高技术封锁、贸易保护主义。总之，“中美建立新型大国关系前无古人、后启来者，是一项没有现成经验可循的历史创举，不会一帆风顺。”① 在斗争中寻求合作，在合作中坚持斗争，将是中美关系未来发展的新常态。

四、中俄战略协作伙伴关系再上新台阶

中国与俄罗斯的战略协作伙伴关系，经受了冷战结束以来国际风云复杂多变的严峻考验，显示了强大生命力和良好的发展前景。2013 年习近平就任国家主席后，将俄罗斯作为他出访的第一个国家，彰显了中国对中俄战略协作伙伴关系的特殊重视。

在这次访问中，习近平主席与普京总统共同确定了两国关系发展的中心任务，即加大相互政治支持，全面扩大务实合作，深化战略性大项目合作，加强在国际和地区事务中的协调与配合。作为访问成果，双方发表了《中俄关于合作共赢、深化全面战略协作伙伴关系的联合声明》，

---

① 杨洁篪：《新形势下中国外交理论和实践创新》，载国务院新闻办公室编《解读中国外交新理念》，五洲传播出版社 2014 年版，第 13 页。

批准了《中俄睦邻友好条约实施纲要（2013—2016）》，签署了32项经济技术合作协定，涉及经贸、能源、科技、军工、投资、环保等许多领域，其中包括为期30年的中俄天然气领域合作协议。此次访问，“加强了中俄经贸、能源和战略安全合作，夯实了中俄全面战略协作伙伴关系基础。”[①] 同时也向全世界显示了中俄睦邻友好关系的特殊性和全方位战略协作伙伴关系的成熟性。

2014年，乌克兰危机爆发，美国和西方国家与俄罗斯的关系全面紧张，形成了所谓的“新冷战”状态。在此形势下，中俄关系逆势而上，各领域合作进一步扩大和深化。政治上，两国领导人继续保持密切接触，习近平主席和普京总统在双边和多边场合，实现了五次正式会晤。中方反复重申，中俄两国是好邻居，同时也是国际舞台上的重要力量。不断巩固和发展中俄全面战略协作伙伴关系，符合两国关系的大局和时代发展潮流，也是维护国际安全的重要因素。两国元首在上海签署的《中俄关于全面战略协作伙伴关系新阶段的联合声明》，标志着两国的战略协作伙伴关系的质量和水平已经进入更具内在活力、前景更为广阔的历史时期。

2014年2月，西方国家因乌克兰问题联合抵制俄罗斯举办的索契冬奥会。习近平主席打破中国最高领导人不出席境外此类活动的惯例，专程赴索契对俄罗斯表示政治和道义支持。当俄罗斯因乌克兰问题在联合国内外受到西方联合打压、处境异常困难时，中国反复强调乌克兰问题成因复杂，反对使用制裁手段，呼吁各方保持克制，在兼顾各方利益的前提下，以和平方式解决矛盾和冲突。当联合国就俄罗斯收回克里米亚一事进行投票表决时，中国两次弃权，彰显对俄罗斯“无声的支持”。在如何对待世界反法西斯战争胜利成果问题上，中俄两国立场亦高度契合。双方商定2015年共同举办世界反法西斯战争胜利70周年庆祝活动。2014年11月，普京总统来华参加APEC峰会，习近平主席再次表示：“不管国际风云如何变幻，我们都要坚持把中俄关系作为本国外交优先方向，不断增进政治和战略互信，不断扩大和深化全方位合作。”普京完全赞同

① 杨洁篪：《新形势下中国外交理论和实践创新》，载国务院新闻办公室编《解读中国外交新理念》，五洲传播出版社2014年版，第9页。

习近平主席对中俄关系的评价，称双方在国际事务中密切协作，有力维护了世界和地区安全稳定。[①]

2014年，中俄各领域互利互惠的务实合作取得重大成果。俄方放宽了对华出口敏感技术的限制措施，降低了大型中国企业对俄投资的准入门槛。在军事合作领域，两国元首共同出席中俄海军首次在东海举行的“海上联合—2014”军演开幕式，向世界表明双方领导人对中俄军事合作的高度重视。此外，俄方原则同意向中方提供S–400导弹系统、苏–35S多功能战机及其配套武器，同意在中国合作生产米–26重型直升机、“阿穆尔–1650”非核潜艇等武器装备。

在能源和整个经贸关系方面，中俄政府及相关企业分别签署了《中俄东线天然气合作项目备忘录》和《中俄东线供气销售合同》，后来又签署了关于经东线向中方供应天然气的政府间协议和两国公司的合同补充附件。双方历经20年谈判的这一世纪性合作项目出现重大突破。与此同时，中俄还签署了俄方通过中俄西线管道向中方供应天然气的合作备忘录和两国石油企业签署的框架协议，中俄西线供气项目大大加快。

2014年，中国成为俄罗斯第一大贸易伙伴，全年贸易额达952.8亿美元。中国通过陆地管道，每年从俄方进口石油1500万吨，相当于中国石油进口量的8%。卢布和人民币同时在对方市场挂牌上市，金融合作步伐加快。两国能源、科技、金融合作进入与战略协作伙伴关系相适应的快车道，整个经济领域的合作滞后于政治关系的局面有了明显改变。

2015年5月，习近平主席赴莫斯科出席了俄罗斯纪念反法西斯战争胜利70周年庆典活动并会见了俄罗斯总统普京。中国军人方队首次参加了莫斯科红场阅兵。

这是他就任国家主席后第四次访俄，也是作为国家元首第十一次与普京会见。5月8日，习近平与普京共同签署了《中俄两国关于丝绸之路经济带建设和欧亚经济联盟建设对接合作的联合声明》，以及《关于深化全面战略协作伙伴关系、倡导合作共赢的联合声明》。双方还共同出席了32项经贸合同的签字仪式，其中包括中国出资帮助俄罗斯修建莫斯科至喀山的高速铁路、共建3000公里长的天然气管道、共建直升机工厂、

---

① 《习近平会见俄罗斯总统普京》,《人民日报》2014年11月10日。

共同使用北斗系统和格洛纳斯系统数据等重大合作项目。习近平主席在俄罗斯表示，他同普京总统就新形势下两国关系发展方向达成高度一致，双方商定要继续保持中俄关系高水平运行。中俄发展全面战略协作伙伴关系，既有坚定的政治共识，也有坚实的民意基础，还有强大的内生动力。中俄人民的友谊要永远传承下去。

俄罗斯方面同样高度重视中俄战略协作伙伴关系的巩固和发展。2014 年和 2015 年，普京总统亦多次来华访问或参加多边活动，其中包括 2015 年 9 月来北京出席中国人民纪念抗日战争暨世界反法西斯战争胜利 70 周年纪念大会。俄罗斯军人也参加了天安门广场的阅兵式。国际社会对普京频繁访华亦十分关注。俄罗斯驻华大使在评论普京对中国的访问时曾表示，中俄全面战略伙伴关系是平等的、相互信任的、密切的。两国关系的发展符合两国人民的根本利益，也符合国际形势的发展。他说，俄罗斯有不同的政治党派，他们有不同的政治观点，但没有一个党派批评中俄关系的迅速发展。中俄之间不存在大的分歧。

中俄两国政治上的高度互信，不仅表现为两位元首之间的频繁接触和个人友谊。两国政府总理早已形成的定期会晤机制，在推动两国务实合作方面一直发挥着重要作用。议会、军队、政党、政府各部门，包括安全机构和地方政府领导人，也始终保持着多种形式的接触和联系。随着两国领导人的关注度不断提高，双方的投入持续加大，民意基础越来越牢固，中俄战略伙伴关系全方位、多领域、深层次、持久性等特点会更加鲜明和突出。

五、共同打造中欧“四大伙伴关系”

中欧关系也是当今世界最重要的双边关系之一。双方的全面战略伙伴关系在各个领域中都有新的发展，已经建立的 60 多个对话磋商机制，涵盖了中欧关系的所有领域，但中欧关系也面临一些新问题，下一步如何发展，不仅事关双方的各自利益，同时也事关国际形势的总体走向，甚至在很大程度上影响世界的前程和命运。习近平主席高度重视中欧关系。2013 年，中欧高级别战略对话在北京举行。中欧共同发表《中欧合作 2020 战略规划》，合作内容涵盖近百个领域，中欧双方的发展战略和规划呈现出相互对接的现实前景。2013 年 12 月召开的中欧领导人峰会，首次提出中国与欧盟是当今世界“两大力量、两大市场和两大文明”的新理念。

2014 年 3 月下旬，习近平主席以国家元首身份出访荷兰、法国、德国、比利时四国。与以往国家元首出访不同，习近平主席此次访问期间，在荷、法、德、比四国主流媒体上均发署名文章，以表明他对中欧关系等重大问题的看法和主张，这些文章的题目分别是：《打开欧洲之门　携手共创繁荣》《特殊的朋友　共赢的伙伴》《中德携手合作　造福中欧和世界》《中欧友谊和合作：让生活越来越好》。此外，除正式会见和会谈外，习近平主席还进行了多场公开演讲。从不同层面和角度对中国的文明观、世界观和外交理念做出深刻阐述。

针对国际社会，特别是欧洲对中国发展道路的关注，习近平主席在文章和讲演中特别指出，中国的改革只有进行时，没有完成时。中国梦是追求和平和幸福的梦，也是奉献世界的梦。中国选择和平发展道路源于对世界大势的把握，是思想自信和实践自觉的有机统一。中国不走“国强必霸”的老路，将始终和平发展，也希望世界各国都走和平发展道路。他所宣示的这些观点和主张，充分展示了中国自信、友善、包容、负责任的大国形象，增进了欧洲对中国新领导人的了解，也增进了国际社会对中国现行内外政策的认知。

习近平主席出访欧洲时，同时还访问了联合国教科文组织总部和欧盟总部，并出席了在海牙举行的第三届世界核安全峰会。习近平主席对欧盟总部的访问，是中国国家元首对欧盟总部的首次访问。在同欧盟领导人会晤时，习近平主席明确表示，“要从战略高度看待中欧关系，将中欧两大力量、两大市场、两大文明结合起来，共同打造中欧和平、增长、改革、文明四大伙伴关系，为中欧合作注入新动力，为世界发展繁荣作出更大贡献”。他还提出，中欧“要继续发挥好贸易和投资在中欧合作中的主引擎作用。双方应把互通有无的简单买卖型贸易合作，提升为各领域联动的复合型经贸合作，利用互补优势，早日实现双方年贸易额 1 万亿美元的目标”。

出席本届世界核安全峰会时，习近平主席针对会议主题“加强核安全，防范核恐怖主义”发表讲话。他指出，加强核安全是一个持续进程，阐明了核能事业不停步，加强核安全的努力就不能停止的重要思想。他主张实行“四个并重”，即发展和安全并重，以确保安全为前提发展核能事业；权利和义务并重，以尊重各国权益为基础推进国际核安全进程；自主和协调并重，以互利共赢为途径寻求普遍核安全；治标和治本并重，以消除根源为目标全面推进核安全努力。他承诺，为实现持久核安全，中国将继续作到“四个坚定不移”，即坚定不移增加自身核安全能力，坚定不移参与构建国际核安全体系，坚定不移支持核安全国际合作，坚定不移维护地区和世界和平与稳定。①

习近平主席访欧期间，中欧发表了《关于深化互利共赢的中欧全面战略伙伴关系的联合声明》。声明高度评价了习近平主席的访问，对中欧关系的发展状况表示满意，对诸多领域的合作做出了新的规划，双方重申致力于推动中欧关系在未来十年取得进一步发展，造福中欧人民，并促进世界和平与繁荣。

习近平主席访欧后，中方发表了《深化互利共赢的中欧全面战略伙伴关系——中国对欧盟政策文件》。该文件对中欧“四大伙伴关系”做了全面阐述。中欧关系首次被界定为“中国推动建立长期稳定健康发展的新型大国关系的重要组成部分”，中欧关系被定性为“中国外交政策的优先方向之一”。根据这份文件，中欧建设和平伙伴关系，目的是带头走和平发展的道路；基础是中欧对构建多极世界具有重要的战略共识；原则是彼此尊重自主选择的社会制度，照顾彼此的核心利益，支持彼此的和平发展道路；路径是双方加强在国际和地区事务中的沟通与协调，共同推动政治解决地区热点问题并参与有关国际规制的建设。建设增长伙伴关系，目的是相互提供发展机遇。建设改革伙伴关系，目的是相互借鉴，相互支持。建设文明伙伴关系，目的是为彼此进步提供更多的营养。

2014 年 10 月，李克强总理出席在意大利米兰举行的第十届亚欧会议，也是中国开展对欧外交的一件大事。此次会议以“构建负责任伙伴关系，促进可持续增长与安全”为主题，李克强总理就此发表讲话，提出有关欧亚合作的三点建议：一是共同维护亚欧和平安全与共同发展；二是推进亚欧互联互通和贸易投资自由化；三是促进亚欧人文交流与社会发展。李克强总理表示，中国愿同亚欧各国一道，培育和凝聚亚欧共

---

① 习近平：《在荷兰海牙核安全峰会上的讲话》，《人民日报》2014 年 3 月 25 日。

同体意识，积极构建面向和平与发展的亚欧新型全面伙伴关系。会议期间，李克强总理还就维护第二次世界大战胜利成果，构建更加公平、合理、有效的全球治理体系等问题阐述了中国的原则和立场，提出了相关意见和建议。会议发表的主席声明宣布，通过增进亚欧联通来提升经济、金融合作，成为亚欧各国最重要的共识。这一观点实际上体现了中国领导人倡导的“一带一路”战略构想与亚欧各国发展需求的契合。

2014 年是中欧全面战略伙伴关系得到长足发展的一年。习近平主席在俄罗斯索契冬奥会、荷兰海牙核安全峰会、G20 澳大利亚布里斯班峰会等多边场合，广泛会晤欧洲国家领导人。李克强总理等中国领导人分别访问了德国、英国、法国、意大利等 10 多个欧洲国家。丹麦、保加利亚、爱尔兰、葡萄牙、意大利、德国、捷克等 10 多位欧洲国家的元首或总理访问了中国。中英总理年度会晤、中德政府磋商、中法战略对话、中英战略对话、中欧高级战略对话、第四届布鲁塞尔中欧论坛、中德对话论坛 2014 年年会、第十三届斯德哥尔摩中国论坛、中欧高级别人文交流与对话第二次会议、第五次中欧防备部门安全政策对话等其他几十个论坛与对话均成功举行。

2014 年中欧经贸关系与务实合作取得新成果。年初中国与部分欧盟国家签署了双边投资协议。在此基础上，双方开始启动中国—欧盟投资协定谈判。双方的贸易争端也得到了有效的控制，有些争端得到了妥善解决。欧盟成为中国第一大贸易伙伴，双方贸易额超过 6151 亿美元，占中国全年进出口总额的 14.3%，同比增长 9.4%。整个欧盟 28 国，对华投资 68.5 亿美元，虽然同比下降 5.3%，但中国对欧投资增长 117.7%，达 98.48 亿美元，为欧盟对华投资的 1.44 倍。[①] 中欧之间的人文交流也在不断扩大和深入。欧盟来华留学生已经超过 3.5 万人，中国在欧盟 20 多个成员国中建立了 100 多所孔子学院和 140 多所孔子课堂。

2015 年是中欧建交 40 周年。中方继续努力推动中欧全面战略伙伴关系平稳、健康地向前发展。中欧双方各领域的交流与合作持续升温。欧洲来华访问的领导人络绎不绝。习近平主席在会见欧洲议会议长时向

---

① 中国国际问题研究院编:《国际形势和中国外交蓝皮书（2015）》，世界知识出版社 2015 年版，第 265—266 页。

他表示，2015 年是中欧建交 40 周年，中国坚定支持欧洲一体化建设，始终将欧洲发展视为多极化进程重要组成部分，中国和欧洲都是当今世界重要力量，双方利益深度交融。中欧和平、增长、改革、文明“四大伙伴关系”正在凝聚双方共识的基础上向前发展。

为进一步推动发展中欧“四大伙伴关系”，李克强总理访问了欧洲，出席了第十七次中欧领导人峰会，参加了中欧工商峰会、中欧城镇化论坛，会晤了欧盟委员会主席、法国总统和总理。访问期间，李克强总理大力呼吁加强和扩大中欧之间的产能合作，阐述了双方开展产能合作的基础、动力和主要方向。他还表示，中国将积极考虑建立中欧共同投资基金，以助力欧洲战略投资基金。中国还将增加购买欧洲投资银行债券，充分发挥泛欧投资合作平台、中东欧投融资框架、亚洲基础设施投资银行等金融机构的功能作用，通过丝路基金拓展与欧洲在高新技术、基础设施、金融领域的合作，共同用好总额达 7000 多亿元人民币的本币互换机制，使金融合作成为联结中欧的重要利益纽带。

近年来，中国—中东欧关系越来越全面地纳入到中欧关系的发展轨道。中国—中东欧国家领导人会晤机制形成后，中国与中东欧国家的次地区合作开始启动。李克强总理出席的 2013 年的布加勒斯特会议和 2014 年的贝尔格莱德会议，都产生了积极成果。中方确认中国与中东欧的合作是中欧关系中不可分割的组成部分，中国与中东欧国家的相关合作将在欧盟标准和法律法规框架下开展，这也有利于欧盟国家的平衡发展和欧洲的现代化进程。

六、永远做可靠朋友和真诚伙伴

中国重视大国关系和大国外交，重视国际组织和多边舞台，同时也一如既往地重视周边国家和亚非拉地区广大发展中国家，这是中国外交历久弥坚的优良传统和始终不渝的战略取向，也可以说是基本国策。2013 年 3 月，习近平以国家元首身份首次出访选择俄罗斯，随后出席金砖国家领导人会晤转赴非洲，访问坦桑尼亚、刚果和南非，并非偶然。

俄罗斯是具有全球影响力的世界大国，更是中国的最大邻国，两国的全面战略协作伙伴关系，多年来持续稳定地向前发展。习近平就任国家主席后，普京总统打电话祝贺。习近平主席当即表示，他高度重视发展中俄全面战略协作伙伴关系，始终将其作为中国外交的优先方向。访俄期间，普京总统与习近平主席深入交流了 8 个多小时，陪同他参观了机密度极高的俄罗斯国防部及联邦武装力量指挥中心，向全世界展示了中俄全面战略协作伙伴关系的可靠性和稳定性。习近平主席则选择莫斯科国际关系学院，发表他的首篇外交政策演说，向国际社会阐明他对当今世界潮流、时代特点和国际关系走向的看法和主张，意义相当深远。

访非期间，习近平主席发表《永远做可靠朋友和真诚伙伴》《共同谱写中非人民友谊新篇章》等多篇讲演，提出了对非工作真、实、亲、诚的四字方针，亦即对待非洲朋友要“真”、开展对非合作要“实”、加强中非友好要“亲”、解决合作中的问题要“诚”。他重申了中国对非合作的固有原则：相互尊重、平等相待、团结合作、互利共赢，同时又宣布了对非援助的新举措：一是建立跨国跨区域基础设施建设合作伙伴关系，帮助非洲开展互联互通和资源普查的前期工作，为其培训相关管理和技术人员；二是对非提供 200 亿美元贷款额度，优先用于基础设施；三是通过投融资、援助、合作等方式，鼓励中国企业和金融机构参与非洲基础设施建设及运营管理。此外，中国还将实施非洲人才计划，为非洲培养 3 万名人才，提供 1.8 万名来华留学奖学金名额。作为此次访问的重要成果，中国与所访国家签署了 20 多项政府间合作文件，涉及基础设施建设等诸多领域，中非关系活力倍增。

习近平主席 2013 年第二次出访安排在 5 月底 6 月初，选择了三个拉美国家，即特立尼达和多巴哥、哥斯达黎加、墨西哥。特多为拉美小国，但对华友好，1971 年联合国表决中国代表权议案，该国与中国并未建交，却支持中国。哥斯达黎加是中国在加勒比地区的唯一建交国，2011 年成为第三个与中国签订自贸协定的拉美国家。[①] 墨西哥为拉美大国，2003 年即与中国建立战略伙伴关系，近年来成为中国在拉美的第二贸易伙伴和重要投资国。习近平主席访问该三国，体现了中国对拉美事务的重视。他在出访前对媒体表示，此次访问的目的就是要深化中拉传统友谊，扩大互利合作。在墨西哥参议院，习近平主席发表了题为《促进共同发展 共创美好未来》的演讲，核心思想是与拉美和加勒比各国紧密团结，相

① 拉美地区另外两个与中国签订了自由贸易协定的国家是智利和秘鲁。

互支持，真诚合作，在通往发展繁荣的美好梦想的道路上携手共进。访问中，习近平主席倡议中拉共同努力、成立合作论坛，得到拉美国家的积极响应。就在这次出访途中，他在美国短暂逗留，与奥巴马总统举行了著名的庄园会晤。

2013 年 9 月，习近平主席结合赴俄罗斯出席 G20 峰会、参加在吉尔吉斯斯坦召开的上海合作组织峰会，对土库曼斯坦、哈萨克斯坦、乌兹别克斯坦和吉尔吉斯斯坦进行了国事访问。该四国地处中亚，是建设丝绸之路经济带的重点地区，也是连接亚、欧、非三大洲，进入波罗的海、印度洋和地中海的重要通道，战略地位重要，油气资源丰富。从中亚进入中国的天然气管道，就发端于土库曼斯坦。习近平主席对中亚的访问，进一步密切了中国与中亚国家的政治联系，拉紧了彼此间的利益纽带。中国与土库曼斯坦就是在这次访问中宣布建立战略伙伴关系的。习近平主席关于共建丝绸之路经济带的倡议，也是这次访问期间在哈萨克斯坦提出来的。

访问中亚之后，习近平主席结合赴印度尼西亚巴厘岛参加 APEC 会议，又于当年 10 月对印尼和马来西亚进行了国事访问。印尼和马来西亚是中国的两个重要海上邻国，是东盟的重要成员国。中国与该两国在基础设施建设、能源、农业、制造业等许多方面合作不错，马来西亚又是中国在东盟的最大贸易伙伴。这次访问的结果是，中国与印尼、马来西亚的关系全部升级为全面战略伙伴关系。

2014 年 3 月，习近平主席访问了荷兰、法国、德国和比利时，访问的时间安排与参加海牙世界核安全峰会密切相关。总体上看，2014 年他访问最多的还是发展中国家。当年 7 月，他访问了拉美的巴西、阿根廷、委内瑞拉和古巴。该四国中，巴西是西半球最大的发展中国家和新兴市场国家，是中国在拉美的第一大贸易伙伴，也是第一个与中国建立全面战略伙伴关系的拉美国家。2013 年两国贸易额超过 900 亿美元。阿根廷也是重要的新兴市场国家，中阿间签署了 60 多份合作协议和文件，2004 年即已建立战略伙伴关系。委内瑞拉是中国的重要贸易伙伴之一，也是中国在该地区最大的投资对象国。两国 2001 年建立战略合作伙伴关系后，在国际事务中密切合作。古巴是拉美地区唯一的社会主义国家，是中国在加勒比地区的第一大贸易伙伴。习近平主席此次访拉，中国与该四国签署各类合同与框架协议共 150 多项，涉及金额达 700 多亿美元，涵盖能源和资源开发、基础设施建设等许多领域。中国与拉美的金融合作也全面开启。中国与巴西签署了约 300 亿美元的货币互换协议，与委内瑞拉联合融资超过 200 亿美元，[①] 与阿根廷签署了总额达 700 多亿元人民币的货币互换协议。访问期间，习近平主席还与 11 个拉美和加勒比国家领导人举行了会晤，共同做出了中拉建立平等互利、共同发展的全面合作伙伴关系的重大决策，并一致同意建立中国—拉共体合作论坛。此外，习近平主席还提出了中拉关系新格局“五位一体”的构想，即政治上真诚互信、经济上合作共赢、人文上互学互鉴、国际事务中密切合作、整体合作与双边关系相互促进。

2014 年 9 月，习近平主席结合出席上合组织峰会，访问了塔吉克斯坦和马尔代夫、斯里兰卡、印度。这是他对“一带一路”重点地区和国家的一次集中“踏访”。在塔吉克斯坦期间，习近平主席与塔吉克斯坦总统商定了一系列基础设施领域合作项目，在推进“一带一路”建设方面取得了实实在在的成果。印度是中国西南方向的一个重要邻国，同时又是金砖国家集团的成员，也是上合组织的观察员，巩固和深化中印睦邻友好合作关系对双方和整个地区都十分重要。访印期间，习近平主席在印度媒体撰文指出，中印两国“作为亚洲经济两大引擎，我们应该做引领增长的伙伴”，“我们要共同推动孟中印缅经济走廊建设，探索丝绸之路经济带和 21 世纪海上丝绸之路倡议，引领亚洲经济可持续发展。”通过这次访问，中印两国领导人为未来 5—10 年双方的战略合作指明了方向，做出了规划。由于这次访问的成功，双方在共同维护边境地区和平安宁方面相向而行，并在已有成果基础上，继续推进谈判进程。莫迪总理也于 2015 年成功地访问了中国，使中印关系向前迈进一大步。

2014 年 11 月，习近平主席结合出席 G20 峰会，访问了澳大利亚、新西兰和斐济三国。此访提升了中国与澳、新两国的合作水平，实质性地结束了中澳自贸协定谈判，中新关系上升为全面战略伙伴关系。中斐关系也因此次访问而大幅升温。斐济是中国在南太平洋地区建交国中的第三大贸易伙伴、第二大进口来源地和第三大出口市场，也是中国在该地区的第二投资国。习近平主席到斐济，实现了中国国家元首对南太平

① 参见《中国拉美关系将发生 6 大结构性变革》，新华网 2014 年 8 月 7 日。

洋岛国的首次访问，意义重大。访问期间，习近平主席除与斐济领导人就双边关系等问题交换意见外，还与 8 个与中国有外交关系的岛国领导人举行了双边会见和集体会晤，共同宣布建立相互尊重、共同发展的战略伙伴关系。这是中国与南太平洋岛国之间一次极富成果的集体对话。

2014 年，习近平主席还专门安排时间，对周边三个重要国家进行了“点穴式”访问，即 2 月赴俄罗斯出席索契冬奥会，7、8 月份分别访问韩国和蒙古国。习近平主席专程赴俄出席索契冬奥会，目的是要在俄罗斯面临外交困难时予以道义支持，为中俄全面战略协作伙伴关系注入正能量。专程访问韩国和蒙古国，则是为了体现中国对这两个重要邻国的特殊重视，进一步激发中韩、中蒙合作的巨大潜能。

习近平主席访韩时，他在当地各大媒体发表《风好正扬帆》的署名文章，援引大量数据和事实，赞扬中韩关系发展速度之快、领域之广、影响之深，称两国是名副其实的利益共同体，为国际社会树立了国家关系发展的典范。面对中韩关系大发展的机遇，他提出四个坚持，即坚持睦邻友好，增强相互信任；坚持互利合作，强化利益融合；坚持和平稳定，守护共同家园；坚持人文交流，搭建友谊桥梁。[①] 在与朴槿惠总统会谈时，双方一致决定，做实现共同发展的伙伴、致力地区和平的伙伴、携手振兴亚洲的伙伴、促进世界繁荣的伙伴。在此基础上，习近平主席又提出做实政治安全合作、做大经贸互利合作、做活人文交流、做深地区和国际事务中合作的新建议。双方一致决定共同推动中韩自贸区谈判，力争 2014 年年底之前完成谈判。在朝鲜半岛无核化以及重启六方会谈问题上，双方也表示要共同努力，为推动半岛无核化取得实质性进展而努力。正是由于这次访问，当年 11 月，中国与外国缔结的规模最大、水平最高的自贸区宣告成立。

习近平主席访问蒙古国时，也在该国主流媒体上发表文章，题为《策马奔向中蒙关系更好的明天》，表达中国方面愿与蒙古国建立睦邻友好关系的真诚意愿。在蒙期间，两国领导人重新定位中蒙关系，将中蒙关系提升为全面战略伙伴关系，表示无论国际形势如何变幻，中国都将按两

---

① 习近平：《风好正扬帆——在韩国〈朝鲜日报〉、〈中央日报〉、〈东亚日报〉的署名文章》，《人民日报》2014 年 7 月 4 日。

国友好合作关系条约精神，永做相互信任的好邻居、好伙伴、好朋友。双方强调优势互补，推进双方务实合作，共同确定了矿产资源开发、基础设施建设、金融合作“三位一体、统筹推进”的合作思路和格局，确定了互联互通和大项目合作两大优先方向，并且还确定到2020年将两国贸易额提高到100亿美元的发展目标，确认丝绸之路经济带计划与蒙古的“草原之路”计划相契合。中方为蒙古国的发展需要，宣布未来5年为其培训1000人，另外增加1000个中国政府全额奖学金名额。

2015年4月，习近平主席首次出访选择的是巴基斯坦，随后赴印尼参加亚非领导人会议和万隆会议60周年纪念活动。他对巴基斯坦的访问，巩固了中巴之间的全天候友谊，深化了双方在各领域的互利合作，大大推进了中巴经济走廊项目[①]，强化了双方共同打击恐怖主义、维护中巴安全利益的决心。在这次被巴方媒体誉为“改变巴基斯坦命运”的访问中，习近平主席为长期致力于民间友好事业的巴方人士和团体颁发了中国政府刚刚设立的和平共处五项原则友谊奖。巴基斯坦以超高规格欢迎习近平主席，为其安排8架战机护航，授予习近平主席“巴基斯坦勋章”。通过这次访问，中巴命运共同体关系作为中国与周边各国构建命运共同体的样板，示范意义更加突出。

在印尼，习近平主席与前来参加纪念活动的亚非各国领导人重温万隆会议十项原则，共商当今世界和平发展大计，发表了《重振亚非新型战略伙伴关系宣言》，并与印尼总统和斯威士兰国王共同签署了《2015万隆公报》。在这次访问中，习近平主席与印尼总统商定，双方要加快两国发展战略对接，深化各领域务实合作，共同见证了两国高铁项目合作的文件签字仪式。这是建设21世纪海上丝绸之路的重大项目。此外，此访期间，习近平主席还会见了缅甸、伊朗、柬埔寨等其他一些国家领导人，并且应约会见了日本首相，向日方表达了中方关于两国关系问题的原则立场和主张。

2015年，中国国家主席出访周边国家和发展中国家的活动依然有声有色。5月7日，习近平主席访问了哈萨克斯坦，此访的主要目的是当面

---

① 中巴经济走廊系指北起新疆喀什，终点抵达瓜达尔港，由公路、铁路、油气管道和光缆共同组成的一条经贸通道，是丝绸之路经济带建设中的重要项目。

祝贺中国人民的老朋友纳扎尔巴耶夫再次当选为该国总统。随后，习近平主席赴莫斯科出席了俄罗斯卫国战争胜利70周年庆祝活动，而后又访问了白俄罗斯。

中国对周边国家和发展中国家的关注和重视，不仅表现在国家主席出访和政策宣示层面，同时还有许多形式，还表现在其他许多方面。近年来中国政府总理的出访安排，也常常以周边地区和发展中国家为重点，并且与推进“一带一路”建设密切相关。例如，2014年李克强总理访问了埃塞俄比亚、尼日利亚、安哥拉、肯尼亚和非盟总部，他在非洲表示，中国目前需要向国外大规模转移优质产能，而非洲正处于工业化和现代化起始阶段，双方产能合作潜力巨大。他就新形势下中非合作提出“461发展框架”。“4”是指坚持四项原则，即真诚平等相待、增进互助团结、共度包容发展、创新务实合作。“6”是指产业、金融、减贫、生态环保、人文交流、和平与安全六大合作重点领域。“1”说的是中非合作论坛，即双方共同加强论坛机制建设，促使其更加务实高效。他同时还承诺进一步加大对非援助，力求未来对非援助占中国对外援助总额一半以上。为此，中方将向非洲追加100亿美元贷款额度，为非洲发展基金增资20亿美元，向南苏丹提供5000万元人民币人道主义救援款，向非洲生态环保工程提供1000万美元。此外，中非经贸额到2020年要达到4000亿美元，中国在非直接投资要达到1000亿美元。

经常举办各种形式的定期和不定期的中外合作论坛，近年来已成为中国扩大并深化与周边国家、发展中国家互利合作的重要机制和手段。如，2014年3月，沙特—中国投资论坛在北京举行。5月，中国—西亚北非“未来发展愿景”对话会在浙江义乌举行。6月，中阿合作论坛第六届部长级会议在北京举行。在这些机制的推动和带动下，中国成了阿拉伯世界第二大贸易伙伴，而阿拉伯国家则成了中国最大的原油供应地和第七大贸易伙伴。阿拉伯国家同时也成了中国企业走出去的重点地区之一。未来的中阿务实合作，总体思路是“1+2+3”，即以能源合作为轴，以基础设施建设、贸易和投资便利化为两翼，以核能、航天卫星、新能源三大领域为突破口。中阿战略性合作正在持续广泛地向纵深发展。

2015年1月，习近平主席倡导的中国—拉共体论坛首届部长级会议在北京举行，此次论坛以“新平台、新起点、新机遇”为主题。来自拉美和加勒比地区的一些国家总统、总理和几十位部长出席会议。习近平主席到会讲话，就中拉论坛未来发展提出四点建议：第一，坚持平等相待的合作原则；第二，坚持互利共赢的合作目标；第三，坚持灵活多样的合作方式；第四，坚持开放包容的合作精神。会议通过了《中拉论坛首届部长级会议北京宣言》等成果文件。

中国—拉共体论坛的创立，解决了中拉交流合作机制整体不足的矛盾。中方对拉承诺的援助专项贷款、优惠贷款和中拉合作基金，很快到位并开始运作。为拉美国家提供 5000 万美元农业合作专项资金、5 年内向拉美国家提供 6000 个奖学金名额和 6000 个来华培训名额、邀请 1000 名拉美政党领导人访华、中拉青年领导人千人培训计划项目等，也已开始落实。

七、倡导并引领建设新型国际关系

中国近年来特别看重多边机制和多边外交在推动建立新型国际关系方面的独特作用。2013 年 4 月习近平主席出席博鳌亚洲论坛第十五届年会，是中国新领导人倡导和引领建立新型国际关系的第一场重要活动。围绕“革新、责任、合作：亚洲寻求共同发展”这一主题，习近平主席发表了《共同创造亚洲和世界的美好未来》的主旨演讲，郑重表示，中国将坚定不移走和平发展道路，大力促进亚洲和世界发展繁荣，坚定维护亚洲和世界和平稳定，积极推动亚洲和世界范围的地区合作。中国将继续妥善处理同有关国家的分歧和摩擦，在坚定捍卫国家主权、安全、领土完整的基础上，努力维护同周边国家关系和地区和平稳定大局。遵循这一思路，李克强总理在博鳌亚洲论坛 2014 年年会上发表了《共同创造亚洲发展新未来》的主旨讲演，发出打造亚洲利益共同体、命运共同体和责任共同体的新倡议。

2015 年时逢世界反法西斯战争和中国人民抗日战争胜利 70 周年。几十位国家元首和政府首脑应邀出席了博鳌亚洲论坛 2015 年年会开幕式及相关活动，习近平主席作为东道主在开幕式上发表讲话。他回顾了第二次世界大战结束以来的世界历史，指出各国相互联系、相互依存日益加深，和平、发展、合作、共赢的时代潮流滚滚向前；区域合作中相互尊重、协商一致、照顾各方舒适度的亚洲方式为正确处理国家关系，推动建立新型国际关系做出了历史性贡献。他提出了建立亚洲命运共同体四原则，即各国相互尊重平等相待，合作共赢共同发展，共同、综合、合作、可持续的安全观，不同文明兼容并蓄，交流互鉴，给与会者以强烈震撼。他所阐明的亚洲命运共同体不分亚洲内外的新命题，在国际上热评如潮。

中国、俄罗斯、印度、巴西和南非五国组成的金砖国家集团，近年来开始在国际事务中扮演重要角色。2013 年和 2014 年，金砖国家第五、第六次峰会分别在南非和巴西举行。在南非，习近平主席除参加领导人小、大范围会谈外，还按惯例出席了工商界早餐会，与非洲国家领导人进行对话。对于金砖国家合作，习近平主席强调三点：一是坚定捍卫国际公平正义，维护世界和平稳定；二是大力推动建立全球发展伙伴关系，促进各国共同繁荣；三是深化互利合作，谋求互利共赢。对于金砖国家与非洲的合作，他建议四点：一是共同推动非洲基础设施建设成为国际发展合作的优先领域；二是共同参与非洲跨国大项目建设，使其成为非洲深化经济一体化、改善民生的拉动力；三是共同促进对非洲的金融合作，通过支持多边开发银行加大对非洲投入，为非洲基础设施建设提供支持；四是本着可持续发展理念开展基础设施建设，使非洲既能实现经济快速发展，又能保护生态环境。此外，习近平主席还宣布了对非援助新举措，包括每年为非洲培训 300 名管理和技术人才、对非洲提供 200 亿美元贷款额度优先用于基础设施建设。

在巴西，习近平主席除参加小、大范围会谈，与其他四国领导人分别会见外，还出席了金砖国家与南美国家领导人对话会。他建议金砖国家在未来合作中，要坚定不移地推动经济可持续发展，坚定不移地形成全方位经济合作伙伴关系，坚定不移地塑造有利的外部环境，坚定不移地提高金砖国家道义感召力。他还提议金砖国家与南美洲两大市场实现对接，开展互利共赢的投资合作。

为了实现金砖国家的共同发展和繁荣，加强金融领域合作，中国与其他金砖国家领导人共同决定成立金砖国家开发银行，初始资本为 1000 亿美元，总部设在上海。他们同时还决定建立金砖国家应急储备安排，以实现和维护集体金融安全。中国在这一金融合作框架中的投票权为 39.9%，俄罗斯、巴西、印度各为 18.1%，南非为 5.75%。

G20是固定由中国国家元首出席的重要多边外交平台。习近平主席出席了2013年9月在俄罗斯圣彼得堡举行的第八次G20峰会。他围绕会议主题“增长和就业”发表讲话，呼吁各国放眼长远，努力塑造发展创新、增长联动、利益融合的世界经济，坚定维护和发展开放型世界经济，建设更加紧密的经济伙伴关系。2014年11月，习近平主席出席了在澳大利亚布里斯班举行的第九次G20峰会。他在会上建议各方从创新发展模式、建设开放型世界经济、完善全球治理三大方面共同努力，倡导各国在互联互通、能源开发、反腐追逃、抗击埃博拉疫情、应对气候变化等方面加强合作。鉴于此时中国已提出“一带一路”计划，他表示支持G20成立全球基础设施中心，支持世界银行成立全球基础设施基金。

东亚峰会是很有影响的地区性多边机制，近年来因域外大国积极参与，正在向跨区域多边论坛转变。李克强总理出席了2013年和2014年在文莱、缅甸举行的第八和第九届东亚峰会和中国—东盟（“10+1”）会议、东盟与中日韩（“10+3”）领导人会议。在第八届峰会上，李克强总理针对南海形势变化，呼吁管控分歧，营造有利于和平与发展的环境，建议各方加强战略合作，共同应对挑战；深化经济合作，促进地区融合；增进安全互信，维护地区和平稳定。在中国—东盟领导人会议上，李克强总理就未来十年中国与东盟的关系提出了“2+7合作框架”，即坚持深化战略互信、聚集经济发展两点共识，重点推进政治、安全、经贸、金融、互联互通、海上、人文共七大领域合作。在东盟与中日韩（“10+3”）领导人会议上，李克强总理强调，和平发展是东亚之福，而“10+3”是东亚和平发展之锚。他就进一步加强“10+3”合作提出四点建议：坚定维护地区和平与稳定、加快推进东亚经济一体化、加强地区金融安全网建设、深化各领域合作。

在第九届峰会上，李克强总理表示，中国愿与东亚各国一道，建设亚洲利益共同体、责任共同体和命运共同体。为此，他建议推动东亚贸易投资便利化；加快东亚互联互通；扩大东亚金融合作；加强东亚减贫合作；推进东亚海上合作；密切东亚人文交流。在中国—东盟（“10+1”）领导人会议上，李克强总理以上年提出的“2+7合作框架”为基础，又提出一系列新倡议，包括推进商签中国—东盟国家睦邻友好条约、共同打造中国—东盟自贸区升级版等。在东盟与中日韩（“10+3”）领导人会议上，李克强总理也提出了一些新建议和主张，但主要强调相互尊重、平等相待、摒弃零和思维、共同管控好矛盾与分歧、坚定维护和平稳定大环境等。

李克强总理还按惯例出席了 2013 年、2014 年和 2015 年的夏季达沃斯年会。2013 年的大连年会，主题是“创新　势在必行”，李克强总理在会上着重阐述了新一届中国政府的经济政策。2014 年的天津年会，主题是“推动创新　创造价值”。李克强总理在报告中阐述了中国经济不能靠强刺激，而是要靠强改革的重要思想。2015 年的大连年会，主题是“描绘增长新蓝图”。李克强总理在报告中指出，面对全球经济复苏的共同任务，国际社会应同舟共济、加强协调，携手推进结构性改革。他重申，中国将坚持和平发展道路，坚持互利共赢的开放战略，与各国共同推动包容平衡的增长、可持续的发展，共绘世界经济增长新蓝图，共创人类美好未来。

2014 年是中国与印度、缅甸共同倡导和平共处五项原则 60 周年。中国于 6 月 28—29 日在北京举行隆重纪念大会，缅甸总统吴登盛、印度副总统安萨里应邀出席。习近平主席在会上作了题为《弘扬和平共处五项原则，建设合作共赢美好世界》的主旨讲话，就新形势下如何坚持和弘扬和平共处五项原则，推动建设新型国际关系和美好世界提出六点建议，即坚持主权平等、坚持共同安全、坚持共同发展、坚持包容互鉴、坚持公平正义。吴登盛和安萨里在讲话中高度评价和平共处五项原则的重要意义，认为这五项原则是亚洲为建立公正、民主的国际秩序而做出的重要贡献。中、缅、印三国作为和平共处五项原则的共同倡导国和友好邻国，有责任不断发展彼此友好关系，为世界的和平与发展做出更大贡献。习近平主席宣布，中国将设立“和平共处五项原则友谊奖”和“和平共处五项原则卓越奖学金”，以鼓励更多人士和团体坚持和弘扬和平共处五项原则。主持大会的李克强总理也表示，中国愿在和平共处五项原则基础上，奉行以邻为伴、与邻为善方针，巩固中印、中缅睦邻友好与互利合作纽带，维护亚洲和平稳定与共同发展的良好局面，通过对话协商妥善处理矛盾和分歧，共同打造世界包容发展与持久和平、共同繁荣的美好未来。

亚太经合组织领导人非正式会议，是当今世界影响最大的多边活动之一。2013 年的 APEC 会议在印尼巴厘岛召开。习近平以国家元首身份与会，受到广泛关注。他在会上发表了《发挥亚太引领作用　维护和发展开放型世界经济》和《深化改革开放　共创美好亚太》等多篇讲话。针对世界经济形势和亚太区域合作走向，他有的放矢，提出了亚太经济体应“谋求共同发展、坚持开放发展、推动创新发展、倡导联运发展”等政策主张，建议 APEC 成员着力建造覆盖东北亚、东南亚、大洋洲、北美、拉美地区的亚太联通网络，构建覆盖太平洋两岸的亚太互联互通格局，努力探索基础设施建设投融资机制，大力促进本地区人民在经贸、金融、教育、科学、文化等各领域的交往，用互联互通促进亚太地区人民建立更紧密的联系。此外，习近平主席还就中国主办 2014 年 APEC 会议问题与各方广泛沟通，预做工作，寻求理解和支持。

2014 年 11 月在北京召开的第二十二次 APEC 会议，是中国第二次主办此会。习近平主席除主持开幕式并发表讲话外，还同包括美国总统奥巴马在内的 20 多位国家元首和政府首脑举行了会见或会谈，签署和见证签署了 70 多项双边合作文件。李克强总理也参加了 20 多场活动。为开好此次会议，中国一年来在全国各地举办了 300 多场与 APEC 相关的会议、论坛和活动，邀请一些国家和国际组织的领导人出席了这些活动。本届会议通过的《亚太经合组织推动实现亚太自由贸易区路线图》和《亚太经合组织互联互通蓝图》，明确了亚太地区未来经济合作的发展方向和主要举措，包括启动亚太自贸区进程、建设亚太地区互联互通网络等。

此届 APEC 会议，是其成立以来规模最大、成果最多、影响最深远的一次会议。习近平主席阐述的亚太梦理念，中国梦与亚太梦、世界梦融会贯通，给与会者以强烈印象。会议在近 30 个领域取得了 100 多项合作成果，开辟了亚太区域合作新局面，为未来亚太区域合作树立了好榜样。中方起草和提交的《北京反腐败宣言》，也得到会议支持并获得通过。

2014 年中国作为东道国主办的另一场大型多边活动，是当年 5 月在上海召开的第四次亚信会议。习近平主席在会上发表了《积极树立亚洲安全观　共创安全合作新局面》的讲话，提出了共同安全、综合安全、合作安全、可持续安全的新安全理念，意在引导亚洲国家搭建地区安全新架构，走出共建、共享、共赢的亚洲安全之路。刚刚当选阿富汗总统的加尼，来华参加了此次亚信会议并访问了中国，就阿富汗国内和平进程及重建事宜与中方交换看法。加尼就任总统后首次出访选择中国，显示出他对中国的信任和期待。

2014 年 10 月，中国又主办了阿富汗问题伊斯坦布尔进程第四次外长会。李克强作为会议东道国总理，在会上提出了“坚持阿人治阿”“推进政治和解”“加快经济重建”“探索发展道路”“加强外部支持”五点建议，得到各方的认同和支持。阿富汗总统加尼为出席此会再次来华，他对中方的建议表示赞同，对中国长期以来为阿富汗提供的支持和帮助表示感谢。由于中国的积极努力，此次会议取得圆满成功，会议发表了阿富汗问题伊斯坦布尔进程北京宣言。

联合国是当今世界最有代表性的政府间国际组织。加强与联合国及其相关机构的合作，是中国倡导并推动建立新型国际关系的重要环节。2014 年 3 月，习近平主席访问比利时，同时访问了联合国教科文组织总部，在那里发表了有关人类文明包容互鉴的精彩讲演。当年 10 月，李克强总理访问了联合国粮农组织总部，宣布了中国与联合国相关机构扩大合作的新举措。在此之前，中国外长出席联合国维和行动问题特别会议，承诺为联合国维和行动承担更大责任，随后在联大会议上倡导“平等相待、开放包容、合作共赢、讲求公道”，发出了更具时代特色的中国声音。此时，中国已派出 2.5 万人次参与联合国维和行动，仍有 2000 多人在冲突地区坚持和平值守。尽管如此，中方仍在联合国郑重宣布，年末派出 700 人组成的整建制步兵营，参与南苏丹的维和任务。

为进一步密切与联合国的合作，2014 年中国与联合国相关机构共同举办了许多活动。诸如，中国政府与世界银行在联合国经社理事会举办会议，发布《中国：推进高效、包容、可持续的城镇化》报告书；中国外交部与联合国在北京召开信息和网络安全国际研讨会，与联合国计划开发署共同举办 2015 年后发展议程国际研讨会；中国工程院与联合国教科文组织等机构在北京联合举办 2014 年国际工程科技大会；中国国家航天局与联合国外空司等组织在北京联合举办 2014 年联合国空间法研讨会；中国向联合国相关基金和世界卫生组织捐赠 800 万美元，帮助应对非洲埃博拉疫情；向秘书长提供 600 万美元，支持其推动南南合作；向联合国儿童基金会、联合国中央紧急应对基金、国际海底管理局自愿信托基金提供捐助；等等。

第十五章

全面推进的中国特色大国外交（下）

2017年10月召开的党的十九大，在中华民族实现全面复兴的征程中具有承前启后、继往开来的重大历史意义。中国特色社会主义和现代化建设，由此进入历史新时代。“中国共产党是为中国人民谋幸福的政党，也是为人类进步事业而奋斗的政党。”这是习近平总书记对中国共产党的初心与使命所做的最富时代感、最具真理性的科学表述。中华民族是国际大家庭的重要成员，中华文明是人类文明不可或缺的组成部分。中华民族全面复兴，既是中国不断扩大对外开放，走向外部世界并融入国际社会的过程，也是国际社会认识中国、理解中国、接纳中国的过程。“中国需要世界”和“世界需要中国”，不仅是当代国际关系的重要特点，同时也是国际社会的普遍共识。党的十九大后，中国推动构建新型大国关系不断取得新经验，营造睦邻友好的周边环境不断取得新成果，建立丰富多彩的全球伙伴关系网不断取得新收获。中国参与联合国事务并引导全球治理的力度持续增大，拓展国家发展利益与安全利益、维护地区和平与稳定的手段更加多元，国际影响力感召力塑造力大幅度提升。

一、构建新型国际关系：中国智慧与方案

习近平就任中国党和国家最高领导人后，就当今世界格局演变与国际关系走向、不同发展道路与文明类型互通互鉴、人类社会发展进程及其未来前景等重大问题，发表了许多卓有见地的新思想、新观念和新主张，在国际上引起广泛关注和思考。2015年是中国人民抗日战争和世界反法西斯战争胜利70周年。围绕着如何评价战后历史、如何认识当今世

界、如何参与国际事务、如何构建人类未来等一系列重大理论和实践问题，国际舆论热议不绝。中华民族是一个正在走向全面复兴的民族，中国是一个正在加快现代化建设的大国，中国领导人所思所想，比以往任何时候都更为国际社会所瞩目。

2015 年 9 月 3 日，中国隆重举行了纪念中国人民抗日战争暨世界反法西斯战争胜利 70 周年大会。在这个展示民族意志与国家力量、宣示国防理念与外交政策的重要时刻，习近平总书记回顾了中国人民和世界各国人民为反对法西斯主义、争取和平而斗争的光辉历史，同时指出："今天，和平与发展已经成为时代主题，但世界仍很不太平，战争的达摩克利斯之剑依然悬在人类头上。"为了和平，他一方面号召世界各国：要牢固树立人类命运共同体意识，共同维护以联合国宪章宗旨和原则为核心的国际秩序和国际体系，积极构建以合作共赢为核心的新型国际关系，共同推进世界和平与发展的崇高事业。另一方面庄严承诺：中国将始终坚持走和平发展道路；无论发展到哪一步，中国都永远不称霸、永远不搞扩张，永远不会把自身曾经经历过的悲惨遭遇强加给其他民族。为了表明中国政府努力维护和引领世界和平的崇高意愿与决心，习近平总书记郑重宣布：中国将裁军 30 万人！国际社会对习近平总书记高屋建瓴的讲话和他所宣布的裁军目标，给予了很高评价。

这期间，由于西方国家发生持续多年的金融危机，中东动乱与战事久拖不决，国际恐怖主义猖狂来袭，大量难民潮水般涌进欧洲，西方世界的经济发展和社会秩序紊乱失序，政治风向开始大幅度右转，反全球化运动浊浪起伏。以民粹主义作为政治基石的特朗普成为美国总统，英国"脱欧"进程全面启动，地缘政治裂变与世界格局重组此呼彼应。世界怎么了，人类向何处去，成了世纪之考，成了时代之问！

正是在这一背景下，习近平主席出席了达沃斯世界经济论坛 2017 年年会，并以"共担时代责任，共促全球发展"为题，发表主旨演讲。演讲中，他以英国作家狄更斯的名句"这是最好的时代，也是最坏的时代"为开篇，首先揭示了经济全球化这把"双刃剑"给人类社会带来的正反两方面的巨大影响，进而阐明了经济全球化发生发展的历史必然性，阐明了经济全球化持续向前而不以人的意志为转移的历史大势。

针对西方国家广泛存在的反全球化现象，习近平主席指出，当今世界的确存在许多问题，但不能把所有这些问题都归咎于经济全球化，那样“既不符合事实也无助于问题的解决”。他指出，当前经济领域存在全球经济增长动力不足、全球经济治理滞后、全球发展失衡三大突出矛盾。而要解决这三大矛盾，最根本的是要国际社会牢固树立人类命运共同体意识，“携手努力、共同担当，同舟共济、共渡难关”。

在这次讲演中，习近平主席再一次阐明了中国政府坚定不移地发展全球自由贸易和投资、在开放中推动贸易和投资自由化便利化的一贯原则和立场，同时也旗帜鲜明地表示反对单边主义，强调“打贸易战的结果只能是两败俱伤”。他所提出的“四个不要”，即在全球化面临困难时，“不要埋怨自己，不要指责他人，不要放弃信心，不要逃避责任”，振聋发聩，警示了整个国际社会。

面对国际关系深度调整、力量对比持续变化、世界格局反复重组、人类社会走向何方存在许多不确定性，而世界愈发需要中国智慧和方案这一新情况，习近平主席以他特有的战略家风格，提出了以“四个坚持”打造“四个模式”的新建议，即坚持创新驱动，打造富有活力的增长模式；坚持协同联动，打造开放共赢的合作模式；坚持与时俱进，打造公正合理的治理模式；坚持公平包容，打造平衡普惠的发展模式。这“四个坚持”与“四个模式”，言简意赅，与他以往提出的有关联动发展、合作发展、包容发展、共赢发展的建议和主张，既彼此呼应，又充满新意，充分体现了他高瞻远瞩、卓尔不群的国际战略家的胆识与胸怀。

在讲演中，习近平主席再次承诺，中国不仅要做经济全球化的参与者，更要随着国力的发展和壮大，努力做经济全球化的推动者和贡献者。未来 5 年，中国将进口 8 万亿美元商品，吸收 6000 亿美元外资，对外投资 7500 亿美元。这些庄严的承诺，意味着中国要在新一轮经济全球化中发挥更大作用，中国对世界经济增长的贡献率，将历史地超越美国和西方发达国家。

习近平主席赴瑞士出席世界经济论坛 2017 年年会后，还访问了联合国在日内瓦的总部万国宫。如果说习近平主席在达沃斯贡献的是应对挑战、共克时艰的中国方案的话，在万国宫，他带去的主要是有关人类命运共同体的理论和构想。面对时代风云变幻引发的困难和挑战，习近平主席发表讲演，非常翔实地论述了“构建人类命运共同体，实现共赢共享”

的思想，并且指出了伙伴关系、安全格局、经济发展、文明交流、生态建设相辅相成，“五位一体”的行动方略和基本路径。

习近平主席在达沃斯和日内瓦所阐明的这些观点和主张，与他早已形成的有关构建新型国际、建设美好世界、推动建立人类命运共同体的系列思想是一脉相承、相互贯通的。在2017年10月召开的党的十九大上，习近平总书记对当今世界格局与国际关系走向，对新时代中国特色大国外交，做了更加深入的理论阐述和更加具体的政策宣示。

习近平总书记指出：“我们生活的世界充满希望，也充满挑战。我们不能因为现实复杂而放弃梦想，不能因理想遥远而放弃追求。没有哪个国家能够独自应对人类面临的各种挑战，也没有哪个国家能够退回到自我封闭的孤岛。”他呼吁“各国人民同心协力，构建人类命运共同体，建设持久和平、普遍安全、共同繁荣、开放包容、清洁美丽的世界”。习近平总书记还指出：“中国将高举和平、发展、合作、共赢的旗帜，恪守维护世界和平、促进共同发展的外交政策宗旨，坚定不移在和平共处五项原则基础上发展同各国的友好合作，推动建设相互尊重、公平正义、合作共赢的新型国际关系。”

在这个举世瞩目、庄严而神圣的党的全国代表大会上，习近平总书记提出了尊重世界文明多样性的具体建议和主张，即“以文明交流超越文明隔阂，以文明互鉴超越文明冲突，以文明共存超越文明优越。”同时，他还特别地明确表示：“中国决不会以牺牲别国利益为代价来发展自己，也决不放弃自己的正当权益”，“中国发展不对任何国家构成威胁。中国无论发展到什么程度，永远不称霸，永远不搞扩张。”最后，他还对中国共产党历史使命和国际责任作出了新的诠释。他指出：“中国共产党是为中国人民谋幸福的政党，也是为人类进步事业而奋斗的政党”。这一新鲜而重大的论断，不但有助于国际社会更理性更全面地认识中国共产党的初心与使命，同时也向国际社会彰显了中国共产党人在国际关系、国际政治领域同样勇于创新的卓越能力。

党的十九大后，有关部门立即组织了中国共产党与世界政党高层对话会。在这个有300多外国政党参加、首开世界政党交往史之先河的多边平台上，习近平总书记进一步阐释了中国共产党人既为中国人民谋幸福，又为人类谋进步的双重使命，同时也进一步论述和描绘了中国人民所追求的人类命运共同体的美好远景，重申了中华民族愿为人类社会作出新的更大贡献的崇高意愿和决心。

二、“一带一路”的时代风帆全速远航

习近平主席2013年九十月间提出共建“一带一路”倡议之后，周边国家乃至整个国际社会反响之热烈，参与之广泛，成果之丰硕，远远超出最初预想。这说明，“一带一路”倡议适应了时代的发展潮流，符合各国共同发展的现实需要。“一带一路”倡议是中国发起和主导的，但它作为公共产品，产生的机会和成果已是全世界和全人类的。

2017年5月14—15日，“一带一路”国际合作高峰论坛在北京举行。这次峰会，无论从中国自身发展和外交全局，还是从国际关系和人类发展进步的角度看，都具有无可比拟的划时代意义。出席会议的外方代表达800余人，来自世界五大洲130多个国家和70多个国际组织，其中包括29个国家的国家元首和政府首脑。与会嘉宾围绕“加强国际合作，共建‘一带一路’，实现共赢发展”这一主题，进行了充分的协商对话和交流研讨，达成了广泛共识。

在这次高峰论坛上，习近平主席概括和总结了“一带一路”倡议提出以来，中国与沿线各国以及国际社会共同努力所取得的积极成果。他认为，“一带一路”提出以来的这四年，是政策沟通不断深化的四年，是设施联通不断加强的四年，是贸易畅通不断提升的四年，是资金融通不断扩大的四年，也是民心相通不断促进的四年。

针对国际社会高度关注“一带一路”倡议，但有关“一带一路”的分析、评论和揣测众议纷繁的复杂局面，习近平主席在峰会上特别强调，中国吸引越来越多的国家和国际组织参与“一带一路”建设，归根到底，是要弘扬历史积淀的伟大丝路精神，而丝路精神的实质和精髓，就是“和平合作、开放包容、互学互鉴、互利共赢”。他进一步指出，中国全力推进“一带一路”建设，不是要扩张自己的势力范围，搞地缘政治小圈子，建设自己独有独享的“后花园”，而是要与沿线各国，与国际社会一道，携手共进，打造联动发展、包容发展、互利发展、共同发展的“百花园”。简而言之，中国是要通过推进“一带一路”倡议的实施，在当前历史条件下，开辟出引导人类社会走向命运共同体的“和平之路、繁荣之路、

开放之路、创新之路、文明之路”。

会议发表的联合公报，反映了与会各方反对一切形式的保护主义，寻求构建开放的和多边的贸易体制的共同意愿和决心。公报特别强调，要致力于推动南南合作、南北合作和三方合作；要推动区域经济一体化，推动中小微企业深入融入全球价值链，加强基础设施联通；要扩大人文交流，增进相互间的理解与信任；要维持和平正义，完善全球经济治理，鼓励私营部门和民间社会共同参与；等等。

“一带一路”国际合作高峰论坛的召开，标志着“一带一路”建设从宣传动员、组织谋划、初创成果的早期收获阶段，进入到全面展开、高速推进、注重实效的成熟发展期。在与会各方共同努力下，会议形成了5大类、76大项、270余项具体合作成果。

为了确保此次论坛达成共识和成果得到全面落实，推动世界各国与中国朝着更宽领域更高层次的合作目标持续前行，中方决定加大对“一带一路”建设所需资金的支持力度，为中方创办的丝路基金增资1000亿元人民币；将为国家开发银行、进出口银行提供2500亿元和1300亿元等值人民币专项贷款，用以支持“一带一路”项目，同时鼓励中国金融机构更积极地开展境外人民币业务，使境外基金规模尽快达到3000亿元人民币规模。

在开展科技合作、教育合作、改善民生、促进民心相通等方面，中国也将采取更大的动作。未来5年，中国将为相关国家提供10000个政府奖学金名额，安排2500人次青年科学家到中国从事短期科研活动，为相关国家培训5000名科学技术和管理人员，建成并投入运行50家联合实验室。此外，还要在3年时间内，向参与“一带一路”建设的发展中国家和国际组织，提供600亿元人民币援助，向南南合作援助基金增资10亿美元。为“一带一路”沿线特困国家提供20亿元人民币紧急粮食援助。打造民间组织合作网、新闻合作联盟、音乐教育联盟，丰富多彩的文化年、旅游年、电影节、艺术节等活动，也已纳入“一带一路”人文交流合作的各种规划和平台之中。

“一带一路”国际合作高峰论坛结束后，习近平主席于当年6月对哈萨克斯坦进行了国事访问，并且出席了上海合作组织领导人第十七次峰会。在哈期间，习近平主席会见哈萨克斯坦总统，继续夯实两国睦邻友好的战略基础，共同谋划双方务实合作的重点领域，同时还会晤了前来参加上合组织峰会的其他国家领导人，继续阐述“一带一路”的构想和主张，动员更多国际力量参与“一带一路”建设。

2016年，中哈两国曾联合发表丝绸之路经济带建设和哈萨克斯坦“光明行”新经济政策对接合作规划。此次访问期间，双方领导人发表联合声明，宣布将在以下四大领域实现政策性对接：一是中国新亚欧大陆桥计划、中国—中亚—西亚经济走廊计划与哈方打通国际物流大通道战略相对接；二是中国提出的国际产能合作同哈方加快工业化进程相对接；三是中国陆海联运优势与哈方东向海运需求相对接；四是“数字丝绸之路”倡议与哈方“数字哈萨克斯坦”战略相对接。此外，双方还同意加强产能与投资合作，同意改善两国贸易结构，支持共建工业园，加强互联互通，深化基础设施建设，加强交通物流、创新、制造业、农业、林业、金融、能源、科技、环保等领域合作；同意加强人文交流，积极开展地方合作，促进两国青年交流，拓展在媒体、教育、卫生、体育、旅游等领域合作。中国与哈萨克斯坦卓有成效的务实合作，为中国与中亚、西亚地区各国以及中蒙俄三国共同推进“一带一路”合作，建设中国—中亚—西亚经济走廊、中蒙俄经济走廊、新亚欧大陆桥经济走廊，提供了不可多得的和良好的示范效应。

东盟国家所在的东南亚地区，是我国与东盟各国推进“一带一路”建设的优先地带和重点区域。“一带一路”国际合作高峰论坛后，21世纪海上丝绸之路建设速度加快，许多重大项目取得积极进展。主要表现为：

第一，共建“一带一路”成为地区广泛共识。东盟10国中，有7国（越南、柬埔寨、印度尼西亚、菲律宾、老挝、缅甸、马来西亚）领导人出席了“一带一路”国际合作高峰论坛。截至2018年，有7国（老挝、柬埔寨、越南、缅甸、新加坡、马来西亚、泰国）与中国签署了共建“一带一路”合作文件。有4国（老挝、马来西亚、柬埔寨、菲律宾）与中国签署了产能合作文件。积极参与“一带一路”建设，加强与中国发展战略对接，加快本国基础设施建设，提高经济“造血”能力，已成为东盟国家的广泛共识。

第二，基础设施互联互通取得实质性进展。作为“一带一路”建设的核心内容，中国与东盟国家共同打造硬件、软件、人文交流“三位一体”的地区互联互通网络，建设了很多“旗舰项目”。例如，印度尼西亚雅万高铁已全面开工，中老铁路进入全面建设施工阶段，中泰铁路项目一期工程已经启动，中缅油气管道项目实现全线运营。中国—新加坡互联互通南向通道建设、中国与印度尼西亚的“区域综合经济走廊”合作，也已全面启动。中国—东盟航空运输市场，目前已超越日、韩等国，成为中国在周边地区最大的国际航空运输市场。截至 2017 年底，广西北部湾港已与东盟 7 国 47 个港口实现了海上运输往来，29 条外贸航线实现了对东盟主要港口的全覆盖。

第三，经济走廊建设稳步推进。“中国—中南半岛经济走廊”建设已全面铺开，“孟中印缅经济走廊”建设计划也在加紧运筹。中越两国“两廊一圈”规划，即双方相关省区共同建设昆明经河内至广宁、南宁经河内至广宁两个次经济走廊以及共同打造成北部湾经济区的规划，已初具规模。中国与老挝、中国与缅甸的次经济走廊建设，也已进入规划阶段。

第四，产能合作全面展开。我国与东盟国家的贸易投资合作不断扩大，其中一个重要方面就是建立经贸合作区。中柬西哈努克港经济特区、中老磨憨—磨丁经济合作区、万象赛色塔综合开发区、中印（尼）综合产业园、中马“两国双园”（即广西钦州工业园、马来西亚彭亨关丹工业园）运行顺利。中越深圳—海防经贸合作区、中马马六甲临海工业园区、中缅皎漂经济特区深水港和工业园区项目，均已启动并有序推进。截至 2018 年上半年，仅广西对“一带一路”沿线国家的进出口贸易就已突破千亿大关，总额达 1041 亿元，增幅为 9.5%。

第五，民心相通不断深入。中国与东盟互为最大旅游合作伙伴，每周往返航班多达 2700 架次，双方每年人员往来将近 4000 万人次，其中越南、马来西亚、菲律宾、缅甸四国来华旅游人数年超百万。中国在东盟国家的留学生已达 12 万人，东盟国家在华留学人数超过 8 万人。中国在东盟国家设立 60 余所孔子学院和孔子课堂，建成 30 多所中国—东盟教育培训中心，双方多层次多领域人文交流与媒体合作不断扩大，民间友好交往与人文领域合作成就显著。

第六，机制与平台建设等配套工作日渐完善。一是中国国家层面的政策与规划相继出台，顶层设计日趋严密和完整，中央各部门以及中央和地方分工协作，合力推进。二是投融资平台顺利运行，为“一带一路”

建设提供了强有力的资金支撑。亚洲基础设施投资银行成立不久，其成员即已增至 87 个，东盟 10 国悉数加入，资助印度尼西亚等国的首批项目也已出台。中方建立的丝路基金规模增大，实质性项目投资在加快。此外，中方为中国东盟合作基金增加了资金，在东盟秘书处内设立了专门基金管理团队。国内各类金融机构“走出去”步伐加快，中资商业银行和政策性银行网点布局已覆盖东盟所有国家。

位于中亚东南亚之间的南亚地区，“一带一路”同样呈凯歌行进之势。其中影响最大的是中巴经济走廊建设，成就特别显著，目前已成为“一带一路”国际合作旗舰项目。

巴基斯坦是拥有 1.88 亿人口的穆斯林大国，又是与中国有着共同边界的重要邻国，不但地缘战略位置重要，发展潜力亦不可低估。早在 1982 年，中巴即已签署自由贸易协定。20 年后，中国商品占了巴方进口商品的 30% 以上。中国继美国之后，成为巴基斯坦第二大贸易伙伴。中国对巴投资，在巴完成工程承包合同，同样大幅增长。

2013 年 5 月，中巴共同编制经济走廊远景规划一事提上日程，目的是要打造起始于中国新疆喀什，终点至巴方南部港口瓜达尔港的经济大动脉。这条全长 3000 余公里的经济长廊，不仅包括铁路、公路、光缆、油气管道、电站等基础设施，同时还有物流中心、工业园区、自贸区等配套的生产设施和生活服务设施。“一带一路”倡议正式提出后，中巴经济走廊建设开始由构想变为现实。2014 年 2 月，中巴领导人发表联合声明，宣布中巴经济走廊建设符合两国发展经济、改善民生、促进地区共同发展的需要。当年 5 月，巴方发布《展望 2025》和《中巴经济走廊远景规划》，以政府文件方式阐明了中巴经济走廊的重要意义。11 月，巴基斯坦总理来华参加互联互通伙伴关系对话会，进一步表明巴基斯坦对共建中巴经济走廊的积极态度。当年底，中国对巴基斯坦直接投资超过 32.2 亿美元。巴基斯坦对华投资超过 1.1 亿美元。“中巴经济走廊联合委员会”，在巴基斯坦首都伊斯兰堡正式成立。

2015 年 3 月，中国有关部门发表的《建设丝绸之路经济带和 21 世纪海上丝绸之路愿景与行动》白皮书，将中巴经济走廊正式列为“一带一路”建设重大项目。当年 4 月，习近平主席访巴，他宣布，中巴两国将以经济走廊为引领，以瓜达尔港、能源、交通基础设施和产业合作为重点，形成“四位一体”的远景规划和合作布局。双方当时签署 50 多项合作文件，合同金融高达 460 多亿美元。到 2016 年时，中国投资在巴基斯坦吸引的全部外资中，占比已达 49%。中巴两国贸易额，也增长到 150 多亿美元。另据巴基斯坦《论坛报》2017 年 5 月 12 日报道，中方对中巴经济走廊建设的投资规模，已由项目启动时的 460 亿美元，增加到 550 亿美元，后又增加到 620 亿美元。2017 年 11 月，中巴双方共同拟定的《中巴经济走廊远景规划（2017—2030 年）》正式发表。

“一带一路”国际合作得到国际社会广泛支持，并且被写入联合国等许多国际组织的文件，进一步坚定了中国全力以赴推进这一“世纪倡议”的信心和决心。2018 年 8 月，习近平总书记出席了推进“一带一路”建设工作 5 周年座谈会，对进一步搞好“一带一路”国际合作，作出了新的部署，提出了更高要求。他提出，“一带一路”国际合作行稳致远的关键，就是要精耕细作，把“大写意”变成“工笔画”。

三、积极应对中美关系新变化带来的新挑战

美国作为当今世界经济体量最大、科技实力最强、军事实力无以匹敌的国家，拥有任何其他国家无法比拟的全球影响力。中国作为当今世界第二大经济体和最大的发展中国家，正以前所未有的速度接近于全面复兴的历史目标。基于世界力量对比和中美关系格局这一基本态势，中方高度重视中美关系，始终坚持在折冲樽俎中稳定和发展两国关系。

2013 年 3 月，习近平就任国家主席当天，即与美国总统奥巴马通了电话，就两国关系问题交换看法。随后，他在多个场合对美方表示，中美双方要从大处着眼，从战略高度认识当今时代形势，始终把握两国关系的正确走势。同时，两国还要从小处着手，积微成著，通过一点一滴的实践和积累，建立新型大国关系。当年 6 月，习近平主席与奥巴马总统在美国安纳伯格庄园举行会晤时，将“不冲突不对抗、相互尊重、合作共赢”确定为构建中美新型大国关系的共同原则和基本目标。他表示，面对经济全球化迅速发展和各国同舟共济的客观需求，中美两国应该也可以走出一条不同于历史上大国冲突对抗的新路。中美两国合作好了，就可以做世界稳定的压舱石、世界和平的助推器。

奥巴马执政期间，中美关系总体平稳，但也不无问题。他执政后期

提出的所谓“亚太再平衡”战略，矛头对准中国，遏制中国崛起的意图十分明显。在这种形势下，2015 年 9 月，习近平主席应邀访美，这是中美关系史上的一件大事。

出访之前，习近平主席对媒体表示，中美两国合则两利，斗则俱伤。共建新型大国关系，是两国的战略抉择。在美期间，他提出了巩固和发展中美关系的四点主张，即正确判断彼此战略意图，坚定不移推进合作共赢，妥善有效管控分歧，广泛培植人民友谊。此外，针对有关中美关系未来前景的各种消极议论，特别是新兴大国与守成大国必有一战的所谓“修昔底德陷阱”说，习近平主席特别指出，中美之间不存在“修昔底德陷阱”，但如果双方出现战略误判，就有可能造成“修昔底德陷阱”。

中国方面为推动构建中美新型大国关系，进行了坚持不懈的努力，但美国方面却固守冷战思维，坚持霸权主义政策，常常与中方背道而驰，不时作出损害两国关系的举动。面对这种情况，2016 年 9 月，习近平主席借美国总统在杭州出席二十国集团峰会之机，坦诚深入地与美方交换意见。在台湾问题上，他敦促美方恪守“一个中国”政策，以实际行动维护台海两岸关系和平与中美合作大局。在西藏问题上，他要求美方恪守承诺，不支持藏独势力反华分裂活动。在南海问题上，他强调中国将坚定维护自身领土主权和海洋权益，希望美国在该地区发挥建设性作用。在朝鲜半岛问题上，他重申中国的一贯原则和立场，反对美国在韩国部署“萨德”反导系统，要求美国切实尊重中国的战略安全利益。

2016 年是美国总统选举年。由于共和党候选人特朗普竞选时发表许多对华不友好甚至充满敌意的言论，国际上关于中美关系可能跌入“修昔底德陷阱”的言论骤然增多，其主要代表是美国哈佛大学国际问题专家格·艾里森教授。按照他的说法，古希腊历史学家修昔底德关于后起的新兴大国与居于霸权地位的守成大国必有一战的观点是国际关系中的“铁律”。

特朗普胜选并入主白宫后，美国对华政策明显趋强，两国关系变数增大。首先，特朗普打破美国外交传统，公开与台湾地区领导人通电话，相互示好。此后，由于中方严正交涉，他不得不公开表态，承认中美关系重要，表示要继续执行“一个中国”政策，与中国搞好关系。但另一方面，他又激烈指责中国，诬称中国操纵汇率，窃取了美国的知识产权，抢走了美国人的饭碗，抨击中国在南海的维权行动，一再扬言要对中国商品征收高关税，对华开展贸易战。

面对“特朗普现象”给中美关系造成的严重冲击，中国冷静观察，沉着应对，调动各种外交资源和手段进行反制。首先，对特朗普在大选中胜出及正式就职，习近平主席均在第一时间致电祝贺，及时表达中方对中美关系的看法和主张。其次，习近平主席多次与特朗普通话，并派主管外事的国务委员赴美，就稳定两国关系一事与美方交换意见。第三，对美方触及中国核心利益、伤害两国关系大局的错误言行，公开敲打，毫不妥协地表达中方的原则立场。

中国应对中美关系新变化运筹有术，刚柔并济，迫使特朗普一度有所收敛。在台湾问题上，他停止了与台湾领导人通话的做法。中国传统节日元宵节到来之际，他向全世界的华人表示祝福。在与习近平主席通话时，也不得不对中方发展两国关系的良好意愿作出积极回应。2017 年 3 月美国新任国务卿蒂勒森来华访问时，一字不差地向习近平主席复述了中方关于中美新型大国关系的标准提法，称“美方愿本着不冲突不对抗、相互尊重、合作共赢的精神发展对华关系，不断增进美中相互了解，加强美中协调合作，共同应对国际社会面临的挑战”。

2017 年 4 月，习近平主席与特朗普在美国举行了举世瞩目的海湖庄园会晤，双方宣布建立 4 个高级别对话机制，开展外交安全、全面经济、执法及网络安全以及社会和人文对话。双方同意在全面经济对话机制框架下推进两国经济合作百日计划，促进中美经济关系健康稳定向前发展。而后，习近平主席在二十国集团汉堡峰会期间与特朗普再次会谈。特朗普表示，他很高兴同习近平主席建立起良好的工作关系。美方愿同中方拓展各相关领域的对话和互利合作，在重大国际和地区问题上保持沟通协调。

2017 年 11 月，应习近平主席邀请，特朗普对中国进行了为期三天的国事访问。中方以超乎寻常的规模和礼遇，隆重接待了特朗普夫妇，在两国国内和国际上产生了强烈的轰动效应。访问结束时，习近平主席与特朗普共同会见记者，各自阐述了他们对此次会晤和中美关系的看法。

习近平主席表示，他与特朗普总统的会晤是“建设性的，取得了丰硕成果”。“面对复杂多变的国际形势，中美两个大国在维护世界和平稳定、促进全球发展繁荣方面拥有共同利益更多了，肩负责任更大了，合作空间更广了。”两国元首“同意继续通过多种方式保持密切联系，及时就共同关心的重大问题交换意见；同意充分用好中美外交安全、全面经济、社会和人文、执法及网络安全4个高级别对话机制，共同努力推动对话机制取得更多成果；同意加强两军各层级交往和对话，加强执法及网络安全领域合作”。关于两国经贸关系，习近平主席表示，两国元首认为，中美作为世界前两大经济体和全球经济增长引领者，应该扩大贸易和投资合作，加强宏观经济政策协调，推动两国经贸关系健康稳定、动态平衡向前发展。有必要制定并启动下一步中美经济合作计划，积极拓展两国在能源、基础设施建设、“一带一路”建设等领域的务实合作。他特别强调，特朗普这次访问是一次成功的历史性访问，两国元首会晤为今后一个时期中美关系的发展明确了方向、规划了蓝图。

特朗普讲话时也表示，美中两国现在比任何时候都有更好的机遇加强双边关系，改善两国人民的生活，增进双边合作。我们共同承诺致力于朝鲜半岛无核化。双方致力于制止恐怖主义活动。美方愿同中方发展公平、互惠、强劲的经贸关系。我们两国肩负着共同促进地区和世界和平、稳定、繁荣的重要责任。

据商务部统计，特朗普在华访问期间，中美两国企业在两场签约仪式上签署合作项目34个，金额达2535亿美元，创下中美经贸合作史上的纪录，也刷新了世界经贸合作史上的新纪录。

然而，正如国际社会所预料的那样，特朗普并不十分了解中美关系的重要性、特殊性和敏感性。处理对华关系，他急功近利，恣意妄为，不计后果，如同对待许多重大国际问题一样，显得很不“靠谱”。回到美国不久，他对中美关系的看法就“改口”了，并且公开祭起了贸易战的大旗。

2018年6月5日，特朗普不顾中方的多次交涉和强烈反对，正式宣布对中国出口到美国的价值500亿美元的商品加征25%的关税。美方酝酿已久的对华贸易战终于打响。在此之前，美国已宣布对所有进口的钢铝制品分别加征25%和10%的关税。此举不但对中国，同时也对美国所有重要贸易伙伴造成重大伤害，并且从全局上动摇了国际贸易规则和世界经济秩序，极大地损害了世贸组织的地位和权威。

中美贸易结构不合理，导致美国对华贸易逆差从2006年的1442亿美元增加到2016年的3470亿美元。这个问题长期得不到解决，一方面在于中国出口商品物美价廉，拥有巨大的市场竞争优势，另一方面也由于美国长期实行对华高技术产品出口限制，制约了美国对华商品出口。特朗普政府不从自身方面找原因，而是蛮横地压迫中国，试图以大幅度提高关税的方式减少中国对美商品出口，妄图以此方式削减美国对华贸易逆差。

中美贸易战是美国发动的全球贸易战的组成部分，同时也是美国对华实行全面遏制战略的组成部分。特朗普认为中国已经对美国的全球领导地位构成威胁和挑战，因而将中国同俄罗斯一样，视为主要战略对手。这一重大战略转变，不但得到国会两党近乎一致的支持，并且还写入了政府文件和相关法案。因此，美国发动对华贸易战时，还公开要求中方放弃《中国制造2025》规划，企图扼杀中国的科技发展计划和自主创新能力。此外，美方还在知识产权、人才引进、人民币汇率、市场经济地位等许多问题上，向中国全面发难。

中国政府对美方的霸凌主义毫不妥协，采取了强势反击措施，对美方可能采取更为凶猛的反扑措施，在更大范围内对中国出口美国的商品加征关税，并将贸易战引入科技、金融、人文、网络乃至地区事务和国际安全领域，进而导致中美关系全线动摇，做好了充分准备。一方面，中方在维护自身利益和国家主权问题上，针锋相对，见招拆招，及时果断地采取报复性反征税措施，同时将中美贸易争端诉诸世贸组织，期望通过国际仲裁求得合理解决。另一方面，中方又从维护两国关系大局、维护世贸规则和多边贸易体系的建设性立场出发，反复呼吁美国不要打贸易战，不要搞两败俱伤，不要破坏世界贸易规则。

但是，中方的建设性立场没有得到美方应有的回报。特朗普政府一意孤行，继续坚持打贸易战的顽固立场。双方几轮对话和交流，并无理想结果。2018年9月，美国政府又宣布自9月24日起对价值2000亿美元的中国商品加征10%的关税。中美贸易战不断升级，两国关系出现建交以来最严峻的复杂局面。

特朗普政府之所以肆无忌惮，恣意妄为，坚持要以贸易战方式与中国展开对垒，是由多方面因素决定的。首先，中美两国社会制度不同，发展道路不同，价值观体系不同，结构性矛盾根深蒂固；其次，中国处于综合国力迅猛增强的上升通道，美国处于国运不济、国际影响力持续走低的下行区间。美方本能地将中国视为其最主要的战略竞争对手，急于遏制中国的发展和进步。对于中美关系中已经出现并有可能继续出现的某些新情况和新问题，中方已有充分认识。应对中美关系可能出现的更大风险甚至是某种危机，中方有着清醒的认识和足够的准备。中方始终主张牢牢把握两国关系大方向，求同存异，管控分歧，本着对双方国家负责、对国际社会负责的态度处理两国关系，中方为此做出了巨大努力。但国际社会普遍认为，美国已经不计后果，正在将中美贸易摩擦引向人文交流、科技合作、地区安全、全球事务等其他各个领域。中美关系滑向“修昔底德陷阱”的危险性在增大。

鉴于这种情况，2018 年 11 月，习近平主席利用在阿根廷首都布宜诺斯艾利斯出席二十国集团峰会之机，直接做美国总统特朗普工作，两国元首就暂停两国贸易战 90 天，双方在此期间不对来自对方的商品加增新的关税，以便两国有关部门通过协商谈判解决分歧，达成重要共识。但总体上看，中美关系的变数增多，双方共同努力建设协调稳定健康的中美关系，依然任重而道远。

四、中俄关系：新型国际关系的中流砥柱

2014 年乌克兰危机爆发后，美国、欧盟同俄罗斯的关系急转直下。中俄关系却顺势而上，有了更大作为，各领域务实合作进一步扩大。2015 年习近平主席和普京总统分别出席对方国家举办的世界反法西斯战争胜利 70 周年纪念活动，习近平主席在莫斯科为当年来华参加反法西斯战争的老战士颁发纪念勋章，两国军人在对方国家接受检阅，都在世界上引起了很大反响。双方发表关于丝绸之路经济带建设与欧亚经济联盟建设对接、关于深化全面战略伙伴关系倡导合作共赢两份联合声明，签署一系列新的合作文件，使中俄关系进入了更高水平的运行状态。

2016 年是中俄睦邻友好合作条约签署 15 周年，也是双方签订战略协作伙伴关系 20 周年，两国多领域合作齐头并进，又签署许多新的合作文件，为两国全面战略协作伙伴关系注入了更大活力。两国元首按惯例成功实现互访，并且多次在国际会议场所举行会晤。两国总理定期会晤，

推动经贸合作、科技合作、人文交流继续向纵深发展。议会、政党、军队、地方政府、群众组织、社会团体以及大众传媒之间的交流与合作，形式多有创新，内容更加丰富多彩。当年6月，习近平主席与俄罗斯、蒙古两国总统在塔什干见证签署的《建设中蒙俄经济走廊规划纲要》，为中蒙俄切实做好发展战略对接，指明了工作重点和主要方向。三国开展更大规模的基础设施建设，加快全方位互联互通，口岸合作、产能合作、园区合作、投资合作、金融合作出现新局面。

2017年5月，普京总统来华出席“一带一路”国际合作高峰论坛。习近平主席会见普京，对俄罗斯积极参与“一带一路”建设，给予很高评价。而后，两位领导人在上合组织阿斯塔纳峰会期间再度会晤。当年7月，习近平主席作为国家元首第六次访俄，与普京举行第二十一次“习普会”。访问结束后，双方发表关于进一步深化两国全面战略协作伙伴关系联合声明。声明表示：新的历史条件下，双方将致力于进一步发展和巩固平等信任、相互支持、共同繁荣、世代友好的中俄全面战略协作伙伴关系，推动深化政治互信、务实合作、安全合作、人文交流、国际协作。

在这次访问中，两国元首还批准了《中华人民共和国和俄罗斯联邦睦邻友好合作条约实施纲要（2017年至2020年）》，相关部门又签署了一系列新的合作文件。普京总统还授予了习近平主席俄罗斯最高荣誉勋章“安德烈勋章”。①

当年11月10日，中俄两国元首在越南岘港出席亚太经合组织领导人非正式会议时再次相见。这是中共十九大后两国元首的首次会晤。习近平主席向普京介绍了中共十九大有关情况，强调中国外交的目标，就是要推动建设相互尊重、公平正义、合作共赢的新型国际关系，构建人类命运共同体。中俄建立和发展的全面战略协作伙伴关系，树立了相互尊重、公平正义、合作共赢的新型国际关系的典范。他强调，中俄关系在两国各自发展的关键时期，迎来新的发展机遇。双方要继续加大相

---

① 安德烈勋章设立于1698年。1917年后废止，1998年恢复。习近平是继阿塞拜疆总统阿利耶夫、哈萨克斯坦总统纳扎尔巴耶夫之后，获得这一最高荣誉的第三位外国元首。

互支持，加强全方位合作。

普京对中共十九大胜利闭幕、习近平再次当选为中共中央总书记表示祝贺。他同时还表示，俄方始终将发展俄中全面战略协作伙伴关系作为对外政策的优先方向。双方要密切高层交往，深化经贸、能源、农业、基础设施、航空制造业、航天等各领域合作，扩大人文交流。俄方愿加强同中方在国际和地区事务中的合作，密切多边机构中的沟通协调，推进亚太自贸区建设。

此后不久，中俄总理举行定期会晤，双方签署了2018—2022年航天合作大纲，强调要巩固与加强在运载火箭及发动机、月球与深空探测、对地观测、航天电子元器件、卫星导航、通信卫星系统、金砖国家航天合作等领域的长期互利合作。双方同时还确认，要加强在高铁技术、装备、投资、融资等方面的全方位合作，推动拟由中国企业参与建设的莫斯科至喀山高铁项目尽早启动。

2018年3月，普京再次当选俄罗斯总统，习近平主席在第一时间致电祝贺。6月上旬，普京来中国访问。习近平主席高度赞赏普京选择中国作为新任期内首个出访国。他指出，中俄全面战略协作伙伴关系成熟、稳定、牢固。无论国际形势如何变幻，中俄始终坚定支持对方维护核心利益，深入开展各领域合作，共同积极参与全球治理，为推动建设新型国际关系、构建人类命运共同体发挥了中流砥柱作用。普京也表示，深化俄中全面战略协作伙伴关系是俄罗斯外交的优先方向。双方关系达到了历史最好水平，成为当今世界国与国关系的典范，为维护国际和平、安全与稳定发挥了重要作用。作为这次访问的重要成果，双方签署了关于完成欧亚经济伙伴关系协定联合可行性研究的联合声明。在这次访问中，习近平主席向普京颁发了中国刚刚设立的国家勋章“友谊勋章”。

中俄两国的全面战略协作伙伴关系，在各个领域都展现出强大的生机和活力，双方交流交往、协调协商、对话合作的形式和内容不断创新。2017年，中俄双方曾经成功地举办媒体交流年活动。2018—2019年，双方还要举办地方合作交流年活动。其他各领域各层次的友好交流与协调合作，也不断掀起新的高潮。譬如，2018年9月，中国派出3200名军人、900多台武器装备、30多架军用飞机，参加40年来俄罗斯境内最大规模的军演，在国际上影响很大。特别是在美国决定实施印太战略，宣布恢复第二舰队，并且公开宣称中俄两国是其战略对手的大背景下，中方为巩固和深化中俄关系而采取的系列行动，意义重大而深远。

不过，与高度成熟的政治关系、日益密切的外交协调以及较高水平的军事交流与安全合作相比，中俄两国经贸关系的发展总体上不尽如人意。2014 年，中俄两国贸易额最高时，也不过 900 多亿美元，远远不符合双方的发展潜力和现实需要。进入 2015 年后，双方在能源资源、航空航天、国防技术、基础设施建设、相互投资等领域互利合作的步伐明显加大。已经开工的中俄东线天然气管道工程，预计 2020 年底全线贯通。建成投产后，俄罗斯每年可向中国出口 380 亿立方米天然气。即将竣工和投入运营的中俄跨界大桥黑河大桥、同江大桥，将大大活跃两国边境地区的货物往来和人员交往。中俄两国携手并肩，风雨同舟，互助共济，充分了利用世界经济新常态带来的新机遇。双方共同应对国际关系新动向造成的新挑战，全力打造牢不可破的发展共同体、利益共同体、安全共同体、责任共同体和命运共同体，建立均衡稳定协调发展的大国关系框架，为实现公平公正、合理正义的新型国际关系准则，作出了新的贡献。

五、中国与欧洲：两大合作框架相互衔接与补充

2008 年欧洲金融危机后，南欧地区有的国家出现了严重的经济危机。中东地区特别是叙利亚战火蔓延，动荡不宁，大量难民进入欧洲，使欧盟国家原来相对稳定的社会生活受到严重冲击。再加上“独狼式”恐怖袭击持续不断，欧洲核心地区开始出现极端民族主义和大规模排外风潮。反对欧盟的、反对地区一体化的离心主义倾向，也趁机膨胀起来。

欧盟在中国特色大国外交中，始终占有相当重要的分量。双方在各领域的务实合作，也一直呈现不断扩大和深化的良好态势。2013 年秋中国发出建立亚洲基础设施投资银行以配合“一带一路”建设的倡议后，英国、德国、法国、意大利、西班牙等欧盟国家相继加入。欧盟驻华大使史伟表示，欧盟十分重视与中国的交流与合作，也希望在“一带一路”建设中寻找更多机会。2014 年，欧盟与中国即已互为第一、第二大贸易伙伴。2016 年，双方贸易额达到了 5469 亿美元。中欧间的双向投资，累计超过 1000 亿美元。双方共同决定，要在 2020 年实现双方贸易额万亿

美元目标。

当然，由于政治理念和发展利益的差异，中国和欧盟在如何发展双边关系，如何对待和处理地区热点、应对全球性挑战问题上，自然也会产生不同的看法和主张。譬如，欧盟总是抱怨并购中国资产过于困难，抱怨中国在电信、信息技术和其他新兴产业对外资限制过多，还不时对中国商品进行反倾销调查，有时还会在人权、宗教、南海等问题上对中国说三道四。中方则对欧盟不承认中国市场经济地位感到不快，对欧盟处理对华关系过分重视意识形态因素，在南海等地区安全问题上追随美国表示不满。

2017 年 4 月 19 日，第七轮中欧高级别战略对话在北京举行时，双方讨论了经贸投资、科技创新、人文合作等诸多问题，并且同意为推动落实《气候变化巴黎协定》、实现联合国《2030 年可持续发展议程》、而深化互动与合作。5 月"一带一路"国际合作高峰论坛在北京召开，意大利、捷克等部分欧盟国家领导人亲自到会。德法英等国领导人也派代表，对"一带一路"表示支持。

英国曾经是欧盟的重要成员，但在 2016 年，英国作出了退出欧盟的决议，而后开始正式启动退盟谈判。考虑到英国在国际事务中的传统影响和中英两国早就建立了战略合作关系，2015 年 10 月，习近平主席对英国进行"超级国事访问"，受到极高规模礼遇。访问期间，英方表示，英国愿做中国在西方最坚定的支持者，做中国最开放的合作伙伴。英国不但支持"一带一路"倡议，同时还要为此发挥自己的作用。通过此次访问，双方一致同意把中英关系提升为面向全球的全面战略伙伴关系，达成多项重要共识和影响深远的合作协议。例如，双方同意早日实现 1000 亿美元的贸易目标，同意在法国参与下合作建设欣克利角核电站，同意进一步扩大本币互换规模，同意就上海证券交易所与伦敦证券交易所互联互通进行研究。

习近平主席对英国的这次"超级国事访问"，用中国外长王毅的话说，是一次"立足英国、面向欧洲、辐射全球"的访问。此次访问不仅开启了中英关系的黄金时代，而且在整个欧洲产生了极大的示范效应。2016—2018 年间，荷兰、德国、法国等欧盟多国领导人和欧盟领袖相继访华，中欧关系发展再现高潮迭起的新局面。在这种形势下，中国政府于2018年12月发表了第三份对欧盟政策文件，这是继2003年和2014年之后，中方第三次发表对欧盟政策文件。这份文件宣示了中国未来一个时期对欧盟政策的主要目标和基本政策，其中包括中方今后一个时期为加强中欧各领域对话与合作而要采取的主要举措。

欧盟是冷战结束以来国际格局中一支重要的战略性力量。中国重视欧盟在地区和国际事务中的作用和影响，发展同欧盟的关系一直是中国外交的优先方向之一。近年来，中欧和平、增长、改革、文明四大伙伴关系建设不断取得新进展，中欧全面战略伙伴关系的广度和深度不断拓展，形成了全方位、多层次、宽领域交流合作的良好格局。2018年是中国欧盟建立全面战略伙伴关系15周年和中国—欧盟领导人会晤机制建立20周年，中欧关系面临新的形势和进一步发展的重要机遇。中国政府希望深化和拓展同欧盟的全面合作，推动中欧关系取得更大发展，共同做世界和平的建设者、全球发展的贡献者、国际秩序的维护者。

欧盟是欧洲（含英国）28个国家共同组成的超国家结构，但还没有包括所有欧洲国家。冷战结束后，东欧地区和波罗的海沿岸16个转型国家，形成了一个独特的新型地缘政治板块，国际上通常称其为“中东欧16国”。中国非常重视发展与中东欧地区国家的独特关系。2015年，双方在中国苏州举行第四次“16+1”会议，中国与中东欧的务实合作步伐进一步加快。这一年，中国与中东欧的贸易额达563亿美元，比2001年增长13倍。随着一批又一批基础设施建设项目陆续开工，产能合作步伐也在不断加大。匈牙利等国相继与中方签署“一带一路”合作文件。

2016年11月，中国与中东欧“16+1”第五次会议在拉脱维亚首都里加举行。李克强总理在会上指出，“16+1合作”是中国与中东欧国家友好合作的创新举措。2015年苏州会议以来，各方按照《中国—中东欧国家合作中期规划》提出的大方向，全面落实合作框架，取得丰富成果。规划确定的50多项举措已落实。根据此次会议确定的“互联、创新、相融、共济”主题，李克强总理又提出一些新建议，其中，深化基础设施和互联互通合作被置于突出位置。这时，双方在“16+1合作”框架下，又建立起许多新机制，如中国—中东欧论坛、国家地方领导人会议、卫生部长论坛、经贸促进部长级会议，以及中国—中东欧博览会、创新合作大会、农业科技交流会、高级别智库研讨会，等等。其中，中国—中东欧合作基金和经贸论坛，作用和影响不断增大。

2017 年，中国与中东欧第六次“16+1”会议在罗马尼亚首都布达佩斯举行。欧盟、奥地利、瑞士、希腊、白俄罗斯和欧洲复兴开发银行的代表作为观察员与会。此时，《中国—中东欧国家合作中期规划》已得到全面落实，双方搭建起 20 多个机制化交流平台，提出了匈塞铁路、“中欧陆海快线”“三海港区合作”等重大倡议，并且推出了 200 多项具体举措。中国企业对 16 国累计投资增长到 90 多亿美元。中国从中东欧国家进口农产品年均增长 13.7%。中欧班列累计开行超过 6000 列。新开 6 条直航航线。中国前往中东欧的游客增加到 93 万人次。李克强总理在发言中表示，“16+1 合作”力度不断加大，机制日趋成熟，各领域合作取得长足进展，成为具有重要影响的跨区域合作机制。

围绕“深化经贸金融合作，促进互利共赢发展”的会晤主题，李克强总理又提出一系列新建议，如加强互联互通，做强创新合作，做实金融支撑，做深人文交流等。他所提出的以产能、能源、物流、农业为重点，按照商业原则，探讨“16+1”产业园区合作模式，实施“16+1 科技伙伴计划”，欢迎中东欧企业参与《中国制造 2025》，将 2018 年确定为“16+1”地方合作年等具体建议，受到与会者的普遍赞赏和支持。作为此次会议的重要成果，各国领导人发表了《中国—中东欧国家合作布达佩斯纲要》，共同见证了有关“一带一路”、互联互通、产能合作、基础设施建设、金融、质检、人文等合作文件的签署，中国—中东欧银行联合体宣告成立，中国—中东欧投资合作基金（二期）正式成立。

2018 年 7 月 7 日，“16+1”第七次领导人会晤在保加利亚首都索非亚举行，奥地利、白俄罗斯、欧盟、希腊、瑞士和欧洲复兴开发银行作为观察员与会。会晤主题为“深化开放务实合作，共促共享繁荣发展”。李克强总理代表中方提出的新建议是：共同维护经济全球化和自由贸易，深入挖掘园区建设和创新合作潜力，继续拓展金融合作渠道，着力提升地方合作水平，不断拉紧人文交流纽带。会晤后，各方除共同发表《中国—中东欧国家合作索非亚纲要》外，还共同见证签署了 20 余项合作协议。中保两国领导人共同为中国—中东欧国家农业合作示范区揭牌。中国—中东欧合作，又进入一个新发展阶段。

中国与中东欧 16 国的合作，既考虑到中东欧地区和相关国家的具体情况与特殊需要，又与中国同欧盟的全面战略伙伴关系相协调，相照应。两大框架并行不悖，有机衔接，中国对欧洲外交的总体布局，因而更加充实，更加平衡。

六、引导周边事态回归正常发展状态

21世纪进入第二个十年后，受国际大环境多种因素影响，中国周边形势的复杂性和多变性更加突出。2013年习近平主席发出共建“一带一路”的倡议，以及他所提出的“亲”“诚”“惠”“容”周边外交理念，为中国巩固和加强与周边邻国不同形式的伙伴关系，进一步营造睦邻友好的周边环境，提供了新的可能和契机。

但有一段时间，东北亚地区局势相当严峻，半岛问题特别是朝核问题僵局难破；南海地区局势异常波动，相关国家的岛礁主权之争和海洋权益之争相互交织，中国与个别邻国发生冲突的危险性增大；中国与印度的边界领土纠纷严重激化，2017年夏季甚至出现了两国军人在边境地区对峙长达70余天的危机状态。在这种形势下，中国一方面维护国家主权安全毫不妥协，另一方面秉承睦邻友好原则毫不动摇，坚持以对话沟通和协商谈判方式处理矛盾和分歧，最终使各方面的矛盾和分歧得到有效控制，使岌岌可危的热点问题得以缓和。中国与周边国家的关系，最终回到了正常而稳定的发展轨道。

在东北亚地区，2017年韩国政局发生重大变化，政治上相对开明和温和的左翼人士文在寅，取代被弹劾下台的朴槿惠，于当年5月就任韩国新一任总统。2018年4月27日，朝鲜最高领导人金正恩首次跨越北南军事分界线，与文在寅总统会面。2018年6月12日，金正恩与美国总统特朗普在新加坡举行会晤，双方就朝鲜承诺“完全无核化”、美方承诺向朝鲜提供安全保障等问题达成共识并签署相关文件。朝鲜半岛局势开始发生趋向全面缓和的积极变化。

受朝鲜核问题等诸多复杂因素影响而多年僵冷的中朝关系，因朴槿惠政府在韩国部署美国“萨德”反导系统而遭到严重损害的中韩关系，此时均出现重大转机。一方面，中国以韩国总统易人为契机，迅速调整对韩外交，使中韩关系得到改善。另一方面，中国坚持以谈判方式解决半岛核问题的既定立场，加强在联合国框架内与国际社会的合作，为促使朝鲜作出放弃核武器的重大决策，发挥了独特而重要的作用和影响。朝韩首脑会晤后，朝鲜领导人金正恩2018年3月25—28日、5月7—8日，先后两次来华访问，就两国关系、地区事务和双方共同关心的问题交换意见和看法。朝美两国首脑6月在新加坡举行会晤时，中方为金正恩此行提供了专机服务和空军护航，成功地向国际社会显示了中朝友好关系的特殊性和稳定性。6月19—20日，亦即金正恩与特朗普会晤后，金正恩第三次来华访问。中朝两国最高领导人就两党两国关系和半岛局势等共同关心的重大问题，进一步交换意见和看法。

中朝双方领导人会见时，习近平主席指出，中朝传统友谊是两党两国老一辈领导人亲自缔造和精心培育的，是双方共同的宝贵财富。要把中朝传统友谊不断传承下去，发展得更好。这是双方基于历史和现实，立足于国际地区格局和中朝关系大局，作出的战略选择，也是唯一正确选择，不应也不会因一时一事而变化。他还强调，中方高度重视中朝友好合作关系，维护好、巩固好、发展好中朝关系始终是中国党和政府坚定不移的方针。金正恩向习近平主席通报了朝鲜半岛局势的变化和朝鲜国内的有关情况，明确表示愿与中国恢复传统友好关系，全面推进各领域合作。习近平主席对朝鲜提出全党全国集中一切力量进行社会主义经济建设的战略路线，宣布停止核试验和洲际弹道导弹试射、废弃核试验场的坚定意志，表示赞赏，同时表示支持朝方战略重心转向经济建设，支持朝鲜走符合本国国情的发展道路。

在朝鲜半岛局势出现重大变化的新形势下，朝鲜最高领导人金正恩三个月内三次访华，开创了中朝两国高层交往的新纪录，也谱写了两党两国关系发展的新篇章。此后，双方各层次各领域交往全面展开，两国传统友谊与友好合作重新回到正常发展轨道。

在朝鲜半岛局势出现重大积极变化的同时，中国与日本的关系出现了趋于改善的良好势头。2015年11月初，李克强总理出席了在韩国举行的第六次中日韩领导人会议，实现了时隔三年多中日两国政府首脑首次正面接触。此后，习近平主席利用参加多边国际会议之机，分别于2017年7月和11月，两次会见日本首相安倍晋三，就中日关系问题交换意见和看法。习近平主席肯定了日方为改善两国关系表达的积极意愿，同时也表明了中方愿利用2018年两国和平友好条约签署40周年之机，进一步改善和发展中日关系的原则立场和主张。

2018 年，中方以中日和平友好条约签订 40 周年为契机，继续调整对日关系着力点，努力推动日方与中国相向而行，采取实际步骤改善和发展两国关系。5 月 9 日，李克强总理出席了在东京举行的第七次中日韩领导人会议，并且正式访问了日本。至此，三国领导人 2008 年在东盟与中日韩（10+3）框架外建立的定期会议机制，作为三国间轮流办会的次区域合作平台，重获生机与活力。更重要的是，就在李克强总理访问日本期间，双方商定，中日两国领导人 2018 年 10 月将在北京举行高峰会晤，中日关系终于出现了重大转折。

2018 年 10 月下旬，日本首相安倍晋三应邀正式访华。习近平主席在与安倍晋三会谈时指出，中日是近邻，两国利益高度交融。作为世界主要经济体和有重要影响的国家，中日关系长期健康稳定发展，符合两国人民根本利益，也是本地区和国际社会普遍期待。他强调，当前中日关系重回正常轨道，重现积极势头，值得双方共同珍惜。双方要遵循中日四个政治文件确立的各项原则，坚持和平友好大方向，持续深化互利合作，推动中日关系在重回正轨基础上得到新的发展。他特别强调，新形势下，中日两国在双边领域相互依存日趋加深，在多边层面也拥有更加广泛多元的共同利益和共同关切。双方要开展更加深入的战略沟通，发挥好两国多层次、多渠道的对话机制作用，准确把握对方的发展和战略意图，切实贯彻践行“互为合作伙伴，互不构成威胁”的政治共识，加强正面互动，增进政治互信。他提议双方开展更高层次的务实合作，充分释放合作潜力，实现更高水平的互利共赢，主张双方开展更加紧密的国际合作，拓展共同利益，推动区域经济一体化，共同应对全球性挑战，维护多边主义，坚持自由贸易，推动建设开放型世界经济。

安倍晋三表示，他希望通过此访，开启化竞争为协调的日中关系新时代。日方愿继续积极参与中国发展进程，同中方一道，密切高层及各层级交往，持续改善两国友好的民意基础，妥善管控好双方分歧，推进日中战略互惠关系深入发展，共同致力于地区稳定与繁荣。他赞扬“一带一路”是有潜力的构想，表示日方愿同中方在广泛领域加强合作，包括共同开拓第三方市场。

日本首相时隔 7 年，率领 500 人代表团正式访华，的确是 21 世纪以来中日关系史上的一件大事。就在安倍晋三抵达北京的当天，双方宣布，两国决定签署总额高达 2000 亿元人民币的双边本币互换协议，以维护两国和地区的金融稳定，促进双方的金融合作和经济发展。本协议有效期三年，双方商定后还可展期。2002 年，双方曾缔结有效期三年的 30 亿元人民币的本币互换协议，协议到期后没有展期。此次访问双方达成如此大规模的本币互换协议，意味着双方在金融和其他各领域的务实合作将有较大行动。同一天，双方还在北京举办了首届第三方市场合作论坛，中日两国共有 1400 余人与会，会上签署的各类合作文件多达 52 份。

中日峰会举行后，两国高层交往势头良好，各领域关系推进顺利。2018 年 11 月 30 日，习近平主席利用在布宜诺斯艾利斯出席二十国集团峰会之机，再次会见了日本首相安倍晋三。习近平指出，安倍首相不久前成功访华，两国达成的各项共识正在逐步落实，中日关系呈现新的气象。双方要建设性地把握好中日关系发展方向，共同开辟两国关系新前景。中方欢迎日方继续参与中国改革开放进程，共享中国发展新机遇。他特别强调，双方要切实妥善处理好一些重大敏感问题，确保两国关系不再受到干扰，同时明确表示，中方支持日方办好 2019 年二十国集团峰会。

在东南亚方面，中国与相关国家围绕南海问题的争执，也因中方坚持建设性立场并采取得力措施而渐趋平缓，纷争和冲突得到有效控制。在菲律宾方面，2016 年 6 月底该国新总统杜特尔特就职时，习近平主席致电祝贺。当年 10 月，应习近平主席邀请，杜特尔特成功对中国进行了国事访问。双方领导人一致同意，从两国根本和共同利益出发，顺应民众期盼，推动中菲关系实现全面改善并取得更大发展，以造福两国人民。通过这次访问，两国签署 13 项合作文件，涉及经贸、投资、产能、禁毒、基础设施建设等领域，合同金融高达 160 多亿美元。当年，菲律宾遭受台风袭击，人员和财产损失巨大。中方向菲方提供了总额约 1260 万元人民币的援助，赢得菲律宾社会各界的普遍好评。菲律宾前总统阿基诺借助国际法庭干预南海事务搞的所谓“仲裁案”，成为历史笑柄。2017 年 5 月，杜特尔特总统来华出席“一带一路”国际合作高峰论坛，中菲关系进入多领域合作顺利发展的快车道。

中国与越南的关系也曾因为南海问题而几度起伏。但中越两国传统友谊深厚，拥有相同的社会制度与相近的价值观体系，两国睦邻友好关系的基础始终没有动摇。2013—2015 年间，习近平主席多次对来访的越方领导人表示：中越关系正处于承前启后、继往开来的关键阶段，中越双方要共同把握好两党两国关系发展的正确方向，从双方根本利益和两党两国前途命运出发，坚定不移巩固和推进中越友好，不断增进战略互信，妥善处理分歧，不使中越关系这艘大船偏离正确的航道。

这期间，尽管双方在南海地区的争执一度非常激烈，但沟通对话与高层往来从未中断，经贸与投资等领域的务实合作持续推进。中国已经连续 10 年成为越南第一大贸易伙伴，并且是越南的第二大商品出口市场。2015 年是中越建交 65 周年，也是越南与美国建交 20 周年。越共中央总书记阮富仲决定在首次访美之前，先行访问中国。这是他第六次访问中国，也是作为越共中央总书记第二次访华。阮富仲访华期间，习近平总书记与他就维护和发展两国关系，特别是南海地区局势等问题深入交换了意见。双方达成了进一步加强两党两国关系，共同努力管控南海局势的共识，签署了包括两党合作计划在内的一系列合作文件。

2015 年 11 月 5—6 日，习近平以中共中央总书记、国家主席双重身份，应邀访问了越南。这是他担任党和国家最高领导人后首次访越，也是中国最高领导人时隔近 10 年再次访越，同时又中方为纪念两国建交 65 周年、推动两国关系再创新局面而采取的重大举措。访问期间，习近平总书记就进一步发展和深化两党两国关系提出四点建议：一是要坚持着眼大局，立足长远，把握中越关系发展的正确方向；二是要坚持相互学习，加强合作，实现共同发展繁荣；三是要坚持扩大交往，增进了解，巩固双边关系民意基础；四是要坚持相互理解，友好协商，妥善处理存在问题。这四顶建议中，实现两国发展战略对接，共同推进“一带一路”和“两廊一圈”建设，扩大产能合作，加强基础设施互联互通合作，以及用好政府边界谈判等机制，寻求双方均能接受的海上问题基本和长久解决办法，意义特别重大。

通过这次访问，双方达成如下共识：执行好两党合作计划，积极推进中国全国人大与越南国会、中国全国政协与越南祖国阵线之间的友好交流合作，促进两国民间友好交流；落实好两国外交部合作文件；保持两军高层交往，加强两国海警的海上执法合作；深化执法安全合作；加强两国发展战略对接；推动双边贸易平衡稳定可持续发展，努力实现2017年双边贸易额1000亿美元目标；深化海关合作；扩大科技、教育、文化、旅游、新闻等领域合作。

通过这次访问，双方还同意共同管控好海上分歧，及时妥善处理出现的问题，维护中越关系大局以及南海和平稳定。作为访问成果，双方签署了有关两党干部培训合作计划、双方互设文化中心、共同促进产能合作等多项文件和备忘录。此后，两国在南海问题上仍不时发生小的争执和摩擦，但双方关系发展的大方向始终没有偏移，双方高层往来仍十分密集，务实合作的规模和水平又上新台阶。越共领导人阮富仲再次当选总书记后，不久派人 来华通报情况，随后又对中国进行了正式访问。

2017年11月，中共十九大召开后不久，习近平总书记首次出访选择了越南，再次显示了中方对中越两党两国关系的高度重视。访问期间，双方又达成许多重要共识，两国领导人共同见证签署了多项双边合作文件。

在南亚方向，中国与各国的友好交往与合作，普遍表现出很强的开拓性和进取性，同时也更具开放性与合作性。从经贸关系与务实合作的角度看，中国与南亚国家的贸易总额已由2007年的500多亿美元增加到2016年的1300亿多美元。中国在南亚地区的投资，存量迅速增长，2017年超过了100亿美元。此外，南亚地区已成为中国最大的海外工程承包市场。中方完成的工程合同额已超过2000多亿美元。

中国与巴基斯坦的全天候战略合作伙伴关系，与时俱进，持续发展。虽然巴基斯坦国内政治生态依然复杂，2017年发生政权更迭，但中巴之间的政治互信、经济合作、人文交流、安全对话等均未受影响，被视为“一带一路”国际合作旗舰项目的中巴经济走廊建设，进行得热火朝天。

由于历史遗留的边界纠纷等问题，中印关系曾经长期处于不正常状态。进入新世纪后，特别是党的十八大后，由于习近平主席的直接推动，中印关系呈现出迂回曲折、螺旋式发展的新局面。2015年5月中旬，习近平主席邀请印度总理莫迪访华，双方就两国关系和其他一些重大问题坦诚交换意见。虽然莫迪这次来华不属于正式访问，但两位元首就两国关系和共同关心的地区与国际问题，进行了深入而坦诚的交流，取得了广泛共识。

但是，中印关系十分复杂，历史遗留的领土争端和其他相关问题，不可能一朝一夕得到解决。即使双方同为金砖国家合作伙伴，印度在中国支持下加入了上海合作组织，双方在上海合作组织框架内的合作总体顺畅，两国关系有时仍难免出现波动。2017 年，两国军人曾在边境地区对峙 70 余天，形势严峻到几乎失控，但最后还是得到了妥善解决。国际上某些舆论揣测印度总理可能因中印边境对峙事件而缺席金砖国家领导人厦门峰会的情况，没有发生。相反，中印双方在金砖国家框架下的合作，进展顺利。

2018 年 4 月，习近平主席邀请印度总理莫迪到中国武汉，与他举行了别开生面的友好会晤。中印两国关系从“山重水复疑无路”的旧常态，进入“柳暗花明又一村”的新境地。中印领导人武汉会晤成功举行，在中国周边地区产生很大影响，同时也为 2018 年 6 月上海合作组织青岛峰会的顺利召开，为各方在上海合作组织框架深入开展更加广泛的务实合作，创造了必要前提。

七、多边机制：中国特色大国外交的重要平台

为了妥善应对和处理周边事务，全面发展与世界各国的广泛联系，最大限度地参与解决地区性和全球性问题，提高中国在国际舞台上的存在感与感召力，中国越来越重视各种地区性和全球性多边外交平台的作用。2014 年中央外事工作会议之后，特别是党的十九大后，中国更加娴熟地将双边外交与多边外交统一起来。亚太经合组织（APEC）、二十国集团（G20）、上海合作组织、金砖合作机制、中非论坛、中阿论坛、中国与东盟“10+1”合作等，成为展示中国特色大国外交的重要窗口和平台，也丰富了南南合作即发展中国家相互合作的形式和内容，并且为南北合作即发展中国家与发达国家的合作，提供了新的思路与经验。

（一）APEC：多种外交形式相互联动

APEC 会议及其相关机制，既是拓展和深化大多边外交的重要舞台，同时也是开展“会外会”“会间会”等小多边外交，活跃双边关系、拓宽领导人交往渠道的特殊机遇。中国充分利用这个“大多边”舞台和“小多边”渠道，一方面在峰会期间创造性地参与多边活动，引导峰会主题设计，安排尽可能多的元首会晤或会见，把元首外交推向极致；另一方

面也利用参加或承办此会之机，正式访问会议主办国，或者邀请外国领导人利用到中国参会正式访华，使“大多边”与“小多边”相互促进，“参加国际会议”与“进行国事访问”此呼彼应。

譬如，2014 年亚太经合组织峰会在北京召开时，中方邀请美国总统奥巴马利用参会之机访问中国。此外，习近平主席还分别会见了与会各国领导人，其中包括日本首相安倍晋三。此时，中日关系紧张，两国领导人不便举行正式会见。但习近平主席利用这样的机会，以东道主身份与其接触，既符合外交礼仪，也符合双方需要，效果很好。此次会议期间，习近平主席还邀请伊朗、老挝等诸多国家领导人来华，出席他所主持的“加强互联互通伙伴关系”东道主伙伴对话会，提出了率先实现亚洲互联互通的重要建议，将 APEC 框架外的“小多边”外交搞得有声有色。中国推进“一带一路”建设总体顺利，筹备亚投行马到成功，与这次小多边活动的成功不无关系。

亚太经合组织第二十三次领导人非正式会议，于 2015 年 11 月在菲律宾首都马尼拉举行。当时，中菲关系由于菲方在南海问题上顽固实行错误政策而相当紧张。习近平主席以只参会不访问的方式出现在马尼拉，但没有拒绝与东道主的会见。他不仅会见了菲律宾总统，还主动安排或应邀会见了包括日本首相在内的其他许多国家领导人，表现十分得体和出色。考虑到当时的国际环境，特别是南海局势和中菲关系，习近平主席在会上呼吁亚太经合组织各成员：要着眼长远，完善亚太中长期合作战略框架；要保持合作的战略性、前瞻性、进取性，确定重点领域的目标、举措和时间表；要改革创新，为亚太经济寻找新的增长动力；要推进发展方式转变、经济结构调整，加快创新步伐；要扩大和深化在城镇化、互联网经济、蓝色经济等具有巨大潜力领域的合作，打造成新的经济增长点；要尽早建立亚太自由贸易区，在推进区域贸易协定的过程中，维护多边贸易体制；要大力推进互联互通蓝图，解决亚太发展的瓶颈等问题。

2016 年 11 月亚太经合组织第二十四次领导人非正式会议在秘鲁首都利马召开，时值中国参与亚太经合组织合作 25 周年。中国外交部和商务部积极参与部长级会议的工作，促使会议确定了推动区域经济融合的新协作倡议，发表了旨在促进开放的世界贸易、反对保护主义的联合声明。会议通过的《亚太经合组织服务业竞争路线图》以及《亚太自由贸易区集体战略研究报告》等文件，为领导人非正式会议圆满成功提供了重要保证。在利马会议上，习近平主席阐述了中国促进亚太和世界经济增长的新立场和新主张，这就是通过“四个促进”，推动互联互通和伙伴关系：即促进经济一体化，建设开放型经济；促进互联互通，实现联动发展；促进改革创新，增强内生动力；促进合作共赢，深化伙伴关系。

当时，特朗普已当选美国总统，英国已经决定退出欧盟，欧洲政治民粹化保守化初现端倪。面对这些新情况新问题，习近平主席在讲话中提出“四个坚定不移”，以提振国际社会的信心，这就是：坚定不移引领经济全球化进程，坚定不移提升亚太开放型经济水平，坚定不移破解区域互联互通瓶颈，坚定不移打造改革创新格局。他重申，中国主张促进基础设施、规章制度、人员交流三个方面的互联互通，主张构建全方位、复合型的互联互通网络，主张加强“一带一路”与各方发展战略及合作倡议的对接。

2017 年 11 月，亚太经合组织第二十五次领导人非正式会议在越南岘港举行，主题为“打造全新动力，开创共享未来”。习近平主席在工商领导人峰会上发表的题为《抓住世界经济转型机遇，谋求亚太更大发展》的讲话，确认亚太地区是全球经济最大板块，同时是世界经济增长的一个主要引擎。他所提出的“四个继续”，即继续坚持建设开放型经济，努力实现互利共赢；继续谋求创新发展，挖掘发展新动能；继续加强互联互通，实现联动发展；继续增强经济发展包容性，让民众共享发展成果，与美国新总统特朗普宣扬的孤立主义、保守主义、单边主义以及蔑视国际规则、蔑视多边机制、挑战合作共赢理念的新霸权主义，形成极为鲜明的对照。

在领导人会议上，习近平主席发表的讲话题为《携手谱写亚太合作共赢新篇章》。他以把脉亚太经济走势为基础，提出四项新的主张，即坚持不懈推动创新，打造强劲发展动力；坚定不移扩大开放，创造广阔发展空间；积极践行包容性发展，让民众有更多获得感；不断丰富伙伴关系内涵，实现互利共赢。上述建议和主张，包括他所提出的科技与制度“两个创新一起转”，市场和技术“和谐共振”，让新技术新业态新模式最大限度“释放发展能量”，在会议内外引起较为强烈的反响。

鉴于此次会议是在越南举行，而越南是东盟重要成员国，习近平主席利用此次会议机会，专门阐述了 APEC 与东盟的合作问题。他提出了“三个共同推进”，一是共同推进区域经济一体化；二是共同推进互联互通建设；三是共同推进包容可持续发展。这“三个共同推进”所包含的重要思想，特别是推动形成平等协商、共同参与、普遍受益的区域合作框架的思想，以及让东盟在区域全面经济伙伴谈判中发挥核心作用，推动“一带一路”为亚太联动发展和共同繁荣注入新动力等，赢得了远比特朗普更多的掌声和欢呼声。

2018 年 11 月，亚太经合组织第二十六次领导人非正式会议在巴布亚新几内亚首都举行。习近平主席出席了此次会议，对巴布亚新几内亚、文莱和菲律宾进行了国事访问，并同与中国建立了外交关系的太平洋岛国领导人举行了会晤。通过此次访问，习近平主席同亚太经合组织成员共同商讨区域经济一体化途径，倡导命运共同体意识，深化伙伴关系合作，推进“一带一路”建设，坚定多边主义信心，为实现共同发展和进步，汇聚了更广泛的共识，增添了更强劲的动力。

在国际上保护主义、单边主义、强权政治进一步抬头的大背景下，习近平主席的讲话彰显了中国坚持双赢多赢共赢，坚持共商共建共享的负责任大国形象。面对世界百年未有之变局，站在合作还是对抗、开放还是封闭的十字路口，习近平主席建议与会各方：要坚持开放导向，扩大共同利益；坚持发展导向，增进人民福祉；坚持包容导向，促进交融互鉴；坚持创新导向，开辟增长源泉；坚持规则导向，完善全球治理。

习近平在会上强烈呼吁亚太经合组织大家庭坚持推进区域经济一体化和亚太自由贸易区建设，维护多边贸易体制，推进贸易和投资自由化便利化，旗帜鲜明反对保护主义和单边主义。但遗憾的是，会议期间，个别成员试图把自身利益优先的做法强加给所有成员，致使此次会议未能形成共同文件，开了一个很不好的先例。

（二）G20：中国与世界良性互动的新平台

人类社会的经济发展，本质上是世界各民族国家广泛参与、相互联系、互利合作、共同进步的进程。长期以来，国际社会对此缺乏统一的认知。对于广大发展中国家在世界经济进程中的地位、作用与诉求，国际社会特别是发达国家，长期视而不见或严重低估。由于这种认识误区，西方国家搞了个 G7，即七国集团，试图凭借它们的实力和手段，解决世界经济上的所有问题，引导世界走向它们所期待的未来。然而事实证明，没有广大发展中国家的参与，特别是群体性崛起的新兴经济体的参与，世界经济不会有健康平稳、可持续发展之路。2008 年国际金融危机的爆发，再次证明了这一点。也就是从这一年起，发达国家改变了思路，开始同中国等新兴经济体国家坐在一起，共谋世界经济发展大事，共议世界治理难题。G20 峰会应运而生。

多年来，G20 各国领导人就世界经济、国际金融、全球治理等共同性问题和挑战，进行了广泛而深入的交流对话，取得很多共识，也达成一些有影响的文件。作为当今世界最有代表性、最具包容性和权威性的经济对话机制和全球治理平台，G20 的作用得到了国际社会的普遍认可。中国应当说是 G20 的创始成员，因而一开始就积极参与 G20 框架下的各种活动。2015 年 9 月中国主办的 G20 杭州峰会，在 G20 历史上留下浓墨重彩的一页。

第一，习近平主席在会上提出中国方案，为世界经济复苏指点迷津。G20 杭州峰会以创新、活力、联动、包容为主题，把脉世界经济，国际社会对此翘首以待，期望值很高。中国确实也没有辜负世界的期望，会议成果非常丰富。习近平主席在峰会上的主旨演讲，为重振各国人民的信心，激发世界经济活力，推动务实全球合作，开出了“中国药方”。其核心思想是，G20 各方应加强宏观经济政策协调，全力促进全球经济增长，维护全球金融稳定，创新发展方式，挖掘增长功能，完善全球治理，夯实机制保障，建设开放型社会经济，继续推动贸易自由化和投资便利化，落实好联合国《2030 年可持续发展议程》，促进包容性发展。

峰会制定了一系列重要文件，包括杭州行动计划、二十国集团创新增长等。国际社会认为。习近平主席所开具的“中国药方”，点到了当时世界经济低迷不振的痛点，切中了国际事务中的很多时弊，为国际社会贡献了中国智慧。

第二，中方借助 G20 峰会推进金砖合作，提升发展中国家整体作用和影响。G20 峰会历来都是日程紧凑、活动密集的多边活动。中国作为东道主，不但成功地组织了元首峰会，还组织了其他一系列配套会议，如央行行长与财长会、专业部长会、工商峰会以及妇女组织、青年组织、社会团体和智库会议。另外，还有金砖国家领导人的非正式会晤。

G20 杭州峰会期间，习近平主席与其他金砖国家领导人举行非正式会晤，创造了金砖国家领导人高层接触的新机制新平台。会晤中，习近平主席一方面呼吁金砖国家保持协调，加强配合，与各方一道共同努力，把 G20 这个大的国际合作平台建设好、维护好、发展好；另一方面又为金砖国家保持定力、加强合作提出新思路，即共同创新增长方式，共同完善全球治理，共同维护国际公平正义，共同促进国际合作发展。这“四个共同”，将推动金砖国家在参与世界经济复苏、打造全球化新格局方面，克服新挑战，提出新举措，采取新行动，取得新成果。

第三，峰会外双边会晤亮点纷呈，建设全球伙伴关系出现新局面。当今世界的外交是多边外交与双边外交平行发展的过程，是彼此牵动、相得益彰、高度复合与叠加的立体化外交。所以，任何国家举办的多边活动，都要伴随一系列双边安排，其中最重要的就是东道主与主要参会国领导人，特别是大国领导人举行会见或会谈。G20 杭州峰会期间，习近平主席分别会见了美国、俄罗斯、英国等多国领导人，活动之密集，超出以往任何一次多边活动中的双边安排，成果也是显而易见的。

譬如，在同美国总统奥巴马会见时，习近平主席着眼于中美两国长期合作的成果和经验，阐述了中方对两国关系的基本看法和主张，双方达成 35 项共识，令人欣慰。与此同时，他也旗帜鲜明地指出，中方坚决反对美国在东北亚地区加剧紧张局势的不负责任的举动。在与俄罗斯总统普京会见时，习近平主席建议中俄进一步推动发展战略对接，推动“一带一路”建设与欧亚经济联盟建设对接，推动军事交流和安全合作。在国际事务中，他主张中俄共同维护国际公平正义，促进世界的和平、稳定与繁荣。国内外媒体对习近平主席与美、俄等国领导人的双边会晤，作了广泛报道。这对于中国持续推进新型大国关系建设、在全球范围内打造伙伴关系网，具有重大指导意义。

第四，中国与 G20 的良性互动，将带动整个世界的联动发展。世界是个整体。中国的发展离不开世界，世界的发展也离不开中国。中国与外部世界的关系持续改变，主旋律就在于发展的联动性、理念的包容性、利益的兼顾性和安全的统一性。在全球化不断走向纵深的历史新时代，中国的发展利益、安全利益和世界各国人民的共同利益、根本利益是紧密交织的。习近平主席在峰会上就此指出，中国的现代化既是中国走向世界的过程，也是世界走向中国的过程。

在这次峰会上，习近平主席还就 G20 自身发展问题提出了具体建议。他呼吁二十国集团要共同维护和平稳定的世界环境，共同构建合作共赢的全球化伙伴关系，共同完善全球经济治理，把 G20 建设成高效运转的“行动队”，而不是坐而论道的“清谈馆”。这就是说，G20 需要自我革命，需要机制创新，才能成为既适应时代发展潮流，符合时代进步需要，同时又能满足各国人民共同发展诉求的合作平台。

2018 年的二十国集团领导人第十三次峰会，是在美国发起全球贸易战、中美经贸关系受到严重挑战、国际经贸秩序和规则岌岌可危的复杂形势下召开的。中国和会议主办方阿根廷以及相关各方，为保障会议成功作出了积极努力。习近平主席出席在阿根廷布宜诺斯艾利斯举行的这次峰会，意在校准全球经济治理的前进方向，引领中国同主要大国关系行稳致远。习近平主席在此次会议上的讲话，总结了 G20 发展历程，指出多边主义、平等协商、合作共赢是应对重大危机的制胜手段。他强调，无论遇到什么困难，G20 成员都应团结一致、共克时艰，坚持共商共建共享的相处之道，加强宏观政策的协调与合作，旗帜鲜明地维护多边体制。习近平主席还参与了可持续发展、气候变化等峰会议题的讨论，积极倡导开展国际合作。这些主张最大限度凝聚了各方携手同行、同舟共济的意愿，巩固了 G20 作为国际经济合作主要论坛的地位，提振了各方对世界经济稳定发展的信心。

（三）上海合作组织：从创新区域合作走向参与全球治理

中国作为迅速崛起的世界级大国，一直将上合组织作为发挥自身独特作用和影响的重要多边平台。习近平主席高度重视上合组织对于中国特色大国外交的特殊意义。2013 年 9 月，他首次以中国国家元首身份出席上合组织比什凯克峰会，即呼吁各成员国在重大核心利益问题上相互支持，共同维护地区稳定，全面推进务实合作，加强人文交流和民间友好。会议最终成果在很多方面吸纳了习近平主席的建议和主张，会议批准了中方牵头制定的《〈上海合作组织成员国长期睦邻友好合作条约〉实施纲要（2013—2017）》，细化了成员国推进睦邻友好合作的前进目标和方向。

2015 年 7 月上合组织峰会在俄罗斯乌法举行，习近平主席就推动上合组织实现新跨越提出五点建议，即坚持“上海精神”，打造本地区命运共同体；加强行动能力，筑牢地区安全屏障；深挖合作潜力，充实务实合作内容；推动民心相通，巩固世代睦邻友好；保持开放互鉴，推动组织发展。各国一致支持习近平主席提出的共同建设丝绸之路经济带的倡议，批准了该组织至 2025 年前的发展战略。除了正式启动接纳印度、巴基斯坦的扩员程序外，会议同时作出了吸收白俄罗斯为观察员，吸收阿塞拜疆、亚美尼亚、柬埔寨、尼泊尔为对话伙伴国的决定。

2016 年时逢上合组织成立 15 周年。习近平主席在塔什干峰会上高度赞扬了“上海精神”，认为“上海精神”具有超越时代和地域的生命力和价值，为所有致力于睦邻友好和共同繁荣的国家提供了有益的借鉴，也为国际社会构建以合作共赢为核心的新型国际关系实践注入了强大动力。他建议各成员国站在新的历史起点上，紧跟时代步伐，调整各领域合作方向，努力做到：第一，弘扬“上海精神”，坚持本组织发展之本；第二，坚持安全为先，巩固本组织发展之基；第三，扩大务实合作，拓展本组织发展之路；第四，夯实人文基础，建设本组织发展之桥；第五，坚持开放包容，壮大本组织队伍。

2017 年上合组织阿斯塔纳峰会期间，习近平主席深刻分析了国际大势和各国共同面临的挑战，就上合组织未来发展提出一系列新的建议和主张，包括商签长期睦邻友好合作条约未来五年实施纲要、打击“三股势力”未来三年合作纲要、贸易便利化协定、举办网络反恐演习和防务合作论坛等。他在讲话时特别强调，上合组织成员国要强化命运共同体意识，巩固团结协作，携手应对挑战，深化务实合作，拉紧人文纽带，坚持开放包容，携手创造本组织更加光明的未来。谈到上合组织如何深化务实合作时，他进一步指出，中方和有关各方正在积极推动“一带一路”建设同欧亚经济联盟建设等区域合作倡议以及哈萨克斯坦“光明之路”等各国发展战略对接，上合组织可以为此发挥重要平台作用。他倡议上合组织，逐步建立区域经济合作制度性安排，支持建立地方合作机制，积极开展中小企业合作。

出席此次峰会的各国领导人，重申欢迎“一带一路”倡议。他们高度评价“一带一路”国际合作高峰论坛的成果，表示支持落实有关共识，推动区域经济合作；支持促进贸易和投资便利化，提升本地区互联互通能力；支持加强基础设施建设、创新、金融、环保、科技、卫生、文化、教育、体育、旅游等领域合作，努力使上合组织框架下的务实合作，与“一带一路”倡议有机地结合并统一起来。

正是这次峰会，正式批准印度、巴基斯坦为上合组织成员国。至此，上合组织 8 个成员国人口总数已占全球约 40%，GDP 总量约占全球 20%。此外，该组织还有蒙古国、阿富汗、伊朗、白俄罗斯 4 个观察员国和阿塞拜疆、亚美尼亚、柬埔寨、尼泊尔、斯里兰卡、土耳其 6 个对话伙伴国。如此庞大的区域合作组织与时俱进，不断壮大，本身就是“上海精神”符合时代潮流，得到广泛认同的鲜明例证。

2018 年 6 月，上合组织第十八次峰会在中国青岛举行。这是习近平再次就任国家主席后中国举办的首次峰会，同时也是上合组织扩员之后的首次峰会。中国和各成员国高度重视，国际社会也格外关注。峰会之前举行的例行外长会，就如何认识当前国际形势取得广泛共识，一致确认，上合组织成员国应深化同观察员国、对话伙伴及有关国际组织和论坛的互利合作；应利用本地区各国、国际组织及多边机构潜力，在上合组织地区建立广泛、开放、互利和平等的伙伴关系，确认深化经贸、金融、科技及人文领域合作，对于促进成员国的可持续发展具有重要意义。中国作为峰会主办国，预先举办了 160 多场机制性会议和多边活动，其中包括首届上合组织政党论坛。论坛达成了各国政党将继续弘扬“上海精神”，始终做地区持久和平的引领者、共同发展的推动者、文明交流互鉴的维护者等重要共识。

在青岛峰会上，习近平主席倡议：我们要进一步弘扬“上海精神”，提倡创新、协调、绿色、开放、共享的发展观，践行共同、综合、合作、可持续的安全观，秉持开放、融通、互利、共赢的合作观，树立平等、互鉴、对话、包容的文明观，坚持共商共建享的全球治理观。习近平主席还提出要构建上合组织命运共同体，推动建设新型国际关系，携手迈向持久和平、普遍安全、共同繁荣、开放包容、清洁美丽的世界。这些主张和构想，得到与会各方广泛支持，并在峰会联合宣言中得到具体体现。宣言确认“国际社会迫切需要制定共同立场，有效应对全球挑战”，明确表示上合组织要遵循“上海精神”，成为当代世界国际关系体系中极具影响力的参与者；要恪守上合组织宪章和上合组织至 2025 年发展战略，确立构建人类命运共同体的共同理念。

上合组织青岛峰会圆满落幕，与同时召开的七国集团峰会争吵不休形成鲜明对照。面对当前国际关系中平等原则与协商精神遭到漠视，共同发展与繁荣举步维艰的复杂局面，各成员国毫不动摇地将“互信、互利、平等、协商”作为处理相互关系的基本准则，将“尊重多样文明，谋求共同发展”作为砥砺前行的不懈追求，进一步彰显了上合组织的独特优势和发展潜能。

（四）中非论坛：发展中国家命运共同体的新范式

中国一贯重视巩固中非传统友谊，坚持以不断开拓创新的方式推进中非务实合作。为了支持非洲发展，中国早在 1985 年就已加入非洲发展基金和非洲银行，积极参与两大机构的业务活动，包括参与非洲发展基金落实多边减债动议的捐款行动。进入 21 世纪后，拥有 12 亿多人口的非洲发展步伐大大加快，中方更加重视与非洲的关系，于 2000 年 10 月在北京发起召开了中非合作论坛——北京 2000 年部长级会议。以会议通过的《中非经济和社会发展合作纲要》为标志，中非关系进入新的更高水平的发展阶段。

中非合作论坛的宗旨在于平等磋商，增进了解，扩大共识，加强友谊，促进合作。2001 年 7 月，《中非合作论坛后续机制程序》获得通过，2002 年 4 月后续机制程序正式生效。据此，部长级会议每三年举行一次，高官级后续会议及为筹备部长级会议的高官预备会分别在部长级会议前一年及前数日各举行一次，非洲国家驻华使节与中方后续行动委员会秘书处每年至少举行两次会议。部长级会议及高官会在中国和非洲轮流举行，中国和会议承办国分别担任主席国和轮值主席国，共同主持会议并负责落实会议成果。部长级会议由外长或主管对外经济合作事务的部长参加。高官会由各国主管部门的司局级官员参加。

2013 年 3 月，中非关系进入提速升级步伐进一步加快。2015 年 12 月，中国与非洲国家在中非合作论坛框架内举行了首届峰会即约翰内斯堡峰会。在这次峰会上，中方承诺援助非洲 600 亿美元。其中无偿援助和免息贷款 50 亿美元，优惠贷款和出口信贷资金 350 亿美元，中非发展基金额度 50 亿美元，非洲中小企业发展专项贷款 50 亿美元，中非产能合作基金额度 100 亿美元。

这次峰会之后，中国的“非洲元素”和非洲的“中国元素”同步增长。与时俱进的中非合作备受国际社会的瞩目，非洲国家也对新时代中非友好合作充满了期待。2014 年，双方贸易额最高时达到 2200 亿美元，后来受国际金融危机和大宗商品价格下滑等多方面因素影响，双方贸易额有所下降。但到 2017 年时，双方贸易额已经回升到 1700 亿美元。中国对非洲的投资，也呈现逐年增长的好势头。

2018 年 9 月上旬，中非合作论坛北京峰会成功举行。54 个非洲成员代表与会，包括 40 位总统、10 位总理、1 位副总统以及非盟委员会主席等重要嘉宾出席了此次会议。会议期间，中非领导人共举行了峰会开幕式、领导人圆桌会议、企业家大会、双边会谈会见等 100 多场活动，持续时间超过一周。习近平主席主持了近 70 场双多边活动，分别会见了所有来华的非方领导人。双方见证签署各类合作协议近 150 份，其中 28 个国家和非盟委员会同中方签署了共建“一带一路”合作文件，“一带一路”朋友圈进一步扩大。峰会通过了《关于构建更加紧密的中非命运共同体的北京宣言》和《中非合作论坛——北京行动计划（2019—2021 年）》两个重要成果文件，推出了以实施“八大行动”为核心的上百项全面深化中非合作的新举措。

习近平主席在开幕式上发表《携手共命运　同心促发展》的讲话，提议中非携手，共同打造责任共担、合作共赢、幸福共享、文化共兴、安全共筑、和谐共生的中非命运共同体，重点实施产业促进、设施联通、贸易便利、绿色发展、能力建设、健康卫生、人文交流、和平安全“八大行动”。在此之前，习近平主席出席中非领导人与工商界代表高层会暨第六届中非企业家大会开幕式，发表了题为《共同迈向富裕之路》的讲话。他指出，非洲是“一带一路”的历史和自然延伸，是重要参与方，中国愿在平等互利基础上，坚持共商共建共享原则，与非洲共同打造符合国情、包容普惠、互利共赢的高质量发展之路。

国际舆论对此次峰会特别关注，不仅因为会议规模超大，更重要的是习近平主席在讲话中回答了中非关系“从哪里来、走什么路、向哪里去”这些重大命题。国际社会还关注两点：一是中方再次宣布免除非洲最不发达国家 2018 年底到期未偿还政府间无息贷款债务，充分体现了中国作为世界最大发展中国家的时代责任感和历史使命感；二是宣布再对非洲提供总额 600 亿美元的援助，以帮助非洲加快经济和社会发展。

（五）中阿合作论坛：开辟文明对话与文明互鉴的新路径

阿拉伯世界人口众多，历史悠久，宗教文化独特，战略位置重要。进入 21 世纪以来，中国通过与阿盟（阿拉伯国家联盟）、海合会（海湾阿拉伯国家合作委员会），与广大阿拉伯国家开展集体交流与对话。2004 年形成的中阿合作论坛，在推动中阿关系全面发展方面发挥了重要作用。

2004 年 9 月在开罗举行中阿合作论坛首届部长级会议，形成了《中国—阿拉伯国家合作论坛宣言》和《中国—阿拉伯国家合作论坛行动计划》两份文件。此后召开的历届部长级会议，反复讨论中阿新型伙伴关系问题，双方同意在政治磋商、能源、人力资源开发和环保等领域推动建立合作机制。2010 年，双方在论坛框架下建立了全面合作、共同发展的战略合作关系。2012 年举行的第五届会议上，中方提出了到 2014 年将中阿贸易额提高到 3000 亿美元、接待 100 名阿拉伯国家青年精英访华、为阿拉伯国家培训人才等务实合作新建议。

2014 年中阿合作论坛第六届部长级会议在北京举行，习近平主席出席会议开幕式并发表讲话。他提议中阿共同弘扬丝绸之路精神，为发展增动力，为合作添活力，共同构建“1+2+3”合作格局。“1”是以能源合作为轴心，“2”是以基础设施建设、贸易和投资便利化为两翼，“3”是以核能、航天卫星、新能源三大高科技领域为突破口。他主张双方共同努力，争取 10 年内将中阿贸易额增加到 6000 亿美元，同时将中方对阿投资增加到 600 亿美元以上。这次会议总结了中阿关系发展经验，规划了未来 10 年双方关系发展方向和目标，形成了中阿合作论坛北京宣言、2014 年至 2016 年行动执行计划、2014 年至 2024 年发展规划等多份文件。

2016 年在卡塔尔首都多哈举行的第七届部长级会议，围绕共建“一带一路”倡议、深化中阿战略合作两大议题，达成许多共识。会议通过的中阿合作论坛多哈宣言和 2016 年至 2018 年行动执行计划，就中阿合作 18 大类 36 个领域进行了具体规划。互联互通、产能合作和人文交流，被确立为共建“一带一路”三大支柱。文明对话、企业家大会、能源合作论坛、新闻合作论坛、友好大会、互办艺术节六大机制性活动，成为合作重点。广电合作、卫星合作、北斗合作三个新论坛，也被写入合作计划。为落实会议成果，中方决定，2016年至2017年间接待600名阿拉伯国家政党领导人来华考察，为阿拉伯国家提供6000个来华培训名额和6000个奖学金名额，另外邀请60名阿拉伯知名宗教人士来华考察。

2018年7月，第八届部长级会议在北京举行，习近平主席出席会议开幕式，他发表讲话提出，中阿要在携手共建“一带一路”进程中，增进战略互信、实现复兴梦想、实现互利共赢、促进包容互鉴，共同打造中阿命运共同体，进而为构建人类命运共同体作出贡献。会议通过并签署了中阿合作论坛北京宣言、2018年至2020年行动执行计划和中阿合作共建“一带一路”行动宣言。

（六）金砖国家合作：为新兴经济体共赢发展注入新动力

金砖国家合作机制形成时间不长，但成长很快。2015年7月金砖国家领导人第七次会晤在俄罗斯远东城市乌法召开，习近平在讲话中总结了金砖国家合作的历程和经验，提议建立维护世界和平、促进共同发展、弘扬多元文明、加强全球治理的“四大伙伴关系”。会议批准了金砖国家经济伙伴战略。

2016年10月，金砖国家领导人第八次会晤在印度果阿举行。习近平主席总结历史，放眼未来，就金砖国家合作发出“五个共同”的新倡议：即共同建设开放世界，共同勾画发展愿景，共同应对全球性挑战，共同维护公平正义，共同深化伙伴关系。会议通过的“果阿宣言”强调，要基于共同利益和关键性优先领域，进一步加强金砖国家的团结合作；要秉持开放、团结、平等、相互理解、包容、合作、共赢精神，进一步增强金砖国家战略伙伴关系。会议对金砖国家新开发银行成功发放首批贷款和成功发行首批人民币绿色债券，表示热烈欢迎；呼吁国际社会共同努力应对全球性安全挑战和威胁，反对歪曲二战结果的图谋；强调安全具有不可分割性，任何国家不应以牺牲别国安全为代价加强自身安全，同时表示支持地区经济一体化，支持多边贸易体制和世界贸易组织的中心作用。会议还强调了制定2030年金砖国家合作路线图的重要性，签署了一批新的合作文件。

2017年是金砖合作第二个“金色十年”开局之年。此时，金砖五国经济总量比10年前增长179%，贸易总额增长94%，城镇化人口增长28%，对全球经济增长的贡献率超过30%，贸易总额在全球的比重从

11.8% 提升到 16.4%。作为一个拥有 30 多亿人口的新兴市场国家集团，金砖国家合作正加速成长为世界多极化进程中举足轻重的特殊力量。在这一背景下，9 月 3—5 日，金砖国家领导人第九次会晤以“深化金砖伙伴关系，开辟更加光明未来”为主题，在中国厦门举行。

厦门会晤期间，习近平主席发表一系列重要讲话。他指出，金砖合作 10 年历程昭示了三点重要启示：即平等相待、求同存异；务实创新、合作共赢；胸怀天下、立己达人。关于金砖国家合作如何开创第二个“金色十年”，习近平主席提出四点主张，即深化金砖合作，助推五国经济增加动力；勇担金砖责任，维护世界和平安宁；发挥金砖作用，完善全球经济治理；拓展金砖影响，构建广泛伙伴关系。此外，他还建议金砖国家，再接再厉，全面深化伙伴关系：第一，致力于推进经济务实合作；第二，致力于加强发展战略对接；第三，致力于推动国际秩序朝更加公正合理方向发展；第四，致力于促进人文民间交流。为体现中方对金砖合作的支持，习近平主席宣布了一系列旨在拓展并深化金砖合作的新举措：譬如，设立首期 5 亿元人民币金砖国家经济技术合作交流计划，用于加强政策交流和务实合作；向新开发银行项目准备基金出资 400 万美元，用以支持银行业务运营和长远发展。

厦门会晤期间，习近平主席还成功地主持了新兴市场国家与发展中国家对话会。对话会表明，金砖合作不是中国一家独大的独角戏，也不是金砖五国自娱自乐的小圈子。以互尊互谅、平等相待、团结互助、开放包容、互惠互利为核心的金砖精神，不仅是金砖国家永久的价值追求，同时也是整个国际社会的思想财产。

2018 年 7 月 26 日，五国领导人聚会南非首都约翰内斯堡，举行第十次会晤和“金砖 +”领导人对话会。习近平主席呼吁金砖国家未来 10 年“把握发展机遇，合力克服挑战，为构建新型国际关系、构建人类命运共同体发挥建设性作用”。他主张金砖国家坚定建设开放型世界经济，反对单边主义和保护主义，促进贸易和投资自由化便利化，共同引导经济全球化朝着更加开放、包容、普惠、平衡、共赢方向发展；帮助新兴市场国家和发展中国家有效参与国际产业分工，共享经济全球化红利；积极推动国际发展合作，把金砖国家同非洲的合作打造成南南合作的样板；继续推进全球治理改革，提高新兴市场国家和发展中国家的代表性和发言权。他还呼吁金砖国家把握历史大势，深化战略伙伴关系，继续推进和加强经济贸易、政治安全、人文交流三大领域合作；呼吁各方不但要在贸易投资、财金、互联互通等领域把合作蛋糕做大做实，同时还要坚持创新引领，通过建设新工业革命伙伴关系，加强宏观经济政策协调，实现发展战略深度对接，在相互砥砺中加速新旧动能转换和经济结构转型升级。此外，还要广泛开展人文交流，筑牢金砖合作民意基础，通过拓展“金砖 +”合作，扩大金砖“朋友圈”，推动构建广泛伙伴关系。

（七）中国与东盟：永做同舟共济的好邻居好伙伴

东盟是当今世界推动区域一体化发展进程较为成功的一个地区性组织。中国与东盟的关系，则是通过务实合作共同打造发展共同体、利益共同体、责任共同体，不断走向命运共同体的典范。中国与东盟（10+1）是双方开展多领域全方位合作的最重要对话机制。通过这个机制，双方确定了农业、信息通信技术、人力资源开发、相互投资、湄公河流域开发、交通、能源、文化等多个重点合作领域，签署了农业、信息通信、非传统安全、交通、文化、新闻、知识产权、技术法规、标准和合格评定程序等诸多合作文件与备忘录。

此外，双方还设立了中国—东盟合作基金、中国—东盟公共卫生合作基金、中国—东盟海上合作基金和中国—东盟投资合作基金，用于支持具体领域合作项目。2013 年 10 月，习近平主席倡议双方携手建设更为紧密的中国—东盟命运共同体，共同建设 21 世纪“海上丝绸之路”，将中国与东盟的合作推向新的发展阶段。李克强总理同年提出中国—东盟“2+7 合作框架”，得到东盟国家普遍欢迎。2015 年，中国—东盟自贸区升级谈判正式结束，双方经贸合作出现新局面。2016 年，双方贸易额达 4522.1 亿美元。当年 9 月李克强总理出席第 19 次中国—东盟领导人会议暨中国—东盟建立对话关系 25 周年纪念峰会，推动会议发表了纪念峰会联合声明、产能合作联合声明等成果文件。到 2018 年，每年在中国举办的中国—东盟博览会及商务与投资峰会，已成功举办 14 届。双方人文领域的交流与合作方兴未艾。东盟 10 国已成为中国公民出国旅游的重要目的地。

在国际地区事务上，双方协调与配合进一步加强。中国坚定支持东盟在东亚区域合作中的中心地位。在东盟与中日韩（10+3）合作、东亚峰会、东盟地区论坛、亚洲合作对话、亚太经合组织、亚欧会议、东亚—拉美合作论坛等区域和跨区域合作机制框架下，中国与东盟也保持着良好的沟通与合作。

2017 年 11 月，李克强总理与菲律宾总统杜特尔特共同主持了在菲律宾召开的第 20 次中国—东盟（10+1）领导人会议。李克强总理在发言中表示，中国对东盟的发展进步感到高兴，对东盟未来前景充满信心。中方坚定支持东盟共同体建设，支持东盟在区域合作中的中心地位，支持东盟在国际地区事务中发挥更大作用，始终把东盟作为周边外交的优先方向，坚持与东盟做安危与共、同舟共济的好邻居、好朋友、好伙伴，携手构建理念共通、繁荣共享、责任共担的命运共同体。

为推动中国—东盟关系更加全面而稳定地向纵深发展，李克强总理代表中方提出五点建议：第一，共同规划中国—东盟关系发展愿景。制订“中国—东盟战略伙伴关系 2030 年愿景”，将“2+7 合作框架”升级为“3+X 合作框架”，构建以政治安全、经贸、人文交流三大支柱为主线、多领域合作为支撑的合作新框架。第二，促进“一带一路”倡议同东盟发展规划对接。要加强“一带一路”倡议与《东盟互联互通总体规划 2025》的对接，深化经贸、金融等各领域全面合作。第三，稳步加强双方政治安全合作。密切高层往来，加强政策沟通对话，深化政治安全合作，增进相互理解与信任，加强司法和打击跨国犯罪、反恐、网络安全等非传统安全领域合作。第四，进一步拉紧经贸合作纽带。让自贸区升级成果尽早惠及双方，积极推进区域全面经济伙伴关系协定谈判，推动一批国际产能合作重大项目落地，为建设东亚经济共同体奠定基础。第五，不断提升人文交流合作水平。推动中国—东盟旅游合作再上新台阶。

根据李克强总理的讲话，未来三年，中国将向东盟十国提供不少于两万个中国政府奖学金名额。中方倡议实施“中国—东盟人才发展计划”，2018 年为东盟提供 3000 个研修名额，加强双方在经贸、农业、科教文卫、公共管理、交通运输等领域能力建设合作。中方赞同将 2018 年确定为“中国—东盟创新年”，愿在未来五年内安排 500 人次东盟青年科学家赴华从事短期科研工作，培训 1200 人次东盟科学技术和管理人员，投入运行 10 家联合实验室，以科技创新引领双方全方位创新合作。

与会东盟国家领导人高度评价中方的新建议。他们表示，东盟与中国关系保持着强劲、稳定、互惠发展势头，成为东盟最具实质性的对外伙伴关系之一。会议通过了《中国—东盟关于进一步深化基础设施互联互通合作的联合声明》《中国—东盟关于全面加强有效反腐败合作联合声明》《中国—东盟旅游合作联合声明》和《未来十年南海海岸和海洋环保宣言（2017—2027）》等成果文件。

2018 年是中国与东盟建交 15 周年。这一年，李克强总理出席了第 21 次中国—东盟（10+1）领导人会议、第 21 次东盟与中日韩（10+3）领导人会议和第 13 届东亚峰会。李克强总理在这些会晤中全面阐述了中方对东亚合作的政策主张，提出各机制下深化务实合作的 30 余项新倡议。

这一年，又是中国—东盟创新年。双方确定以创新驱动引领共同增长。此外，这一年中国与东盟国家还就“南海行为准则”单一磋商文本草案达成一致，双方都认为，这是“南海行为准则”磋商取得的又一个重大进展，具有里程碑式的意义。

跋

在伟大新征程中继续与世界同行

2018年是中国宣布实行改革开放、党和国家工作重心全面转向现代化建设40周年，也是党的十九大召开后，新时代中国特色社会主义伟大征程全面推进的开局之年。

2018年同时还是第一次世界大战结束100周年，是人类社会面临新的百年变局之际中国特色大国外交迎风沐雨、攻坚克难、砥砺前行，顶住更多压力、战胜更多挑战、取得更大成就的一年。

2018年4月召开的博鳌亚洲论坛，是该论坛发展史上一次非常重要的会议。这次会议之所以重要，不完全是因为论坛理事会要换届，而在于这是党的十九大后中国在主场条件下开展多边外交的第一场重头戏，也是党的十九大后习近平总书记通过多边舞台宣示中国未来政策走向的第一场重要活动。无论国内还是国际，对此会都极为关注。

在这届博鳌亚洲论坛开幕式上，习近平主席以“开放共创繁荣　创新引领未来”为题，向与会的各国领导人和国际组织负责人发表主旨演讲，阐述了党的十九大后中国继续坚持改革开放的战略思想与基本政策。他回顾了中国改革开放40年众志成城、砥砺前行、春风化雨、书写国家和民族发展的壮丽史诗，指出，“40年来，中国人民始终敞开胸襟、拥抱世界，积极作出了中国贡献。改革开放是中国和世界共同发展进步的伟大历程。中国人民坚持对外开放国策，打开国门搞建设，成功实现从封闭半封闭到全方位开放的伟大转折。”他特别指出，中国在对外开放中展现大国担当，“连续多年对世界经济增长贡献率超过30%，成为世界经济增长的主要稳定器和动力源，促进了人类和平与发展的崇高事业。”[①]

在这次演讲中，习近平主席再一次深刻指出，当今世界正在经历新一轮大发展大变革大调整。面对和平合作、开放融通、变革创新的滚滚潮流，他希望“各国人民同心协力、携手前行，努力构建人类命运共同体，共创和平、安宁、繁荣、开放、美丽的亚洲和世界。”同时为亚洲乃至世界各国提出五项具体建议和主张，这就是相互尊重、平等相待；对话协商、共担责任；同舟共济、合作共赢；兼容并蓄、和而不同；敬畏自然，珍爱地球。

为了表明中国党和政府坚持改革开放的意志和决心，习近平主席在这次演讲中还宣布了中国在扩大开放方面将采取的四项重大举措：即大幅度放宽市场准入，创造更有吸引力的投资环境，加强知识产权保护，主动扩大进口。他同时还表示，中国的这些对外开放重大举措，将尽快落实，目的是努力“让开放成果及早惠及中国企业和人民，及早惠及各国企业和人民”。

习近平主席在演讲中还谈到了他所提出的共建“一带一路”倡议。他明确表示，“共建‘一带一路’倡议源于中国，但机会和成果属于世界。”“‘一带一路’建设是全新的事物，在合作中有些不同意见是完全正常的，只要各方秉持和遵循共商共建共享的原则，就一定能增进合作，化解分歧，把‘一带一路’打造成为顺应经济全球化潮流的最广泛国际合作平台，让共建‘一带一路’更好造福各国人民。”[②]

2018 年 8 月，中国有关部门召开了“一带一路”建设 5 周年工作座谈会。11 月，首届中国国际进口博览会暨虹桥国际经贸论坛在上海举行。习近平总书记高度重视并出席了这两场国际社会高度关注的重要活动。

在“一带一路”建设 5 周年工作座谈会上，习近平总书记表示：共建“一带一路”正在成为中国参与全球开放合作，改善全球经济治理体系、促进全球共同发展繁荣、推动构建人类命运共同体的中国方案。针

---

① 习近平:《开放共创繁荣　创新引领未来——在博鳌亚洲论坛 2018 年年会开幕式上的主旨演讲》(2018 年 4 月 10 日),《人民日报》2018 年 4 月 11 日。

② 习近平:《开放共创繁荣　创新引领未来——在博鳌亚洲论坛 2018 年年会开幕式上的主旨演讲》(2018 年 4 月 10 日),《人民日报》2018 年 4 月 11 日。

对国际上有关“一带一路”的各种误解和歪曲宣传，他特别强调：共建“一带一路”是经济合作倡议，不是搞地缘政治联盟或军事同盟；是开放包容进程，不是要关起门来搞小圈子或者“中国俱乐部”；不是以意识形态划线，不搞零和游戏，只要各国有意愿，我们都欢迎。国际社会对这一讲话评价甚高，对习近平总书记所阐明的推动共建“一带一路”向高质量发展转变，坚持稳中求进工作总基调，全面提高境外安全保障和应对风险能力，特别是“明确工作重点，细化工作方案，层层分解任务，加强督促检查”等具体要求，格外关注和重视。

2018 年 11 月在上海举行的首届中国国际进口博览会，同时也是世界上第一个以进口为主题的国家级展会。共有 82 个国家、3 个国际组织在此次展会上设立了展台，展台总数为 71 个，主宾国共有 12 个。习近平主席在题为《共建创新包容的开放型世界经济》的讲话中指出，这次展会是国际贸易史上的一个创举，体现了中国支持多边贸易体制、推动发展自由贸易的一贯立场，是中国推动建设开放型世界经济、支持经济全球化的实际行动。他重申：“开放已经成为当代中国的鲜明标识。中国不断扩大对外开放，不仅发展了自己，也造福了世界。中国开放的大门不会关闭，只会越开越大。”①

在强调共建创新包容的开放型世界经济的同时，习近平主席在演讲中又宣布了中国扩大对外开放的一系列新举措，其中包括增设中国上海自由贸易试验新片区，在上海证券交易所设立科创版并试点注册制等。在与出席博览会的各国领导人共同巡馆时，习近平主席表示，希望各方以参加中国国际进口博览会为契机，发现商机，加强合作，提高自身竞争力，通过对华出口优质产品，丰富中国市场，满足中国消费者日益增长的多元化需求，实现互利共赢。

国际社会，特别是参加此次博览会的外国领导人高度赞扬中国首届国际进口博览会的成功举办。他们表示，各国非常重视中国市场，同时也非常看好中国发展前景，愿深挖同中方合作潜力，推动双边贸易增长，促进世界自由贸易发展。

---

① 习近平：《共建创新包容的开放型世界经济——在首届中国国际进口博览会开幕式上的主旨演讲》（2018 年 11 月 5 日），《人民日报》2018 年 11 月 6 日。

上海进口博览会召开一个多月后，庆祝改革开放 40 周年大会于 12 月 18 日在北京举行。习近平总书记在讲话中全面回顾了中国改革开放 40 年来所取得的光辉成就，其中包括外交领域中的卓越成就和巨大收获。他指出："40 年来，我们始终坚持独立自主的和平外交政策，始终不渝走和平发展道路、奉行互利共赢的开放战略，坚定维护国际关系基本准则，维护国际公平正义。我们实现由封闭半封闭到全方位开放的历史转变，积极参与经济全球化进程，为推动人类共同发展作出了应有贡献。我们积极推动建设开放型世界经济、构建人类命运共同体，促进全球治理体系变革，旗帜鲜明反对霸权主义和强权政治，为世界和平与发展不断贡献中国智慧、中国方案、中国力量。我国日益走近世界舞台中央，成为国际社会公认的世界和平的建设者、全球发展的贡献者、国际秩序的维护者！"①

结合改革开放 40 周年外交工作的成就和已经积累的宝贵历史经验，习近平总书记在讲话中阐述了新时代中国特色大国外交的对外政策和理论构想，向全党全国人民，同时也向国际社会庄严指出："改革开放 40 年的实践启示我们：开放带来进步，封闭必然落后。中国的发展离不开世界，世界的繁荣也需要中国。我们统筹国内国际两个大局，坚持对外开放的基本国策，实行积极主动的开放政策，形成全方位、多层次、宽领域的全面开放新格局，为我国创造了良好国际环境、开拓了广阔发展空间。"②

国际社会普遍认为，习近平总书记的这篇纲领性讲话，实际上是中国新一轮改革开放的宣言书，改革开放再出发的动员令，其目的是要组织和调动各方面积极力量，参与新一轮国家现代化建设，加大中国与时代同步、与世界同行的深度和广度，加大中国参与全球事务、引领国际关系变革的作用和影响。

关于中国与外部世界的关系，以及中国对外战略方针、基本策略构

---

① 习近平：《在庆祝改革开放 40 周年大会上的讲话》（2018 年 12 月 18 日），《人民日报》2018 年 12 月 19 日。

② 习近平：《在庆祝改革开放 40 周年大会上的讲话》（2018 年 12 月 18 日），《人民日报》2018 年 12 月 19 日。

想，习近平总书记在讲话中强调指出："在前进道路上，我们必须高举和平、发展、合作、共赢的旗帜，恪守维护世界和平、促进共同发展的外交政策宗旨，推动建设相互尊重、公平正义、合作共赢的新型国际关系。我们要尊重各国人民自主选择发展道路的权利，维护国际公平正义，倡导国际关系民主化，反对把自己的意志强加于人，反对干涉别国内政，反对以强凌弱。我们要发挥负责任大国作用，支持广大发展中国家发展，积极参与全球治理体系改革和建设，共同为建设持久和平、普遍安全、共同繁荣、开放包容、清洁美丽的世界而奋斗。我们要支持开放、透明、包容、非歧视性的多边贸易体制，促进贸易投资自由化便利化，推动经济全球化朝着更加开放、包容、普惠、平衡、共赢的方向发展。我们要以共建'一带一路'为重点，同各方一道打造国际合作新平台，为世界共同发展增添新动力。中国决不会以牺牲别国利益为代价来发展自己，也决不放弃自己的正当权益。中国奉行防御性的国防政策，中国发展不对任何国家构成威胁。中国无论发展到什么程度都永远不称霸。"①

改革开放40年间取得伟大成就的中国共产党人和中国各族人民，在以习近平同志为核心的党中央领导下，意气风发地走进了中国特色社会主义新时代。中华民族传统文化中"天下大同""协和万邦"的崇高思想基因，历经沧海桑田的时代变迁和国际风云变幻的淬炼，发展到今天，已经形成了从期望"环球同此凉热"，到推动"构建人类命运共同体"的先进思维，形成了在实践中成效显著，在国际上广受欢迎的政策体系。

可以想见，在改革开放新征程中，中国的对外开放将是更大范围、更高水平、更新方式、更具影响、更有效益的对外开放。这种开放绝不仅仅是要引进更多的外来资金、技术装备、管理经验、优秀人才和优质产品，同时还要广泛学习和借鉴人类社会创造的一切优秀的物质的和精神的文明成果。如果说前40年中国对外开放，主要与自身发展需要紧密相联的话，新一轮对外开放，则与引导经济全球化健康发展、推动构建人类命运共同体密切相关。

还可以想见，在改革开放新征程中，中国特色的大国外交将是更加

---

① 习近平：《在庆祝改革开放40周年大会上的讲话》（2018年12月18日），《人民日报》2018年12月19日。

积极和主动，更具开放性、包容性、创新性和建设性，更符合时代潮流和中国自身需要的和平外交。中国将在更大范围和更多领域深度参与全球治理，包括经济治理、政治治理、生态治理、法治环境治理和安全秩序治理。中国将要更全面更深入地参与国际规则的重建和整个世界秩序的重构，要在与周边国家乃至整个世界广泛合作的基础上，共同打造发展共同体、利益共同体、安全共同体、责任共同体直至命运共同体，为人类社会和平发展与繁荣进步做出新的更大贡献。

毫无疑问，中国与世界更紧密地融合发展，世界更热烈地拥抱中国，这将是未来世界大变局中最有影响力的核心要件，同时也是最能引导国际关系发展变化的主要引擎，更是中华民族实现全面复兴伟大目标、人类社会实现共同进步和繁荣的最大动力源。历史已经证明并将继续证明：中华民族与世界同行初心不改，中国共产党和中国人民与时代同步意志永在！

作者

2018 年 12 月

图书在版编目(CIP)数据

与世界同行：中国如何处理与外部世界的关系 / 于洪君著. — 北京：党建读物出版社, 2019.8

ISBN 978-7-5099-1211-9

Ⅰ. ①与… Ⅱ. ①于… Ⅲ. ①中外关系—研究 Ⅳ. ①D822

中国版本图书馆CIP数据核字（2019）第131848号

与世界同行

YU SHIJIE TONGXING

中国如何处理与外部世界的关系

于洪君　著

责任编辑：季利清

责任校对：钱玲娣

封面设计：李志伟

出版发行：党建读物出版社

地　　址：北京市西城区西长安街80号南楼（邮编:100815）

网　　址：http: // www. djcb71. com

电　　话：010-58587122 / 7166

经　　销：新华书店

印　　刷：北京盛通印刷股份有限公司

2019年8月第1版　2019年8月第1次印刷

710 毫米 × 1000 毫米　16开本　21.5印张　326千字

ISBN 978-7-5099-1211-9　定价：45. 00元

本社版图书如有印装错误，我社负责调换（电话: 010-58587361）